HERZLICHEN GLÜCKWUNSCH

Und Dankeschön für den Kauf dieses Buches. Als besonderes Schmankerl* finden Sie unten Ihren persönliche Code, mit dem Sie das Buch exklusiv und kostenlos als eBook erhalten.

Systemvoraussetzungen für eBook-Inside: Adobe Reader/Acrobat Version 6 oder 7 (kompatibel mit Windows ab Windows 2000 oder Mac ab OS X)

2018t-9v6p5-
6r8pt-0002u

Registrieren Sie sich einfach in nur zwei Schritten unter **www.hanser.de/ciando** und laden Sie Ihr eBook direkt auf Ihren Rechner.

KOMPETENZ · HANSER · GEWINNT

*Bayrisch für eine leckere Kleinigkeit; ein Leckerbissen

Dunkel/Eberhart/Fischer/Kleiner/Koschel

Systemarchitekturen für Verteilte Anwendungen

Jürgen Dunkel
Andreas Eberhart
Stefan Fischer
Carsten Kleiner
Arne Koschel

Systemarchitekturen für Verteilte Anwendungen

Client-Server, Multi-Tier, SOA, Event-Driven Architectures, P2P, Grid, Web 2.0

HANSER

Prof. Dr. Jürgen Dunkel, Fachhochschule Hannove, Fakultät IV, Abteilung Informatik
Dr.-Ing. Andreas Eberhart, Fluid Operations GmbH, Walldorf
Prof. Dr. Stefan Fischer, Universität zu Lübeck, Institut für Telematik
Prof. Dr. Carsten Kleiner, Fachhochschule Hannover, Fakultät IV, Abteilung Informatik
Prof. Dr. Arne Koschel, Fachhochschule Hannover, Fakultät IV, Abteilung Informatik

Bibliografische Information der Deutschen Nationalbibliothek:

Die Deutsche Nationalbibliothek verzeichnet diese Publikation in der Deutschen Nationalbibliografie; detaillierte bibliografische Daten sind im Internet über http://dnb.d-nb.de abrufbar.

Lektorat: Margarete Metzger
Herstellung: Irene Weilhart
Coverkonzept: Marc Müller-Bremer, www.rebranding.de, München
Coverrealisation: Stephan Rönigk
Datenbelichtung, Druck und Bindung: Kösel, Krugzell
Ausstattung patentrechtlich geschützt. Kösel FD 351, Patent-Nr. 0748702
Printed in Germany

ISBN 978-3-446-41321-4

Inhaltsverzeichnis

Vorwort

Verteilte DV-Lösungen werden mehr und mehr zum Kern der IT-Infrastruktur sowohl bei Weltkonzernen als auch bei kleinen und mittleren Unternehmen. Sie ermöglichen einen effizienten Informationsfluss innerhalb eines Unternehmens und in Kunden- Lieferanten-Beziehungen. Über die Jahre haben sich Client-Server, Multi-Tier und SOA als mögliche Architekturen etabliert, aber auch neue Ansätze wie Event-Driven Architecture, P2P, Grid und Web 2.0 liefern wichtige Impulse.

Entscheider, Projektleiter, Software-Architekten und -Ingenieure stehen vor der Herausforderung, aus der Vielzahl der Möglichkeiten die „richtige" Architektur für ihr Einsatzszenario auszuwählen.

In diesem Buch möchten wir dazu schrittweise Entscheidungshilfen geben. Zunächst stellen wir die grundlegenden Konzepte für die wichtigsten Systemarchitekturen vor. Um Ihnen ein Gefühl für die technische Umsetzung der verschiedenen Architekturen zu geben, werden jeweils die wichtigsten Realisierungsplattformen sowie einfache Code-Beispiele vorgestellt. Dabei werden wir uns nicht in technische Details verlieren, sondern auf die entscheidenden Merkmale und Eigenschaften beschränken.

Im nächsten Schritt entwickeln wir Vergleichskriterien, mit deren Hilfe sich die verschiedenen Ansätze abgrenzen und bewerten lassen. Die aufgezeigten architektur-spezifischen Vor- und Nachteile sollen Ihnen dabei helfen, eine Ihrem konkreten Projektumfeld angepasste Architekturentscheidung treffen zu können. Abschließend zeigen wir anhand einer Reihe von Fallbeispielen den Einsatz der Architekturen in der Praxis und geben einen Ausblick auf zukünftige Entwicklungen.

Wir hoffen, dass Ihnen das vorliegende Buch Spaß beim Lesen bereitet und dabei hilft, die aktuellen Trends im Bereich Systemarchitekturen verstehen und bewerten zu können. Über Feedback von unseren Lesern freuen wir uns unter `autoren_sva@gmx.de`.

Hannover, Bruchsal, Lübeck im Juli 2008

Jürgen Dunkel, Andreas Eberhart, Stefan Fischer, Carsten Kleiner und Arne Koschel

Teil I

Einführung

Kapitel 1

Motivation und Überblick

Wir befinden uns in der Informationstechnologie zurzeit in einer Umbruchphase, die mindestens mit dem durch die Einführung des Personal Computers ausgelösten Paradigmenwechsel gleichzusetzen ist. Die Anfang der 90er-Jahre des vergangenen Jahrhunderts zum ersten Mal konkret durch Marc Weiser beschriebenen Ideen des Pervasive bzw. *Ubiquitous Computing* werden mehr und mehr zur Wirklichkeit und sorgen so dafür, dass die reale Welt, in der wir leben, immer mehr mit der virtuellen Welt, dem Cyberspace, verschmilzt. Wir beobachten bzw. erleben selbst mit, wie jeder Mensch – zumindest in den Industrienationen – Zugriff auf immer mehr Computer hat. Mussten sich zu Beginn des Informationstechnologiezeitalters noch viele Menschen einen Rechner teilen, so bekam mit dem PC jeder seinen eigenen. Bereits heute verwenden die meisten Menschen mehrere Geräte, die als Computer zu bezeichnen sind: Handys, Personal Digital Assistants (PDAs), Notebooks, PCs etc. In jedem modernen Auto sind heute mehrere Dutzend CPUs verbaut (mit der Folge, dass die meisten Pannen heute auf Softwarefehler zurückzuführen sind). Immer mehr eingebettete Geräte (*embedded devices*) sind mit Rechenintelligenz ausgestattet. In den Visionen von Marc Weiser werden Computer in wenigen Jahren zum Wegwerfartikel: man nimmt sich, wann immer nötig, eine Handvoll Computer aus der Hosentasche, benutzt sie und wirft sie weg, wenn sie ihre Aufgabe erfüllt haben.

Das ist aber noch nicht alles. Als zweite große Entwicklung ist die zunehmende Kommunikationsfähigkeit aller Geräte und deren Vernetzung untereinander festzustellen. War noch vor wenigen Jahren ein Datenaustausch zwischen verschiedenen Computern drahtgebunden und typischerweise eher langsam, so stehen den Anwendern heute zahllose Möglichkeiten zur Verfügung, Daten mit hoher Geschwindigkeit über unterschiedlichste Kanäle auszutauschen. Ausgehend vom Handynetz GSM, das für die Kommunikation über weite Strecken geeignet ist, entstanden Hochgeschwindigkeitslösungen für den Fernbereich wie UMTS, aber auch Nahverkehrsnetze wie WLAN oder Bluetooth und neuerdings mit Zigbee auch Systeme, die sehr sparsame Kommunikation über kurze Strecken gestatten. Damit besteht bereits heute die Möglichkeit, von jedem Ort der Welt auf das Internet zuzugreifen, aber auch Daten an jedem Ort der Welt zu erfassen und ins Netz einzuspeisen. In vielen Wirtschaftsbranchen steht damit ein erheblicher Wandel kurz bevor bzw. ist bereits in vollem Gange. So lässt sich etwa für die Logistikbranche absehen, dass der Weg einer Ware oder eines Transportmittels lückenlos online verfolgt werden kann und so Transportströme sehr viel besser kontrolliert und gesteuert werden können.

Der Kern solcher Anwendungen liegt in einer zunehmenden Dezentralisierung. Immer mehr informationsverarbeitende Komponenten arbeiten zusammen, um die Gesamtleistung eines Systems zu erbringen. Jede dieser Komponenten läuft autonom ab, produziert möglicherweise Informationen, ruft Informationen aus anderen Teilen des Netzes ab und kombiniert diese zu neuen Informationen, die wiederum für andere Komponenten in ganz anderen Systembereichen von Interesse sind. Offenbar wird dies genau durch die oben geschilderten Entwicklungen bzgl. der Zunahme der Zahl der Computer und ihrer Kommunikationsfähigkeit begünstigt. Die Fähigkeit, dezentrale verteilte Systeme und Anwendungen in Netzwerken aufzubauen und zu organisieren, wird zu einem der wichtigsten Wettbewerbsfaktoren unserer Zeit und der unmittelbaren Zukunft.

Eine entscheidende Bedeutung kommt dabei der Softwarearchitektur des verteilten Systems zu. Sie beschreibt im Wesentlichen, wie das Zusammenspiel der einzelnen Komponenten organisiert ist und wie daraus die Gesamtleistung des Systems entsteht. Die Entscheidung über eine konkrete Architektur ist eine der wesentlichen Entscheidungen für die Realisierung des Gesamtsystems – ein hier einmal begangener Fehler ist nur unter äußerst hohen Kosten wieder zu korrigieren. Dementsprechend müssen Systemdesigner genau ihre Optionen kennen und auf der Basis des gegebenen Anwendungsproblems, der Systemumgebung und verschiedener anderer Parameter entscheiden, welche Architektur die richtige ist.

An dieser Stelle möchte dieses Buch ansetzen. Es will einerseits die heute verfügbaren Systemarchitekturen für verteilte Systeme darstellen und dabei auch vergleichen und andererseits einem Entscheider Mittel an die Hand geben, um seine Entscheidung wohl begründet treffen zu können.

Zu diesem Zweck ist das Buch in vier große Abschnitt aufgeteilt. Dieses Überblickskapitel sowie das anschließende Kapitel, in dem die Begriffe „Softwarearchitektur" und „Systemarchitektur" erläutert werden, bilden den einführenden ersten Teil. Teil II geht in insgesamt sieben Kapiteln auf die heute verfügbaren und relevanten Softwarearchitekturen für verteilte Systeme ein. Ausgehend von den „Mainstream"-Ansätzen der N-Schichten-Architekturen (*Client-Server*, *3-* und *4-Tier*) werden darauf aufbauend die *Service-Oriented* und *Event-Driven Architectures* (SOA, EDA) eingeführt. Diese eher Business-orientierten Ansätze haben in der letzten Zeit Gegenpole in anderen Bereichen gefunden, von denen vor allem *Peer-to-Peer-Architekturen* (P2P) und *Grid-Computing* (heute vielfach im wissenschaftlichen Bereich vertreten) eine Rolle spielen. Teil II schließt mit den zur Zeit der

Abfassung dieses Buches aktuellsten Ansätzen rund um Web 2.0. Dabei ist jedes Teilkapitel in der gleichen Art und Weise aufgebaut: einer Beschreibung des generellen Konzeptes, meist im Vergleich mit den vorher beschriebenen „Konkurrenzarchitekturen" folgt eine Darstellung heute verfügbarer Realisierungsplattformen, mit denen sich eine Lösung basierend auf der jeweiligen Architektur dann konkret realisieren lässt. Das Kapitel schließt jeweils mit einigen Code-Beispielen, um dem Leser einen Eindruck von den Möglichkeiten des jeweiligen Ansatzes zu vermitteln.

Teil III als zweiter Hauptteil des Buches soll Ihnen Entscheidungshilfen an die Hand geben. Dazu ist er in zwei Kapitel aufgeteilt: Kapitel 10 entwickelt zunächst eine Reihe von Kriterien, anhand derer die verschiedenen Architekturen verglichen werden können. Letztere gehen sowohl von der Architektur selbst als auch von den Anforderungen der Anwendung aus. Mit diesen Hilfsmitteln kann in vielen Fällen bereits eine Entscheidung oder mindestens Vorentscheidung getroffen werden, welche Architektur(en) im Prinzip geeignet ist (sind). In Kapitel 11 wird dann anhand einiger Beispiele dargestellt, welche Entscheidung in der Praxis in ganz konkreten Fällen getroffen wurde und warum. Anhand dieser Beispiele kann der Leser selbst weitere Parallelen zu den eigenen Anwendungsfällen ziehen und die Entscheidung weiter verfeinern.

Teil IV schließt das Buch mit einem Ausblick auf künftige Entwicklungen und mit einer kurzen Zusammenfassung ab.

Kapitel 2

Softwarearchitekturen

In diesem Kapitel werden wir uns allgemein mit dem Begriff der „Softwarearchitektur für verteilte Systeme“ beschäftigen. Dazu klären wir im ersten Abschnitt zunächst den generellen Begriff der Softwarearchitektur. Bei genauerem Hinsehen kann man feststellen, dass man zunächst einige einfache, aber wichtige Leitideen verinnerlichen sollte, bevor man an die Details der Softwareerstellung geht. Diese Grundgedanken sind Thema des zweiten Abschnitts. Sie münden in Überlegungen zu einigen überschaubaren Kriterien für eine „gute“ Softwarearchitektur, die wir in einem späteren Teil des Buches noch einmal intensiv benötigen werden. Die beiden restlichen Abschnitte des Buches beschäftigen sich dann mit den Anforderungen, die die Verteiltheit einer Anwendung für die Architektur mit sich bringt. Zunächst betrachten wir die wichtigsten Aspekte, die ein verteiltes von einem nicht verteilten System unterscheidet. Schließlich geben wir einen Überblick über die bekanntesten Architekturen verteilter Systeme, die im späteren Verlauf des Buches viel ausführlicher behandelt werden.

2.1 Der Begriff „Softwarearchitektur“

Den Begriff „Architektur“ kennt man zunächst einmal allgemein vom Bauwesen her. Er meint im Wesentlichen den planvollen Entwurf und die Gestaltung von Bauwerken. Dies lässt sich nun leicht auf den Begriff der Softwarearchitektur übertragen: es geht um einen systematischen Ansatz zur Entwicklung von Software. Im engeren Sinne beschreibt die Architektur einer Software den Aufbau ihrer Komponenten und deren Zusammenspiel, oder, um es mit Helmut Balzert zu formulieren [6]:

Definition 2.1 *Unter dem Begriff Softwarearchitektur versteht man eine strukturierte oder hierarchische Anordnung der Systemkomponenten sowie die Beschreibung ihrer Beziehungen.*

Software wird demnach nicht als monolithisches Paket angesehen, sondern als ein System, das aus Teilkomponenten bzw. Teilsystemen besteht. Diese Teilsysteme erbringen gemeinsam die Funktionalität, die das Problem löst, für das die Software entwickelt wurde. Dazu müssen die Teilsysteme zusammenarbeiten. Wir werden gleich sehen, dass diese Zusammenarbeit im Falle eines verteilten Systems anders aussieht als bei einem zentralisierten System. Jedenfalls muss eine konkrete Softwarearchitektur die Fragen beantworten, wie ein System in Teilkomponenten aufgeteilt wird und wie diese Komponenten interagieren.

2.2 Leitgedanken zur Strukturierung von Software

Unabhängig von der konkret verwendeten Softwarearchitektur gibt es einige wenige Prinzipien, die man immer anwenden sollte, die also praktisch zu den Grundfesten des Software Engineering gehören. Diese beiden Prinzipien sind die *starke Kohärenz* und die *lose Kopplung*.

Die Idee der starken Kohärenz verdeutlicht Abbildung 2.1.

Ein gegebenes Problem wird zunächst genau analysiert, um einer späteren Implementierung zugänglich gemacht zu werden. Die Analyse ergibt normalerweise eine Aufteilung des gesamten Problemraums in klar abgrenzbare Teilprobleme. Das nun zu entwicklende Lösungssystem ist ebenfalls in Teilsysteme aufgeteilt. Die starke Kohärenz verlangt, dass jedes Teilsystem sich mit einem klar abgegrenzten Teilproblem beschäftigt. Das in der Grafik durchgestrichene Teilsystem sollte in einer Lösung nicht auftauchen, da es sich mit unterschiedlichen Teilproblemen beschäftigt.

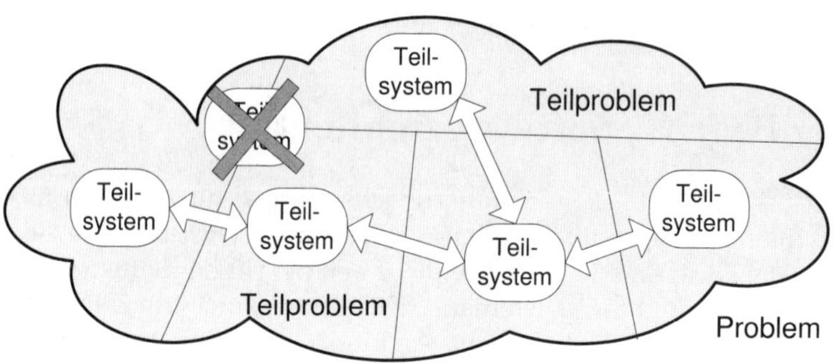

Abbildung 2.1: Leitgedanke der starken Kohärenz

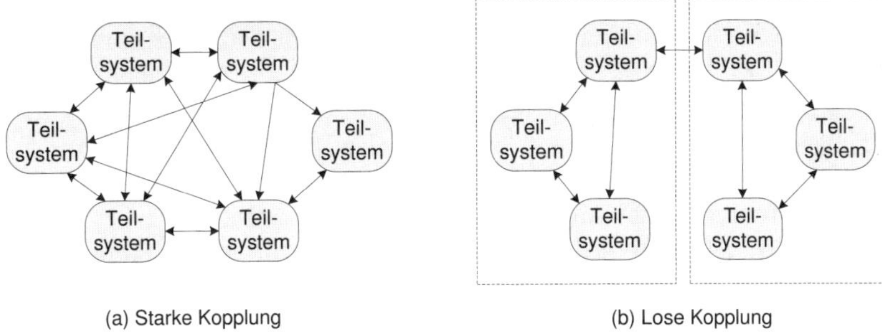

Abbildung 2.2: Leitgedanke der losen Kopplung

Starke Kohärenz ist kein Selbstzweck. Zunächst soll sie die Einfachheit und Verständlichkeit des Systems, im Prinzip also die Wirklichkeitsnähe fördern. Es wird aber auch in hohem Maße eine Redundanzfreiheit erreicht, da sich nicht mehrere Systeme mit demselben Teilproblem beschäftigen und jeweils eigene Lösungen erarbeiten müssen. Schließlich wird auch die Teambildung und damit die Effizienz der Erstellungsprozesse für eine bestimmte Lösung deutlich verbessert.

Abbildung 2.2 visualisiert den Gedanken der losen Kopplung. In Abbildungsteil (a) ist ein System dargestellt, das stark gekoppelt ist: jedes Teilsystem ist mit fast jedem anderen Teilsystem verbunden, nutzt also Funktionalität von dort. Die Änderung einer Schnittstelle eines Teilsystems hat dann zur Folge, dass alle anderen Teilsysteme ebenfalls angepasst werden müssen.

Die in Abbildungsteil (b) dargestellte lose Kopplung versucht hingegen, die Zahl der Beziehungen zwischen Teilsystemen zu minimieren, indem stattdessen Verbünde von Teilsystemen gebildet werden, die dann jeweils nur über eine einzige Schnittstelle, die noch dazu aus möglichst wenigen Schnittstellenfunktionen besteht, verbunden sind. Auf diese Weise wird der Änderungsaufwand minimiert. Insgesamt ist die lose Kopplung in verteilten Systemen zu bevorzugen. Diese Prinzipien sollten also beim Softwareentwurf immer eingehalten werden; sie sind ein Qualitätsmerkmal. Es gibt jedoch weitere Faktoren, die die Güte einer Softwarearchitektur beeinflussen. Darauf geht der folgende Abschnitt ein.

2.3 Kriterien für gute Softwarearchitekturen

Eine Softwarearchitektur ist kein Selbstzweck – sie muss vielmehr das einzusetzende System bei dieser Lösung unterstützen. Dies kann erreicht werden, indem die Architektur die Anforderungen an Funktionaliät, Dienstgüte und Lebenszykluseigenschaften zu erfüllen hilft. Anders formuliert, behindert eine schlechte Softwarearchitektur das System bei der Erfüllung dieser Anforderungen.

Dies heißt aber auch, dass man eine gegebene Architekturform nicht per se als gut oder schlecht bezeichnen kann, sondern nur als gut oder schlecht geeignet für ein bestimmtes gegebenes Anwendungsproblem mit seinen Nebenbedingungen – wir besprechen dies noch ausführlich in Kapitel 10. Das Problem selbst hat demnach massiven Einfluss auf die gewählte Architektur. So kann es etwa bei einer Datenbankanwendung sinnvoll sein, das System auf geringen Speicherbedarf zu optimieren, da es sich bei den eingesetzten Endgeräten um Handys handelt. Genauso kann es aber sein, dass man stattdessen schnelle Zugriffszeiten braucht, weil man auf bestimmte Ereignisse sehr schnell reagieren können muss. Beide Anforderungen bilden in vielen Fällen sich widersprechende Ziele, die sich oftmals auch in unterschiedlichen Architekturen widerspiegeln.

Neben diesen noch nicht sehr operativen Zielen und den beiden Leitgedanken der starken Kohärenz und losen Kopplung kann man weitere Kriterien für die Güte einer gegebenen Softwarearchitektur und für die Entscheidung für oder gegen sie angeben. Ein Aspekt wurde schon bei der losen Kopplung kurz angesprochen: es ist wichtig, die Schnittstellen zu anderen Systemteilen möglichst „schmal" zu halten und gleichzeitig möglichst abstrakt. Man sollte also nicht zu viele Funktionen an einer Schnittstelle bereit halten, da dies für den Programmierer erstens schwer überschaubar ist und zweitens meist zu einem hohen Änderungsaufwand führt. Hohe Abstraktion bedeutet, dass die Schnittstelle nicht zu stark die Implementierung widerspiegeln darf. So ist es z.B. immer gut, wenn die Implementierung einer bestimmten Anwendungslogik keine Voraussetzungen bzgl. der Darstellung mit sich bringt. Vielmehr sollte sie rein diejenigen Datenstrukturen verwenden, die allein zur Lösung des Anwendungsproblems nötig sind, aber nicht für das Layout.

Durch eine hohe Abstraktion wird dann ein weiteres wichtiges Kriterium gefördert, nämlich das der Wiederverwendbarkeit. Je besser eine Architektur die Möglichkeit unterstützt, bestimmte Komponenten in anderen Anwendungen einzubauen, desto besser. Wir werden später sehen, dass dieses Kriterium in den modernen Architekturen stark an Bedeutung gewonnen hat.

Aber auch die Wartbarkeit und die Erweiterbarkeit sind wichtige Ziele, die durch lose Kopplung und Abstraktion unterstützt werden. Es ist ja nicht so, dass ein einmal erstelltes System bis ans Ende seiner Tage unverändert weiterläuft, sondern es wird immer wieder modifziert werden; Komponenten werden ausgetauscht, neue Funktionalitäten eingebaut, etc. Hat man dann auf eine starke Kopplung mit zu konkreten (im Sinne des Gegensatzes zu abstrakten) Schnittstellen gesetzt, dann hat man sich ein erhebliches Problem eingehandelt.

Unabhängig von der Wahl der Architektur ist es jedenfalls von großer Bedeutung, diese Wahl begründet zu treffen, indem man die genannten Kriterien gegeneinander abwägt. Ein häufig angewandtes Kriterium, das aber sehr selten hilfreich ist, lautet: „Das ist eine neue Technik, die jetzt alle verwenden, die müssen wir auch mal nehmen.“ Durch eine klare Dokumentation der Entscheidung kann man hier leicht Fehlentscheidungen vermeiden, da sich dann oft herausstellt, dass etwas ältere Lösungen besser sind, weil sie einfach besser zum System passen.

In diesem Abschnitt sollte klar geworden sein, dass die Auswahl einer konkreten Softwarearchitektur für ein System eine komplexe und sehr stark anwendungsabhängige Angelegenheit ist. Trotzdem wollen wir das Problem der Architekturwahl in diesem Buch angehen, indem wir generell die verschiedenen Architekturen vorstellen und später versuchen, Anwendungstypen zu identifizieren, die aufgrund ihrer Eigenschaften besonders gut für bestimmte Architekturen geeignet sind.

Uns interessieren in diesem Buch allerdings nicht beliebige Softwarearchitekturen, sondern diejenigen für verteilte Systeme. Neben den oben bereits genannten Anforderungen allgemeiner Softwaresysteme treten nun diejenigen, die sich aus der verteilten Ausführung eines Programmes ergeben. Was macht nun aber ein verteiltes System gegenüber einem nicht-verteilten aus? Dies soll im folgenden Abschnitt geklärt werden.

2.4 Die Dimensionen verteilter Systeme

Dazu muss zunächst definiert werden, was ein verteiltes System ist. Praktisch in jedem Lehrbuch zu verteilten Systemen findet sich eine eigene Definition. Eine der bekanntesten Beschreibungen stammt von Tanenbaum und van Steen [88], die ein verteiltes System vor allem aus Nutzersicht definieren:

Definition 2.2 *Ein verteiltes System ist eine Ansammlung unabhängiger Computer, die den Benutzern wie ein einzelnes kohärentes System erscheinen.*

Diese Definition ist sehr allgemein gehalten, macht aber schon eine wichtige Aussage über die Rechner, die das System bilden (unabhängig, aber sonst beliebig), und über das Verhalten gegenüber dem Benutzer – der Benutzer nimmt ein verteiltes System gerade nicht als aus Komponenten bestehend wahr, sondern als ein einziges kohärentes System. Die Kernaufgabe der Software in einem verteilten System besteht darin, diese Eigenschaft zu erfüllen. Die Softwarearchitektur muss sie darin unterstützen.

Damit die Software dieser Aufgabe gewachsen ist, muss sie verschiedene Teilaufgaben erfüllen. Sicherlich lässt sich hier darüber streiten, welche Bedeutung jede einzelne dieser Aufgaben hat und ob beispielsweise die Güte, mit der sie bewältigt wird, eine wichtige Rolle spielt. Unstrittig ist jedoch, dass es drei Dimensionen eines verteilten Systems gibt, die jede Software abdecken muss:

- Verteilung und Kommunikation
- Nebenläufigkeit
- Persistenz

Diese Punkte behandeln wir in den drei folgenden Abschnitten.

2.4.1 Verteilung und Kommunikation

Eine weitere bekannte Definition eines verteilten Systems stammt von Coulouris et al. [16]:

Definition 2.3 *A distributed system is one in which components located at networked computers communicate and coordinate their actions only by passing messages.*

Diese Definition geht schon sehr viel konkreter auf die Art und Weise ein, wie Computer miteinander kooperieren. In jedem beteiligten Rechner gibt es einen oder mehrere *Prozesse*, die miteinander kommunizieren bzw. kooperieren, indem sie *Nachrichten austauschen*. Ohne dieses Mittel können die Einzelkomponenten eines verteilten Systems also ihre Aktionen nicht abstimmen, so dass ein kooperatives Verhalten zur Zielerreichung nicht möglich ist. Es ist somit ein sehr wichtiges Merkmal, das verteilte Systeme z.B. von Multiprozessorrechnern unterscheidet – diese kommunizieren meist über andere Mittel, wie etwa gemeinsamen Speicher. Nachrichtenkommunikation ist also ein Aspekt, der in jeder Softwararchitektur für verteilte Systeme abgedeckt werden muss.

Die Verfahren zur Nachrichtenkommunikation unterscheiden sich in verschiedenen Aspekten, die wir bei der Betrachtung der einzelnen Architekturen noch genauer kennen lernen werden. Ein wichtiger Punkt besteht im „Komfort" der Programmierung der Kommunikationsaspekte einer Anwendung. Die einfachste Schnittstelle stellt ein Programmier-Interface zur Verfügung, über das Datenströme bzw. , noch einfacher, Datenpakete übertragen werden können. Wie der Programmierer diese Datenströme mit Inhalt füllt, so dass die Daten auf der anderen Seite bei einer möglicherweise komplett anders strukturierten/programmierten Komponente auch verstanden werden, bleibt ihm überlassen. Diese Verfahren bringen also viel Programmieraufwand mit sich, sind aber meist auch sehr effizient.

Viel einfacher in der Programmierung sind die so genannten „Middleware"-Ansätze, die die Heterogenität des Gesamtsystems vor dem Programmierer verbergen. Ein wichtiges Stichwort in diesem Zusammenhang ist der so genannte „Remote Procedure Call" (RPC): der Anwendungsprogrammierer kann entfernte Komponenten auf genau die gleiche Art und Weise aufrufen, wie er es bei lokalen Komponenten tun würde. Dieses Verfahren gibt es heute in einer Reihe von Ausprägungen; am weitesten vorangeschritten und damit am komfortabelsten zu benutzen ist es in den objektorientierten Prorgrammiersprachen.

In den letzten Jahren wurde das RPC-Verfahren weiter ausgebaut, indem die reine Kommunikation von Prozessen um weitere Möglichkeiten ergänzt wurde. So gibt es heute beispielsweise Verfahren, die eine formale Beschreibung ganzer Prozessabläufe in einer grafisch orientierten Darstellung erlauben und damit etwa eine automatische Hintereinanderausführung verschiedener externer Komponenten gestatten. Allgemein kann man diese Verfahren unter dem Begriff der „Service-Orientierung" zusammenfassen, der uns im weiteren Verlauf des Buches noch intensiv beschäftigen wird.

2.4.2 Nebenläufigkeit

Verteilte Systeme werden vor allem dadurch zu einer interessanten Form von Anwendungen, dass sie das gleichzeitige Stattfinden vieler verschiedener Aktivitäten gestatten. Wenn wie in einem traditionellen zentralisierten System alle Dinge nur nacheinander passieren könnten, wäre ein verteiltes System durch die zusätzliche Kommunikation einfach immer nur langsamer.

Die Tatsache, dass Ereignisse „gleichzeitig" und unabhängig voneinander – man spricht dann von *nebenläufig* – stattfinden können, sorgt jedoch auch für einen höheren Koordinationsbedarf. Dies ist insbesondere dann der Fall, wenn mehrere Komponenten auf ein- und dieselbe Ressource im System zugreifen möchten. Trifft man hier keine Vorkehrungen, kann das schnell zu inkonsistenten Systemzuständen führen. Hier hat man in den verschiedenen Systemarchitekturen unterschiedliche Verfahren zur *Synchronisation* entwickelt, die wir jeweils genauer betrachten werden.

Daneben soll aber die Ressource natürlich auch möglichst effizient genutzt werden, d.h., wenn möglich im Parallelbetrieb und nicht in der sequentiellen Ausführunsgvariante. Hier gibt es programmiertechnisch schon lange Lösungen, die eine Abarbeitung von solchen gleichzeitig auftretenden Anfragen in unterschiedlichen Prozessen oder Threads (leichtgewichtige Prozesse) gestatten. Auch hier haben die verschiedenen Systemarchitekturen natürlich unterschiedliche Lösungen gefunden.

Schließlich stellt sich die Frage, was eine Komponente, die eine externe Ressource angefragt hat, so lange macht, bis die Antwort eintrifft – wenn viel Betrieb herrscht, kann das unter Umständen sehr lange dauern. Das typische und einfach zu implementierende Vorgehen besteht in einem so genannten *synchronen Aufruf*. Nachdem die anfragende Komponente die Nachricht an die Partnerkomponente abgesetzt hat, wartet sie auf die Antwort und tut derweil auch nichts anderes. Wenn man die Wartezeit jedoch auch auf der anfragenden Seite für weitere Aktivitäten nutzen möchte, dann muss ein *asynchroner Aufruf* erfolgen, der programmiertechnisch meist schwieriger umzusetzen ist. Im Wesentlichen gibt es heute zwei eingesetzte Verfahren, nämlich die Verwendung von Callback-Funktionen und das Polling. Beim Callback-Verfahren (Abbildung 2.3 (a)) ruft die ausführende Komponente den Aufrufer über eine zuvor registrierte Funktion/Prozedur (im Prozessraum des Aufrufers) zurück und übermittelt das Ergebnis, sobald es vorliegt. Beim Polling (Abbildung 2.3 (b)) fragt der Aufrufer in vorher festgelegten Zeitabständen beim Aufgerufenen immer wieder nach, ob das Ergebnis inzwischen vorliegt. Sobald dies der Fall ist, schickt der Aufgerufene das Ergebnis als Antwort auf den Poll zurück.

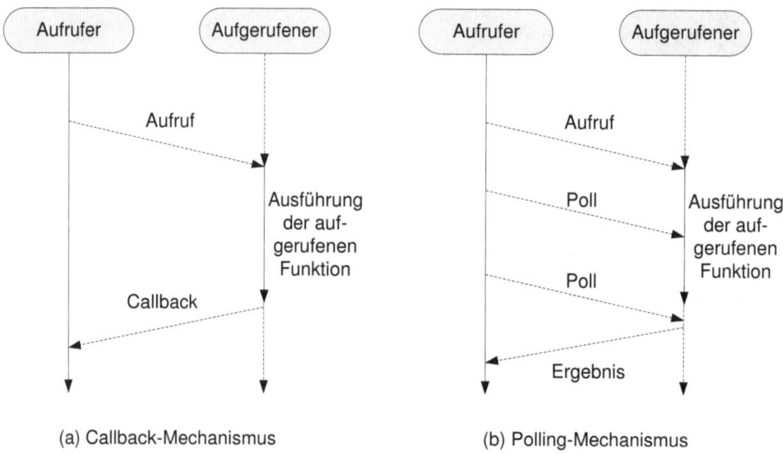

Abbildung 2.3: Verfahren zur Realisierung asynchroner Kommunikation

2.4.3 Persistenz

Bei diesem dritten Aspekt geht es um die Frage der *dauerhaften Speicherung* von Daten einer verteilten Anwendung auf nichtflüchtigem Speicher. Ziel ist eine spätere Wiederverwendung entweder durch die speichernde Komponente selbst oder durch eine andere. Als nicht-flüchtige Medien werden vor allem Magnetfestplatten eingesetzt, im Prinzip können jedoch auch Bänder, optische Medien oder andere Systeme verwendet werden.

Wie bei den beiden ersten Punkten kann man die bis heute entwickelten Verfahren wieder nach dem Konfort ihrer Benutzung einteilen. In den einfacheren Varianten muss der Programmierer typischerweise den Speicherort selbst angeben und sich auch um den korrekten Zugriff kümmern. Am anderen Ende der Skala finden sich Ansätze, die die komplette Komplexität vor dem Programmierer verbergen und nur noch Methoden zum Speichern und Laden eines Datenobjekts anbieten; alle Details der Speicherung wie Medium, Art des Zugriffs, Ort der Speicherung etc. werden von einer entsprechenden Middleware verwaltet. Die Idee ist in Abbildung 2.4 dargestellt. In diesem Buch wird auf den Bereich Persistenz im Kontext verteilter Systeme nur am Rande eingegangen. Weiterführend wäre hier beispielsweise [14].

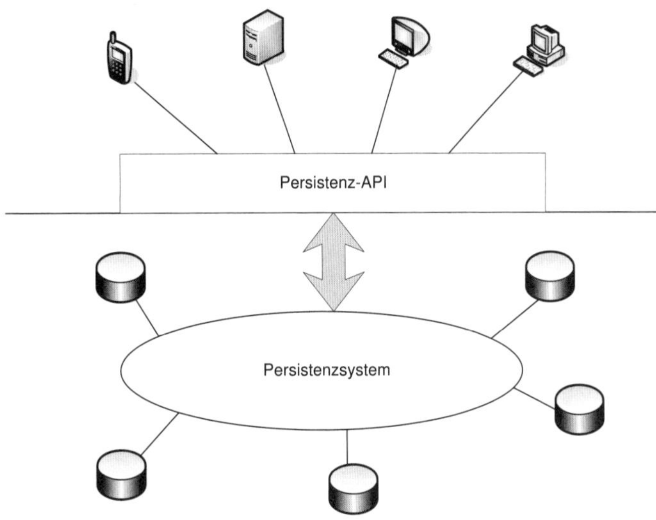

Abbildung 2.4: Schema eines Persistenzsystems

2.5 Existierende Softwarearchitekturen für verteilte Systeme

Historisch gesehen begann der Boom der verteilten Anwendungen mit der Einführung des Personal Computers und der lokalen Netze wie Ethernet und Token Ring Anfang der 80er-Jahre des 20. Jahrhunderts.[1] Plötzlich hatte jeder Anwender nicht nur ein „dummes Terminal" für den Zugriff auf einen Großrechner auf dem Schreibtisch stehen, sondern einen Rechner, der selbst mit Ressourcen ausgestattet war. Weitere Ressourcen wie große Festplatten oder Drucker waren über Server verfügbar. So wurde es sinnvoll, neue Anwendungen durch die kombinierte Nutzung lokaler und entfernter Ressourcen zu entwickeln.

Die erste Architektur zur Nutzung dieser neuen Möglichkeiten war die *Client-Server-Architektur*. Sie basiert auf einer klaren Rollenverteilung: es gibt diejenigen Komponenten, die eine Ressource verwalten (die Server), und andere, die diese Ressource nutzen wollen (die Clients). Typischerweise ist die Kommunikation in Client-Server-Systemen sehr einfach strukturiert: ein Client sendet eine Anfrage an einen Server, der diese Anfrage bearbeitet und dann die Antwort an den Client zurücksendet.

[1] Auch wenn die Mittel dazu schon vorher vorhanden waren, wurde deren Verwendung erst zu jener Zeit populär.

Mit dem Aufkommen des World Wide Web wuchsen jedoch die Bedürfnisse, und die simple Client-Server-Struktur wurde vielfach als zu einschränkend empfunden. Als Ergebnis wurden mehrschichtige Beziehungen entworfen, die im Prinzip einer Komponente sowohl die Client- als auch die Server-Rolle zuwiesen. Während für diese Art von Architektur verschiedene Namen existieren, verwenden wir im Folgenden den Begriff *N-Tier-Architektur*. Gemeint ist im Wesentlichen, dass die Funktionalität in einem verteilten System nicht mehr nur auf zwei Schichten, nämlich üblicherweise einen Client, der die Anwendung darstellt, und einen Server, der die Daten verwaltet, verteilt ist, sondern auf mehrere. Eine erste Erweiterung führte das Drei-Schichten-System (3-Tier) ein, in dem auf dem Benutzerrechner nicht mehr der gesamte Anwendungscode, sondern nur noch eine dünne Darstellungsschicht ausgeführt wurde. Die Rolle der Server wurde verfeinert: Einerseits gab es immer noch die Daten-Provider aus dem alten System (also das Persistenzsystem), neu hinzu kam jedoch eine Server-Klasse, auf der nun der gesamte Anwendungscode lief und die an den eigentlichen Client nur noch Informationen zur Darstellung einer Seite schickte. Diese Idee wurde wenig später zum *4-Tier-System* ausgebaut, in dem die mittlere Server-Klasse noch weiter ausdifferenziert wurde: man vollzog die Trennung zwischen dem wirklich reinen Anwendungscode und der Berechnung des Layouts für die Darstellung der Seite. Die Aufgabenteilung ermöglichte eine weitere Steigerung bei der Effizienz der Anwendungserstellung. Heutige Web-Anwendungen, wie sie jeder kennt, sind überwiegend nach diesen Mustern konzipiert.

Ein wesentliches Problem dieser Architekturen besteht in ihrer sehr eingeschränkten Ausbaubarkeit. Zwar sind sie typischerweise öffentlich nutzbar, aber nur über eine ganz bestimmte Schnittstelle, nämlich das WWW. Eine massive Steigerung der Nutzbarkeit vieler Anwendungen oder auch nur Anwendungskomponenten wäre erreichbar, wenn diese Komponenten über reine Daten- oder Service-Schnittstellen eingebunden werden könnten und eben nicht über eine layoutorientierte grafische Schnittstelle, wie sie HTML-Dateien im Prinzip darstellen. Diese Überlegungen führten zur Einführung eines neuen Architekturkonzepts, den Service-orientierten Architekturen (*service-oriented architectures*, SOA). In diesem Konzept können beliebige Komponenten eines verteilten Systems mit einer Programmierschnittstelle ausgestattet und von beliebigen anderen Komponenten im System aufgerufen werden. Als Ergebnis ergibt sich eine ungeheure Steigerung der Möglichkeiten zur Kombination der Komponenten und damit zur Schaffung neuer Anwendungen. SOAs sind zum Zeitpunkt der Abfassung dieses Buches einer der Hype-Begriffe in der IT-Landschaft.

Neben diesen Mainstream-Architekturen hat sich jedoch auch eine Reihe von Nischenlösungen entwickelt. Die heute bekannteste – von einer Nische zu sprechen ist eigentlich auch nicht mehr korrekt – stellt die Idee des Web 2.0 bzw. schon bald Web 3.0 dar. Die Idee ist ganz ähnlich wie bei SOAs: Verwende existierende Softwarekomponenten, und baue sie zu neuen Anwendungen zusammen. Allerdings findet Web 2.0 nicht auf der Service-, sondern auf der grafischen Ebene statt: Komponenten von unterschiedlichsten Web-Seiten werden miteinander zu neuen

Web-Seiten und damit zu neuen Anwendungen kombiniert. Während sich SOA vor allem im Business-Umfeld und damit in einem meist abgeschlossenen Raum etabliert hat, spielt Web 2.0 heute eine wichtige Rolle im öffentlichen Internet, in dem es Anwendungen zur Verfügung stellt, die von jedermann genutzt werden können.

Weitere Nischenlösungen, die in diesem Buch dargestellt werden sollen, sind die *Ereignis-gesteuerten Architekturen* (*event-driven architectures*, EDA) sowie die Grid- und die Peer-to-Peer-Architekturen. Insbesondere Letztere sind von großem Interesse, da sie das Client-Server-Prinzip, das ja auch den N-Tier- und SOA-Architekturen zugrunde liegt, am radikalsten über Bord werfen: in einem Peer-to-Peer-System sind alle Partner gleichberechtigt; es gibt also keine Client- und Server-Rollen mehr. Am ehesten könnte man noch sagen, dass jede Komponente beide Rollen spielt, wie ein Client zwar Ressourcen nutzt, gleichzeitig aber auch wie ein Server Ressourcen anbietet. Ziel solcher Architekturen ist eine bessere Nutzung der verfügbaren Ressourcen, da auch die „Clients“ einbezogen werden.

Der folgende zweite Teil unseres Buches behandelt nun die hier nur kurz angerissenen Softwarearchitekturen im Detail.

Teil II

Architekturen für verteilte Systeme

Kapitel 3

Client-Server-Architekturen

Das Client-Server-Modell stellt das grundlegendste Konzept der Verteilung von Software auf verschiedene Systeme dar. In diesem Modell stellt ein *Anbieter* (Server) einen Dienst bereit, der von einem *Kunden* (Client) genutzt werden kann. Unter einem Dienst kann man dabei allgemein die Erledigung einer genau festgelegten Aufgabe verstehen. Im Kontext der verteilten Softwaresysteme könnte eine solche Aufgabe beispielsweise die Übermittlung einer bestimmten Web-Seite oder das Suchen und die Rückgabe eines bestimmten Datensatzes aus einem Datenbanksystem sein. Dabei wird typischerweise sowohl der Dienst als auch der den Dienst nutzende Kunde durch eine Software implementiert. Für die konkrete Realisierung der beiden Bestandteile sowie die Kommunikation zwischen ihnen sind die unterschiedlichsten Modelle, Protokolle und Anwendungsszenarien möglich.

Dieses grundlegende Modell für verteilte Software-Systeme findet man heutzutage in der Praxis sowohl in Reinform (Beispiele in Abschnitt 3.3) als auch als elementarer Bestandteil in komplexeren Systemarchitekturen. Das Prinzip des Client-Server-Modells wird also in den meisten der folgenden Kapitel in der einen oder anderen Form wiederaufgenommen werden.

3.1 Architekturkonzept

3.1.1 Einführung

Das Client-Server-Modell besitzt sehr viele Entsprechungen in der realen Welt. Man kann zum Beispiel einen Eisverkäufer als einen Server ansehen, der den Dienst *Eis verkaufen* an einer bestimmten Stelle in einer Stadt anbietet. Dieser Dienst kann von jeder Person genutzt werden, die an dieser Stelle vorbeikommt. Sie tritt dann in der Rolle des Clients auf. Ein typisches Merkmal des Client-

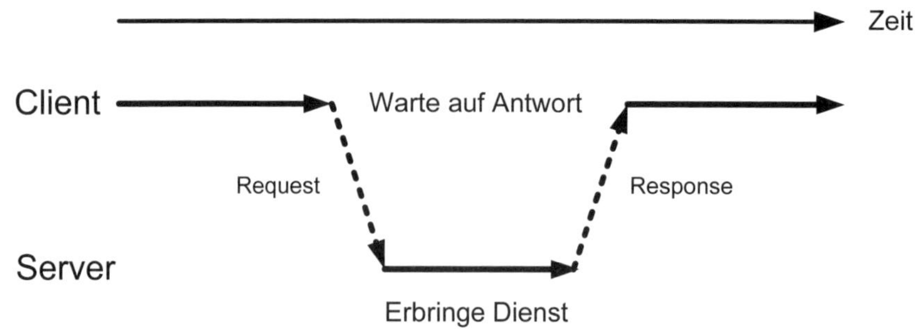

Abbildung 3.1: Ablauf der Kommunikation in einem typischen Client-Server-System

Server-Modells wird an diesem praktischen Beispiel deutlich: Der Client fordert beim Server einen bestimmten Dienst an („Eine Kugel Erdbeereis, bitte") und wartet dann, während der Server den Dienst erbringt, also z. B. eine Waffel nimmt und dort eine Kugel Erdbeereis hineinfüllt. Nachdem der Dienst erbracht ist, wird das Ergebnis (in diesem Fall das Eis) an den Kunden zurückgeliefert. Dieses Modell tritt natürlich nicht nur in der realen Welt, sondern vor allem in verteilten Softwaresystemen häufig auf.

Der typische Ablauf der Kommunikation im Client-Server-Modell ist in Abbildung 3.1 dargestellt. In diesem Modell gibt es also entsprechend zwei Akteure, den Client und den Server. Die Kommunikation wird vom Klienten initiiert, der eine Anfrage zur Nutzung eines angebotenen Dienstes an den Server übermittelt. Eine solche Anfrage wird häufig auch *Request* genannt. Der Server erhält die Anfrage, bearbeitet sie entsprechend der vereinbarten Aufgabe und liefert danach dem Client eine Antwort zurück, die meist *Response* genannt wird. Daher spricht man manchmal auch vom *Request-Response-Modell*.

3.1.2 Eigenschaften des Client-Server-Modells

Typisch für das Client-Server-Prinzip auf der physischen Ebene ist, dass die Kommunikation meist synchron abläuft, d. h. der Client wartet nach dem Absenden der Anfrage aktiv auf die Antwort des Servers. Wenn es als logisches Architekturprinzip verwendet wird, sind auch asynchrone Varianten des Client-Server-Modells möglich, bei denen der Client eine Anfrage an den Server stellt und von diesem benachrichtigt wird, wenn die Antwort vorliegt. Verschiedene physische Ausprägungen dieses Architekturkonzepts unterscheiden sich damit insbesondere im Kommunikationsprotokoll, d. h. der Sprache, in der Anfrage und Antwort formuliert werden. Typische Beispiele für solche Kommunikationsprotokolle sind HTTP, JDBC oder binäre, proprietäre Kommunikation.

Über das Kommunikationsprotokoll hinaus geht die Unterscheidung, welche Art von Diensten der Server anbietet. So gibt es weit mehr Arten von Diensten, als es

Kommunikationsprotokolle gibt. Z. B. kann HTTP zum Abrufen von Web-Seiten, aber auch zur Übertragung von Daten auf den Server verwendet werden. Außerdem gibt es eine Vielzahl von Diensten, die Web-Seiten ausliefern. Ein Client sollte also mit *einem* Kommunikationsprotokoll verschiedene Dienste nutzen können.

In der Natur eines Dienstes liegt es, dass mehrere Klienten ihn nutzen können. Einen Dienst nur für einen Klienten zu implementieren, dürfte sich selten rechnen. Daher gibt es typischerweise zu jedem Server viele Clients. Ein Datenbankserver hält die Daten für zahlreiche Client-Anwendungen bereit, oder ein File-Server wird von vielen Personen zur Ablage von Dateien verwendet. Aus Gründen der Effizienz können auch mehrere Request-Response-Paare zwischen Client und Server über dieselbe Verbindung abgewickelt werden. In diesem Falle muss man sich in der Abbildung 3.1 mehrere Request-Response-Paare während des Erbringens des Dienstes vorstellen. Außerdem muss der Server in diesem Fall natürlich in der Lage sein, die Kommunikation mit verschiedenen Clients gleichzeitig abwickeln zu können, d. h. er muss die jeweiligen Requests einem Client zuordnen können und für jeden Client einen Kommunikationskontext verwalten, in dem der aktuelle Zustand der Kommunikation gespeichert wird. Wie wir im Folgenden sehen, wird diese mehrstufige Kommunikation bei Sockets und Datenbank-Servern eingesetzt, bei Kommunikation im WWW über HTTP jedoch zunächst nicht.

Partitionierung und Replikation. In Fällen, in denen die Zahl der Nutzer eines Dienstes so groß wird, dass ein einzelner Server mit der Bearbeitung aller Anfragen überfordert wäre, werden die Mechanismen der Partition und Replikation eingesetzt, um die Bearbeitung aller Anfragen zu ermöglichen. Diese Mechanismen lassen sich auch kombinieren.

- Unter *Partitionierung* versteht man eine Aufteilung der zur Beantwortung der eingehenden Requests erforderlichen Ressourcen auf verschiedene Rechner. Jede Anfrage nach einer bestimmten Ressource wird physisch von demselben Rechner beantwortet, die Verteilung der Requests hängt von den angefragten Ressourcen ab.
- Bei der *Replikation* werden hingegen alle zur Beantwortung der Requests erforderlichen Ressourcen auf allen Rechnern, die für diesen Dienst als Server fungieren sollen, verteilt. Jeder beteiligte Rechner kann nunmehr jeden beliebigen Request bearbeiten (siehe auch Abbildung 3.2).

Typische Beispiele für diese Verteilungsmechanismen im Kontext des Client-Server-Modells sind das World Wide Web (WWW) für die Partitionierung, Server-Farmen für Zeitserver (NTP) sowie das Domain Name-System (DNS) für die Kombination aus Partitionierung und Replikation.

Die Anfrage einer bestimmten Seite aus dem WWW durch einen Client wird nach Auflösung des Namens in eine IP-Adresse an den entsprechenden Server mit dieser IP-Adresse delegiert. Jede Anfrage der gleichen Web-Seite wird an dieselbe IP-Adresse weitergeleitet.

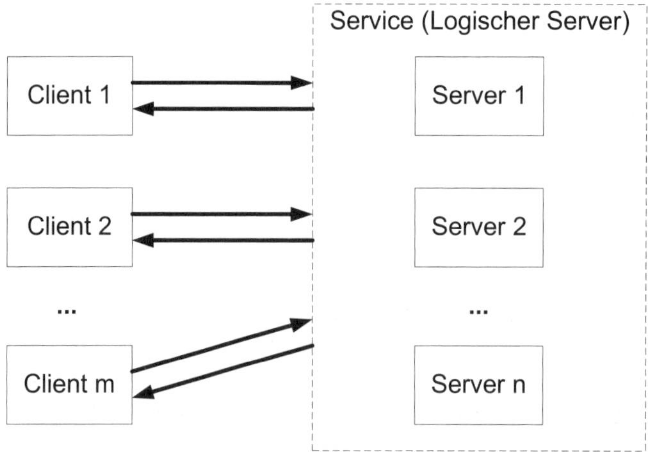

Abbildung 3.2: Server-Replikation: Jeder der Server 1 bis n kann eine Anfrage eines beliebigen Klienten 1 bis m beantworten. Der Klient weiß nicht, welcher Server physisch die Antwort liefert.

Zur Beantwortung von Anfragen zum Abruf der aktuellen Uhrzeit wird die genaue Zeit von Atomuhren auf zahlreiche physische Server verteilt. Jeder dieser Server kann diesen Dienst erbringen, die Verteilung der Anfragen auf die in Frage kommenden Server wird typischerweise automatisiert vorgenommen.

Ein DNS-Server kann zum Namen einer Domäne im Internet die zugehörige IP-Adresse ermitteln. Natürlich wäre ein einzelner Server mit der Beantwortung aller Anfragen hoffnungslos überlastet. Daher wird das gesamte Netz partitioniert, und für jede dieser Partitionen gibt es einen verantwortlichen Root-Server; die Partitionierung erfolgt insgesamt vielstufig, zunächst aber anhand der Top-Level-Domain (dem letzten Bestandteil des Namens). Gleichzeitig kann jeder DNS-Server Informationen über die ihm bekannten Adressen an andere Server weitergeben, so dass diese die anschließenden Anfragen direkt beantworten können (die Daten werden also repliziert). Insgesamt wird also eine Kombination von Partitionierung und Replikation angewendet.

Allen Verteilungsvarianten gemein ist, dass die Verteilung für den Client transparent ist, d. h. er kann Anfragen an einen logischen Server stellen und muss nicht wissen, dass dahinter ein verteilter Dienst arbeitet.

Mehrstufiges Client-Server-Modell. Bei komplexeren Diensten kann es passieren, dass ein Server zur Bearbeitung der vereinbarten Aufgabe die Dienste anderer Server in Anspruch nehmen muss. Dies führt dann dazu, dass der Server für den einen Dienst bei der Nutzung eines anderen Dienstes gleichzeitig wieder als Client auftritt. Dies illustriert Abbildung 3.3 noch einmal. Mit diesem Prinzip lassen sich komplexe Dienste aus einfachen Diensten zusammensetzen, ohne das

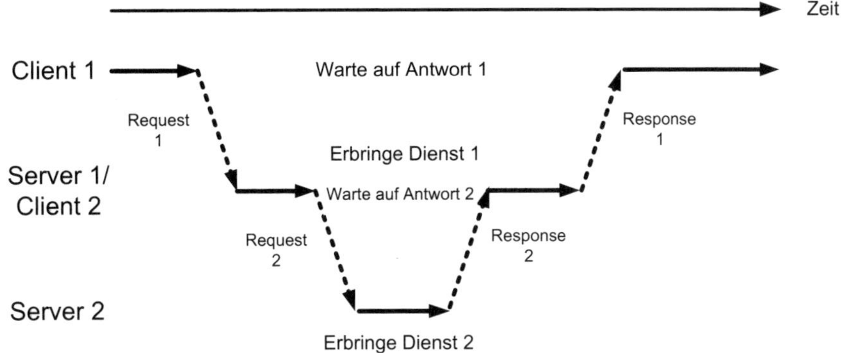

Abbildung 3.3: Ablauf der Kommunikation in einem System mit mehreren Servern, in dem Server1 seinerseits wieder als Client auftritt.

Client-Server-Prinzip zu verletzen. Außerdem erhält man so die Möglichkeit, die Dienste gut zu strukturieren. Allerdings verbietet sich eine zu tiefe Schachtelung der Strukturierung von Diensten in diesem Modell, da die Aufrufe typischerweise synchron ablaufen. Für jede Kommunikationsebene ist ein gewisser Basisaufwand erforderlich, der sich bei zu vielen Ebenen zu einem zu großen Gesamtaufwand summieren kann.

Beim Client-Server-Modell muss auf Seite des Clients das Kommunikationsprotokoll für Anfrage und Ergebnis unterstützt werden; außerdem muss der Client in der Lage sein, das Ergebnis sinnvoll zu verarbeiten. Weil das Protokoll und die Ergebnisverarbeitung häufig eine eher aufwändige Implementierung erfordern, kommen in diesem Modell häufig intelligente, gut ausgestattete Rechner zum Einsatz; diese werden auch *rich* oder *fat* Clients genannt.

3.2 Realisierungsplattformen

In diesem Abschnitt zeigen wir anhand dreier konkreter Beispiele, wofür das Client-Server-Modell in der Praxis genutzt werden kann.

3.2.1 WWW-Clients und -Server

Eine der wohl direktesten Realisierungen des Client-Server-Modells in der Praxis ist die Übertragung von Web-Seiten mithilfe des Protokolls HTTP, die man beim herkömmlichen Surfen im World Wide Web verwendet.

Ein Web-Server wird zunächst vom Betreiber gestartet, um bestimmte Web-Seiten zur Verfügung zu stellen, seinen Dienst also anzubieten. Ein Nutzer ruft diese Seiten ab, indem er in seinem Web-Browser die Adresse der gewünschten Seite angibt. Etwas allgemeiner ausgedrückt, spezifiziert er den Uniform Resource Locator (URL) einer Ressource, die er beziehen möchte. Beim Browsen wird dabei die URL typischerweise mit dem Präfix `http` beginnen. Nach dem Bestätigen der Adresse durch den Benutzer setzt der Browser die Anfrage in einen HTTP-Request (also eine Anfrage an den entsprechenden Web-Server) um. Für das Beziehen von Web-Seiten wird dabei meist ein so genannter HTTP-GET-Request erzeugt. Die Adresse des zu kontaktierenden Web-Servers wird aus der URL extrahiert (hier ist zunächst noch eine Ersetzung des symbolischen Namens durch die jeweilige IP-Adresse erforderlich). Der Rest der URL beschreibt die vom Server zu liefernde Ressource. Diese wird als Anfrage an den Server übergeben.

Der Server liest den Namen der gewünschten Ressource aus dem Request und prüft, ob er diese Ressource zur Verfügung stellen kann. In jedem Falle erzeugt er eine entsprechende Antwort (HTTP-Response), die einen Status-Code enthält, der die Bearbeitung des Requests beschreibt. Im positiven Falle wird am Ende der Antwort zusätzlich die gewünschte Ressource übertragen.

Die entsprechende Kommunikation mit Beispielnachrichten ist in den Abbildungen 3.4 und 3.5 noch einmal exemplarisch dargestellt. Die Kommunikation erfolgt bei HTTP zustandslos, d. h. nach dem Abschluss eines Request-Response-Zyklus

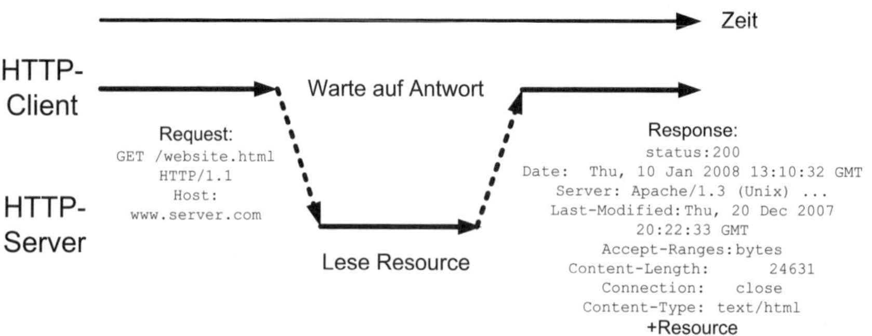

Abbildung 3.4: Ablauf der Kommunikation bei erfolgreichem HTTP-GET

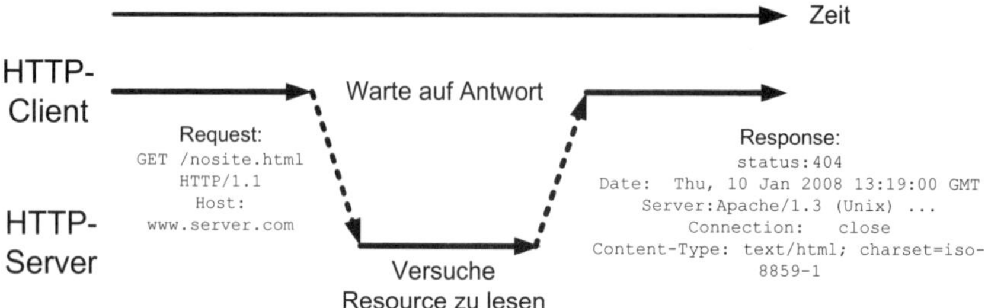

Abbildung 3.5: Ablauf der Kommunikation bei nicht erfolgreichem HTTP-GET

existieren (zumindest nicht durch das Protokoll) keine Informationen mehr über die zuvor durchgeführte Kommunikation. Tatsächlich wird HTTP heute auch als Basis für zustandsbehaftete Kommunikation eingesetzt, diese muss jedoch zusätzlich zum Protokoll implementiert werden.

Neben diesem einfachen Standardverfahren mit HTTP-GET können mit dem Protokoll HTTP auch andere Arten von Nachrichten gesendet werden, z. B. POST zum Senden weiterer Daten an den Server durch den Client. Diese Technik wird bei klassischen Web-Seiten häufig dazu benutzt, bestimmte durch den Client gewählte Parameter an den Server zu übermitteln. Des Weiteren kann die Kommunikation auch mit einer Client-Authentifizierung versehen werden, falls der Dienst nicht allen Nutzern des WWW zur Verfügung stehen soll. Da diese Erweiterungen jedoch in Bezug auf die Kommunikation zwischen Client und Server demselben Konzept folgen, wollen wir hier nicht weiter auf Details eingehen. Man findet diese z. B. in [51, 70] genauer erläutert.

3.2.2 Sockets

Bei den Sockets (engl. für Steckdose, Buchse) handelt es sich um *die* klassische Inkarnation des Client-Server-Modells. Mit einem Socket kann man die Kommunikation zwischen Client und Server realisieren, indem ein definierter Kommunikationskanal zwischen beiden festgelegt und etabliert wird. In der Praxis werden Sockets meist nicht als alleiniger Mechanismus verwendet, sondern dienen als Basis für komplexere Kommunikationsverfahren wie z. B. RMI oder CORBA. Das liegt auch daran, dass die eigentliche Kommunikation über Sockets keinem bestimmten Protokoll folgt, sondern es werden lediglich allgemein Byte-Ströme ausgetauscht. Auf dieser Ebene wird man häufig nicht direkt implementieren wollen, man kann sie aber sehr gut als Basistechnologie verwenden. Aufgrund der binären Kommunikation sind Sockets prinzipiell unabhängig von einer bestimmten Programmiersprache und können somit auch in heterogenen Systemen eingesetzt werden.

Die Kommunikation über Sockets basiert auf TCP/IP, da man ein Socket als Verbindung zwischen zwei Kommunikationsendpunkten verstehen kann, die jeweils durch IP-Adresse und Port identifiziert sind.

Ablauf der Socket-Kommunikation. Die Kommunikation über Sockets folgt typischerweise den folgenden Schritten, die auch Abbildung 3.6 darstellt:

1. Der Server bietet seinen Dienst an, indem er auf dem Server-Rechner ein Server-Socket auf einer bestimmten Port-Nummer öffnet, unter dem der Dienst angesprochen werden soll. Er wartet nun auf eingehende Anfragen.
2. Der Client stellt eine Verbindung zum Server her, indem er sich mit dem entsprechenden Server-Rechner auf dem geöffneten Port des Server-Socket verbindet.

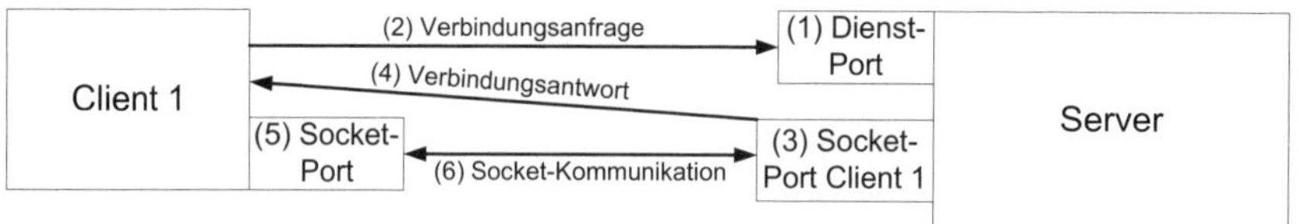

Abbildung 3.6: Typischer Ablauf der Kommunikation zwischen Client und Server bei Verwendung von Sockets.

3. Der Server akzeptiert die Anfrage des Clients und öffnet ein neues Socket auf dem lokalen Rechner auf einem noch nicht verwendeten Port.
4. Es wird die Anfrage des Clients mit dem nun für die Kommunikation mit ihm reservierten Socket beantwortet.
5. Der Client verarbeitet die Antwort, indem er ebenfalls ein Socket auf einem Port auf seinem Rechner öffnet und dieses für die weitere Kommunikation mit dem Server verwendet.
6. Client und Server führen die weitere Kommunikation über die geöffneten Ports durch.
7. Der Server kann inzwischen auf dem an den Dienst gebundenen Port weitere Anfragen anderer Clients entgegennehmen.

Die Sockets funktionieren also ähnlich einer Steckdose, in die das Verbindungskabel zwischen Client und Server gesteckt werden kann. Eine Realisierung dieses Kommunikationsmodells in der Programmiersprache Java findet sich in Abschnitt 3.3.1.

3.2.3 RPC am Beispiel Java Remote Method Invocation

Der *Remote Procedure Call (RPC)*, also der entfernte Aufruf von Prozeduren oder Methoden nach dem Client-Server-Modell, ist eines der zentralen Grundkonzepte für verteilte Anwendungen. Das Konzept geht mindestens bis 1976 zurück [97] u.a. als Sun RPC/ONC RPC und Apollo Computers NCS (*Network Computing System*). Letzteres wurde die Grundlage von DCE (*Distributed Computing Environment*), das wiederum deutlich später die Basis für Microsofts RPC (MSRPC) und Microsofts *Distributed Component Object Model (DCOM)* wurde (mehr dazu in Abschnitt 4.2.4).

Speziell als RPC für Java wurde von Sun *Java Remote Method Invocation* (Java RMI) entwickelt, das im Folgenden als RPC-Beispiel dient.

Java RMI [86] erlaubt den entfernten Methoden-Aufruf zwischen Java-Objekten, die in verschiedenen virtuellen Maschinen residieren. Für einen Client erfolgt der Aufruf transparent, sieht also wie ein gewöhnlicher Methoden-Aufruf aus. Bei Java RMI steht zudem eine verteilte *Garbage Collection* zur Verfügung, die recht be-

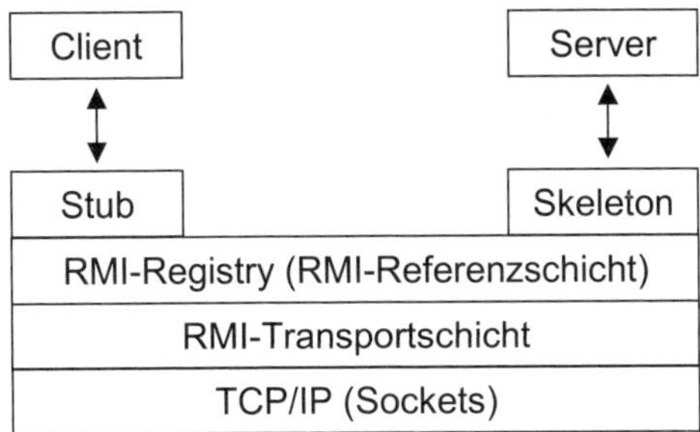

Abbildung 3.7: RMI-Architektur

quem nutzbar, allerdings nicht immer ganz unkritisch in ihrem Laufzeitverhalten ist. Ansonsten beschränkt sich Java RMI auf die einfachen Grundfunktionen des entfernten Methodenaufrufs, gegebenenfalls unter Einsatz verschlüsselter Kommunikation. Java RMI ist ferner ein kleiner Teil der weit umfassenderen *Java Enterprise Edition*, die in Abschnitt 4.2.3 dargestellt wird.

Zur Kommunikation kommen im Kern bei Java RMI sog. Stub- und Skeleton-Mechanismen zum Tragen, dargestellt in Abbildung 3.7. Stub-Mechanismen dienen auf Client-Seite dem Serialisieren von Methodenparametern in ein binäres Transportformat und sodann dem Senden an einen Server. Auf der Server-Seite nimmt dessen Rumpf (*Skeleton*) den Aufruf entgegen, entpackt die Parameter und ruft die passende Methode in der Server-Implementierung auf.

Seit Java 5.0 sind bei Java RMI die Stub- und Skeleton-Mechanismen quasi unsichtbar bei der Entwicklung. Die Eigenschaft der entfernten Zugreifbarkeit („remoting") wird erreicht, indem entfernte Java-Objekte bestimmte Interfaces (`java.rmi.Remote`) implementieren bzw. erweitern sowie von der Basisklasse (`UnicastRemoteObject`) erben. Letztere ist Teil der RMI-Transportschicht und stellt die Basis für TCP/IP-basierte Kommunikation bereit, die wiederum (typischerweise) auf den in Abschnitt 3.3.1 vorgestellten Sockets basiert. Hinzu kommt bei Client und Server die Behandlung der `RemoteException`, die zum Beispiel durch Netzwerkprobleme auftreten kann.

Zur Registrierung der in den Java-Umgebungen bekannten Objekte dient die RMI-Registry. Sie verwaltet Einstiegsnamen und Referenzen der verteilten Java-Objekte. Server-Objekte registrieren sich in ihr unter einem selbsterklärenden Namen. Unter diesem Namen können Clients nach dem passenden Server-Objekt suchen und danach direkt mit diesem Objekt per entferntem Methodenaufruf kommunizieren. Zur Vereinfachung der Entwicklung laden virtuelle Maschinen bei Bedarf Stub-Code einfach über das Netz nach, wobei gegebenenfalls Security-Restriktionen berücksichtigt werden.

3.2.4 Client und Datenbank-Server

Ein weiteres in der Praxis sehr verbreitetes Beispiel für den Einsatz des reinen Client-Server-Modells sind Datenbanksysteme. Das Datenbanksystem stellt einen Dienst bereit, der es ermöglicht, die Inhalte der Datenbank abzufragen, zu ändern oder zu löschen oder sogar ihre Struktur zu ändern. Dabei werden vom Datenbanksystem wesentliche Querschnittsaufgaben übernommen, um die sich der Nutzer des Systems dann keine Gedanken mehr machen muss. Zu diesen Aufgaben gehören die Sicherstellung eines sinnvollen Mehrbenutzerbetriebs, persistente Speicherung der Inhalte und Schemata, automatisierte Datensicherungen sowie die Möglichkeit zur Wiederherstellung eines früheren Systemzustands im Falle von wesentlichen Systemfehlern, wie z. B. Hardware-Ausfall.

Für das Client-Server-Konzept sind nur die vom Datenbankmanagementsystem für die Clients zur Verfügung gestellten Dienste von Bedeutung. Da ein Datenbanksystem typischerweise mithilfe von SQL-Befehlen gesteuert wird, muss der Client zur Nutzung der Dienste des Servers in diesem Fall ein (oder mehrere) SQL-Statements in einem Request übermitteln, die der Datenbank-Server dann ausführt. Falls die Statements dies vorsehen, werden im Response die gewünschten Daten an den Client zurückgeliefert, ansonsten nur eine Erfolgs-/Misserfolgsmeldung. Der Ablauf der Kommunikation folgt also prinzipiell dem in Abbildung 3.1 dargestellten Schema.

Statisches und Dynamisches SQL. Prinzipiell unterscheidet man bei der Client-Server-Kommunikation mit einem Datenbanksystem zwischen statischem und dynamischem SQL. Der Unterschied liegt darin, ob auf der Seite des Clients bereits zur Entwicklungszeit die an den Server zu sendenden Anfragen feststehen (statisches SQL) oder ob diese Anfragen erst zur Laufzeit festgelegt werden (dynamisches SQL). Bei statischem SQL (Anwendungsbeispiele sind hier Embedded SQL, siehe auch Abschnitt 3.3.3, und SQLJ) wird der SQL-Code, der als Anfrage an den Server zu senden ist, direkt in den Quelltext der Client-Anwendung geschrieben. Die Verwendung von statischem SQL ermöglicht dem Programmierer des Clients eine einfache Formulierung der gewünschten Anfragen und entlastet ihn von den Details der eigentlichen Kommunikation mit dem Datenbank-Server. Ein so genannter Prä-Compiler (der also vor dem eigentlichen Kompilieren der Client-Anwendung eingesetzt wird) übersetzt dann zunächst die vorhandenen SQL-Anweisungen im Client-Programm in Aufrufe, die später an den Server gesendet werden können. Der so erzeugte Quelltext ist in derselben Sprache wie die Client-Anwendung gehalten, so dass diese danach wie üblich kompiliert werden kann. Die Ausführung erfordert dann üblicherweise noch das Einbinden von Datenbank-spezifischen Bibliotheken für die eigentliche Kommunikation. Die Vorteile von statischem SQL sind die Syntaxprüfung bereits zur Kompilierzeit sowie die Möglichkeit der Optimierung der Requests durch den Prä-Compiler. Code-Beispiele für den Einsatz von statischem SQL in einem C-Programm finden sich in Abschnitt 3.3.3.

Der größte Nachteil von statischem SQL ist die geringe Flexibilität, da die Anfragen bereits zur Entwicklungszeit festgelegt werden müssen. Für viele Anwendungen ist dies eine zu große Einschränkung. Als Beispiel stellen wir uns als Client-Anwendung eine einfache Maske vor, in die der Nachname eines Mitarbeiters eingetragen werden kann. Nach einer Bestätigung werden dann von einem Datenbank-Server alle weiteren Daten zu diesem Mitarbeiter geladen und dargestellt. Dabei werden die Daten abhängig von der Art des Mitarbeiters aus der Tabelle `Angestellter` oder `Freiberufler` geladen. Es wird also abhängig von der Benutzereingabe eine Anfrage an die Datenbank erzeugt. Dies ist mit statischem SQL nicht möglich.

Bei der Verwendung von dynamischem SQL (praktische Beispiele sind hier ODBC, JDBC sowie die Call-Level-Interfaces der Datenbanken) ist dies leicht möglich. Die an den Datenbank-Server gesendete Anfrage wird hierbei in einer Variablen (oftmals einem String) der Client-Anwendung zur Laufzeit zusammengestellt. Wenn die Anfrage komplett ist, wird sie an den Datenbank-Server übermittelt und die Antwort abgewartet. Diese kann dann von der Client-Anwendung weiterverarbeitet werden. Bei der Zusammenstellung der Anfrage in der Client-Anwendung hat der Programmierer alle Möglichkeiten, die ihm die verwendete Sprache bietet, da der gesamte Programm-Code in der Client-Sprache erstellt wird und die an den Server zu sendenden Anfragen lediglich in Variablen dieser Sprache abgelegt werden. So ist es in JDBC beispielsweise möglich, zur Laufzeit die Werte von Anfrageparametern zu setzen, die anzufragende Tabelle festzulegen oder auch neue Tabellen mit dynamisch festgelegter Struktur zu erzeugen. Den großen Vorteil der Flexibilität bei dynamischem SQL erkauft man sich mit dem Nachteil, dass es zu Laufzeitfehlern kommen kann, da die Anfragen erst Server-seitig auf syntaktische Korrektheit geprüft werden können. Außerdem ist die Ausführungszeit größer als bei statischem SQL, da die Anfragen nicht schon zur Kompilierzeit optimiert werden können.

Allgemeines. Werden SQL-Anfragen an den Server gesendet, so besteht unabhängig von der verwendeten Variante (statisch oder dynamisch) die Antwort auf eine solche Anfrage aus einer Relation bzw. Tabelle. Da die typischen Client-Sprachen zumeist keinen Datentyp für solche Relationen vorhalten, wird auf Seite des Clients das Anfrageergebnis zeilenweise verarbeitet. Dazu bieten die verwendeten Client-Sprachen eigene Konstrukte an, z. B. `ResultSet` in JDBC oder ein `CURSOR` in Embedded SQL.

Da der Aufwand für den Aufbau der Verbindung zum Server jedoch im Verhältnis zum Aufwand für ein Request-Response-Paar im Falle der Datenbank-Kommunikation besonders groß ist (weil das Kommunikationsprotokoll im Vergleich zu etwa HTTP wesentlich komplexer ist und so auch wesentlich komplexere Anfragen ermöglicht), wird eine einmal aufgebaute Verbindung häufig vom Client länger gehalten und für mehrere Anfragen an den Server genutzt. So wird im Durchschnitt eine kürzere Antwortzeit pro Anfrage erreicht, was sowohl für statisches als auch für dynamisches SQL gilt. Dies ermöglicht es außerdem, das Transaktionsverhalten durch den Client zu steuern, indem der Client eine Menge von Requests als zu einer Transaktion gehörig festlegt. Durch spezielle Requests wird dem Server signalisiert, dass eine Datenbank-Transaktion nun abgeschlossen ist. Dies stellt im Prinzip eine Erweiterung des Client-Server-Modells dar, da der Server nunmehr mehrere Anfragen des Clients einander zuordnen kann. Dies ist vergleichbar mit der Nutzkommunikation bei Sockets (vgl. Abschnitt 3.2.2), bei der auch mehrere Kommunikationsschritte über denselben Kanal abgewickelt wurden. Tatsächlich setzt beispielsweise der Oracle-JDBC-Thin-Treiber intern direkt auf Sockets bei der Kommunikation mit der Datenbank auf.

Während das Client-Server-Modell bei Datenbank-Servern früher häufig als Gesamtarchitektur für ein Software-System eingesetzt wurde, wird es heute zumeist als Architektur einer Teilkomponente eines größeren Systems verwendet. Die erforderliche Leistungsfähigkeit der Software wäre ansonsten nicht zu erreichen. Dieser Aspekt wird in den weiteren Kapiteln dieses Buches noch genauer untersucht.

3.3 Code-Beispiele

3.3.1 Sockets

In diesem Abschnitt wollen wir uns exemplarisch ansehen, wie eine Kommunikation mit Sockets in Java abgewickelt wird. Die Beschreibung folgt dabei dem prinzipiellen Ablauf der Socket-Kommunikation wie Abschnitt 3.2.2 ihn beschreibt.

Zunächst muss also gemäß Schritt 1 der Server gestartet werden; dazu ist der Port festzulegen, auf dem der Server auf Anfragen warten soll. Die Implementierung des Servers könnte dabei in etwa wie in Listing 3.1 aussehen.

Listing 3.1: Java-Implementierung der Server-Seite für Sockets

```
import java.io.IOException;
import java.net.ServerSocket;
import java.net.Socket;

public class SocketServer extends Thread {

  private ServerSocket theServer;

  public SocketServer(int socketport) {
    try {
      theServer = new ServerSocket(socketport);
    } catch (IOException e) {
      // TODO
    }
    System.out.println("Server␣listen␣port␣" + socketport);
    this.start();
  }
```

```
  public void run() {
    while (true) {
      System.out.println("Waiting␣for␣connections.");
      try {
        Socket socketToClient = theServer.accept();
        System.out.println("Accepted␣a␣connection␣from:␣"
            + socketToClient.getInetAddress());
        ClientHandler t = new ClientHandler(socketToClient);
        t.start();
      } catch (IOException e) {
        // TODO
      }
    }
  }
}
```

Zu beachten ist, dass Java in den Standard-Bibliotheken bereits eine Implementierung von Sockets besitzt (`java.net.Socket` bzw. `java.net.ServerSocket`), die hier natürlich genutzt werden sollte, da sie von der konkreten Kommunikation abstrahiert. Im Konstruktor wird der Server-Port geöffnet und der eigentliche Server gestartet. Dieser wartet nun auf eingehende Anfragen.

Solche Anfragen wiederum kommen vom Client, der in Java wie in Listing 3.2 implementiert werden könnte.

Listing 3.2: Java-Implementierung der Client-Seite für Sockets

```
public class SocketClient {
  private Socket clientSocket;

  public static void main(String argv[]) {
    SocketClient sc = new SocketClient();
    try {
      sc.setUp("IP-Adresse", 4711);
      sc.communicate();
      sc.close();
    } catch (UnknownHostException e) {
      // TODO
    } catch (IOException e) {
      // TODO
    }
  }

  private void setUp(String serveraddress, int serverport)
      throws UnknownHostException, IOException {
    clientSocket = new Socket(serveraddress, serverport);
  }

  private void communicate() {
```

```
      // Hier wird die tatsächliche Nutzkommunikation über das
      // Socket abgewickelt
  }

  private void close() throws IOException {
    clientSocket.close();
  }
}
```

In der `main`-Methode des Client wird zunächst `setUp` aufgerufen, das die Verbindung zum Server herstellt (Schritt 2 in Abschnitt 3.2.2). Dazu sind die IP-Adresse sowie der Server-Port erforderlich. Auf Server-Seite wird nunmehr ein Socket für diesen Client eröffnet (Zeile 23 in Listing 3.1) und die weitere Bearbeitung der Kommunikation an einen `ClientHandler` in einem eigenen Thread delegiert. Dies ist wichtig, da der Server nunmehr sofort wieder für weitere Anfragen anderer Clients bereit ist und somit mehrere Anfragen parallel bearbeitet werden können. Die Schritte 4 und 5 aus Abschnitt 3.2.2 werden nun im Hintergrund von den Klassen der Java-Bibliothek ausgeführt, die die Details der Kommunikation aushandeln. Insbesondere sind die konkret für die Kommunikation genutzten Ports für den Java-Programmierer transparent.

Dem `ClientHandler` wird das für den aktuellen Client geöffnete Socket übergeben. Mithilfe dieses Objektes lässt sich dann die konkrete Kommunikation mit dem Client abwickeln. Dies ist exemplarisch in der Klasse in Listing 3.3 zur Kommunikation mit Strings dargestellt.

Listing 3.3: Java-Implementierung für die Server-seitige Verarbeitung der Kommunikation mit einem einzelnen Client

```
import java.io.*;
import java.net.Socket;

class ClientHandler extends Thread {
  Socket socketToClient;

  ClientHandler(Socket client) {
    socketToClient = client;
  }

  public void run() {
    BufferedReader input;
    try {
      input = new BufferedReader(new InputStreamReader(
          socketToClient.getInputStream()));
      BufferedWriter out = new BufferedWriter(new
          OutputStreamWriter(
              socketToClient.getOutputStream()));
      out.write("Server␣Message␣\n");
      out.flush();
```

```
        System.out.println("Client␣" +
            socketToClient.getInetAddress()
            + "␣sends:␣" + input.readLine());
        out.close();
        input.close();
        socketToClient.close();
      } catch (IOException e) {
        // TODO
      }
  }
}
```

Das Socket besitzt je einen `Input`- und `OutputStream`, mit denen Daten vom Client empfangen bzw. an ihn gesendet werden können. Die Kommunikationsmethode auf Seite des Client sieht ähnlich aus, da sie ebenfalls auf der Klasse `Socket` basiert. Konkret muss sie natürlich immer genau entgegengesetzt funktionieren, d. h. wenn der Server sendet, muss der Client empfangen und umgekehrt.

3.3.2 RPC mit Java RMI

Ein einfacher „Hallo"-Client nebst dazugehörigem Server soll als Code-Beispiel für eine Java RMI-Anwendung dienen, die den entfernten Methodenaufruf (RPC) illustrieren soll.

Die Anwendung besteht aus folgenden Teilen:

- Hallo.java: Die gemeinsame Remote-Schnittstelle als Kontrakt für Client und Server.
- HalloImpl.java: Die Implementierung der `Remote`-Schnittstelle durch den Server.
- HalloServer.java: Das Server-Hauptprogramm.
- HalloClient.java: Ein Java RMI-Client als zum Hallo-Server passendes Beispiel.

Als Kontrakt für Client und Server dient eine gemeinsame `Remote`-Schnittstelle, die direkt in Java spezifiziert ist. Der folgende Code zeigt sie:

Listing 3.4: Java RMI Hallo-Beispiel: Gemeinsame `Remote`-Schnittstelle

```
import java.rmi.Remote;
import java.rmi.RemoteException;

public interface Hallo extends Remote {
  String sageHallo() throws RemoteException;
}
```

Die `Remote`-Schnittstelle besteht lediglich aus einer Methode, `sageHallo()`, die eine Zeichenkette liefert. Zu beachten ist die `RemoteException`, da eine entfernt aufrufbare Methode bereitgestellt wird, deren Aufruf über das Netz aus den verschiedensten Gründen fehlschlagen könnte.

Der Hallo-Server besteht aus zwei Klassen, die im folgenden Code-Abschnitt zusammengefasst sind:

Listing 3.5: Java RMI Hallo-Beispiel: Server-Code-Abschnitte

```
public class HalloImpl
  extends java.rmi.server.UnicastRemoteObject
  implements Hallo {
  public HalloImpl() throws java.rmi.RemoteException {
  }
  public String sageHallo() throws java.rmi.RemoteException {
    return "Hallo␣Welt";
  }
}

public class HalloServer {
  public static void main(String args[]) {
    try {
      // Erzeuge ein Objekt für den Remote-Zugriff.
      HalloImpl obj = new HalloImpl();
      // Registriere das Objekt unter dem
      // Namen 'meineRemoteObjRef'. Unter diesem Namen
      // kann ein Client auf das Objekt zugreifen.
      String remoteObjId = "//localhost/meineRemoteObjRef";
      java.rmi.Naming.rebind(remoteObjId, obj);
    } catch (Exception e) {
      ...
    }
  }
}
```

In der `HalloImpl()`-Klasse wird die `sageHallo()`-Methode implementiert, die lediglich eine „Hallo Welt"-Zeichenkette zurückgibt. Die `HalloServer()`-Klasse erzeugt in ihrem Hauptprogramm eine Instanz der Impl-Klasse und registriert diese bei der RMI-Registry, damit sie für entfernte Client-Aufrufe zur Verfügung steht.

Zuletzt zeigt der folgende Code-Abschnitt einen Beispiel-Client für den Hallo-Server. Der Client sucht in der RMI-Registry nach dem passenden Server und ruft dann die `sageHallo()`-Methode auf.

Listing 3.6: Java RMI Hallo-Beispiel: Client-Code

```
import ...
public class HalloClient {
  public static void main(String[] args) {
    try {
      String remoteObjRef = "//localhost/meineRemoteObjRef";
      Hallo obj = (Hallo) java.rmi.Naming
```

```
                                .lookup("rmi:" + remoteObjRef);
            String message = obj.sageHallo();
            System.out.println(message);
        } catch (Exception e) {
            ...
        }
    }
}
```

3.3.3 DB-Client und DB-Server

In diesem Abschnitt wollen wir uns ein Beispiel für den Einsatz von statischem SQL ansehen, indem wir den Code für einen Embedded SQL C-Client und einen Datenbank-Server analysieren.

Im Beispiel nehmen wir an, dass die Datenbank eine Tabelle `MITARBEITER` enthält, in der (mindestens) die Felder `NUMMER`, `NAME` und `GEHALT` existieren. Unser Client-Programm soll die Daten (Nummer, Name, Gehalt) der Angestellten aus der Datenbank lesen und ausgeben. Dabei sollen die Angestellten in alphabetischer Reihenfolge gelesen werden, und ein Satz wird nur ausgegeben, wenn alle drei Attribute mit einem Wert gefüllt sind.

Dazu müssen wir im Programm auf der Client-Seite zunächst eine Verbindung mit dem Datenbank-Server herstellen. Benötigt wird mindestens die Information, wo der Server zu erreichen ist (die Details zu dieser Information hängen vom verwendeten Datenbanksystem ab; hier wird für PostgreSQL die Form `dbname@hostname:port` verwendet). Außerdem wird meistens ein Datenbank-Benutzername sowie das zugehörige Passwort benötigt. Diese sind hier zur Vereinfachung direkt als Konstanten im Quelltext eingetragen; aus Gründen der Sicherheit würde eine produktive Implementierung natürlich anders aussehen. Um die einmal hergestellte Verbindung Client-seitig mehrfach verwenden zu können, wird ferner ein Name für die Verbindung vergeben. Insgesamt ergibt sich damit der in Listing 3.7 dargestellte Quelltext für die Herstellung der Verbindung zum Datenbank-Server.

Listing 3.7: C-Implementierung einer Verbindung mit einem Datenbank-Server

```
EXEC SQL BEGIN DECLARE SECTION;
  const char *database = "mydb@db.dbdomain.org:4712";
  const char *user = "john";
  const char *password = "doe";
EXEC SQL END DECLARE SECTION;
EXEC SQL CONNECT TO :database AS clientConn USER :user
                               IDENTIFIED BY :password;
```

Nachdem die Verbindung zum Server hergestellt ist, können wir nun die eigentliche Nutzkommunikation, d. h. das Auslesen der gewünschten Daten, starten. Dazu benötigen wir zunächst zur Aufnahme der Werte für einen Mitarbeiter Variablen in unserer Client-Anwendung. Da diese später mit den vom Server übergebenen Werten gefüllt werden müssen, deklarieren wir diese innerhalb eines `EXEC SQL`-Blocks. Eine Datenbank kennt das Konzept des NULL-Wertes, der eine fehlende Information repräsentiert. Dieses Konzept ist in der Sprache C nicht bekannt, so dass wir für jede Variable, die mit einem Wert aus der Datenbank gefüllt wird, noch eine so genannte Indikatorvariable benötigen, die anzeigt, ob der Wert in der Datenbank NULL war (repräsentiert durch eine negative Zahl in der Indikatorvariable) oder nicht. Außerdem können wir in unserer Client-Anwendung nicht das gesamte Anfrageergebnis (das ja wieder eine Relation darstellt) auf einmal verarbeiten, sondern wir verarbeiten es zeilenweise. Um dies zu ermöglichen, definieren wir einen so genannten Cursor, der zeilenweise durch das vom Datenbank-Server gelieferte Ergebnis läuft. In der Definition wird die konkret auszuführende SQL-Anfrage festgelegt. Diese Aufgaben übernimmt der Quelltext in Listing 3.8.

Listing 3.8: Deklaration eines Cursors auf Client-Seite zur Verarbeitung eines Anfrageergebnisses

```
EXEC SQL BEGIN DECLARE SECTION;
  int aktnr;
  int aktnr_ind;
  VARCHAR(50) aktname;
  int aktname_ind;
  float aktgehalt;
  int aktgehalt_ind;
EXEC SQL END DECLARE SECTION;
EXEC SQL DECLARE mitarbeiter_cur CURSOR FOR
    SELECT nummer, name, gehalt FROM mitarbeiter
    ORDER BY name;
```

Schließlich müssen wir den soeben deklarierten Cursor noch öffnen (dies sorgt für die Ausführung der Anfrage auf Server-Seite) und können dann zeilenweise (mit `FETCH`) die Ergebnisse vom Datenbank-Server beziehen. Wir lesen also in einer Endlosschleife so lange die Ergebniszeilen ein, wie es solche gibt. Sind alle Zeilen verarbeitet, so springen wir (mit Hilfe der Zeile 12 im folgenden Listing) aus der Schleife heraus und schließen den Cursor. Das eigentliche Lesen einer Ergebniszeile erledigen die Zeilen 10 und 11 im folgenden Listing: die Attribute des aktuellen Angestellten werden den lokal definierten Variablen zugewiesen (diese werden auch *Host-Variablen* genannt, da sie von der Client-Sprache für die Gastwerte aus der Datenbank zur Verfügung gestellt werden). Außerdem wird die Information über eventuelle NULL-Werte in der Datenbank den Indikatorvariablen zugewiesen. Zur Vereinfachung des Beispiels werden nur Datensätze ausgegeben, die keine NULL-Werte enthalten.

Listing 3.9: Zeilenweise Bearbeitung der Anfrageergebnisse aus einem Cursor in C

```
19 EXEC SQL OPEN mitarbeiter_cur;
20 do {
21   EXEC SQL FETCH mitarbeiter_cur INTO :aktnr :aktnr_ind,
22               :aktname :aktname_ind, :aktgehalt aktgehalt_ind;
```

```
  EXEC SQL WHENEVER NOT FOUND GOTO READY;
  if ((aktname_ind>=0)&&(aktnr_ind>=0)&&(aktgehalt_ind>=0)) {
    printf("Angestellter␣mit␣Nr␣%i␣und␣Name␣%s␣und␣Gehalt␣%f
␣␣␣␣␣␣␣␣␣␣␣␣gefunden.\n", aktnr, aktname, aktgehalt);
  }
} while (true);
READY:
EXEC SQL CLOSE mitarbeiter_cur;
printf("Ausgabe␣abgeschlossen!\n");
EXEC SQL COMMIT;
```

Nachdem die aktuelle Transaktion auf dem Datenbank-Server durch die letzte Zeile des vorangehenden Listings bestätigt wurde, kann der Client die weiterhin bestehende Verbindung zur Datenbank nun für weitere Requests nutzen. Ist die Arbeit mit dem Datenbank-Server abgeschlossen, sollte die Verbindung noch explizit geschlossen werden, damit der Server keine unnötigen Informationen für den nun aus seiner Sicht inaktiven Client mehr vorhalten muss. Dies erledigt der folgende Quelltext.

Listing 3.10: Beenden der Verbindung mit dem Datenbank-Server in C

```
EXEC SQL DISCONNECT clientConn;
```

Um den hier dargestellten Quelltext zu kompilieren, ist wie schon zuvor erwähnt zunächst ein Prä-Compiler zu starten, der die `EXEC SQL`-Blöcke in korrekten C-Quelltext für das zu verwendende Datenbanksystem übersetzt. Danach wird das Programm wie üblich kompiliert und anschließend gebunden. Beim Binden sind dann zusätzlich die für das jeweilige Datenbanksystem erforderlichen Bibliotheken mit einzubinden.

Kapitel 4

3- und N-Tier-Architekturen

Um die Komplexität großer Softwaresysteme in den Griff zu bekommen, müssen sie in überschaubare Komponenten zerlegt werden. Die Softwarearchitektur gliedert sich deshalb fast immer in mehrere voneinander getrennte Schichten (engl. *tier*), die klar abgegrenzte Aufgaben übernehmen. Die klassische Aufteilung unterscheidet drei Schichten: Präsentations-, Anwendungs- und Persistenzschicht, die bei Bedarf noch weiter aufgeteilt werden können.

Neben dem Argument der besseren Strukturierung gibt es jedoch einen weiteren Grund für eine Schichtenarchitektur: die Schichten können auf verschiedene Rechner verteilt werden. Verteilte Systeme besitzen eine Reihe von Vorteilen [88]:

- *Zentrale Datenhaltung:* Verteilte Systeme spiegeln oft die realen Gegebenheiten wider. Im Normalfall gibt es mehrere Benutzer, die gleichzeitig auf denselben Datenbestand zugreifen, Informationen austauschen oder Systemdienste nutzen wollen.
- *Skalierbarkeit:* Verteilte Systeme ermöglichen es, ein Softwaresystem auf mehrere Rechner zu verteilen. Auftretende Performanz-Probleme können dann durch die Hinzunahme weiterer Rechner gelöst werden. Ein verteiltes System lässt sich an die Leistungserfordernisse anpassen und ist somit gut skalierbar.
- *Fehlertoleranz:* Softwarekomponenten können repliziert und auf mehreren Rechnern zur Verfügung gestellt werden. Trotz Ausfall eines Rechners können so alle Dienste aufrechterhalten werden, sodass das Gesamtsystem verfügbar bleibt.

Wenn von 3- oder N-Tier-Architekturen gesprochen wird, ist meist die Anzahl der physikalischen Schichten gemeint. Im Folgenden stellen wir die grundlegenden Konzepte von 3- und N-Tier-Architekturen und ihre technologische Umsetzung vor.

4.1 Architekturkonzepte

Schichten lassen sich als spezielle Teilsysteme betrachten, die eine besonders lose Kopplung aufweisen und nur sehr eingeschränkt miteinander kommunizieren, siehe Abbildung 4.1. Eine Schicht N stellt Dienste zur Verfügung, die ausschließlich von der direkt darüber liegenden Schicht $N+1$ genutzt werden können. Die Schicht N ihrerseits kennt nur die unmittelbar unter ihr befindliche Schicht, deren Dienste sie nutzt.

So entsteht eine sehr lose gekoppelte Struktur, die gegenüber Änderungen robust ist: jede Schicht kapselt ihre Komplexität und bietet der Außenwelt eine schmale Schnittstelle an. Änderungen der Schnittstelle betreffen nur die darüberliegende Schicht. Innerhalb einer Schicht vorgenommene Änderungen wirken sich nicht nach außen aus.

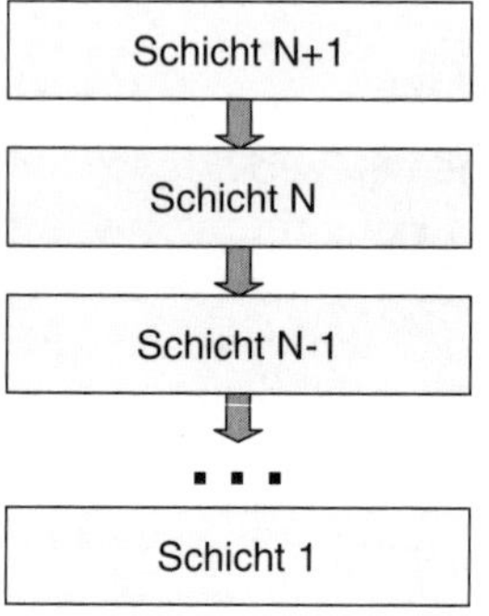

Abbildung 4.1: Schichtenarchitektur

4.1.1 Dreischichtige Architekturen

Die meisten Systeme sind aus drei logischen Softwareschichten aufgebaut: der Präsentations-, Anwendungs- und Persistenzschicht (siehe Abbildung 4.2). Diese drei Schichten spiegeln die grundsätzlichen Aufgaben von Softwaresystemen wider. Standard-Softwaresysteme benötigen meistens:

- eine Benutzungsoberfläche, um Daten darzustellen und auf Benutzereingaben zu reagieren;
- fachliche Objekte und fachliche Logik, um Geschäftsprozesse abzubilden;
- Dienste, die für die dauerhafte (persistente) Verwaltung der fachlichen Daten in einem Datenbanksystem sorgen.

Aus dieser Aufteilung leiten sich unmittelbar die Schichten und deren Verantwortlichkeiten ab [20]. Dabei lässt sich jede Schicht weiter aufteilen.

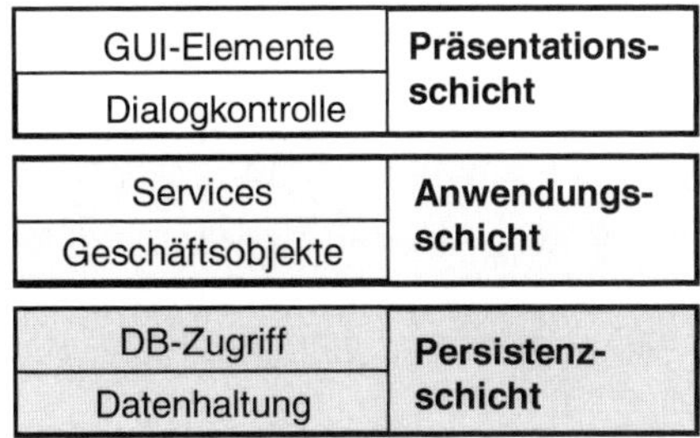

Abbildung 4.2: Die drei logischen Softwareschichten

- **Präsentationsschicht**: dient der Interaktion mit dem Benutzer. Dabei können zwei Aspekte unterschieden werden:

  - *GUI-Elemente:* Einerseits stellt die Präsentationsschicht die Daten der fachlichen Objekte auf einer Benutzungsoberfläche (*Graphical User Interface – GUI*) in geeigneter Form dar. Dies geschieht durch die typischen Darstellungsmittel wie Textfelder, Radiobuttons, Checkboxen usw. Darüber hinaus kann ein Benutzer – bspw. durch Click auf einen Button – Ereignisse auf der Benutzungsoberfläche auslösen, die an die Anwendungsschicht weitergeleitet werden und dort einen Geschäftsprozess anstoßen.
  - *Dialogkontrolle:* Darüber hinaus nimmt die Präsentationsschicht auch Aufgaben der Dialogkontrolle wahr: sie sendet Daten an die Anwendungsschicht, bereitet von dort erhaltene Daten geeignet auf und wählt ein Folgefenster für die Darstellung aus.

  Zur Erreichung einer losen Kopplung weiß die Präsentationsschicht möglichst wenig von der Geschäftslogik. Darüber hinaus soll sie – im Sinne einer Schichtenarchitektur – keinerlei Kenntnisse über die Persistenzschicht besitzen.

- **Anwendungsschicht:** Hier werden sämtliche fachlichen Funktionalitäten der Anwendung realisiert. Dabei lassen sich wiederum zwei Teilschichten unterscheiden:

  - *Service-Schicht:* stellt Methoden und Dienste zur Verfügung, um die Geschäftsprozesse einer Anwendung zu realisieren. Die zur Verfügung gestellten Dienste erfüllen insbesondere die Erfordernisse der Präsentationsschicht: GUI-Ereignisse sollen Prozesse auslösen oder Daten aus der Anwendungsschicht abfragen können, indem sie Dienste der Anwendungsschicht aufrufen. Die Dienste der Service-Schicht sind meist zustandslos und legen gegebenenfalls den Start und das Ende einer Transaktion fest.
  - Die *Geschäftsobjekt-Schicht* implementiert in einem Objektmodell die Konzepte der Domäne, d.h. die zu verwaltenden Daten und deren Beziehungs-

geflecht. In der Regel werden die Daten der Geschäftsobjekte persistent in einem Datenbanksystem verwaltet.

Die Anwendungsschicht soll eine lose Kopplung zu den beiden anderen Schichten aufweisen. Deswegen besitzt sie keinerlei Kenntnis über Fensterobjekte der Präsentationsschicht und greift auf die Persistenzschicht nur über eine wohldefinierte schmale Schnittstelle zu. Insbesondere besitzt sie idealerweise kein konkretes Wissen darüber, wie Daten persistent verwaltet werden, bspw. ob eine relationale Datenbank genutzt wird und welche Datenbanktabellen es gibt.

- **Persistenzschicht:** sorgt dafür, dass die Geschäftsobjekte dauerhaft gespeichert und auch wieder geladen werden können.

  - Die *Datenhaltung* geschieht zunächst durch ein entsprechendes Datenbanksystem, das die eigentliche Datenspeicherung und -verwaltung übernimmt. In der Praxis übernimmt diese Aufgabe meist ein relationales Datenbanksystem.
  - Darüber hinaus gehört zur Persistenzschicht der Datenbank-Zugriffscode, der – im Falle einer relationalen Datenbank – für die Abbildung der fachlichen Objekte auf das relationale Datenbankmodell sorgt, das sogenannte *O/R-Mapping* (*object to relational mapping*). Die Persistenzschicht kennt deshalb die Details des Datenbankschemas, in dem die fachlichen Daten verwaltet werden.

  Im Sinn einer losen Kopplung weiß die Persistenzschicht möglichst wenig von den beiden anderen Schichten, d.h. sie kennt weder die Präsentationsschicht noch detailliertere Strukturen der Anwendungsschicht. Der Datenbank-Zugriffscode ist oft mit den Geschäftsobjekten der Anwendungsschicht eng verwoben. Er muss in Komponenten-basierten Systemen wie JEE nicht mehr selbst implementiert werden.

Die drei logischen Schichten der Softwarearchitektur lassen sich in unterschiedlicher Weise auf verschiedene Rechnersysteme verteilen: als Zweischichten-, Dreischichten- oder N-Tier-Architektur.

Zweischichtenarchitektur

Abbildung 4.3 zeigt eine klassische Client-Server-Architektur mit zwei physikalischen Schichten, wie sie bereits in Kapitel 3 ausführlich erläutert wurde:

- Die Anwendung ist komplett mit allen drei logischen Schichten in den schwergewichtigen (*Fat*) *Clients* realisiert. Weil die Anwendungslogik vollständig auf den Clients abläuft, müssen die Arbeitsrechner entsprechend leistungsstark sein.

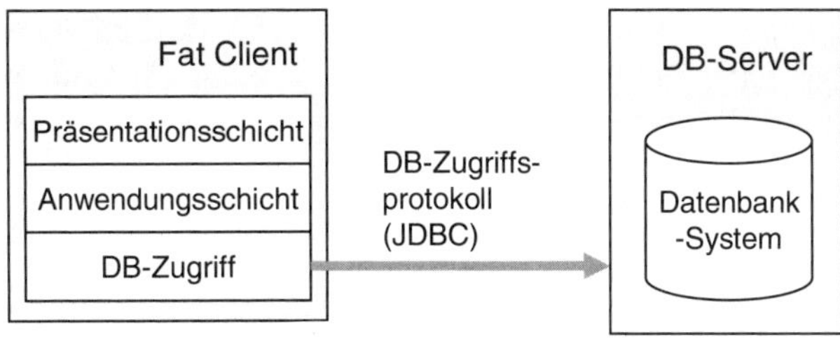

Abbildung 4.3: Zweischichtenarchitektur

- Lediglich die eigentliche Datenhaltung erfolgt in einem zentralen Datenbank-Server, auf dem sich ein Datenbanksystem befindet.

Dieser Architekturansatz ist relativ einfach umzusetzen, weil nur der Datenbankzugriff übers Netz erfolgt, bspw. über JDBC (Java Database Connectivity). Alle weiteren Funktionalitäten werden lokal auf den Clients ausgeführt und sind technisch einfach zu implementieren, weil sich Benutzerschnittstelle und Anwendungslogik auf demselben Rechner befinden.

Dreischichtenarchitektur

Abbildung 4.4 zeigt eine dreischichtige Architektur, die aus folgenden Komponenten besteht:

- Die leichtgewichtigen (*Thin*) *Clients* enthalten nur die – bspw. in Java Swing realisierte – Präsentationsschicht. Ihre einzige Aufgabe besteht darin, eine Anwendungsschnittstelle für den Benutzer zu schaffen, d.h. Daten anzuzeigen und im Rahmen der Dialogkontrolle Benutzeraktionen und -eingaben an die Anwendungsschicht weiterzuleiten.
- Die komplette Anwendungsschicht mit der gesamten Geschäftslogik befindet sich auf einem (oder ggf. mehreren) sogenannten *Applikationsservern*. Darüber hinaus übernehmen die Applikationsserver auch Aufgaben der DB-

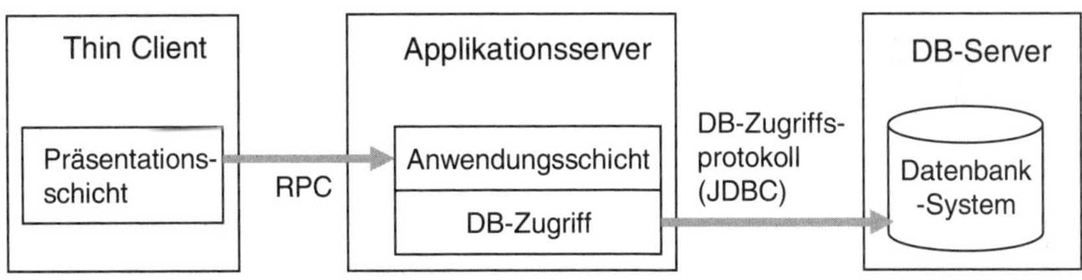

Abbildung 4.4: Dreischichtenarchitektur

Zugriffsschicht und sorgen mittels SQL-Code für den Austausch von Daten zwischen Geschäftsobjekten und der Datenbank. Dieser Code wird normalerweise nicht manuell erstellt, sondern mithilfe von Metadaten vom Applikationsserver generiert.

- Schließlich gibt es auch in Dreischichtenarchitekturen einen zentralen Datenbank-Server mit einem Datenbanksystem.

Bei diesem Architekturansatz sind Präsentations- und Anwendungsschicht auf verschiedenen Rechnern verteilt und müssen mit einem entsprechenden Protokoll über das Netz miteinander kommunizieren. Beispielsweise führt ein Button-Click in der GUI zum Aufruf einer Methode der Anwendungsschicht im Applikationsserver. Konzeptionell handelt es sich hier um einen entfernten Aufruf (RPC – *Remote Procedure Call*). RPCs können mit verschieden Technologien durchgeführt werden, bspw. mittels RMI (*Remote Method Invocation*) in der Java-Welt oder mithilfe von CORBA oder Web Services in Plattform-heterogenen Systemen.

Eine solche Architektur besitzt gegenüber Zweischichtenarchitekturen eine Reihe von Vorteilen:

- Systeme mit Thin Clients sind besser skalierbar: Werden fachliche Prozesse rechenintensiver, muss man nur den Applikationsserver entsprechend aufrüsten, in Systemen mit Fat Clients jedoch die Hardware aller Client-Rechner.
- Die Softwareverteilung ist einfacher: Änderungen der Geschäftslogik, d.h. der Anwendungsschicht, können zentral auf dem Applikationsserver durchgeführt werden, ohne dass auf allen Client-Rechnern eine Neuinstallation erforderlich wird.
- Weil auf den Clients nur die Präsentationsschicht ausgeführt wird, können auch leistungsschwache Geräte wie PDAs oder Mobiltelefone genutzt werden.

4.1.2 Mehrschichtige Architekturen

Für bestimmte Anwendungsszenarien ist es sinnvoll, die Dreischichtenarchitektur um zusätzliche Schichten zu erweitern. Insbesondere wird bei Web-Anwendungen die Präsentationsschicht in zwei Schichten aufgeteilt: Die *Client-seitige Präsentationsschicht* besteht aus einem Browser, der auf dem Client installiert ist und die Seiten einer Markup-Sprache anzeigt. Die *Server-seitige Präsentationsschicht* befindet sich auf einem Webserver und erzeugt dynamisch Web-Seiten, um in ihnen Geschäftsprozess-bezogene Daten aufzunehmen. Die Web-Seiten enthalten sowohl statische Anteile, wie Bilder, Schaltflächen und Texte, als auch dynamisch einzufügende Daten, bspw. die Ergebnisse einer Suchanfrage. Abbildung 4.5 zeigt die entsprechende Architektur.

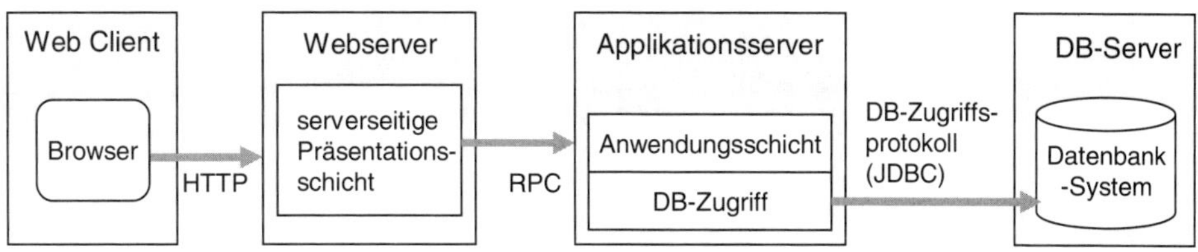

Abbildung 4.5: N-Tier-Architektur

- Die Web-Clients benötigen nur einen Browser zum Anzeigen von Web-Seiten und sind sehr leichtgewichtig.[1] Der Browser fordert nach einem Benutzerereignis von einem Web-Server ein Dokument in einer Auszeichnungssprache an, um es anschließend zu parsen und darzustellen. Für die Web-Seiten wird meist HTML verwendet, aber auch andere Formate wie WML für Mobiltelefon-Clients sind möglich.
- Der Web-Server enthält die Server-seitige Präsentationsschicht, die für die dynamische Erzeugung der Web-Seiten und die durch Benutzerereignisse ausgelöste Dialogkontrolle verantwortlich ist. Für diese Aufgabe stehen unterschiedliche Technologien zur Verfügung, bspw. Servlets und JavaServer Pages (JSP), Java ServerFaces (JSF) in der Javawelt oder ASP in .NET. Es können aber auch andere Technologien wie XML und XSLT oder PHP genutzt werden.
- Die beiden andern Tiers bestehen analog zur Dreischichtenarchitektur aus dem Applikationsserver mit Anwendungs- und DB-Zugriffsschicht sowie dem Datenbank-Server mit der Datenbank.

Zum besseren Verständnis der Server-seitigen Präsentationsschicht wollen wir kurz einen typischen Ablauf skizzieren, siehe Abbildung 4.6.

1. *Anforderung eines Web-Clients*: Durch die Aktion des Benutzers im Browser – typischerweise das Clicken auf einen Formular-Button oder einen Link – wird ein HTTP-Request an den Webserver geschickt. Der Request enthält ggf. die eingegebenen Daten und identifiziert einen Dienst in der Anwendungsschicht.[2] Die serverseitige Präsentationsschicht auf dem Web-Server nimmt den HTTP-Request entgegen und leitet ihn an die für die Benutzeraktion verantwortliche Behandlungs-Routine weiter.
2. *Ausführung eines Geschäftsprozesses*: Die Behandlungs-Routine extrahiert die Eingabedaten aus dem HTTP-Request und ruft eine Methode in der Anwendungsschicht auf, an die sie die Parameter übergibt. Der in der Anwendungsschicht angestoßene Dienst wird ausgeführt. Dabei werden bspw. benötigte Daten gesucht, ggf. geändert und zurückgegeben.

[1] Sie werden deshalb manchmal auch als *Ultra Thin Clients* bezeichnet.
[2] meist über einen übertragenen Command-String

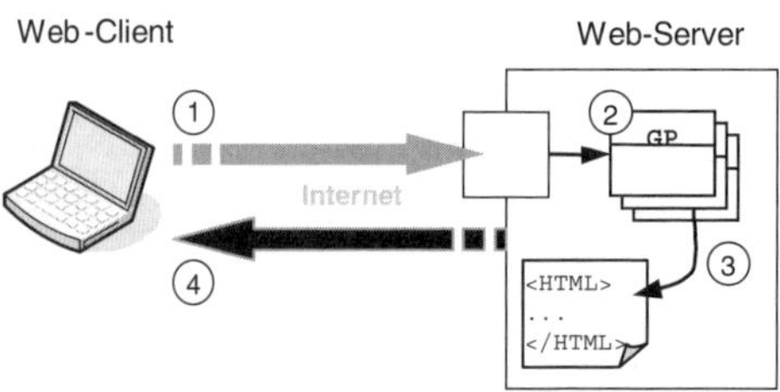

Abbildung 4.6: Informationsaustausch zwischen Web-Client und Web-Server

Befinden sich Web-Server und Applikationsserver auf demselben Rechner, so ist dies ein lokaler Methodenaufruf, ansonsten erfolgt er über einen RPC-Mechanismus.

3. *Erzeugung einer Webseite*: Der Dienst auf dem Web-Server sorgt dafür, dass die Ergebnisse des Geschäftsprozesses für den Client in einer entsprechenden Web-Seite dargestellt werden. Zunächst wird ein Rahmen (*Template*) ausgewählt, der alle statischen Anteile der Seite enthält, bspw. immer angezeigten Text oder GUI-Komponenten, wie Schaltflächen, Links. Dann müssen in diesen Rahmen die aktuellen prozessbezogenen Daten eingefügt werden.
4. *Rücksendung der Web-Seite an den Client*: Schließlich wird die erzeugte Seite an den Client in Form einer HTTP-Response-Nachricht zurückgesandt, der sie dann wiederum im Browser darstellt.

Eine N-Tier-Architektur besitzt gegenüber Dreischichtenarchitekturen weitere Vorteile:

- An die Hardware der Clients werden noch weniger Anforderungen gestellt. Insbesondere für leistungsschwache mobile Endgeräte ist dieser Ansatz ideal.
- Der Hauptvorteil besteht aber darin, dass keine Software-Installation auf den Clients erforderlich ist, das Problem der Software-Verteilung sich also nicht stellt.

Allerdings sind diese Vorteile auch mit einigen Nachteilen verbunden: meist sind Fenster-basierte Benutzerschnittstellen ergonomischer als Browser-basierte. In Browsern gibt es weniger Darstellungsmittel; bspw. fehlen Menüs oder Bäume, die in Fensteroberflächen Standard sind. Browseroberflächen besitzen auch ein schlechteres Antwortverhalten: Eingegebene Daten werden an den Server gesendet, um sie zu validieren. Erst dann wird man über eventuelle Fehleingaben informiert. Beide Kritikpunkte können durch moderne Technologien zumindest abgeschwächt werden: bspw. durch Einsatz moderner Web-Frameworks, wie *Java-Server Faces* (JSF)[3], sowie durch Verwendung von Ajax[4].

Die hier vorgestellten Architekturen sind in gewissem Sinne Idealisierungen, denn in der Realität gibt es viele Mischformen. Beispielsweise sind in vielen einfachen Web-Anwendungen die Server-seitige Präsentations- und Anwendungsschicht nicht klar voneinander getrennt, sodass es nur in drei Schichten gibt: den Web-Client, die komplette monolithische Anwendung und das Datenbanksystem, wie im folgenden Abschnitt 4.2.1 gezeigt wird. Im Einzelfall muss für jede konkrete Softwarearchitektur geprüft werden, in welche logische und physikalische Schichten sie strukturiert werden kann.

4.2 Realisierungsplattformen

4.2.1 Klassische Web 1.0-Anwendungsarchitekturen

Die klassische Architektur schlechthin für verteilte, dynamische Web 1.0-Anwendungen, die in vergleichbarer Form für diverse Programmiersprachen und Systemumgebungen verfügbar ist, zeigt Abbildung 4.7. Sie dürfte in dieser oder vergleichbarer Form die wohl noch immer am weitesten verbreitete Architektur für nicht zu komplexe, dynamische Web-Anwendungen sein. Sie entspricht der genannten besonders einfachen Form einer N-Tier-Architektur. Hier gilt N=3; bisweilen ist auch – da die Architektur so einfach ist – von 2 1/2-Tier-Architektur die Rede.

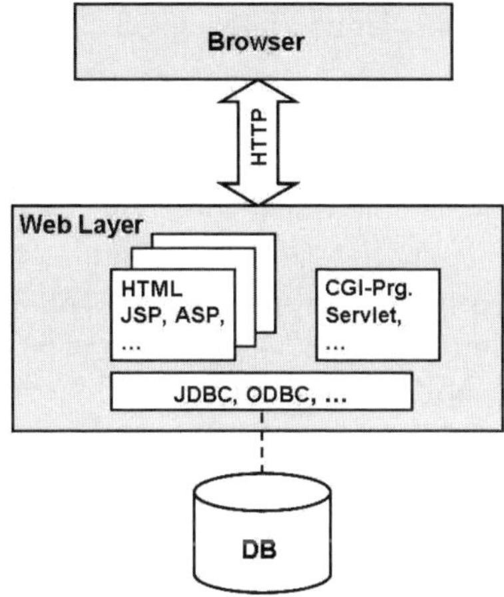

Abbildung 4.7: Klassische Web 1.0-Systemarchitektur

[3] https://javaserverfaces.dev.java.net/

[4] http://developer.mozilla.org/en/docs/AJAX

Oben beginnend, ist in Abbildung 4.7 folglich zunächst der Web-Browser dargestellt, der als Client fungiert. Wie bereits im Client-Server-Kapitel angedeutet, sendet er HTTP-Anfragen an den Web-Server, die dieser hier typischerweise mittels HTML-Seiten in seiner HTTP-Rückgabenachricht beantwortet.[1] Zurückgegeben werden hier jedoch nicht nur statische, sondern insbesondere auch dynamisch erzeugte HTML-Seiten, in denen zum Beispiel ad hoc-aufbereitete Datenbankinhalte dargestellt werden. Im Folgenden werden einige Technologie-Beispiele für diese Art „klassischer" dynamischer, verteilter bzw. verteilbarer Web 1.0-Anwendungen vorgestellt.

Web 1.0: Populäre Technologiebeispiele. Zu Beginn des Web 1.0 entstand ab Mitte der 90er-Jahre eine große Anzahl klassischer Web-Programme, die auf dem *Common Gateway Interface (CGI)* und dessen Nachfolgern wie zum Beispiel *FastC-GI* basiert. Derartige Programme funktionieren, indem der Web-Server eine dynamische Anfrage erkennt und diese an einen externen Prozess weiterleitet, den der Web-Server aufruft. Dies kann zum Beispiel klassisch ein C-Programm sein, PHP- oder Perl-Skripte usw. Der aufgerufene Prozess wertet dann – wie oben dargestellt – die von der HTML-Seite übergebenen Parameter aus und erzeugt dynamisch eine HTML-Seite, die schließlich als Antwort über den Web-Server zurück an den Client gesendet wird. Insgesamt handelt es sich um eine konkrete Inkarnation der zuvor in Abbildung 4.6 illustrierten Schritte.

Optimierte Verfahren nutzen *Threads* des Web-Servers anstelle von externen Prozessen. Hierbei kommen dann oft interpretierte Sprachen zum Einsatz, oder auch Mehrfachverwendung von Verbindungen, in denen eine Verbindung innerhalb des Web-Servers zu mehreren externen Prozessen weitergeleitet wird, mit denen beispielsweise über Sockets kommuniziert wird.

Eine populäre Variante dieser Web-Architektur für Microsofts *Internet Information Server (IIS)* sind die *Active Server Pages (ASPs)*.

Für Java-Programme, die im Web-Server ausgeführt werden, stehen zwei klassische (und eine Reihe weiterer) Optionen zur Verfügung: Die erste sind die *Java-Servlets* (kurz: *Servlets*). Diese bestehen aus reinem Java-Code, der – wie oben – in der Regel HTTP-Anfragen entgegennimmt und HTML-Seiten zurückliefert. Konzeptionell eine Stufe höher als Servlets stehen *JavaServer Pages (JSPs)*, die wiederum konzeptionell mit ASPs vergleichbar sind. JavaServer Pages bestehen aus HTML – fokussieren also auf die Präsentation – und nutzen an einigen Stellen eingebetteten Java-Code, über den dann zum Beispiel „Backend"-Aufrufe möglich sind. Technisch funktionieren JSPs jedoch wie Servlets, da sie für die Ausführung intern in Servlets übersetzt werden. Zur Ausführung der Servlets dient sodann eine sog. Servlet-Engine, die als Ergänzung für Web-Server dient. Als Web-Server wird zum Beispiel häufig Apache eingesetzt, der dann in der Regel Tomcat oder Jetty als Servlet-Engine nutzt.

[1] HTTP/HTML ist die typischste Variation, aber ähnlich können auch andere Protokolle arbeiten, zum Beispiel WAP/WML für drahtlose Umgebungen.

Backend-Zugriffe aus Server-seitigen Programmen. Aus Web-Server-seitigen Programmen kann über verschiedene technische Schnittstellen auf Backend-Programme zugegriffen werden. Typisch in dieser Web-Architekturform ist der Zugriff auf Datenbanksysteme. Als Backend-Zugriffstechnologien kommen dann beispielsweise für relationale Datenbanksysteme Embedded SQL, die Java bzw. die Open Database Connectivity (JDBC, ODBC) und andere mehr in Frage, die im Client-Server-Kapitel bereits teilweise vorgestellt wurden. Aber auch Backend-Zugriffe über weitere Verteilungstechnologien wie CORBA, DCOM, .NET, Java RMI usw. kommen in komplexeren Architekturen zum Tragen. Hierauf wird in anderen Abschnitten noch näher eingegangen.

4.2.2 Verteilte Objekte am Beispiel CORBA

Die *Common Object Request Broker Architecture (CORBA)* der *Object Management Group (OMG)* ist das kommerziell erfolgreiche Technologiebeispiel für verteilte Objekte schlechthin. Konkreter handelt es sich um eine Art „objekt-basierten RPC", der u.a. um Basisdienste für verteilte Systeme ergänzt wird. CORBA wird oft in typischen 3-Schicht-Architekturen eingesetzt. Es kann aber gleichermaßen für 2-Schicht-Architekturen nach dem Client-Server-Modell genutzt werden. CORBA stellt zunächst generische verteilbare Objekte zur Verfügung. Das Granulat und der Einsatzzweck der Objekte ist beliebig wählbar. CORBA-Objekte werden deshalb oft in der Anwendungsschicht aus Abbildung 4.2 eingesetzt. Aber auch die Persistenzschicht wird unterstützt, z.B. durch den Einsatz von CORBA-Objekten als Kapseln für den Zugriff auf Datenbanken sowie durch CORBA-Dienste, die zum Beispiel Transaktionen und Persistenz speziell unterstützen. Recht beliebige Formen von Clients der Darstellungsschicht können diese CORBA-Objekte dann über CORBA-Client-Bibliotheken nutzen, zum Beispiel Java AWT-Programme, C++-Programme usw.

Die in der Praxis bedeutsamste vergleichbare Technologie zu CORBA ist das *Distributed Common Object Model (DCOM, COM++)* von Microsoft, das mittlerweile durch .NET ersetzt wird. Die .NET-Technologie wird in Abschnitt 4.2.4 dargestellt.

Entstanden ursprünglich Anfang der 90er-Jahre – u.a. aus einer Reihe von Arbeiten zu verteilten Objekten, wie zum Beispiel [91] und [53] –, prägte CORBA die Integration stark heterogener, offener, verteilter Anwendungssysteme über rund ein Jahrzehnt.

In den folgenden Abschnitten wird ein Überblick über die in der Praxis bewährten Kernmerkmale von CORBA gegeben. Detailliertere Beschreibungen liefern eine ganze Reihe von Arbeiten und Publikationen zu CORBA wie [80, 92, 15]. Die Originaldokumente der OMG enthalten CORBA-Spezifikationen wie [81, 68, 65] bzw. in aktuellster Form unter der CORBA/OMG Home Page [67, 63].

Object Management Architecture. Im Jahre 1989 gründete eine größere Zahl von IT-Anwenderunternehmen, IT-Herstellern und Forschungseinrichtungen die *Object Management Group (OMG)*. Im Rahmen von Gremien der OMG-Mitglieder

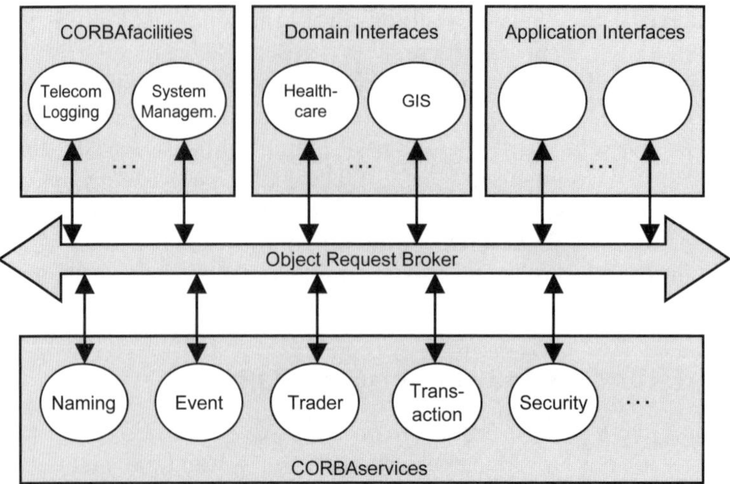

Abbildung 4.8: Object Management Architecture (OMA) der OMG

spezifiziert die OMG Standards, deren „historisch" wichtigste CORBA und die *Object Management Architecture (OMA)* sind. Hinzu kommen heutzutage auch bedeutende andere Spezifikationen, wie beispielsweise die *Unified Modeling Language (UML)* und die *Business Process Modelling Notation (BPMN)* sowie vielfältige Aktivitäten in den Bereichen SOA und *Model Driven Architecture (OMG MDA)*.

In Abbildung 4.8 ist die 1990 in [81] vorgestellte *Object Management Architecture* der OMG dargestellt. Sie enthält folgende wesentliche Elemente:

- CORBA ORB: Der ORB ist die zentrale Objekt-Vermittlungskomponente von CORBA. Seine Kernaufgabe ist die Vermittlung von Objektaufrufen in heterogenen, verteilten Software-Systemen.
- CORBAservices: Die CORBAservices sind allgemein bedeutsame Basisdienste für verteilte Systeme, wie zum Beispiel Ereignisversand und Namensvergabe in verteilten Umgebungen.
- CORBAfacilities: Unter CORBAfacilities versteht man anwendungsübergreifende höherwertige Spezifikationen, wie zum Beispiel *Internationalization and Time*. Dieses CORBAfacility stellt beispielsweise lokale angepasste Datums-, Zeit- und Zahldaten bereit.
- Domain Interfaces: Über *Domain Interfaces* werden anwendungsdomänenspezifische Dienste angeboten, zum Beispiel aus Bereichen wie CAD und Medizin.
- Application Interfaces: Mittels *Application Interfaces* werden Schnittstellen eigener Anwendungen spezifiziert. In den eigenen Anwendungen können wiederum alle anderen Elemente der OMA genutzt werden.

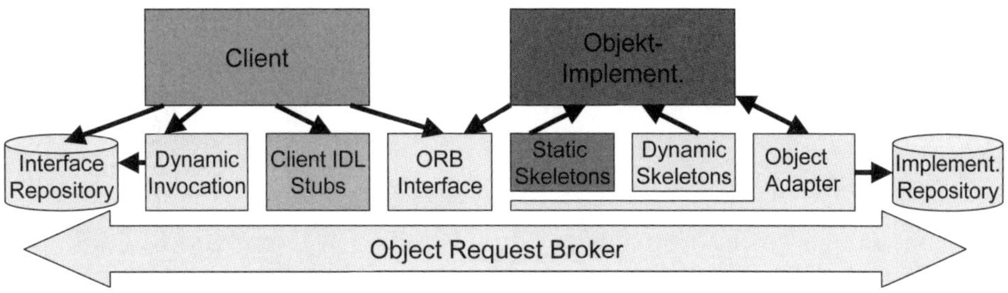

Abbildung 4.9: Der CORBA ORB

ORB. Der Object Request Broker nach Abbildung 4.9 ist der Kern von CORBA. Seine Aufgabe ist die lokalisierungstransparente Übermittlung von Aufrufen aus CORBA-Clients zu CORBA-Objektimplementierungen. Lokalisierungstransparent heißt, dass ein CORBA-Client nicht wissen muss, wo seine CORBA-Objektimplementierung abläuft. Der ORB vermittelt die Aufrufe, indem er interne Repositories nutzt, in denen die Ortsinformation für die CORBA-Objektimplementierungen enthalten ist.

Bei den Aufrufen enthalten ist u.a. das Ver- und Entpacken von Methodenparametern sowie ggf. die Übermittlung von Kontextinformationen wie Sicherheits- und Transaktionsmerkmalen. CORBA verfolgt ein symmetrisches Client-Server-Modell, d.h. CORBA-Clients können sich gegenseitig bzw. auch in Ketten aufrufen.

IDL. Mittels der CORBA *Interface Definition Language (IDL)* wird in CORBA der Schnittstellen-Kontrakt zwischen einem CORBA-Client und CORBA-Objektimplementierung (Server) festgelegt. Sie enthält Typen- und Methoden-Spezifikationen, Fehlercodes und andere mehr. Über den ORB kann ein CORBA-Client transparent auf einen via IDL spezifizierten Server zugreifen. Dies geht einerseits statisch über zur Übersetzungszeit feststehende, also typsichere IDL-Stubs,[2] und andererseits dynamisch, indem ein Client zur Laufzeit seine Methodenaufrufe zusammensetzt. Ähnliche statische und dynamische Schnittstellen gibt es auf der Seite der CORBA-Objektimplementierung. Für den CORBA-Client ist es transparent, an welchem Ort ein Objekt ist oder in welcher Programmiersprache es implementiert wurde. Die IDL ist somit das zentrale Mittel von CORBA zur Erzielung von Programmiersprachenunabhängigkeit.

Das folgende Beispiel zeigt einen Ausschnitt einer CORBA-IDL, mit Attribut- und Methodendeklarationen für ein einfaches Konto-Objekt, auf das im Rahmen der Code-Beispiele vertiefter eingegangen wird.

[2] Stub-/Skeleton-Mechanismen wurden im Grundsatz schon in Abschnitt 3.2.3 erläutert.

Listing 4.1: OMG CORBA IDL-Beispiel

```
interface Account {
  readonly attribute float balance;
  void credit(in float amount);
  void debit (in float amount);
}
```

IDL wird mittels eines so genannten IDL-Compilers in Client-Stubs und Server-Code-Rümpfe für konkrete Programmiersprachen wie C, C++, COBOL, Java usw. abgebildet, die dann in eigenen Anwendungen genutzt werden können.

Objektreferenzen und Methodenaufrufarten. CORBA-Objekte besitzen eine CORBA-Objektreferenz, in der Elemente wie Name und TCP-Adresse eines ORBs bzw. eines CORBA-Servers enthalten sind. Über Objektreferenzen lassen sich verteilte Rückrufe (Callbacks) realisieren.

Methodenaufrufe von CORBA-Objekten erfolgen synchron, verzögert synchron oder unidirektional. Letzteres sind quasi asynchrone Methodeninvokation ohne Erfolgsbestätigung (OneWay).

ORB-Interoperabilität mittels IIOP. Mit CORBA 2.0 wurde das so genannte GIOP/IIOP-Protokoll (*General Inter ORB Protocol* und *Internet Inter ORB Protocol*, GIOPs Abbildung auf TCP/IP) standardisiert. Über diese binären Protokolle kommunizieren verschiedene ORB-Implementierungen miteinander. CORBA-Anwendungen können damit in einer sehr heterogenen, verteilten Umgebung ablaufen, die zum Beispiel von Embedded Devices über PCs oder Unix-Systeme bis hin zu Mainframes reichen kann.

CORBAservices. Für CORBA-Anwendungen sind als Infrastrukturdienste – neben den ORB-Kernelementen – besonders die CORBAservices [64, 65] bedeutsam. Beispielhaft werden im Folgenden einige von ihnen vorgestellt:

- Event und Notification Service: Propagieren von Ereignissen zwischen verteilten Objekten, die indirekt über einen Ereigniskanal miteinander in Beziehung stehen. Ein Ereigniskanal unterstützt die aktive (Push Model) und passive (Pull Model) Weitergabe von Ereignissen beliebigen Typs. Beliebig viele Sender können hierbei an beliebig viele Empfänger Nachrichten übermitteln. Der Notification Service fügt Merkmale zur Dienstgütequalität hinzu, wie etwa garantierte Übermittlung von Ereignissen.
- Naming Service: Verzeichnisdienst für verteilte Objekte innerhalb eines verteilten, strukturierten Namensraums. Dies ist der zentrale Dienst zum Registrieren und Auffinden von CORBA-Objekten in größeren, verteilten Anwendungen.
- Object Transaction Service (OTS): Koordination geschachtelter und flacher ACID-Transaktionen für Folgen von Aktionen mit verteilten Objekten.

Status von CORBA. Die CORBA-Kernbestandteile wie ORB, Services, IDL und IIOP haben sich vielfach bewährt.[3] CORBA wird von kleinen Client-Server-Anwendungen bis zu Hochlastsystemen, wie konzernweite Integration von eigenen und Fremdanwendungen mit 50000 und mehr Benutzern genutzt. Kommerzielle ORB-Produkte wie Borlands VisiBroker, IONAs Orbacus und Orbix sowie Open Source ORBs wie der Java JDK ORB und TAO, sind insgesamt vieltausendfach im Einsatz. Die Wahrscheinlichkeit, dass irgendwo auf der Welt bei einem internationalen Telefonanruf CORBA-Technologie beteiligt ist, zum Beispiel eingebettet in einem Router, als Teil des Logging eines Telekom-Anbieters oder auch in einem Call-Center, dürfte immer noch in der 60–70%-Region liegen.

Wenn auch klar zu sagen ist, dass der Hype von CORBA vorbei ist, so wird auch heutzutage durchaus noch auf CORBA-Basis entwickelt, sei es in der Erweiterung bestehender Anwendungen, sei es bei der Integration von neueren Entwicklungen (zum Beispiel auf Java EE-Basis) mit bestehenden CORBA-Systemen, sei es für Anwendungen wie beispielsweise Teile der Verkehrsleittechnik in Bejing oder sei es auch im echtzeitnahen Bereich zum Beispiel in der Maschinensteuerung mittels spezialisierter hochperformanter ORBs. Nicht zuletzt sind CORBA-Teile auch als technische Grundlage in neuere Entwicklungen eingegangen. Interoperabilität für Java EE Application Server (siehe Abschnitt 4.2.3) ist beispielsweise als RMI-IIOP auf Basis von CORBAs IIOP spezifiziert.

4.2.3 JEE

Im Java-Umfeld bietet JEE (*Java Platform Enterprise Edition*, vormals J2EE) eine komplette Architektur zur Entwicklung verteilter mehrschichtiger Anwendungen [40], [85]. Dabei wird die Entwicklung von Dreischichten- und Mehrschichten-Architekturen unterstützt.

Sowohl für die Geschäfts- wie auch für die Präsentationslogik bietet JEE verschiedene Programmiermodelle mit einer Reihe von Technologien und APIs. Darüber hinaus werden spezielle Laufzeitumgebungen – sogenannte Container oder JEE-Applikationsserver – definiert, die zur Ausführung von JEE-Anwendungen erforderlich sind. Insgesamt ist JEE eine konkrete Implementierung von Drei- und Mehrschichtenarchitekturen, wie wir sie zu Beginn des Kapitels eingeführt haben (vgl. Abbildungen 4.4 und 4.5).

JEE-Überblick

Abbildung 4.10 gibt einen ersten Überblick über die verschiedenen Schichten einer JEE-Architektur, die verschiedenen JEE-Komponenten und ihre physikalische Verteilung.

[3] Es gibt mit CORBA 3.0 [66] auch ein Komponentenmodell für CORBA, das deutlich über die oben vorgestellte sog. CORBA-2.x-Spezifikation hinausgeht. Implementierungen auf Basis der CORBA-2.x-Spezifikationen sind jedoch die mit Abstand meistgenutzten. CORBA 3.0 hat industriell nur noch wenig Anklang gefunden, wird jedoch u.a. in einigen europäischen Forschungsprojekten genutzt.

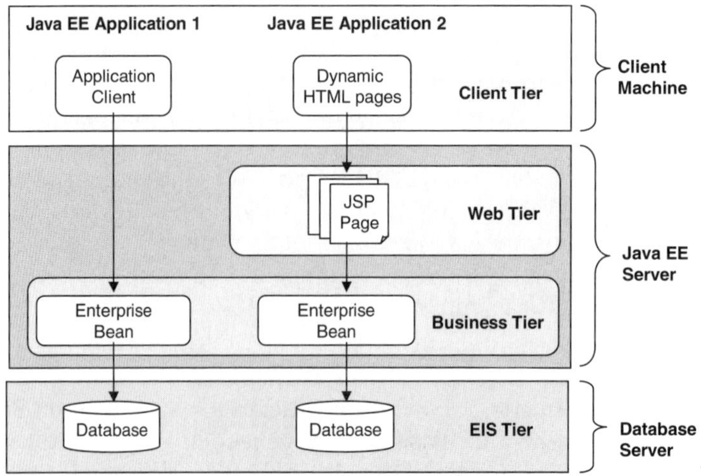

Abbildung 4.10: Überblick über die JEE-Architektur

- **Client-seitige Präsentationsschicht (Client Tier):** Es werden zwei Arten von Clients unterstützt:

  - *Application Clients* sind mit Java-Swing oder als Applet implementiert und realisieren die Präsentationsschicht in einer Dreischichtenarchitektur. Benutzerinteraktionen in der GUI führen zum Aufruf von Methoden der Anwendungsschicht. Weil sich die Anwendungsschicht auf dem JEE-Applikationssserver befindet, werden diese Aufrufe *remote* durchgeführt.
  - *Web Clients* stellen die Benutzungsschnittstelle für Web-basierte Systeme zur Verfügung. Dazu benötigen sie lediglich einen Browser, der HTML-Seiten anzeigt. Die angezeigten HTML-Seiten werden dynamisch im JEE-Server erzeugt und von dort per HTTP geladen. HTML-basierte Clients rufen die Geschäftslogik nicht unmittelbar auf, sondern senden lediglich HTTP-Requests an den JEE-Server.

- **Server-seitige Präsentationsschicht (Web Tier):** Diese Schicht ist speziell für Web-basierte Systeme erforderlich, um die HTML-Seiten dynamisch zu generieren. In JEE werden dazu verschiedene Technologien angeboten: *Servlets, JavaServer Pages* (JSP) oder *JavaServer Faces* (JSF). Die Grundidee dieser Technologien ist, Java-Code in HTML-Seiten einzubetten, um so Daten aus der Anwendungsschicht in die Webseiten einzufügen.

- **Anwendungs- und Datenzugriffs-Schicht (Business Tier):** Die Anwendungsschicht wird durch die *Enterprise JavaBeans* (EJB)-Technologie realisiert. Für ein erstes Verständnis kann man sich EJB-Objekte als spezielle Java-Objekte vorstellen, die im EJB-Container eines JEE-Applikationsservers residieren. Die

Daten von Geschäftsobjekten können dabei automatisch vom EJB-Container in einer Datenbank verwaltet werden.

- **Datenbank-Schicht (Enterprise Information System Tier):** Die Daten der Enterprise JavaBeans kann ein Datenbank-System persistent verwalten. Dabei werden in der Regel relationale Datenbanken eingesetzt, theoretisch sind auch andere Technologien wie XML-Repositories oder ERP-/Legacy-Systeme möglich.

JEE stellt für die Anwendungsentwicklung eine Vielzahl von Bibliotheken bzw. APIs zur Verfügung. Im Folgenden werden wir nur die wesentlichen Technologien etwas genauer vorstellen.

Web Components

In JEE werden Java-Servlets, JavaServer Pages (JSP) und JavaServer Faces (JSF) genutzt, um Server-seitig Web-Seiten dynamisch zu erzeugen. Dabei müssen zwei Paradigmen miteinander verbunden werden: Einerseits müssen im Format einer Auszeichnungssprache (meist HTML) Web-Seiten generiert werden. Andererseits muss in einer Programmiersprache auf die Anwendungsschicht zugegriffen werden, um Geschäftsprozesse anzustoßen und um die in den Web-Seiten angezeigten Daten zu laden.

Servlets sind spezielle Java-Klassen, an die ein HTTP-Request weitergereicht werden kann und die HTML-Code über print-Ausgaben in einen HTTP-Response schreiben können. Durch den in den Java-Code eingefügten HTML-Code geht allerdings der Überblick über das HTML-Seitenlayout und auch über die Geschäftslogik schnell verloren. Jede Änderung des Aussehens einer Web-Seite erfordert zudem eine Änderung im Quellcode des Servlets und damit auch ein erneutes Kompilieren der Servlet-Klasse.

JavaServer Pages (JSP): Statt wie bei Servlets HTML-Code in normale Java-Klassen einzufügen, verfolgt man bei JavaServer Pages genau den umgekehrten Weg: JSP können als Web-Seiten betrachtet werden, in die Java-Code eingefügt ist.

- Eine JSP besteht zum größten Teil aus Template-Text, der jedes beliebige Format besitzen kann. Normalerweise ist dies HTML-Code, aber auch andere Formate (XML, WML, usw.) sind möglich. In den Template-Text können Daten der Geschäftsobjekte eingefügt werden. Dazu wird Java-Code in den Template-Text integriert, was auf verschiedene Arten geschehen kann.
- Es können Java-Ausdrücke (*Expressions*), die ein Ergebnis zurückgeben, in die JSP eingebaut werden. Das Ergebnis des Ausdrucks wird dann in einen String konvertiert und unmittelbar in den Template-Text eingefügt. Ausdrücke eignen sich besonders gut, um Objektdaten in Form von Strings in die Web-Seite einzufügen. Sie beginnen mit `<%=` und enden mit `%>`. Zum Beispiel enthält `<%=var %>` den String-Wert der Variablen `var`.

- Vollständige Java-Befehle können in Form sogenannter *Scriptlets* eingebettet werden. Dabei wird normaler Java-Code innerhalb der Java Server Page in einen Ausdruck der Form `<%...%>` eingeschlossen, beispielsweise `<% Date d = new Date(); %>`.

Ein einfaches Beispiel zeigt der folgende Code: Dabei handelt es sich um eine normale HTML-Seite mit den speziellen Tags `<%` und `%>`, die einen Java-Befehl einschließen.

```
<html>
  <head>
   <title>Hello</title>
  </head>
  <body>
   <h1>Hello World !! </h1>
   <%=new Date().toString() %>
   <% Fassade.getMessageOfTheDay() %>
  </body>
</html>
```

Beim ersten Seitenaufruf generiert der Web-Container aus einer JSP ein Servlet. Dabei werden alle JSP-spezifischen Elemente der JavaServer Page in Java-Befehle umgewandelt und der Template-Text in `println()`-Anweisungen aufgenommen. Anschließend wird das generierte Servlet ausgeführt und so die gewünschte Serverantwort erzeugt.

JavaServer Faces (JSF) ist ein Framework, das die Entwicklung der JEE-Web Tier unterstützt und viele Vorteile gegenüber JavaServer Pages aufweist. Die Verwendung von JSP erfordert noch einen relativ hohen manuellen Aufwand und führt oft auch zu recht unübersichtlichen Programmstrukturen. Hauptziel des JSF-Frameworks ist die Trennung von Präsentation und Anwendungslogik, darüber hinaus sollen Webanwendungen mithilfe von JSF einfacher und schneller entwickelt werden können. Die Entwicklung einer JSF-Oberfläche geschieht gemäß den folgenden Schritten:

- Zunächst muss die statische Struktur der Web-Seite definiert werden, d.h. welche Elemente und Controls sie enthält. Dies geschieht mithilfe einer in JSF definierten Tag-Library, mit der GUI-Elemente (bspw. Eingabefelder, Buttons) sowie das Layout einer Web-Seite sehr einfach festgelegt werden können.
- Die von einer JSF angezeigten Daten werden in Java Beans abgespeichert, die für den Datenaustausch zwischen GUI und Anwendungsschicht verantwortlich sind. Damit das klappt, muss die Beziehung zwischen den Ein- und Ausgabeelementen einer Seite und den Daten definiert werden, z. B. welches Attribut einer Java-Bean-Klasse von einem Ein- oder Ausgabeelement angezeigt wird. Das JSF-Framework unterstützt dann den automatischen Austausch von Daten zwischen Java Bean und den Ein-/Ausgabefeldern.

- Schließlich gibt es eigene Sprachelemente, um die Navigation zwischen Web-Seiten festzulegen, also die Folgeseiten nach bestimmten Aktionen festzulegen.
- Darüber hinaus bieten JSF weitergehende Unterstützung für die Zustandsverwaltung von GUI-Controls, die Validierung von Benutzereingaben und die Behandlung von GUI-Ereignissen.

Eine JSF-Seite kann als spezielle JavaServer Page, die JSF-Tags verwendet, angesehen werden. Der folgende Code-Ausschnitt zeigt ein vereinfachtes Beispiel.

```
<f:view>
    <h:outputText value="Vorname:"/>
    <h:inputText value="#{person.vorname}"/>
    <h:commandButton action="ok" value="senden"/>
</f:view>
```

Als Root-Element dient der Ausdruck <f:view>, der eine Web-Seite repräsentiert. Anschließend ist ein Eingabefeld definiert, das einen vorangestellten Informationstext <h:outputText value="Vorname:"/> und das eigentliche Eingabefeld enthält, dessen Inhalt im Attribut vorname der Klasse Person abgespeichert werden soll <h:inputText value="#{person.vorname}"/>. Abschließend wird dann noch ein Button mit der Aufschrift „senden" durch <h:commandButton action="ok" value="senden"/> definiert.

Enterprise JavaBeans

Enterprise JavaBeans (EJB) sind spezielle Java-Klassen, die in einem EJB-Container verwaltet werden und zur Realisierung der Anwendungs- und der DB-Zugriffsschicht dienen. Dabei wird in der JEE-Architektur auch zwischen Service- und Geschäftsobjekt-Teilschicht unterschieden (vgl. Abbildung 4.2):

- Die Service-Teilschicht realisiert die Geschäftsprozesse und nutzt *Session Beans* für prozedurale Abläufe oder *Message-driven Beans* zur Verarbeitung von Ereignissen.
- Die Geschäftsobjekt-Teilschicht wird durch *Entity Classes* umgesetzt. Das neue *Java Persistence API* (JPA) ermöglicht es, *Entity Classes* in relationalen Datenbanken zu verwalten, und realisiert somit die DB-Zugriffsschicht.

Mit EJB 3.0 hat sich das Programmiermodell gegenüber EJB 2.1 grundlegend verändert (siehe auch [47]). Die Entwicklung von EJB 2.1-Applikationen war in der alten Version J2EE sehr aufwändig: es mussten eine Vielzahl von Java-Interfaces, technischen Einschub-Methoden und komplizierten XML-Deployment-Deskriptoren erstellt werden. Dieses Modell hat sich mit EJB 3.0 nun grundlegend vereinfacht.

EJB 3.0 basiert auf Metadaten, die in Form von *Annotations* direkt in den Java-Quelltext geschrieben werden. Annotations wurden mit der Java-Version J2SE 5.0 eingeführt. Sie beginnen mit dem Symbol `@` und können Klassen, Methoden, Attribute usw. mit Metadaten annotieren. Der EJB-Container kann die Annotations inspizieren und entsprechende Artefakte – wie XML-Deskriptoren oder Interfaces – generieren. Im Folgenden stellen wir die verschiedenen EJB-Typen etwas genauer vor.

- **Session Beans:** Mit Session Beans werden Geschäftsprozesse realisiert, d.h. komplexere Abläufe in einer Anwendung. Session Beans besitzen keine persistenten Attribute, sondern nutzen Entity Classes für den Datenzugriff. Ein Beispiel für eine Session Bean ist eine Klasse `BankServices`, die auf Basis der zugehörigen Entity Class `Konto` bspw. Methoden zur Geldüberweisung zur Verfügung stellt.

  - Die Instanz einer *Stateful Session Bean* ist der interaktiven Sitzung (*session*) eines bestimmten Clients zugeordnet. Eine Session umfasst alle zwischen An- und Abmeldung durchgeführten Interaktionen eines Benutzers. Eine Stateful Session Bean verwaltet den Zustand der Session, den sogenannten *conversational state*. Beispielsweise wird der Session-Zustand in einem Shop-System durch den Einkaufswagen eines Clients repräsentiert. Dieser Zustand ist transient, d.h. er wird nur für die Dauer der Session gespeichert, weil er mit dem Ende der Client-Sitzung seine Bedeutung verliert.
  - *Stateless Session Beans* verwalten keinen Client-bezogenen Zustand, sondern bieten der Außenwelt lediglich ihre Dienste in Form von Methoden an. Weil sie keine eigenen Daten vorhalten, können die Instanz einer Stateless Session Bean mehrere Clients nutzen.

  Ein *HelloWorld*-Beispiel für eine Stateless Session Bean zeigt der folgende Codeausschnitt: die Verwendung der Annotation `@Stateless` zeigt an, dass die Klasse eine Stateless Session Bean darstellt. Damit ein entsprechendes Remote-Interface generiert wird und so den entfernten Aufruf der Session-Bean-Methode ermöglicht, wird `@Remote` genutzt.

```
@Stateless
@Remote
public class HelloWorldBean {
  public String sayHello(){
      return "Hello␣World";}
  }
```

- **Message-driven Beans:** Message-driven Beans bieten einen Mechanismus zum asynchronen Austausch von Nachrichten. Sie besitzen keine direkt aufrufbaren Methoden, sondern implementieren einen Listener und können in einem Nachrichtenkanal[4] registriert werden. Für registrierte Message-driven Beans wird die Listener-Methode `onMessage(Message msg)` aufgerufen, sobald eine Nachricht an die Warteschlange geschickt wird. Die Methode bearbeitet normalerweise die als Parameter übergebene Nachricht.

Der Hauptunterschied zwischen (zustandslosen) Session Beans und Message-driven Beans besteht in den unterschiedlichen Aufrufmechanismen. Clients rufen nicht unmittelbar Message-driven Beans auf, sondern senden per JMS-API eine Nachricht an den Nachrichtenkanal, für den sich die Message-driven Bean registriert hat. Der Client lokalisiert die Message-driven Bean nicht unmittelbar, sondern kennt nur einen Nachrichtenkanal. Darüber hinaus wird die `onMessage()`-Methode der Message-driven Bean asynchron aufgerufen, d.h. der Client wartet nicht auf die Beendigung der Methodenausführung. Immer wenn ein asynchroner Aufruf gewünscht ist, können somit Message-driven Beans verwendet werden. Insgesamt erhält man eine sehr lose Kopplung zwischen Client und Message-driven Bean.

- **Java Persistence API:** Das Java Persistence API ermöglicht es, Java-Objekte (*Entity Classes*) persistent – d.h. dauerhaft – in einer relationalen Datenbank zu verwalten. Dies soll möglichst automatisch geschehen: Bei *Container-Managed-Persistence* erzeugt der EJB-Container den kompletten Datenbank-Zugriffscode, also sämtliche SQL-Befehle. Um dies zu erreichen, müssen Metadaten festlegen, wie Entities auf die Datenbanktabellen abgebildet werden. In EJB 3.0 wird diese Abbildung ebenfalls mithilfe von Annotations spezifiziert. Bei fehlenden Annotations werden vordefinierte Defaultwerten verwendet: bspw. wird angenommen, dass die Datenbank-Tabellen und -Spalten genauso heißen wie die Entity-Klasse und die Entity-Attribute.

  Entity Classes sind ganz normale Java-Objekte der Anwendungsschicht (POJOs – *Plain Old Java Objects*), annotiert, damit der EJB-Container sie persistent verwalten kann.[5] Im Einzelnen weisen Entities die folgenden Eigenschaften auf:

  - Entities besitzen persistente Attribute, die in einem relationalen Datenbank-Managementsystem (RDBMS) gespeichert werden.
  - Ein ausgewiesenes Attribut jeder Entity Class dient als Primärschlüssel, um Objekte eindeutig zu finden.
  - Zwischen Entities können Beziehungen bestehen, um entsprechende fachliche Sachverhalte abzubilden. Dabei können alle Arten von möglichen Beziehungen implementiert werden: uni- und bidirektionale Beziehungen wie auch verschiedene Kardinalitäten (insbesondere n:m-Beziehungen).

[4] bspw. eine JMS-Warteschlange

[5] Die Entity Classes ersetzen die Entity Beans des Vorgängerstandards J2EE.

JEE-Applikationsserver

Basis für die Entwicklung von JEE-Applikationen ist ein JEE-Applikationsserver, der die Laufzeitumgebung für die Anwendungs- und Präsentationsschicht bereitstellt. Seinen grundsätzlichen Aufbau stellt Abbildung 4.11 dar.

- **Web-Container:** Der Web-Container stellt die Laufzeitumgebung für Servlets, JavaServer Pages und JavaServer Faces zur Verfügung. Vereinfacht lässt sich der Web-Container als Webserver verstehen, der mit Servlets, JSP und JSF umgehen und auf den man von einem Browser mittels HTTP zugreifen kann.
- **EJB-Container:** Der EJB-Container dient der Verwaltung und Ausführung von Enterprise JavaBeans. Er stellt die zentralen Dienste des Applikationsservers zur Verfügung und übernimmt u.a. die folgenden Aufgaben:
  - Objekt-Persistenz (*object persistence*):
    Der EJB-Container sorgt für Objekt-Persistenz: Er kann Objekte in einer Datenbank speichern und sie mithilfe einer eindeutigen Objektidentität aus der Datenbank laden. Dabei können auch komplexe Beziehungsgeflechte zwischen Objekten abgebildet werden.
  - Objekt-Lebenszyklus (*object lifecyle*):
    Jedes EJB-Objekt durchläuft einen Lebenszyklus: es wird neu erzeugt und in der Datenbank abgelegt, es erfährt Änderungen und wird schließlich nicht mehr benötigt oder gelöscht. Der EJB-Container verwaltet den aktuellen Zu-

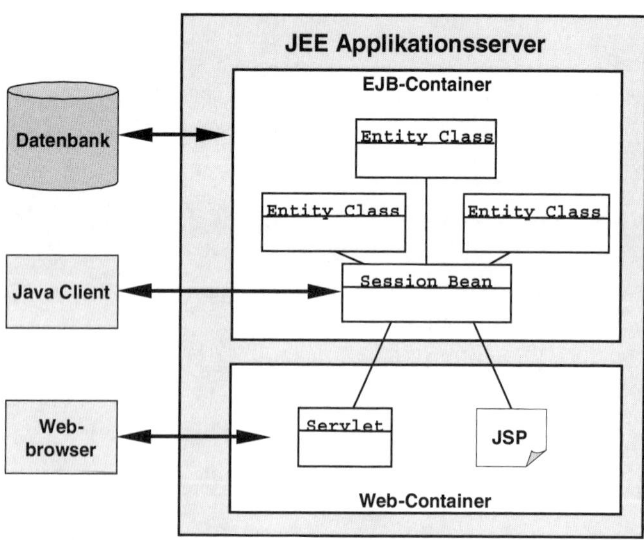

Abbildung 4.11: Struktur des JEE-Applikationsserver

stand aller EJB-Objekte und sorgt u.a. für die Synchronisation der Objektdaten mit der Datenbank.

- Transaktionsverwaltung (*transaction management*):
  Der EJB-Container übernimmt die Steuerung und Durchführung von Datenbank-Transaktionen.
- Objektverteilung (*remote client connectivity*):
  Clients können auf EJB-Objekte über ein Netzwerk zugreifen. Zum Austausch der Daten wird das RMI/IIOP-Protokoll benutzt.Über das Java Naming and Directory Interface (JNDI) kann ein Namensdienst zum Auffinden von Ressourcen, bspw. EJB-Objekten, genutzt werden.
- Sicherheit (*security*):
  Der Applikationsserver sorgt dafür, dass nur autorisierte Clients den Zugriff auf Ressourcen oder Dienste von EJB-Objekten erhalten. Dazu gibt es ein eigenes JEE Security Model, mit dem man, ähnlich wie in einem Datenbanksystem, Benutzer, Gruppen und Zugriffsrechte festlegen kann, die bei jedem Ressourcenzugriff überprüft werden.

Deployment: Damit eine JEE-Anwendung lauffähig ist, müssen alle entwickelten JEE-Komponenten in einem gesonderten Schritt – dem sogenannten Deployment – auf dem Applikationsserver installiert und konfiguriert werden. Dazu werden alle erforderlichen Artefakte in ein jar-Archiv gepackt und dann in den JEE-Applikationsserver geladen.

Web-Komponenten bestehen u.a. aus Servlets, JSP, JSF. Enterprise JavaBeans enthalten die erforderlichen Class-Dateien für session beans, message-driven beans und entities. Gegebenenfalls müssen weitere Metadateien in Form von XML-basierten Konfigurationsdateien ergänzt werden. Wie der Deployment-Schritt genau erfolgt, hängt vom verwendeten Applikationsserver ab.

4.2.4 .NET

Der Begriff *.NET* wird heutzutage in recht vielfältiger Bedeutung verwendet. Im Kontext der verteilten Software-Systeme, um die es in diesem Buch gehen soll, ist vor allem das *.NET Framework* von Bedeutung. Das *.NET Framework* ist eine Entwicklung von Microsoft, die man als direkte Konkurrenz zu JEE ansehen kann. Ziel bei der Entwicklung des *.NET Framework* war zunächst die Bereitstellung einer Laufzeitumgebung für Anwendungen, die unabhängig von Hardware und Betriebssystem sein sollte. Dabei sollte es im Unterschied zu JEE möglich sein, die Anwendungen in verschiedenen Programmiersprachen zu implementieren, die dann allesamt in derselben Laufzeitumgebung ausgeführt werden können. Mit .NET wird die Entwicklung von Dreischichten- und Mehrschichten-Architekturen gut unterstützt.

Das *.NET Framework* liegt zum Zeitpunkt des Schreibens in der Version 3.5 vor, und mit den unterschiedlichen Versionen hat sich jeweils auch sehr viel an den

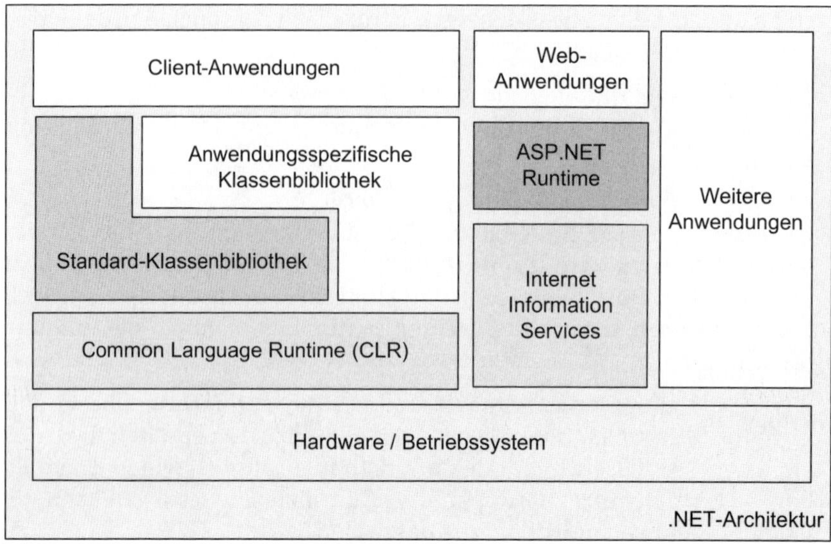

Abbildung 4.12: Bestandteile des .NET Frameworks

zum *Framework* gehörenden Komponenten geändert. Das prinzipielle Konzept ist jedoch gleich geblieben. Es sieht für .NET verschiedene Anwendungsszenarien vor, bei denen unterschiedliche Bestandteile aller zum *.NET Stack* gehörenden Komponenten eingesetzt werden (vgl. Abb. 4.12).

Managed Applications. *Managed Applications* sind in einer Programmiersprache implementierte Anwendungen, die von der Laufzeitumgebung (*Common Language Runtime, CLR*) unterstützt werden (in Abbildung 4.12 als Client-Anwendungen dargestellt). Die Anwendungen werden entweder in den von Microsoft für .NET mitgelieferten Sprachen wie C#, C++ oder Visual Basic oder einer anderen mit der CLR kompatiblen Sprache implementiert. Sie werden dann durch einen Compiler in Code übersetzt, den man auf der CLR ausgeführen kann. Die Sprache, in der dieser Code vorliegt, wird auch *Common Intermediate Language* (*CIL*) genannt. Die CLR akzeptiert also ähnlich zur Java VM einen binären Code, den ein *Compiler* aus dem eigentlichen Programm erzeugt hat. Im Unterschied zur Java VM wird der Code in der CLR allerdings nicht interpretiert, sondern unmittelbar vor der Ausführung (*just in time*) erneut kompiliert. Dies soll einen deutlichen Geschwindigkeitsvorteil bieten, da der Code in nativen Maschinen-Code übersetzt werden kann. Außerdem werden auf der Java VM üblicherweise nur in Java implementierte Anwendungen ausgeführt. Als weitere Vorteile der CLR sind die umfangreichen Verwaltungsmöglichkeiten bei der Ausführung wie Speicher- und Prozessverwaltung, Kontrolle der Ausführung sowie Sicherheitsüberprüfungen zu nennen. Um die Programmiersprachen für den Entwickler leichter nutzbar zu machen, gibt es im *.NET Framework* eine sehr umfangreiche Klassenbibliothek, die von allen von Microsoft zur Verfügung gestellten .NET-Programmiersprachen genutzt werden kann. Die später in diesem Abschnitt erläuterten so genannten Foundation-Bibliotheken setzen auf dieser Klassenbibliothek auf.

Non-Managed Applications. Eine weitere Klasse von Anwendungen kann mit dem .NET Framework entwickelt und ausgeführt werden, die so genannten *non-managed applications*. Diese erhalten ihren Namen, da sie nicht mit der CLR ausgeführt werden und somit auch nicht deren Verwaltungsfunktionen nutzen können (in Abbildung 4.12 als Web- bzw. "weitere Anwendungen" dargestellt). Neben allen anderen Anwendungen, die auf derselben Hardware wie das *.NET Framework* laufen, gibt es auch eine Art von Anwendungen, die mit dem *.NET Framework* implementiert und ausgeführt werden, aber trotzdem als *non-managed* einzustufen sind: klassische Web-Anwendungen. Diese werden im *.NET Framework* implementiert und dann mithilfe der ASP.NET-Laufzeitumgebung ausgeführt. Diese kann beispielsweise in einen Web-Server integriert werden. Durch die Nutzung der ASP.NET-Umgebung hat die eigentliche Web-Anwendung auch die Möglichkeit, bestimmte Verwaltungsfunktionalitäten zu verwenden, so dass sie eine Zwitterstellung zwischen *managed* und *non-managed* einnimmt. Ein Beispiel für eine *non-managed application* wäre des Weiteren ein Web-Browser, der eine .NET-Anwendung auf einer Web-Seite per *MIME Type* erkennt und mit einer intern verfügbaren Laufzeitumgebung ausführt.

Komponenten des .NET Framework. Im Kontext verteilter Softwaresysteme sind die *managed applications* von besonderem Interesse, daher werden die Möglichkeiten des *.NET Framework* für diese Anwendungen im Folgenden näher betrachtet. Im Prinzip geht es also um den genaueren Aufbau der Standardklassenbibliothek in Abbildung 4.12, wobei auch ASP.NET einige der vorgestellten Pakete unterstützt, so dass die Beschreibung teilweise auch für nicht-verwaltete Web-Anwendungen gilt.

Gravierende Unterschiede beim internen Aufbau des *.NET Framework* haben sich zwischen den Versionen 2.0 und 3.0 ergeben; daher werden diese Versionen in den Abbildungen 4.13 und 4.14 einander gegenübergestellt. Weitere Neuerungen wurden mit der Version 3.5 eingeführt, die Abbildung 4.15 darstellt. Es werden allerdings fast alle Technologien der Version 2.0 auch weiterhin in der Version 3.X unterstützt. Allerdings sollten diese in der Praxis wohl weitestgehend durch die neuen Technologien ersetzt werden, deshalb sind sie in den entsprechenden Abbildungen nicht mehr genannt. Dabei erhebt die Auflistung der integrierten Technologien, insbesondere im Bereich der Benutzerschnittstellen, keinen Anspruch auf Vollständigkeit; allerdings liegt der Fokus dieses Buches eher im Bereich der Kommunikation in verteilten Systemen, so dass diese Unvollständigkeit nicht erheblich ist.

Seit der Version 3.0 besitzt das .NET Framework neben der bereits vorher vorhandenen Standardklassenbibliothek drei weitere Komponenten, die man für .NET-

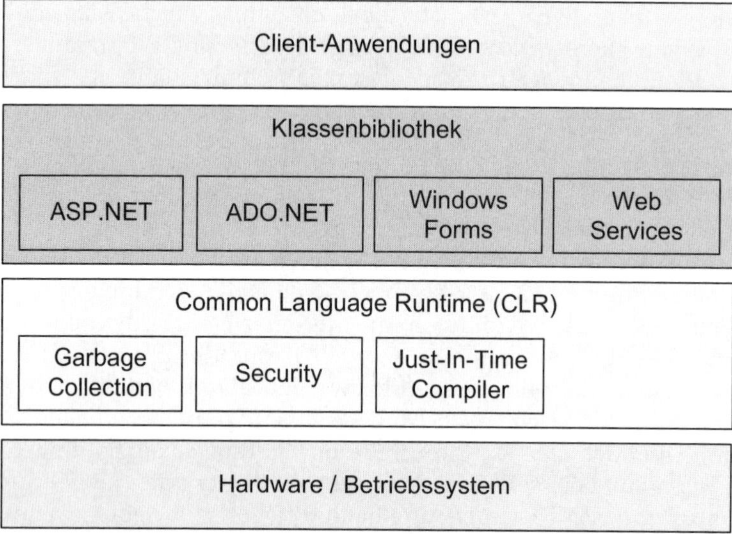

Abbildung 4.13: Technologien im *.NET Framework 2.0*

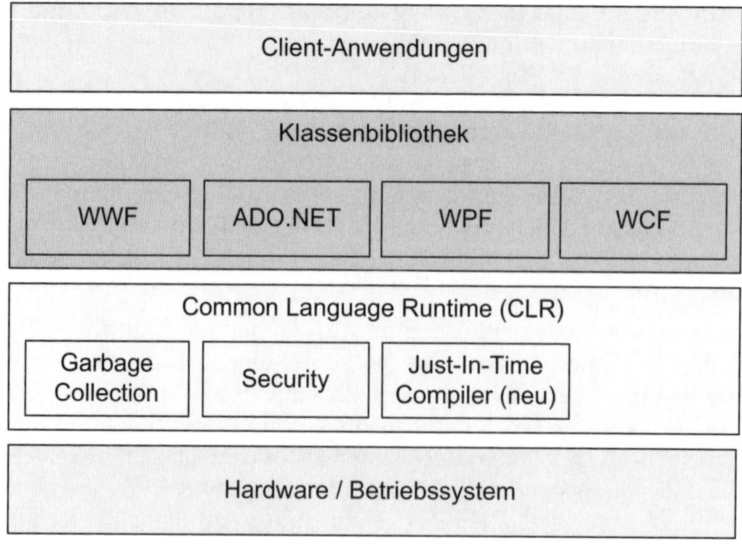

Abbildung 4.14: Technologien im *.NET Framework 3.0*

Anwendungen verwenden kann: *Windows Communication Foundation (WCF)*, *Windows Presentation Foundation (WPF)* sowie *Windows Workflow Foundation (WWF)*. Alle diese Komponenten manifestieren sich einfach als zusätzliche Klassenbi-

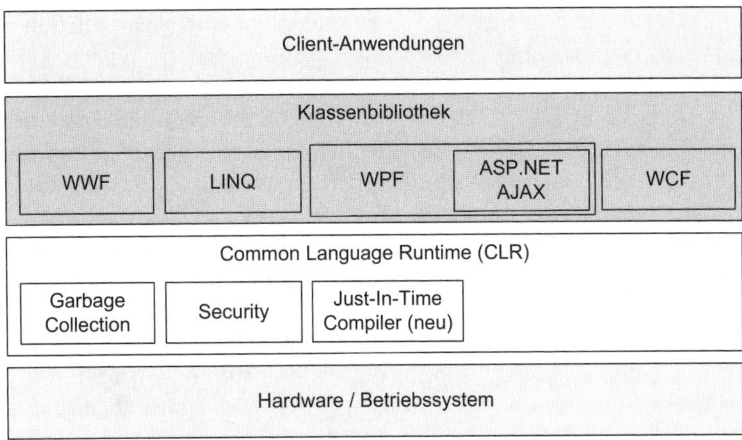

Abbildung 4.15: Technologien im *.NET Framework 3.5*

bliotheken, dienen jedoch jeweils einem spezifischen Einsatzzweck. Die im Paket `System.Windows` befindliche WPF wird verwendet, um graphische Benutzerschnittstellen zu implementieren. Sie kann also z. B. im 3-Schichtenmodell (vgl. Abschnitt 4.1.1) verwendet werden, um die View-Ebene zu implementieren. Wir betrachten sie hier nicht näher. Zur Implementierung eines Teils der Control-Schicht im 3- oder N-Schichtenmodell steht in .NET die WWF zur Verfügung. Die WWF ist für sich genommen ein *Framework,* das bestimmte Funktionalitäten zur Steuerung von Abläufen zur Verfügung stellt. Da es sich um ein *Framework* handelt, ist jedoch meist noch eine Anpassung an die spezifischen Bedürfnisse möglich und erforderlich. Auch diese Komponente soll hier nicht näher betrachtet werden, da sie eher für die Modellierung von Kontrollflüssen als für die technische Verknüpfung von Software-Bausteinen gedacht ist. Weitere Details zu WPF und WWF findet man z. B. in [95], [78] oder [94].

Kommunikationstechnologien in .NET 2.0. Die bedeutendste Komponente aus Sicht der verteilten Systeme ist die Kommunikation in .NET; diese wird ebenfalls für die Control-Schicht in einer klassischen 3- oder Mehrschichtenarchitektur verwendet. Bei .NET 2.0 gibt es im Prinzip zu allen JEE-Kommunikationstechnologien (vgl. 4.2.3) äquivalente Technologien. Diese werden im Folgenden kurz erläutert:

- Das *Component Object Model* (*COM*) ist eine Technologie, mit der verschiedene Prozesse kommunizieren und Objekte im jeweils anderen Prozess erzeugen können. Dabei wird exakt das Client-Server-Prinzip (vgl. Abschnitt 3.1) verwendet: ein *COM Client* kommuniziert mit einem *COM Server* und instanziiert dort ein Objekt. Danach kann der *Client* die Objektfunktionalität über das zur Verfügung gestellte *Interface* nutzen. Der Vorteil dieser Technologie ist, dass die

Implementierung auf Client- und Server-Seite in unterschiedlichen Sprachen und auf unterschiedlichen Plattformen vorgenommen werden kann. Basierend auf COM wurden bei der *COM+*-Technologie noch wesentliche Aspekte ergänzt, die häufig in der mittleren Schicht von 3-Schichten-Software benötigt werden: einheitliche Transaktionsverwaltung, einheitliches Sicherheitsmodell, Verwaltung der Ausführung paralleler Prozesse, ein Event-Mechanismus sowie die Verwaltung von Objekt-Pools. So lässt sich über COM+-Dienste beispielsweise sicherstellen, dass Änderungen an mehreren COM-Objekten nur dann durchgeführt werden, wenn der aufrufende *Client* die Berechtigung zur Änderung aller Objekte besitzt. Wird bei der Änderung eines Objektes festgestellt, dass die Berechtigungen dafür nicht ausreichen, so wird der COM+-Dienst automatisch auch zuvor erfolgte Änderungen an anderen Objekten wieder rückgängig machen; es werden dabei die Transaktions- und Sicherheitsdienste von COM+ verwendet. COM+ bietet also wesentliche Dienste an, die verteilte Anwendungen in der mittleren Schicht benötigen, daher wird diese Technologie auch *Enterprise Services* genannt und kann mit EJB in JEE verglichen werden.

- Mit dem *Distributed Component Object Model (DCOM)* ist es möglich, COM-Objekte auf entfernt liegenden COM-Servern zu nutzen. DCOM ist eine bereits recht alte Technologie, die jedoch aus Kompatibilitätsgründen auch im *.NET Framework* verfügbar ist. Im Prinzip ermöglicht es den Austausch komplexer Objekte, die dem COM-Standard genügen, zwischen verteilten Software-Bausteinen. Die Kommunikation wird dabei über ein spezielles DCOM Netzwerkprotokoll geführt, das aus Sicht des Entwicklers über den DCE-Standard für entfernte Funktionsaufrufe (RPC) genutzt wird. Die Technologie kann heutzutage als veraltet angesehen werden, da sie zu unflexibel ist und sich nur auf COM-Objekte anwenden lässt.

- *.NET Remoting* stellt einen Mechanismus zur Verfügung, mit dem verteilte Anwendungen komplexe Objekte austauschen können. Der Name rührt daher, dass beim *Remoting* ein *Client* typischerweise nur eine Referenz auf ein Objekt erhält, das ein Server verwaltet. Während der Client also auf diesem Proxy-Objekt wie auf einem lokal vorhandenen Objekt arbeiten kann, erledigt das *.NET Remoting* im Hintergrund die Kommunikation und Synchronisation mit dem Objekt auf Server-Seite. *Remoting* kann immer dann eingesetzt werden, wenn ein Objekt serialisierbar ist; die komplexe Objektstruktur bleibt dabei erhalten. Sinnvollerweise wird diese Technologie nur in homogenen Systemen verwendet, wenn also sowohl *Server* als auch *Client* mit .NET-Technologie implementiert werden. *Remoting* ist dabei aber unabhängig von der konkret gewählten Kommunikationstechnologie zwischen *Client* und *Server*.

- Das Prinzip von *Web Services* erläutert erst Kapitel 5 genauer. Für diesen Abschnitt ist jedoch das Verständnis eines *Web Service* als zustandsloser, plattformunabhängiger Dienst mit standardisierter Schnittstelle ausreichend. *Web Services* wurden als zentraler Bestandteil der Microsoft-Strategie für Internetbasierte Anwendungen bereits in der Version 2.0 von .NET unterstützt. So können mithilfe eines speziellen Dateityps (`asmx`) sehr leicht *Web Services* implementiert werden, die dann über die Laufzeitumgebung des *.NET Framework* öffentlich zur Verfügung gestellt werden können. Im Prinzip handelt es sich bei einer `asmx`-Datei um eine herkömmliche Klassenimplementierung in einer von .NET unterstützten Sprache, die mit speziellen Annotationen für die zu erzeugenden *Web Services* angereichert ist. Nach Lektüre von Kapitel 5 könnte man auch sagen, dass `asmx`-Dateien also die Unterstützung von SOAP-basierten Web Services im Rahmen von ASP.NET darstellen. Diese können z. B. direkt in einer ASP.NET-Laufzeitumgebung veröffentlicht werden. Da es zu *Web Services* viele weitere zentrale Funktionalitäten ähnlich der *COM+ Enterprise Services* geben sollte, gibt es in .NET ferner die so genannten *Web Service Extensions (WSE)*, die zahlreiche dieser Funktionalitäten für *Web Services* bereitstellen.

- Während alle anderen Kommunikationstechnologien von .NET 2.0, die bisher beschrieben wurden, im Wesentlichen für die synchrone Kommunikation geeignet sind, benötigen bestimmte Situationen auch asynchrone Kommunikationsmöglichkeiten. Dies ist z. B. der Fall, wenn einer oder beide Kommunikationspartner nicht dauerhaft aktiv bzw. empfangsbereit sind. Ein typisches Beispiel dafür sind E-Mails, die vom Empfänger nur empfangen werden können, wenn er gerade vor dem Computer sitzt und seinen Mail-Client aktiviert hat. Vom Moment des Sendens bis zur Übernahme der Nachricht durch den Empfänger muss diese durch eine zentrale Komponente zwischengespeichert werden. Diese Zwischenspeicherung nennt man auch *Queueing* (von engl. "Warteschlange"), da alle Nachrichten für einen bestimmten Empfänger in einer Warteschlange vorgehalten werden. In .NET 2.0 wird eine solche asynchrone Kommunikation durch die Komponente *Message Queueing (MSMQ)* bereitgestellt. Neben dem klassischen Bild der Warteschlange bei asynchroner Kommunikation kann MSMQ auch eingesetzt werden, um eine verlässliche Nachrichtenübermittlung sicherzustellen und (auch im Falle synchroner Kommunikation) Nachrichten in priorisierter Form an stark ausgelastete Software-Komponenten zu übermitteln. Ähnlich wie beim vergleichbaren Übermitteln von E-Mails werden dabei natürlich Nachrichten für verschiedene Empfänger verwaltet, und es wird sichergestellt, dass nur der berechtigte Empfänger Zugriff auf eine Nachricht hat.

Kommunikation im .NET Framework 3.X Alle zuvor genannten Technologien zur Kommunikation in verteilten Software-Systemen werden in .NET ab der Version 3.0 nun durch die *Windows Communication Foundation (WCF)* in ein einheitliches *Framework* eingebettet. Die wichtigste Neuerung bei der Einführung der WCF ist dabei die konsequente Hinwendung zu Diensten (*Services*) als Grundlage von Software-Systemen. Diesen Ansatz verfolgt auch die Service-orientierte Architektur, die wir in Kapitel 5 genauer erläutern. Daher beschränken wir uns in diesem Abschnitt auf die für das Verständnis der WCF wesentlichen Aspekte.

In der WCF bildet jede Software-Komponente eines verteilten Systems einen so genannten *Endpunkt*. Dabei kann ein Dienst im Sinne einer SOA durchaus mehrere Endpunkte besitzen, z. B. für unterschiedliche Kommunikationsprotokolle. Zu jedem Endpunkt sind die folgenden Informationen festzulegen:

- Adresse: Sie legt fest, unter welcher Adresse der Endpunkt erreichbar ist. Dies kann im einfachsten Fall eine URL sein, in einem komplexeren Fall der Name und Zugriffsmodus einer Warteschlange für Nachrichten.
- *Binding*: Es wird festgelegt, mit welchem Transportprotokoll der Endpunkt angesprochen werden kann, wie die Ein- und Ausgabedaten zu kodieren sind und ggfs. weitere Informationen aus dem Bereich der *Enterprise Services*, also etwa, ob der Endpunkt im Kontext einer Transaktion angesprochen werden muss oder welche speziellen Berechtigungen erforderlich sind, um den Endpunkt ansprechen zu können.
- *Contract*: Der Vertrag (*Contract*) legt fest, für welche Aufgaben der Endpunkt geeignet ist. Es wird also definiert, welche Nachrichten mit welchen Parametern der Endpunkt versteht und mit welchen Nachrichten und Daten er ggfs. antworten könnte. Dabei werden die Nachrichten dem Namen nach und die Daten natürlich nur strukturell festgelegt. Meist bezieht sich der Vertrag nur auf eine syntaktische Beschreibung des Endpunktes. Die semantische Beschreibung steckt in der Praxis bis heute in den Kinderschuhen und kann als offenes Forschungsthema angesehen werden.

Technologien der Datenschicht. Nachdem auf den vorhergehenden Seiten besonders die mittlere Schicht der klassischen 3- oder N-Schichtenanwendung vorgestellt wurde, sollen nun noch zwei Technologien für den Zugriff auf die Datenschicht vorgestellt werden. Dabei werden hier das bereits aus früheren Versionen bekannte *ADO.NET* sowie das momentan noch sehr frische *LINQ* vorgestellt.

Der Begriff *ADO.NET* ist eine Abkürzung für *ActiveX Data Objects* für .NET; es handelt sich also um eine Anpassung der bereits früher verwendeten *ActiveX Data Objects* auf das *.NET Framework*. Mit *ActiveX Data Objects* wird der Zugriff auf Datenobjekte implementiert. Dabei stellt ADO.NET den Anwendungen eine einheitliche Zugriffsschnittstelle auf Datenobjekte typischerweise aus einer Datenbank zur Verfügung, egal ob diese Objekte per ODBC oder proprietärem Treiber aus der SQL-basierten Quelle bezogen werden. Durch die interne Nutzung von OLE DB kann ADO.NET auch Daten aus nicht-SQL-basierten Quellen wie Dateien oder Legacy-Systemen beziehen. ADO.NET funktioniert dabei ähnlich wie JDBC im Java-Umfeld, bietet allerdings auch die lokale Nutzung von Transaktionen sowie die Wahl zwischen verbindungsloser und verbindungsorientierter Kommunikation an Bei verbindungsloser Kommunikation werden die angefragten Daten einmal aus der Datenquelle bezogen und lokal gespeichert. Die Verbindung zur Datenbank kann nun beendet werden, und Änderungsoperationen werden nur auf den lokalen Daten ausgeführt. Dafür müssen die Änderungen dann auch explizit in die Datenbank zurückgeschrieben werden. Vorteile dieser Variante sind eine losere Kopplung der Systeme, bessere Performanz beim Datenzugriff sowie eine Entlastung des Datenbank-Servers. Damit eignet sich die Variante vor allem, um in 3- bzw. N-Schichtenarchitekturen die Skalierbarkeit zu verbessern. Beim verbindungsorientierten Zugriff auf die Datenbank bleibt die Verbindung die ganze Zeit bestehen, und es wird ähnlich einem *Cursor* direkt durch die Zeilen der Datenbank geblättert. Der stärkeren Kopplung und höheren Belastung des DB-Servers steht dabei eine erhöhte Aktualität der gelesenen Daten gegenüber. Somit bietet sich diese Variante insbesondere für Anwendungen an, die hohe Anforderungen an die Datenaktualität besitzen bzw. mit sich häufig ändernden Daten arbeiten. Ein Beispiel für eine einfache ADO.NET-Anwendung findet sich im Rahmen des .NET-Code Beispiels in Abschnitt 4.3.4.

Die so genannte *Language Integrated Query (LINQ)* wurde erst in der Version 3.5 eingeführt und ist vielleicht die spektakulärste Neuerung seit langem. Die Grundidee von LINQ ist es, dem Programmierer deklarative Beschreibungen (ähnlich zu SQL) der zu verwendenden Daten zu ermöglichen. Dabei können die Daten tatsächlich aus einer SQL-Datenquelle stammen, müssen es aber nicht. Es können genauso gut Daten aus einer XML-Datei oder die in einem Verzeichnis abgelegten Dateien als Basis verwendet werden. Die einzige Anforderung an die Datenquellen zur Verwendung der deklarativen LINQ-Syntax ist, dass sie das *Interface* `IEnumerable<T>` implementieren müssen. Dieses wird nach der Definition der Daten dann verwendet, um in einer `foreach`-Schleife über die Elemente der Datenquelle zu iterieren. Im Prinzip macht diese Technik also alle .NET-Programmiersprachen zu Sprachen der vierten Generation, da diese nunmehr einen Datentyp für Relationen besitzen. Im Unterschied zu den Sprachen der dritten Generation können also Datenbank Relationen als Ganzes in einem Objekt eines Datentyps aufgenommen werden und müssen nicht mehr zeilenweise über einen *Cursor* bearbeitet werden. Eine Anfrage an eine Kundentabelle könnte dann in C# wie in Listing 4.2 dargestellt aussehen.

Listing 4.2: Nutzung von LINQ zur Verarbeitung eines Anfrageergebnisses

```
class SimpleLINQSample
{
  static void Main(string[] args)
  {
    IEnumerable<Customer> custs =
      from c in CustomerDataSet
      where c.CID > 15 && c.Nachname.StartsWith("Meier")
      orderby c.Vorname
      select c;
      foreach (var cust in custs)
      {
        Console.WriteLine("Kunde␣mit␣ID␣{0}␣heisst␣{1}",
          cust.CID, cust.Vorname);
      }
  }
}
```

Die `CustomerDataSet` ist dabei mit einer SQL-Datenquelle verknüpft, die die Tabelle `Customer` anbietet. In der gleichen Form können auch andere Datenquellen ausgewählt werden. Die LINQ-Technologie verknüpft also die Vorteile des objekt-orientierten Programmierens sehr elegant mit verschiedenen, z. B. relationalen Datenquellen. Durch den komfortablen und einheitlichen Zugriff auf Datenquellen wird die Arbeit des Entwicklers stark vereinfacht.

Mono. Zum Abschluss sei noch erwähnt, dass man die .NET-Technologien nicht nur auf dem Betriebssystem Windows einsetzen kann. Das Mono-Projekt (`http://www.mono-project.com/Main_Page`) stellt eine .NET-Laufzeitumgebung für Linux bereit, so dass .NET-Anwendungen auch auf Linux ausgeführt werden können.

4.3 Code-Beispiele

4.3.1 Klassische Web 1.0-Anwendungsarchitekturen

Als Code-Beispiel für eine Web 1.0-Anwendung mit Datenbankzugriffen wird im Folgenden ein Java-Servlet vorgestellt, das wiederum die *Java Database Connectivity (JDBC)* nutzt, um aus einer Datenbank dynamisch eine HTML-Web-Seite zu erzeugen. Das Servlet implementiert damit eine Variante der in Abbildung 4.7 bereits skizzierten Systemarchitektur. Eine konzeptionell ähnliche Implementierung auf PHP-Basis wird als weiteres Beispiel vorgestellt.

Web 1.0-Code-Beispiel mit Java-Servlet. Wie oben dargestellt, sind Servlets Java-Programme, die in einer *Servlet-Engine* ablaufen. Letztere ergänzt einen statischen Web-Server somit um eine Ablaufumgebung für dynamische Elemente, eben die Servlets.

Technisch ist ein Servlet eine Java-Klasse, deren ausführbare Form in einem sog. Web-Archiv (.class-Datei in einem WAR-Archiv) in der Servlet-Engine installiert wird (Deploy-Vorgang). Oft wird die WAR-Datei hierfür einfach in ein dafür vorgesehenes WEB-INF-Verzeichnis kopiert.

Im Folgenden stellen wir ein kleines Servlet vor, das einen Datenbankzugriff durchführt. Sein Gesamtablauf ist – nachdem ein HTTP-GET von einem Web-Client gesendet wurde – wie folgt:

1. Das Servlet nimmt den Aufruf entgegen,
2. sendet per JDBC bzw. SQL eine Datenbankanfrage an ein relationales DBS
3. und erzeugt dynamisch als Ergebnis aus den DB-Anfrageergebnissen eine HTML-Ergebnisseite,
4. die zurück an den Web-Client gesendet wird.

Die folgenden Code-Fragmente spiegeln diesen Ablauf wider. Ergänzend hinzu kommt eine Initialisierung des Servlets (`init()`-Methode), die typischerweise einmal bei seinem Laden durch die Servlet-Engine aufgerufen wird. In unserem Fall zeigt der nachfolgende Code-Abschnitt zunächst die Initialisierung des JDBC-Treibers und Deklaration des Servlets (1-7). Sodann folgt als Ausschnitt aus der `init()`-Methode des Servlets das Holen einer dedizierten Verbindung zu einer konkreten Datenbank (9ff).

Listing 4.3: Servlet-Initialisierung: Verbinden mit DBS

```
// Servlet-Initialisierung: Verbinden mit DBS

// Laden der JDBC-Bibliotheken
import java.sql.*;
5
// Deklaration der Servlet-Klasse
public class MeinJDBCServlet extends HttpServlet {

  // ---------------------------------------------
10  // Ausschnitt der init()-Methode des Servlets

  // Laden der Treiberklasse bewirkt deren Registrierung
  Class.forName ("oracle.jdbc.driver.OracleDriver");

15  // DB-spezifische Verbindungsinfo 'connect string'
  String cs = "jdbc:mysql:<host>:<port>/<database>";
  un = ...;  pw= ...;   // user/password einlesen;
  // Hole eine dedizierte DB-Verbindung
  Connection conn = DriverManager
20    .getConnection (cs+"?user="+un+"&password="+pw);
```

Die Abarbeitung des GET-Aufrufs, den der Web-Client an den Server gesendet hat, erfolgt in der `doGet(...)`-Methode des Servlets. In den folgenden Code-Abschnitten wird diese erläutert.

Als Eingabe werden der `doGet(...)`-Methode die Parameter der Web-Client-GET-Nachricht als Objekt vom Typ `HttpServletRequest` übergeben. Als Ergebnis liefert das Servlet eine `HttpServletResponse`. Mit einem `PrintWriter out` wird die Antwort geschrieben. In unserem Fall soll die Antwort eine HTML-Seite (`setContentType("text/html")`) sein.

Listing 4.4: Servlet doGet(...)-Methode

```
public void doGet(HttpServletRequest req,
                  HttpServletResponse resp)
                  throws ServletException, IOException{
  PrintWriter out = resp.getWriter();
  resp.setContentType("text/html");
```

In den `PrintWriter out` wird HTML-Code für den Web-Seitentitel usw. geschrieben.

```
out.println("<html>");
out.println("␣<head><title>Datenbank-Servlet␣mit␣JDBC");
out.println("␣␣␣␣␣␣␣</title></head>");
out.println("␣<body>");
out.println("␣␣<h1>Beispieldatenbank:␣Orte</h1>");
```

Über JDBC wird eine SQL-Anfrage zur Suche von Postleitzahlen (`executeQuery`) und Namen aus einer Orte-Tabelle gestellt. Hierbei wird die `Connection conn` aus der Servlet-Initialisierung genutzt, um eine Variable für ein JDBC-Statement (`createStatement()`) zu erzeugen.

```
// SELECT-Beispiel.: Anfrage stellen,
//         Ergebnis in Tabellenvariable (rset)
Statement stmt= conn.createStatement();
String tmp = "SELECT␣plz,␣name␣FROM␣ort";
ResultSet rset = stmt.executeQuery (tmp);
```

Das Ergebnis der SQL-Anfrage wird in einer HTML-Tabelle ausgegeben.

```
// Ergebnis ausgeben (Orte-Tabelle)
tmp = "<TABLE␣ID=\"Orte\"␣COLS␣=␣2>";
tmp += "<B><TR>";
tmp += "<TD␣WIDTH␣=␣\"40\%\"><B>␣PLZ␣</B></TD>";
tmp += "<TD␣WIDTH␣=␣\"60\%\"><B>␣Ortsname</B></TD>";
tmp += "</B></TR>";
out.println(tmp);
while ( rset.next() )  {
  tmp = "<TR␣BGCOLOR=\"#DFDFDF\">";
  tmp += "<TD>␣" + rset.getString("Plz")  + "</TD>";
  tmp += "<TD>␣" + rset.getString("Name") + "</TD>";
  tmp += "</TR>";
  out.println (tmp);
}
tmp = "</TABLE>";
out.println (tmp);
```

Aufräumarbeiten und die Ausgabe der Abschlussteile der HTML-Seite schließen das Servlet ab.

```
  stmt.close();

  tmp = ("<H3>Fertig</H3></BODY></HTML>");
  out.println(tmp);
}
```

Web 1.0-Code-Beispiel mit PHP. Konzeptionell durchaus ähnlich zu obigem Servlet erfolgt der Datenbank-Zugriff mittels PHP [98, 96]. Das folgende Beispiel zeigt einen PHP-Code-Ausschnitt, der eine Verbindung zu einer MySQL-Datenbank holt und einen Datensatz ausgibt. Er könnte in dieser Form in einer einfachen PHP-Web-Seite vorkommen.

Listing 4.5: PHP-Code-Beispiel: Datenbankverbindung holen

```
<?php
  // Verbindung zur DB ortedb holen mit Fehlerbehandlung
  \$con = mysql_connect('meinrechner', 'benutzer', 'pw')
          or die(mysql_error());
  mysql_select_db('ortedb') or die(mysql_error());

  // Einen Datensatz aus der ort-Tabelle auslesen
  \$daten = mysql_query('SELECT␣plz,␣ort␣FROM␣ort')
                      or die (mysql_error());

  // Datensatz im Feld ort speichern und ausgeben
  \$ort = mysql_fetch_assoc(\$ort);
  echo "<pre>";
  var_dump(\$ort);
  echo "</pre>";

  // Aufräumen
  mysql_close(\$con);
?>
```

4.3.2 Verteilte Objekte am Beispiel CORBA: Code

Um einen Eindruck zu vermitteln, wie die Programmierung mit CORBA verläuft, wird zunächst ein typischer Entwicklungsablauf mit CORBA gezeigt. Sodann wird anhand eines Kontos eine einfache CORBA-Anwendung vorgestellt, die der CORBA 2.0/2.1-Generation entstammt. Die CORBA 2.2ff-Generation nutzt ähnliche Grundlagen, aber einige erweiterte Konzepte mit etwas umfangreicherer Syntax (*Basic Object Adapter* vs. *Portable Object Adapter*), auf die hier nicht weiter eingegangen wird.

CORBA-Entwicklungsablauf. Einen typischen Entwicklungsablauf unter Einsatz von CORBA zeigt Abbildung 4.16.

Dargestellt wird, dass zunächst eine gemeinsame IDL die Grundlage für die Client- und Server-Entwicklung bildet. Mittels eines ORB-spezifischen IDL-Compilers werden Client-Stubs und Server-Code-Rümpfe (Skeletons) für eine konkrete Programmiersprache generiert. Diese werden mit eigenem Quelltext verbunden, sodann mit einem Compiler der jeweiligen Programmiersprache übersetzt und mit einem passenden Linker um ORB-Bibliotheken ergänzt. Im Ergebnis entstehen ausführbare Programme für Client und Server, die via CORBA kommunizieren können.

CORBA Code-Beispiel mit BOA: Konto Wie angedeutet, dient ein einfaches Konto als IDL-Code-Beispiel. Die folgende IDL, mit der der Kontrakt zwischen Client und Server festgelegt wird, deklariert Konto-Objekte. Diese Objekte stellen einen Kontostand sowie Methoden zum Einzahlen und Abheben bereit.

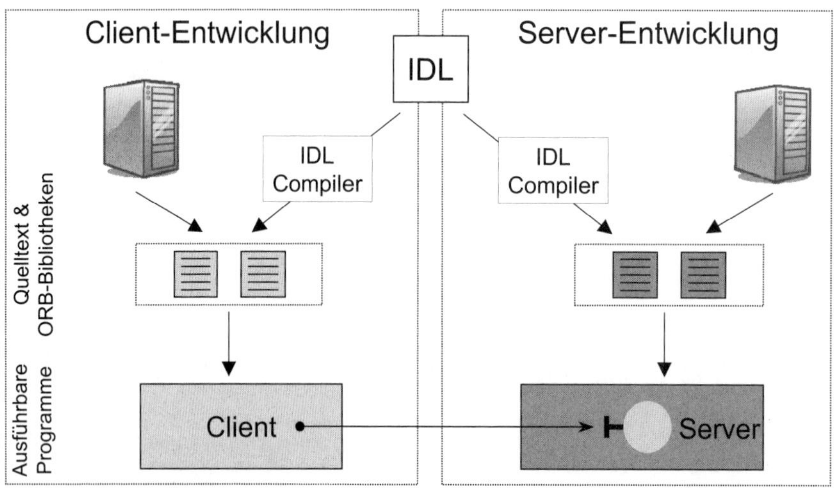

Abbildung 4.16: Typischer Entwicklungsablauf mit CORBA

Listing 4.6: OMG CORBA IDL: Konto-Beispiel

```
interface Konto {
  readonly attribute float kontostand;
  void einzahlen (in float betrag);
  void abheben (in float betrag);
}
```

Wird ein IDL-Compiler für C++ auf diese IDL angewendet, so wird beispielsweise der folgende Code-Teil erzeugt.

Listing 4.7: CORBA Konto-Beispiel: Generierter Code

```
class Konto_i : public virtual KontoBOAImpl
{
  public:
    Konto_i ();
    virtual CORBA::Float
      kontostand();
    virtual void
      einzahlen (const CORBA::Float betrag);
    virtual void
      abheben (const CORBA::Float betrag);
  private:
    CORBA::Float _kontostand;
};
```

Schön zu erkennen ist, dass die `einzahlen/abheben`-Methoden und auch die Kontostandsabfrage (`kontostand()`) als `virtual` deklariert sind, das heißt: durch eigenen Code überschrieben werden sollen.

Den Rumpf eines passenden Servers, angereichert um Methodenimplementierungen für zum Beispiel `einzahlen()`, zeigt das folgende Code-Fragment:

Listing 4.8: CORBA Konto-Beispiel: Eigene Code-Ergänzungen

```
. . .
  Konto_i::Konto_i () : _kontostand(0.0)   {
  };

  virtual CORBA::Float Konto_i::kontostand()  {
    return _kontostand;
  }

  virtual void Account_i::einzahlen(const CORBA::Float betrag) {
    _kontostand += betrag;
  }
. . .
```

Zu diesem Server gehört noch ein Hauptprogramm, das ein passendes Objekt der Klasse `Account` instantiiert und sodann die Kontrolle an den ORB mittels `ORB.impl\_is\_ready`[1] übergibt. Der Server wartet damit auf eingehende Methodenaufrufe, indem er intern auf einem passenden Socket[2] horcht.

Listing 4.9: CORBA Konto-Beispiel: main()-Programm

```
int main (void)
{
  Account_i account;
  CORBA::ORB.impl_is_ready("Konto");
  cout << "Server␣endet" << endl;
  return 0;
}
```

Das ausführbare Programm für diesen Server muss noch beim ORB registriert werden, damit dieser eingehende Client-Aufrufe an den Server weiterleiten kann. Typischerweise bieten ORB-Implementierungen hierfür Kommandozeilenwerkzeuge an.

Zur Laufzeit kommunizieren – nach initialer Vermittlung durch den ORB – CORBA-Client und -Server in der Regel direkt miteinander. Meist nur bei Kommunikationsfehlern wendet sich der Client wieder an den ORB.

Es fehlt noch ein CORBA-Client, der diesen Server nutzt. Einen kleinen Client, der sich über den ORB mit einem Konto-Server verbindet, etwas einzahlt, wieder etwas abhebt und sodann den Kontostand ausgibt, zeigt abschließend das folgende Code-Stück:

[1] Diese impl...-Variante nutzt der Übersicht halber einen einfachen, herstellerspezifischen, ORB-internen Namensdienst.

[2] In der Regel basiert CORBA-Kommunikation auf IIOP und damit auf TCP/IP-Sockets. Es gibt jedoch auch Implementierungen, die GIOP auf andere interne Protokolle abbilden, zum Beispiel für echtzeitnahe Umgebungen.

Listing 4.10: CORBA Konto-Beispiel: Client-Code

```
int main (void)
{
  // Konto: Objektreferenz
  KontoRef kontoref;
  // Einfaches (herstellerspezifisches) Verbinden
  // mit einem Account-Objekt
  kontoref = Konto::\_bind(":Konto");

  // 'Konto'-Methoden aufrufen
  kontoref->einzahlen(1000.0);
  kontoref->abheben(200.0);
  cout << "Kontostand:␣" << kontoref->kontostand();
  return 0;
}
```

4.3.3 JEE

Weil JEE sehr komplex ist, werden wir hier die Implementierung von JEE-Anwendungen nur stark vereinfacht im Überblick zeigen können. Für Details und ein vollständiges Verständnis sollte auf jeden Fall vertiefende Literatur , bspw. [40] herangezogen werden. Bei den Code-Beispielen haben wir für die verschiedenen Technologien dieselbe Reihenfolge wie in Abschnitt 4.2.3 gewählt.

Web Components

Für die Web Components stellen wir hier je ein Beispiel für JavaServer Pages (JSP) und JavaServer Faces (JSF) vor.

JavaServer Pages (JSP): Im folgenden Szenario wollen wir uns anschauen, wie mit Hilfe von JSPs Benutzerdialoge realisiert werden können. Unter einem Dialog verstehen wir hier eine Folge mehrerer Java Server Pages. In der Regel müssen zwischen den JSPs eines Benutzerdialogs Daten ausgetauscht werden, bspw. um Eingabedaten in Folgeseiten zu übernehmen.

Der Datenaustausch kann über verschiedene Mechanismen erfolgen: z.B. über die bei einem HTTP-Request ausgetauschten String-Parameter. Auf diese Daten kann man in einer JSP über das implizite, d.h. immer vorhandene Standardobjekt `request` zugreifen. Beispielsweise wird durch `request.getParameter("username")%>` der HTTP-Request-Parameter `username` ausgelesen.

Es gibt verschiedene implizite Standard-Objekte mit einem unterschiedlichen Gültigkeitsbereich. So kann das `session`-Objekt genutzt werden, um Daten zu speichern, die für eine Session, d.h. für einen Client gültig sind. In die impliziten Standard-Objekte kann man wie in einer Hash-Tabelle Schlüssel-Werte-Paare über entsprechende Methoden ablegen und lesen.

Ausgangspunkt für unser Dialog-Beispiel ist ein normales HTML-Formular, mit dem man einen Namen (`username`) eingeben kann und bei einem `submit` zur JSP `saveName.jsp` verzweigt.

```
<HTML>
  <BODY>
    <FORM METHOD=POST ACTION="saveName.jsp">
      Eingabe: <INPUT TYPE=TEXT NAME=username SIZE=20>
      <INPUT TYPE=SUBMIT>
    </FORM>
  </BODY>
</HTML>
```

Die `saveName.jsp`-JSP zeigt der nächste Codeausschnitt. Zunächst wird in einem Scriplet der HTTP-Request-Parameter `username` mit Hilfe des impliziten Standardobjektes `request` ausgelesen und im session-weit verwendbaren Standardobjekt `session` unter dem Namen „client" als Schlüssel/Werte-Paar gespeichert. Die eigentliche HTML-Seite besteht lediglich aus einem Link auf die Folgeseite `finalPage.jsp`.

```
<%  String name = request.getParameter("username" );
    session.setAttribute("client", name );
%>
<HTML>
  <BODY>
    <A HREF="finalPage.jsp">Continue</A>
  </BODY>
</HTML>
```

Die letzte Seite holt dann `username` aus dem session-Objekt und zeigt ihn an.

```
<HTML>
  <BODY>
    Hello, <%= session.getAttribute("client" ) %>
  </BODY>
</HTML>
```

JavaServer Faces (JSF): Der folgende Code zeigt eine einfache JSF, die auf den ersten Blick wie eine JSP mit speziellen Tags aussieht.

```
<%@ taglib uri="http://java.sun.com/jsf/html" prefix="h" %>
<%@ taglib uri="http://java.sun.com/jsf/core" prefix="f" %>
<f:view>
  <h:panelGrid columns="2">
    <h:outputText value="Vorname:"/>
    <h:inputText value="#{person.vorname}"/>
    <h:commandButton action="ok" value="senden"/>
</h:panelGrid>
</f:view>
```

Zunächst wird ein Rahmen für die JSF geschaffen: Dazu werden zwei Tag Libraries deklariert, deren Elemente hier über die Präfixe `h` und `f` referenziert werden können.

- Dann wird die statische Struktur der Web-Seite definiert: Dies geschieht durch das Root-Element `<f:view>`, das eine Web-Seite repräsentiert, die in diesem Beispiel ein zweispaltiges Layout besitzt (`<h:panelGrid columns="2">`). Anschließend ist ein Eingabefeld definiert: es enthält einen vorangestellten Text `<h:outputText value="Vorname:"/>` und das eigentliche Eingabefeld.
- Die Beziehung zwischen den Ein- und Ausgabeelementen einer Seite und den in Java Beans gespeicherten Daten wird deklarativ bestimmt. Durch `<h:inputText value="#{person.vorname}"/>` wird im Beispiel festgelegt, dass der Inhalt des Eingabefeldes im Attribut `vorname` der Klasse Person abgespeichert werden soll.
- Des Weiteren ist ein Button mit der Aufschritt „senden“ durch den Ausdruck `<h:commandButton action="ok" value="senden"/>` definiert. Der `action`-Code dient dazu, die Benutzerinteraktion eindeutig zu identifizieren.
- Schließlich wird der Kontrollfluss in einer speziellen Konfigurationsdatei festgelegt. Wenn in der JSP `seite1.jsp` die Aktion `ok` ausgelöst wird, wird zur Folgeseite `seite2.jsp` verzweigt.

```
<navigation-rule>
  <from-view-id>/seite1.jsp</from-view-id>
  <navigation-case>
    <from-outcome>ok</from-outcome>
    <to-view-id>/seite2.jsp</to-view-id>
  </navigation-case>
</navigation-rule>
```

Enterprise JavaBeans

Die Entwicklung der verschiedenen EJB-Typen basiert auf Annotations. Die folgenden Code-Beispiele sollen die Grundstruktur veranschaulichen.

SessionBeans: Zunächst zeigen wir noch mal ein Beispiel für eine stateless Session Bean `HelloWorldEJB3Bean`, die ein Remote-Interface HelloWorld implementiert.

```
@Stateless
public class HelloWorldEJB3 implements HelloWorld {
    public void greeting( String name ) {
        System.out.println( "Hello␣" + name );
    }
}
```

```
@Remote
public interface HelloWorld {
  public void greeting( String name );
}
```

Die Klasse und das zugehörige Interface werden nun kompiliert, in ein jar-Archiv gepackt und dann in einem Applikationsserver deployed. Sie stehen anschließend der Außenwelt zur Verfügung und können wie folgt in einer Session Bean aufgerufen werden.

```
@Stateless
public class HelloBeanClientEJB implements HelloBeanClient {
  @EJB
  HelloWorld myBean;
  public void doGreeting( String name ) {
      myBean.greeting( name );
  }
}
```

Der Applikationsserver legt beim Lesen der `@EJB`-Annotation eine Instanz des HelloWorld-Remote-Interface `myBean` an. Diese kann dann unmittelbar für einen remote Methodenaufruf verwendet werden. In älteren JEE-Versionen musste man sich diese Objekt-Instanz selber beschaffen, was recht umständlich mithilfe des JNDI (*Java Naming and Directory Interface*)-API geschah. Diese Arbeit wird dem Entwickler nun vom EJB-Container abgenommen. EJB 3.0 verwendet hier *Dependency Injection*, d.h. die Erzeugung und Initialisierung von Objektinstanzen wird per Annotation an den Container delegiert und muss nicht explizit durchgeführt werden. Der Entwickler des Client-Codes fordert im Beispiel eine Instanz der Session Bean; wie diese vom Container bereitgestellt wird, ist ihm egal.

Message-driven Beans: Message-driven Beans sind immer dann sinnvoll, wenn asynchron auf eingehende Ereignisse reagiert werden soll, bspw. auf den Eingang einer Bestellung. Eine entsprechende Realisierung besteht aus zwei Teilen:

- Zum einen schickt die Software-Komponente, in der die Bestellung aufgenommen wird, eine Nachricht an einen bestimmten Nachrichtenkanal. Dies kann bspw. eine JMS-Warteschlange mit einem bestimmten (JNDI-)Namen sein. Die Nachricht enthält, bspw. in XML-Format, sämtliche Bestelldaten und kann mithilfe von im JMS definierten Methoden (`send(Message m)`) versendet werden.
- Der zweite Teil der Anwendung besteht aus einer Message-driven Bean, die sich um die Verarbeitung der Nachricht kümmert. Der folgende Codeausschnitt gibt ein Beispiel. Zunächst wird per Annotations definiert, mit welchem Nachrichtenkanal die Bean verbunden wird: In diesem Fall ist es eine JMS-Warteschlange mit dem (JNDI-)Namen `queue/bestellungen`. Sobald eine Nachricht an diesen Kanal geschickt wird, wird die Bean-Methode

onMessage(..) ausgeführt. Für die weitere Verarbeitung werden die Bestelldaten aus der Nachricht extrahiert.

```
@MessageDriven(
  activateConfig = {
  @ActivationConfigProperty(propertyName="destinationType",
    propertyValue="javax.jms.Queue"),
  @ActivationConfigProperty(propertyName="destination",
    propertyValue="queue/bestellungen")
  }
)
public class MdbEJB3 implements MessageListener {
  public void onMessage( Message message ) {
      BestellManager.bearbeiteBestellung(message);
  }
}
```

Java Persistence API: Entity Classes sind normale, mit dem Ausdruck @Entity annotierte Java-Klassen. Das folgende Beispiel zeigt die Definition einer Klasse Person, die genutzt wird, um Datensätze der Tabelle person zu verwalten (durch @Table(name = "personTab") definiert). Die @Column-Annotation legt fest, auf welche Tabellenspalte ein Attribut abgebildet wird.[3]

Darüber hinaus besitzt jede Entity Class einen Primärschlüssel, der durch @Id spezifiziert wird. Im Beispiel wird darüber hinaus festgelegt, dass er durch die Datenbank generiert wird[4].

```
@Entity
@Table( name = "personTab")
public class Person;
  private int id;
  @Column (Name = "uuid")
  String name; ...

  Person(){};
  Person(String name) { this.name = name};
  @Id (generate = GeneratorType.AUTO )
  public int getId(){ return id;  }
  public void setID (int id){ this.id = id; }

  public String getName(){ return name;}
  public void setName(String name){ this.name = name; }
}
```

Wie Entities in einer Session Bean verwendet werden können, zeigt der folgende Code. Es wird ein sogenannter EntityManager durch Dependency Injection

[3] Fehlen die @Table und @Column-Annotationen, wird angenommen, dass Tabelle und Spalten genauso heißen wie die Klasse und die Attribute.

[4] bspw. durch eine Sequence in Oracle

erzeugt (56-57). Er verwaltet den Lebenszyklus von Entity Classes und kann entsprechende CRUD-Operationen (Create, Read, Update, Delete) durchführen. Im Code-Beispiel wird die Methode `persist( )` verwendet, um ein Objekt abzuspeichern (61). Die Methode `find()` sucht ein durch seine ID spezifiziertes Objekt.

```
54 @Stateless
55 class PersonManagerBean implements PersonManager {
56   @PersistenceContext
57   private EntityManager em;
58
59   public Person createPerson (String name){
60     Person p = new Person{name};
61     em.persist(p);
62
63   public Person find(int id){
64     return (Person) em.find(Person.class, id);
65   }
66
67 }
```

In EJB3 können weitergehende Konzepte für Entity Classes definiert werden: u.a. gibt es einfache und mehrfache Beziehungen, Transaktionen sowie Zugriffsrechte. Darüber hinaus ist eine eigene Abfragesprache EJB Query Language zur komplexen Suche von Objekten definiert.

4.3.4 .NET

In diesem Abschnitt werden noch Auszüge aus einer einfachen 3-Schichtenanwendung in .NET (Version 2.0) vorgestellt, um einen kurzen Einblick in die verwendeten Technologien zu ermöglichen. Es handelt sich dabei um eine einfache graphische Schnittstelle für eine Datenbankanwendung, die Kontostände von Kunden verwaltet und Möglichkeiten für Ein- und Auszahlungen, also zum Erhöhen bzw. Verringern der Kontostände, bietet.

Im Sinne der am Anfang dieses Kapitels vorgestellten 3-Schichtenarchitektur benötigen wir für diese Anwendung also eine Komponente, die die graphische Benutzerschnittstelle zur Verfügung stellt, eine Komponente, die die Daten aus der Datenbank ausliest bzw. sie dorthin zurückschreibt sowie eine Komponente der Kontrollschicht, die diese beiden verbindet und die Ausführung der Gesamtanwendung steuert.

Die Komponente der Datenschicht könnte bei der Verwendung von ADO.NET unter der Annahme, dass die Daten aus einer SQL-basierten Datenbank bezogen werden, durch die in Listing 4.11 dargestellte Klasse realisiert werden.

Listing 4.11: Beispielhafte Implementierung der Datenzugriffsschicht in C#

```
namespace DataAccessTier
{
  public class DataAccessHelper
  {
    public System.Data.DataSet
    retrieveDataSetByQuery(string sql)
    {
      IDbConnection   conn = null;
      IDbCommand      cmd;
      IDbDataAdapter  adapter;
      DataSet         ds = new DataSet();
      try
      {
        conn = new System.Data.SqlClient.
                 SqlConnection(dbConnectionString);
        cmd = new System.Data.SqlClient.SqlCommand(sql,
                 (System.Data.SqlClient.SqlConnection) conn));
        adapter = new System.Data.SqlClient.SqlDataAdapter(
                    (System.Data.SqlClient.SqlCommand) cmd);
        conn.Open();
        adapter.Fill(ds);
      }
      catch(Exception ex)
...
      finally
      {
        try{ conn.Close(); }
        catch{}
      }
      return ds;
    }
    public System.Collections.ArrayList retrieveCustomers()
    {
      System.Data.DataSet    ds;
      System.Collections.ArrayList  customers
        = new System.Collections.ArrayList();
      ds = this.retrieveDataSetByQuery(
        "Select␣*␣From␣Customers␣Order␣By
␣␣␣␣␣␣␣␣␣␣␣␣␣␣␣␣␣␣␣␣␣␣LastName␣Asc,␣FirstName␣Asc;");
      foreach(System.Data.DataRow row in
                        ds.Tables["Table"].Rows)
      {
        c = new BankCustomer(
          System.Convert.ToInt32(row["CID"]),
          row["FirstName"].ToString(),
          row["LastName"].ToString(),
          System.Convert.ToDecimal(row["AcctBalance"]));
```

```
                customers.Add(c);
            }
50          return customers;
        }
    ...
    }
}
```

Aus der gesamten Klasse `DataAccessHelper` sind hier repräsentativ nur die Methoden `retrieveDataSetByQuery` und `retrieveCustomers` dargestellt. Die erste Methode liest ein Anfrageergebnis aus der Datenbank ein und übergibt es an die aufrufende Methode in einem Objekt des Typs `DataSet`. Diese Methode wird von der Methode `retrieveCustomers` verwendet, um alle Zeilen der Datenbanktabelle `Customers` einzulesen und diese dann in einer internen Datenstruktur (`ArrayList`) abzulegen und an den Aufrufer zu übergeben. Dieses Prinzip ist natürlich nur bei kleinen Datenbeständen sinnvoll, weil das gesamte Ergebnis am Ende in einer internen Datenstruktur im Hauptspeicher gehalten werden muss.

In der Methode `retrieveDataSetByQuery` wird über die Folge `Connection`, `Command` und `DataAdapter` eine Verbindung mit der gewünschten Datenbank für eine spezielle Anfrage hergestellt (Zeilen 14 – 19). Das Objekt, das `IDbConnection` implementiert, repräsentiert dabei die Verbindung zu einer speziellen Datenbank, über `IDbCommand` kann eine spezielle SQL-Abfrage an diese Datenbank delegiert werden und mit dem Objekt, das `IDbDataAdapter` implementiert, wird diesem `Command` eine Klasse zur Verarbeitung der Ergebnisse zugeordnet. Zur Ausführung ist dann lediglich die Verbindung zu öffnen und dann mit Hilfe des Adapters eine Variable vom Typ `DataSet` für die lokale Repräsentation der Daten zu initialisieren.

Die Verwendung eines solchen `DataSet` illustriert die Methode `retrieveCustomers`. Nach dem Aufruf der zuvor beschriebenen Methode kann das `DataSet` ähnlich einem `ResultSet` in JDBC durch Iteration über die einzelnen Ergebniszeilen durchlaufen werden (Zeilen 40 – 49), um an die eigentlichen Daten zu gelangen. Im Beispiel werden die einzelnen Spalten einer Ergebniszeile anhand ihres Namens extrahiert und als Attribute einem neuen Objekt vom Typ `Customer` in dessen Konstruktor zugeordnet.

Durch die Verwendung von Klassen des Pakets `System.Data.OleDb` anstelle von `System.Data.SqlClient` könnte analog auch eine OLE-Datenbank eingebunden werden, ohne am weiteren (hier nicht gezeigten) Code etwas ändern zu müssen.

Für die Präsentationskomponente verwendet die Anwendung eine herkömmliche *Windows Forms*-Implementierung; es handelt sich also um eine Erweiterung der Klasse `System.Windows.Forms.Form`. Die Implementierung einer solchen Form wird in *Microsoft Visual Studio* meistens im Wesentlichen in einem GUI-Designer vorgenommen. Das Ergebnis des GUI-Designs für die Kontoverwaltung

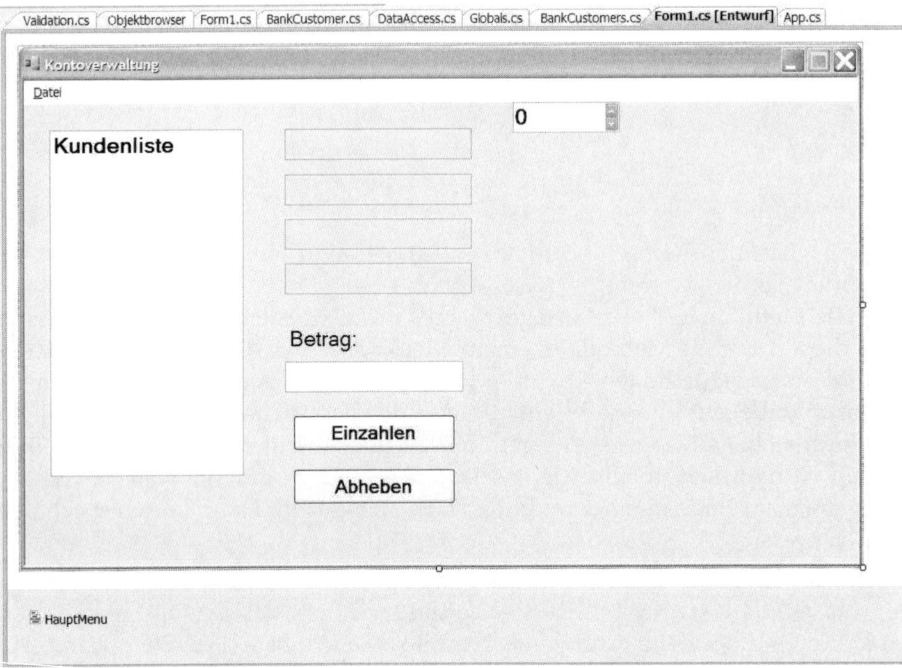

Abbildung 4.17: Windows Forms Designer am Beispiel Kontoverwaltung

stellt Abbildung 4.17 dar. Der Code der zugehörigen Klasse würde den Rahmen dieses Buchs sprengen, aber die meisten Aufgaben werden bei Visual Studio ohnehin im graphischen Designer erledigt.

Schließlich wird noch die Logikkomponente benötigt, die den Ablauf der gesamten Anwendung steuert. Diese Komponente besteht wiederum aus mehreren Klassen, die jedoch eher einfach gehalten sind: es gibt eine Klasse zur Übertragung der aus dem `DataSet` erhaltenen Daten in eine interne Struktur sowie eine Klasse zur Validierung etwaiger Eingaben im *Windows Form*. Die Eingaben werden in der Mittelschicht der Anwendung auf Korrektheit geprüft, denn nur diese Business-Schicht kann ihre Korrektheit beurteilen. So sollten beispielsweise keine Einzahlungen negativer Beträge möglich sein. Normalerweise würde sich in der mittleren Schicht außerdem eine Komponente zur Steuerung des korrekten Ablaufs der angezeigten Fenster befinden. Dies ist hier kaum erforderlich, da es sich im Wesentlichen nur um die dargestellte Eingabemaske handelt. Es wird lediglich nach dem erfolgreichen Verändern des Kontostands in der Datenbank eine `MessageBox` angezeigt, die von der Logikkomponente erzeugt wird.

Zu beachten ist, dass man bei der Verwendung des *Microsoft Visual Studio* sehr leicht in Gefahr gerät, eine 2-Schichtenanwendung zu implementieren, da dies hervorragend von den Tools des *Visual Studio* unterstützt wird. So gibt es beispielsweise die Möglichkeit, eine Datenquelle direkt auf eine *Windows Form* zu ziehen (per *Drag-and-Drop*). Mit dem dann zum Formular hinzugefügten Code erhält man so im Prinzip sehr schnell einen einfachen Editor für eine Datenbanktabelle (eine klassische 2-Schichtenanwendung). Will man jedoch eine größere verteilte Anwendung implementieren, so sind die vorgefertigten Tools weniger hilfreich. Die strikte Einhaltung der festgelegten Softwarearchitektur wird dann nicht durch die Entwicklungsumgebung sichergestellt, sondern dies muss manuell geschehen (wie bei einer verteilten Java-Anwendung, die mit *Eclipse* implementiert wird). Die Zugehörigkeit einer Klasse zu einer bestimmten Schicht kann beispielsweise durch Namensräume (*namespaces*) realisiert werden; im folgenden Beispiel wird der Namensraum `BusinessTier` für die Mittelschicht eingesetzt. Neben der im Listing 4.12 dargestellten Klasse `BankCustomers` gehören noch die Klassen zum Starten der Anwendung, zur Validierung der Eingaben sowie zur internen Repräsentation eines Kundenobjekts (`BankCustomer`) zum Namensraum `BusinessTier`, der die mittlere Schicht der Anwendung repräsentiert.

Listing 4.12: Beispielhafte Implementierung einer Klasse der mittleren Schicht

```
using System.Collections;
using System.Data;
namespace BusinessTier
{
  public class BankCustomers
  {
    private DataAccessTier.DataAccess  dataStore;

    public BankCustomers()
    {
      this.dataStore = new DataAccessTier.DataAccess();
    }

    public System.Collections.ArrayList Get()
    {
      return this.dataStore.retrieveCustomers();
    }
...
  }
}
```

Die 3-Schichtenarchitektur erkennt man insbesondere daran, dass die mittlere Schicht sowohl Referenzen zur Datenschicht (`DataAccessTier.DataAccess` in dieser Klasse) wie auch zur Präsentationsschicht (`System.Windows.Forms`) verwendet. Die Referenz zur Präsentationsschicht befindet sich in der Einstiegsklasse `BankCustomerApp`, die Listing 4.13 schematisch darstellt.

Listing 4.13: Beispielhafte Implementierung der Start-Klasse der Anwendung (mittlere Schicht)

```
namespace BusinessTier
{
  public class BankCustomerApp
  {
    public static void Main()
    {
      public static BusinessTier.BankCustomers   BTCustomers;
      public static System.Collections.ArrayList Customers;
      BTCustomers = new BusinessTier.BankCustomers();
      Customers   = BTCustomers.Get();
      System.Windows.Forms.Application.Run(new BankAppForm());
    }
  }
}
```

Nachdem in diesem Kapitel N-Schichtenanwendungen und einige typische Beispiele dazu exemplarisch vorgestellt wurden, werden im nächsten Kapitel die bereits mehrfach erwähnten *Web Services* eingeführt. Außerdem wird die Service-Orientierte Architektur, die oftmals mit *Web Services* verknüpft ist, erläutert.

Kapitel 5

SOA

Glaubt man den Softwareherstellern, ist Service-Orientierte Architektur (SOA) *die* technische Errungenschaft der letzten Jahre. Bei genauerem Hinsehen erkennt man jedoch, dass sich eine Service-Orientierte Architektur auf viele altbekannte Prinzipien und Best Practices stützt und somit eher eine Evolution als eine Revolution beschreibt. Ein Teil des Hypes ist sicher durch die Technologie der Web Services getrieben, die ja in der Tat relativ neu sind. Was ist nun die Verbindung zwischen SOA und Web Services? SOA beschreibt eine Architektur und ist somit prinzipiell unabhängig von der Technologie, die zur Umsetzung verwendet wird. Man kann also sehr wohl eine SOA mit CORBA oder einfachen Sockets implementieren. Andersherum ist es auch möglich, mit Web Services eine monolithische Applikation zu produzieren. Dennoch ist es oft so, dass Web Services in SOAs zum Einsatz kommen. Nicht zuletzt deshalb werden wir beide Themen in diesem Kapitel beleuchten.

5.1 Architekturkonzept

5.1.1 Motivation

Service-Orientierte Architektur bestimmt den Wunsch, Applikationen in einer heterogenen Landschaft zu integrieren. Abbildung 5.1 deutet an, mit welchem Mix aus den verschiedensten Technologien viele Firmen heute konfrontiert sind. Die Ursachen dieser Heterogenität sind vielfältig. Oft schluckt ein Konzern einen kleineren Wettbewerber samt dessen Systemen, und in internationalen Unternehmen ist die Abstimmung zwischen den einzelnen IT-Abteilungen schwer. Laut HP's Chief Information Officer Randy Mott betreibt HP 6000 Applikationen.[1] Es ist klar, dass eine Integration der verschiedenen Lösungen unerlässlich ist, denn sonst

[1] http://www.informationweek.com/blog/main/archives/2008/01/hp_cio_randy_mo.html

wäre es beispielsweise nur schwer möglich, aus den HR-Systemen der einzelnen Länder herauszufinden, wie viele Mitarbeiter die Firma gerade hat.

5.1.2 Struktur von SOAs

Abbildung 5.1 zeigt, dass dem sogenannten Service Bus in einer SOA die zentrale Rolle zukommt. Anstatt proprietäre Querverbindungen zwischen den einzelnen Applikationen herzustellen, werden alle Komponenten an den Bus angeschlossen. Um dies zu bewerkstelligen, muss der Bus die verwendete Middleware festlegen und auch für eine Standardisierung der ausgetauschten Nachrichten sorgen. Damit Applikation A mit Applikation B kommunizieren kann, muss beispielsweise definiert sein, was ein übergebener Produktpreis bedeutet. Zu klären ist dabei, welche Währung verwendet wird, welche Steuern im Preis enthalten sind, welche Rabatte angewendet werden können, usw. Der Bus stellt weiterhin Basisdienste wie Verschlüsselung oder ein Dienstverzeichnis zur Verfügung.

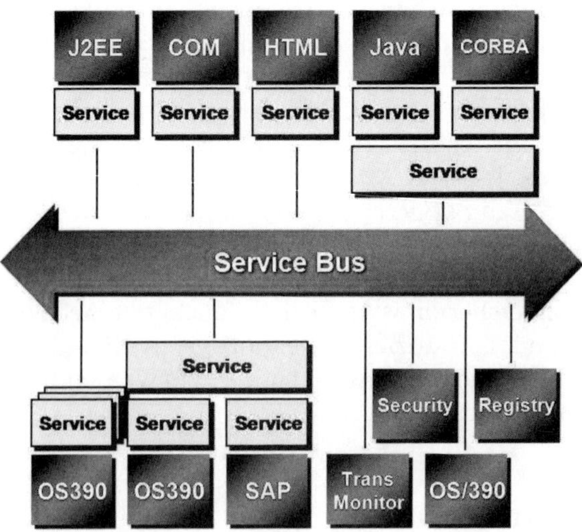

Abbildung 5.1: Der Service Bus verbindet Applikationen in einer heterogenen Landschaft.

Ein weiterer wichtiger Punkt ist, dass bestehende Applikationen in die SOA integriert werden und vor allem in sich funktional bleiben. Die Benutzer eines SAP-Systems greifen also weiterhin auf ihre altbewährten Programmmasken zu und merken letztlich nicht, dass das System über einen Adapter an den Bus angeschlossen ist. Man spicht hierbei auch oft davon, dass SOA eher eine Evolution der bestehenden Landschaft darstellt und weniger eine Revolution, die mit dem Austausch kompletter Komponenten einherginge. Im laufenden Betrieb ist dies oftmals auch der einzig begehbare Weg.

Definieren wir eine SOA anhand ihrer Eigenschaften:

Service Kapselung. Ein grundlegender Aspekt ist die Tatsache, dass Dienste gekapselt sind. Dies bedeutet, dass die Interna der Implementierung von außen nicht sichtbar sind, sondern die Interaktion lediglich an einem Kontrakt, der die Schnittstelle und das Verhalten beschreibt, festgemacht wird.

Lose Kopplung. Der Begriff der losen Kopplung ist sehr strapaziert. Lose Kopplung kann sich auf vielerlei Aspekte beziehen. Zum Beispiel kann der Sender lose mit dem Empfänger gekoppelt sein, wenn die Middleware, die die Nachrichten überträgt, diese puffert und asynchron übermitteln kann. Der Sender kann somit die Nachricht verschicken, ohne sich Gedanken machen zu müssen, ob der Empfänger gerade erreichbar ist. Dies ist beispielsweise bei der Verwendung von Message Queues wie IBM MQ Series oder Microsoft Message Queue (MSMQ) der Fall. Es besteht auch die Möglichkeit, lose gekoppelt bezüglich des verwendeten Datenformats zu sein. So könnte ein zwischengeschalteter Konverter die Daten transparent in das Empfängerformat übersetzen. XML bietet hier einige Möglichkeiten. Neben der Transformation mit Stylesheets ist es auch möglich, dass ein Empfänger nur Teile bzw. einen Teilbaum einer Nachricht versteht und bearbeitet, den Rest aber einfach zum nächsten Bearbeitungsschritt weiterleitet. Eine Art der losen Kopplung ergibt sich aus der Abstraktion durch Schnittstellen. Kennt ein Teilnehmer die Implementierung eines Dienstes nicht und kann er auch nicht darauf zugreifen, so stellt dies einen gewissen Grad an loser Kopplung sicher.

Service Autonomie. Die Autonomie von Diensten ist ein wichtiger Aspekt. Er wird oft vergessen, da es sich um ein nicht-technisches Kriterium handelt und eher die Organisation der IT beschreibt. Dienstautonomie bedeutet, dass ein Team von Mitarbeitern für den Dienst verantwortlich ist und mehr oder weniger selbstständig über Implementierung, Hosting, Wartung etc. entscheiden kann. Natürlich ist dies innerhalb einer Firma mit ihren Richtlinien nicht immer ganz leicht. Der Dienstanbieter ist natürlich auch seinen Kunden gegenüber verpflichtet, beispielsweise Altversionen eines Dienstes am Leben zu erhalten. Wir werden in Kürze anhand der Fallstudie von Amazon.com sehen, wie wichtig diese Autonomie jedoch ist.

Service Wiederverwertbarkeit. In einer SOA müssen Dienste auf Wiederverwertbarkeit ausgelegt sein. Idealerweise hat ein Dienst also möglichst viele verschiedene firmeninterne oder -externe Kunden. Dieser Punkt ist eng mit der oben genannten Dienstautonomie verwandt.

Service Komposition. Wie jede gute Software müssen natürlich auch Dienste in passende Teile gegliedert werden. Dabei kann ein komplexer Dienst wie beispielsweise Auftragseingang auf Basisdienste wie Kundenbonitätsprüfung oder Lagerbestand zurückgreifen.

Service Auffindbarkeit. Hat man sich die Arbeit gemacht, einen Dienst zu kreieren, sollten natürlich möglichst viele Kunden auf den Dienst zurückgreifen können. Eine wichtige Grundlage hierfür ist, dass die Dienste innerhalb der Organisation bekannt sind. Auch hier ist entscheidend, nicht nur die technischen Voraussetzungen, also beispielsweise ein Repository, zu schaffen, sondern auch eine Kultur des Miteinanders und ggf. auch einen finanziellen Kompensationsmechanismus zwischen den Akteuren der Abteilungen. Ist das Not Invented Here (NIH)-Syndrom in der Organisation weit verbreitet, hat eine SOA keine Chance.

Bei Diskussionen rund um SOA taucht immer wieder der Begriff Event Driven Architecture (EDA) auf. Oracle greift dies seit kurzem in seiner Marketingkampagne für die eigenen Produkte wieder auf und tituliert EDA gar als SOA 2.0. Nun muss nicht alles, was Web 2.0 nacheifert, gut sein. Sehen wir uns EDA dennoch kurz in diesem Kontext an. Das nächste Kapitel greift EDAs dann nochmals breit auf und beleuchtet auch andere Aspekte wie Regelbasierte Systeme.

EDA basiert stark auf dem asynchronen Verschicken von Nachrichten oder Events sowie dem Publish-Subscribe-Prinzip. Nehmen wir als Beispiel die Registrierung eines Benutzers auf einer Web-Site. Traditionell würde man ein Stück Code abarbeiten, das den Benutzer in die Datenbank überträgt und ihm den aktuellen Newsletter per Mail zuschickt. EDA wendet sich von dem Prinzip ab, Kommandos wie save oder sendMail zu geben. Stattdessen würde die Benutzerregistrierungskomponente eine einfache Schnittstelle anbieten, in der sich andere Komponenten als Interessenten von „neuer Benutzer"-Events registrieren können. Tritt das Event ein, sucht die Komponente also die Liste der Interessenten ab und schickt jedem die Informationen zum neuen Nutzer. Diese Publish-Subscribe-basierte Architektur ist eine Möglichkeit, lose Kopplung zu erzielen, da eine einzelne Komponente nichts über die anderen Komponenten wissen muss, die sich als Konsumenten für Events registrierten. Zusammenfassend kann man also sagen, dass EDA SOA ergänzt.

5.2 Web Services

Nachdem die grundlegenden Begriffe eingeführt sind, kommen wir nun zum Thema Web Services, also der Technologie, die in zunehmenden Maße zur Umsetzung einer SOA verwendet wird.

5.2.1 Motivation, Historie und Standardisierung

Zunächst ist es für das Verständnis wichtig, die Historie von Web Services zu kennen. Die Web Service Standards waren die logische Konsequenz aus dem Erfolg von XML. XML war wiederum vor allem aus der Ecke des Dokumentenmanagements getrieben und letztlich eine vereinfachte Form des SGML Standards. Erst mit der Veröffentlichung der W3C Standards für XML Namespaces und XML Schema interessierte sich auch die Welt der Verteilten Systeme für XML als Übertragungsformat für Nachrichten. Die Herkunft von XML bekommt man immer noch zu spüren, wenn man mit Artefakten kämpft, die aus der Dokumentenwelt herübergeschwappt sind. Ein Beispiel sind die sog. „ignorable whitespaces", also Trennzeichen und Zeilenumbrüche zwischen XML Tags, die sich in der XML-Baumstruktur verstecken und über XML APIs wie DOM übergeben werden.

Web Service Standards werden von zwei Organisationen vorangebracht. Vornehmlich ist hierbei das World Wide Web Consortium (W3C) zu nennen, das auch die XML-Spezifikationen vorantreibt. Weiterführende Web Service Standards werden aber zunehmend von der Organization for the Advancement of Structured Information Standards (OASIS) getrieben. Schließlich spielt die Web Services Interoperability Organization (WS-I) eine wichtige Rolle, um für die Interoperabilität der verschiedenen Implementierungen zu sorgen. All diese Organisationen sind letztendlich Zusammenschlüsse von Firmen und werden auch von diesen finanziert und durch abgestellte Mitarbeiter unterstützt. Wichtig ist hierbei, dass wirklich alle großen IT Firmen, insbesondere auch Microsoft, an den Konsortien beteiligt sind. In der Vergangenheit war dies nicht so, und Microsoft versuchte, mit der DCOM Middleware gezielt eine inkompatible Alternative zu dem bereits existierenden CORBA Standard zu etablieren. Dieser alte Konflikt wird auch als DCOM-CORBA-Krieg bezeichnet und ist – zum Glück für die Kunden – beigelegt. DCOM und CORBA werden immer mehr durch Web Service-Lösungen ersetzt, und dabei bemüht man sich heute um Interoperabilität.

Abbildung 5.2 zeigt das Zusammenspiel der verschiedenen Web Service-Technologien. Man sieht, dass XML und XML Schema die Basis aller in der Mitte zu sehenden Web Service-Sprachen wie SOAP oder WSDL sind. SOAP definiert, wie XML-Nachrichten zwischen Knoten ausgetauscht werden. Die grundlegende

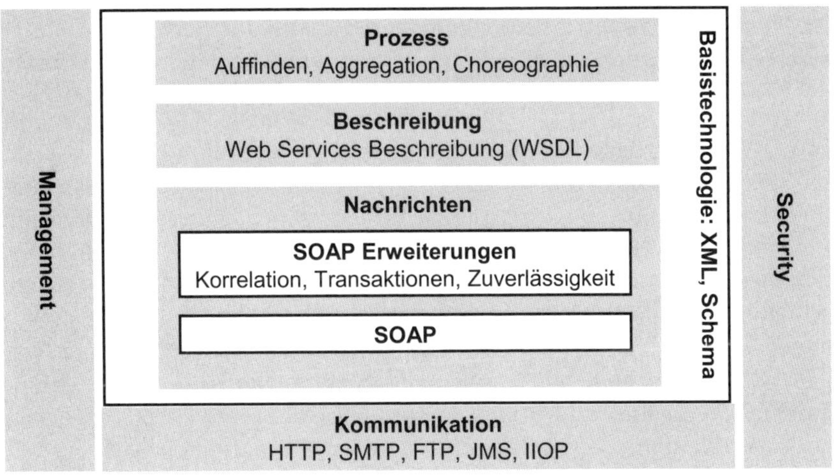

Abbildung 5.2: Schichten der Web Service-Spezifikationen

Idee hierbei ist es, den Austausch unabhängig vom verwendeten Transportprotokoll zu machen. So kann man SOAP-Nachrichten per HTTP, FTP, SMTP, Message Queues usw. verschicken. Daher sind die verschiedenen Kommunikationsprotokolle an der Basis der Schichtenarchitektur zu finden. Dies hat zur Folge, dass man sich prinzipiell nicht mehr auf Fähigkeiten des Transports, wie beispielsweise die Verschlüsselung, verlassen kann, da diese von verschiedenen Transportarten auch unterschiedlich umgesetzt werden. Deshalb gibt es neben SOAP eine Reihe weiterer Standards, die diese Merkmale und Fähigkeiten auf XML-Ebene nochmals definieren. Man siedelt also beispielsweise die Verschlüsselung eine Schicht weiter oben an. Dies ist natürlich nur dann nötig, wenn der Transport beliebig ausgetauscht werden kann. Die Transportunabhängigkeit bedeutet auch, dass SOAP sowohl mit synchronen (z.B. HTTP) als auch mit asynchronen (z.B. Message Queues) Transportarten funktioneren muss.

Die Struktur der SOAP-Nachrichten ist in der Web Service Description Language (WSDL) festgelegt. Diese Beschreibung muss sowohl dem Empfänger als auch dem Aufrufer bekannt sein, damit die jeweilige Software die passenden und für die Gegenstelle verständlichen XML-Nachrichten sendet und empfängt.

Über der Dienstbeschreibung sind weitere Standards angesiedelt. Diese befassen sich mit dem Zusammenspiel von Diensten. Dazu gehört zunächst die Fähigkeit, einen oder mehrere passende Dienste zu finden. Ist dies geschehen, können diese in einem Geschäftsprozess zusammengefasst oder zu einem zusammengesetzten und damit höherwertigen Dienst aggregiert werden.

In jeder Web Service-Landschaft spielt die Sicherheit auf allen Ebenen eine wichtige Rolle. So müssen Nachrichten verschlüsselt und der Zugriff auf kritische Dienste eingeschränkt werden. Die entsprechende Komponente erstreckt sich daher über alle Ebenen der Architektur. Ebenso gilt dies für das Management der Landschaft. Hierbei geht es um eine Inventarisierung vorhandener Dienste, Statistiken über deren Verwendung oder die Frage, ob Dienste schnell genug antworten.

5.2.2 SOAP

SOAP steht für Simple Object Access Protocol, Service Oriented Architecture Protocol oder einfach nur SOAP selbst (die Namensväter kamen zur Einsicht, dass die ursprünglichen Namen für zu viel Verwirrung sorgten – so sind Web Services ja nicht objektorientiert, und wir lernten ja auch, dass SOA auch ohne Web Services möglich ist). SOAP stammt ursprünglich von Microsoft und setzte sich dort gegen die interne DCOM-Konkurrenz durch.

Neben der bereits erwähnten Transportunabhängigkeit ist die Unterteilung der Nachrichten in Header und Body ein weiteres Merkmal von SOAP. Der SOAP Body ist applikationsspezifischen Informationen vorbehalten. Der SOAP Header hingegen beinhaltet Informationen, die nicht direkt für die Applikation bestimmt sind, sondern von so genannten Handlern verarbeitet werden. Diese übernehmen Aspekte des Dienstes wie beispielsweise Logging, Authentifizierung,

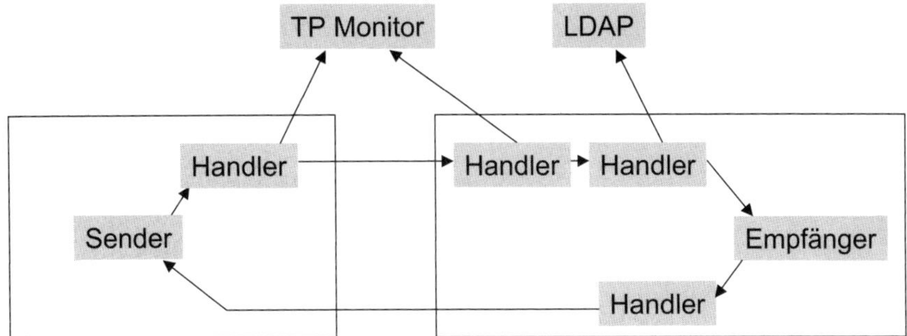

Abbildung 5.3: Aus- und eingehende Nachrichten werden von Handlern inspiziert und modifiziert. Die Handler selbst deligieren oftmals an Drittkomponenten wie LDAP Directories oder Transaktionsmonitore weiter.

Verschlüsselung, Verarbeitung digitaler Signaturen und verteilter Transaktionen, usw. Der Begriff Aspekt ist hierbei ganz bewusst gewählt, da es sich durchaus um einen Aspekt im Sinne der Aspektorientierten Programmierung handelt. Abbildung 5.3 verdeutlicht das Zusammenspiel von Sender, Handlern und Empfänger. Man beachte hierbei, dass Handler üblicherweise Teil der Middleware sind, also nicht separat geschrieben werden.

Folgendes Beispiel verdeutlicht die Verwendung von Headern und Body anhand einer Nachricht, die an einen Kursdatenbanksdienst gesendet wird. Im Body finden sich der Name der aufzurufenden Funktion (saveCourse) sowie die Parameter (IT101, Web Services und 2). Es sollen also Name und Kreditpunkte des Kurses mit dem Primärschlüssel IT101 gesetzt werden. Im Header findet sich der Hinweis, dass diese Operation unter der globalen Transaktion mit der ID 234 läuft. Dies veranlasst den entsprechenden Handler, die auszuführende Datenbanktransaktion bei einem Transaktionsmonitor zu registrieren und im Fehlerfall entsprechend per Rollback zurückzunehmen.

```
<?xml version="1.0" encoding="utf-8"?>
<soap:Envelope
  xmlns:soap="http://schemas.xmlsoap.org/soap/envelope/">
  <soap:Header>
    <m:Trans xmlns:m="urn:transaction/"
             soap:mustUnderstand="1">
      234
    </m:Trans>
  </soap:Header>
  <soap:Body>
    <app:saveCourse
      xmlns:app="http://itm.uni-luebeck.de/ModuleDB">
      <app:id>IT101</app:id>
      <app:name>Web Services</app:name>
```

```
      <app:credits>2</app:credits>
    </app:saveCourse>
  </soap:Body>
</soap:Envelope>
```

SOAP setzt massiv XML Namespaces ein. In unserem Beispiel werden drei Namespaces verwendet. Der Präfix soap kennzeichnet das SOAP-Vokabular wie Envelope, der Header und Body umschließt. Auch das Header Element Trans ist mit soap:mustUnderstand gekennzeichnet, um anzugeben, dass dieser Header verarbeitet werden muss. Ist kein entsprechender Handler installiert, muss laut SOAP-Spezifikation ein Fehler erzeugt werden. Die Namespaces m und app kennzeichnen jeweils die Elemente im Header und Body, die von Handler und Applikation verarbeitet werden müssen.

SOAP-Versionen. SOAP gibt es in der Zwischenzeit in der Version 1.2. Die Version kann an der URL des SOAP-Namespaces abgelesen werden. In unserem Beispiel handelt es sich um SOAP 1.1. Die Unterschiede zwischen den SOAP-Versionen sind nicht allzu groß und betreffen beispielsweise die Elementnamen und die Verschachtelung von Fehlerinformationen.

SOAP-Stile. Leider scheinen sich bei Web Services viele Fehler aus der CORBA Welt zu wiederholen. So wurde beispielsweise darauf verzichtet, Authentifizierung und Verschlüsselung, also Merkmale, die eigentlich jede Applikation braucht, sofort festzuzurren. Auch wurde im SOAP-Standard relativ ungenau spezifiziert, wie die übertragenen XML-Strukturen auszusehen haben. So ergab sich ein ziemlicher Mischmasch an Möglichkeiten:

Literal versus Encoded. Die XML-Puristen sind Verfechter des Literal-Stils. Dies bedeutet, dass nur einfache XML-Bäume zugelassen sind. Kommt man aus der Welt der Objektorientierung, ist man gewohnt, mit zyklischen Objektgrafen, Arrays und Vererbung zu arbeiten. Hierbei wird es erforderlich, zum einen mit href- und id-Attributen zu arbeiten und zum anderen die Objekttypisierung mittels xsi:type anzugeben, um die XML-Instanz eindeutig einer Klasse in der Objekthierarchie zuordnen zu können. Siehe hierzu auch den nächsten Abschnitt über WSDL. Zur Verdeutlichung der Unterschiede sehen wir uns eine Nachricht an den folgenden Dienst an:

```
void examine( Shape s );
```

Die Klasse `Shape` ist dabei wie folgt definiert:

```
public class Shape
{
  String name;
  Shape subShape;
}
```

Wenden wir uns zunächst der Nachricht im Literal-Stil zu. Besteht der Parameter aus zwei verschachtelten Objekten, manifestiert sich dies in Literal XML wie folgt:

```
<examine>
  <s>
    <name>Shape 1</name>
    <subShape>
      <name>Shape 2</name>
    </subShape>
  </s>
</examine>
```

Die Einschränkung dieses Stils besteht darin, dass die Typinformation nicht übertragen wird. Ist Shape 1 ein Kreis und Shape 2 ein Rechteck, kann dies nicht repräsentiert werden. Verweist Shape 2 wieder auf Shape 1, würde dies zu einer endlosen Rekursion im XML-Baum führen. Hier stößt der Literal-Stil an seine Grenzen. Im Encoded-Stil ist dies kein Problem. Die Typinformation wird immer über den XML Schema Instance (xsi) Namespace angegeben und Subobjekte über href-Attribute und deren IDs referenziert:

```
<soap:Envelope
  xmlns="urn:myApplication"
  xmlns:xsi="http://www.w3.org/2001/XMLSchema-instance"
  xmlns:xsd="http://www.w3.org/2001/XMLSchema"
  xmlns:soap="http://schemas.xmlsoap.org/soap/envelope/">
  <soap:Body>
    <examine>
      <s href="0" />
    </examine>
    <multiRef id="0" xsi:type="Kreis">
      <name xsi:type="xsd:string">Shape 1</name>
      <subShape href="1" />
    </multiRef>
    <multiRef id="1" xsi:type="Rechteck">
      <name xsi:type="xsd:string">Shape 2</name>
      <subShape href="0" />
    </multiRef>
  </soap:Body>
</soap:Envelope>
```

RPC versus Dokument. Auch an diesem Punkt scheiden sich die Geister. XML-Puristen sind der Meinung, Web Services hätten absolut nichts mit RPCs zu tun, und deshalb hätte der Name der Methode (also in den obigen Beispielen das XML Tag examine) nichts in der Nachricht verloren. In diesem Fall muss der Service anhand der restlichen Parameter entscheiden, welche Funktionalität auszuführen ist. Beim RPC-Stil wird, wie auch in unserem Beispiel, der Methodenname angegeben.

Es ergibt sich also eine 2×2-Kombinationsmatrix der verschiedenen SOAP-Stile, die prinzipiell von jedem SOAP Stack unterstützt werden muss. In der Praxis setzt sich derzeit der Dokument/Literal/Wrapped-Stil durch. Die Nachrichten sind dabei genauso strukturiert wie in unserem Literal/RPC-Beispiel. Die beiden Stile unterscheiden sich jedoch leicht in der Struktur der WSDL-Beschreibung. Dieses Durcheinander der SOAP-Stile ist recht unglücklich, und man fragt sich, wieso in der ersten Version von SOAP überhaupt etwas anderes als der derzeit propagierte Stil zugelassen wurde.

5.2.3 WSDL

Neben SOAP ist die Web Service Description Language (WSDL) der wichtigste Web Service Standard. WSDL ist eine XML-basierte Sprache zur Beschreibung der Daten, Typen, Funktionen und der Austauschprotokolle eines Web Service. Somit gehört WSDL zur Klasse der Interface Definition Languages (IDLs). Aufgabe einer IDL ist es, die Schnittstelle eines Dienstes sprach- und plattformunabhängig zu beschreiben. Die IDL stellt damit die technische Spezifikation dar, an die sich alle Teilnehmer des verteilten Systems halten müssen, wenn Dienste mit einer bestimmten Lösung implementiert oder angesprochen werden. Abbildung 5.4 zeigt die Grafische Visualisierung eins WSDL-Beispiels. Darin sind die folgenden Komponenten zu sehen:

Datentypen. Die rechter Hand aufgeklappte Nachricht enthält einen Eintrag p0 vom Typ xsd:string. Man sieht also, dass WSDL auf XML Schema basiert. So kann beispielsweise eine komplexe Struktur wie eine Bestellung in XML Schema modelliert und in die WSDL-Beschreibung eingefügt werden. Die XML-Daten, die dann später im SOAP Body zu finden sind, müssen bzgl. des Schemas valide sein.

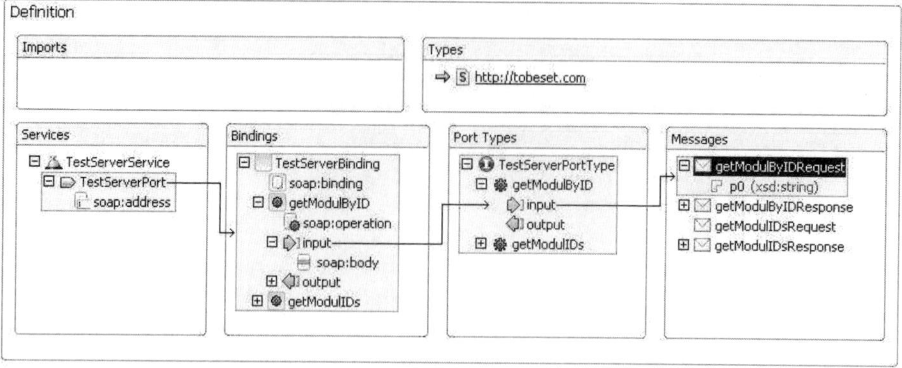

Abbildung 5.4: WSDL Visualisierung in Eclipse

Nachrichten. Die rechte Spalte zeigt eine Reihe von Nachrichten. Nachrichten beinhalten letztlich eine Menge von Typen und werden wiederum von Port-Typen referenziert, was die Pfeile andeuten. In gewisser Weise sind Nachrichten und Typen redundant. Die neueste Version WSDL 2.0 vereint auch deshalb die beiden Konzepte.

Port-Typ / Interface. Ein Port-Typ fasst eine Menge von Operationen zusammen. Jede Operation referenziert wiederum die verwendeten Nachrichten. Hierbei werden vier Kommunikationsmuster unterstützt:

- One-way: Der Service bekommt lediglich eine asynchrone Nachricht vom Konsument.
- Request-response: Konsument und Service interagieren synchron durch ein Nachrichtenpaar.
- Solicit-response: Konsument und Service interagieren asynchron durch ein Nachrichtenpaar.
- Notification: Der Service schickt von sich aus unaufgefordert eine Nachricht an den Konsumenten. Ein Beispiel könnte eine Wetterstation sein, die als Dienst selbstständig Nachrichten verschickt.

Weiterhin können Fault-Nachrichten definiert werden, die im Fehlerfall Informationen zum Fehler übertragen. In der Praxis sind vornehmlich die One-way sowie Request-Response-Kommunikationsmuster zu finden. Der Port-Typ wird in der neuesten Version von WSDL in Interface umbenannt, was sicherlich eine natürlichere Nomenklatur ist.

Bindung. Die Bindung verweist auf einen Port-Typ und gibt für diesen an, welches konkrete Transportprotokoll und welche Kodierung verwendet werden sollen. Hier wird auch der zu verwendende SOAP-Stil, also beispielsweise Dokument / Literal, angegeben.

Port / Endpoint. Ein Port definiert eine Adresse, die eine Bindung implementiert. Dies wird auch SOAP Endpunkt genannt. Im Falle von HTTP ist dies die URL, an die die HTTP-Anfragen gerichtet werden.

Service. Ein Service fasst schließlich eine Menge von Ports zu einer logischen Einheit zusammen.

Prinzipiell ist WSDL also vergleichbar mit der Interface Description Language (IDL) anderer Middlewares. Die Grundgedanken der Transportunabhängigkeit und der Verwendung mehrerer Interaktionsmuster spiegeln sich jedoch in der Struktur von WSDL wider. In diesem Abschnitt wurde ja bereits stellenweise auf Änderungen in WSDL 2.0 eingegangen. Einer der wichtigsten Punkte ist sicher die Tatsache, dass WSDL 2.0 auch einfache HTTP-basierte Dienste beschreiben kann, die ohne SOAP arbeiten. Zu diesem Thema mehr in den Abschnitten 5.2.9 und 9.

5.2.4 UDDI

Der Universal Description, Discovery and Integration (UDDI) Standard befasst sich mit der Frage, wie ein Dienstkonsument einen passenden Dienst auffinden kann. Im Prinzip ist UDDI eine Datenbank für Dienstbeschreibungen. Hierzu zählen die folgenden Kategorien:

- White Pages beinhalten Kontaktinformationen, Adressen und dergleichen.
- Yellow Pages klassifizieren den Dienst nach verschiedenen Taxonomien wie geografischen oder Branchen-Klassifikationen.
- Green Pages beinhalten technische Informationen zu den Diensten wie beispielsweise die WSDL-Beschreibung.

Ein UDDI Server bietet üblicherweise eine Web-basierte grafische Oberfläche sowie eine programmatisch nutzbare SOAP-Schnittstelle, um Dienste einzugeben, zu editieren und zu suchen. Daraus folgen zwei unterschiedliche Szenarien:

- Dienstauffindung zur Designzeit: In diesem Szenario sucht ein Entwicker nach einem passenen Dienst, um eine Applikation oder einen neuen zusammengesetzten Dienst zu entwickeln. Man stöbert sozusagen im Repository.
- Dienstauffindung zur Laufzeit: Hier fragt nicht der Entwickler an, sondern eine Software. Beispielsweise wäre vorstellbar, dass in einem Supply Chain Management (SCM) System dynamisch nach Anbietern gesucht wird. Das SCM System kann dann von jedem Anbieter ein Angebot einholen. Kommt ein neuer Anbieter in das System, muss dieser die SCM-Schnittstelle implementieren. Dann kann der neue Dienst im UDDI Repository hinterlegt und von der Software dynamisch abgefragt werden.

UDDI Server sind in den meisten SOA-Paketen enthalten. So ist beispielsweise ein UDDI Server im Windows Server 2003 integriert.

5.2.5 WS-BPEL

WS-BPEL steht für Web Service-Business Process Execution Language, vormals auch als BPEL4WS bezeichnet. Der Grundgedanke bei WS-BPEL ist, den Entwickler bei der Umsetzung von Geschäftsprozessen zu unterstützen, indem der Sprung von der konzeptuellen Modellierung zu einer konkreten und lauffähigen Umsetzung verkleinert wird. Geschäftsprozesse werden meist als eine Abfolge bestimmter Schritte definiert. Betrachtet man beispielsweise einen Bestellprozess, so findet (evtl. ab einem bestimmten Schwellwert) eine Bonitätsprüfung des Kunden statt, der Lagerstand wird geprüft, Rabatte vom Kaufpreis abgezogen und so weiter. WS-BPEL erlaubt es, den Prozess in einer natürlichen, graphenbasierten Art zu repräsentieren und mit Hilfe einer WS-BPEL Engine direkt in dieser Form auszuführen. Die einzelnen Schritte, wie Bonität prüfen und Lagerbestand abfragen, sind dabei selbst Dienste, die in der internen SOA zur Verfügung stehen und vom WS-BPEL-Prozess aufgerufen werden.

Mit WS-BPEL wird somit ein zusammengesetzter Dienst erstellt, d.h. ein WS-BPEL-Prozess ist selbst wieder ein Dienst, der über SOAP angesprochen wird. Im Vordergrund steht dabei die Orchestrierung anderer Dienste und nicht die Implementierung komplexer Logik. Die WS-BPEL-Sprache ist deshalb auch recht einfach gehalten. Es finden sich Konstrukte für Schleifen, Verzweigungen, Parallelverarbeitung, das Senden und Empfangen von Nachrichten und die Deklaration von lokalen Variablen. Bei diesem beschränkten Funktionsumfang stellt sich natürlich die Frage nach dem Vorteil von WS-BPEL gegenüber anderen Programmierumgebungen. Die wesentlichen Punkte werden in den nächsten Abschnitten beleuchtet.

WS-BPEL-Editoren. Eine Sprache mit eingeschränktem Funktionsumfang bietet sich natürlich an, mittels eines grafischen Editors angewandt zu werden. Die Idee von Geschäftsprozessmodellierung ist es ja, den Prozess möglichst nahe an die betriebswirtschaftlichen Gegebenheiten anzulehnen. Die technischen Details werden dann quasi in die untergeordneten Dienste ausgelagert. Abschnitt 5.3.4 zeigt, wie diese Systeme aus der Sicht des Programmierers aussehen.

Objekte – nein, danke! WS-BPEL empfängt XML-Nachrichten und speichert diese in lokalen Variablen. Interessant ist hierbei, dass die Daten nicht in Objekte gewandelt werden, sondern nativ in XML gespeichert, mittels XPath und XML Query manipuliert und so auch direkt zum nächsten Dienst weitergeleitet werden.

Persistenz und langlebige Prozesse. Bei Geschäftsprozessen ist es implizit klar, dass sich diese über einen langen Zeitraum erstrecken können. Deshalb ist es wichtig, dass der Zustand des Prozesses, also die momentanen Werte lokaler Prozessvariablen, und der Stand der Abarbeitung in einer Datenbank abgelegt werden, um vor Systemausfällen zu schützen. Eine weitere zentrale Aufgabe einer WS-BPEL-Implementierung ist die Handhabung von Fristen und Stornierungen. So muss es möglich sein zu definieren, dass ein Prozess innerhalb einer Woche abgeschlossen sein muss. Ist dies nicht der Fall, wird ein Fehler erzeugt. Der Begriff der Stornierung oder Compensation stammt aus der Transaktionsverwaltung. Um das Halten langlebiger Datenbanklocks zu vermeiden, wird im Fehlerfall kein Rollback, sondern eine Stornierung durchgeführt, um die ursprüngliche Transaktion rückgängig zu machen.

Ein großer Kritikpunkt an WS-BPEL ist, dass derzeit Prozesse mit menschlicher Interaktion noch nicht vorgesehen sind. D.h. dieser sehr häufige Fall muss händisch in einen extra Dienst ausgelagert werden, der auf der einen Seite mit dem Benutzer interagiert und auf der anderen Seite per Web Service mit dem Kernprozess redet.

Verwaltung von Prozessen. Langlebige Prozesse bzw. Prozesse, die Menschen involvieren, stellen natürlich andere Anforderungen an die Verwaltung eines solchen Systems. WS-BPEL und auch andere Workflow-Systeme sind hierbei in der Lage, den Status jeder einzelnen Transaktion nachzuvollziehen. So kann beispielsweise nachvollzogen werden, warum ein Prozess noch nicht abgearbeitet ist und an welchem Schritt die Arbeit stockt.

5.2.6 WS-I

Im Abschnitt 5.2.2 wurde bereits erwähnt, dass es einigen Wildwuchs bei der Kodierung von Daten in XML gibt. Der unangenehme Seiteneffekt ist, dass ein mit Software A erstellter Web Service, oftmals nicht mit einem Client sprechen kann, der mit Software B geschrieben wurde. Ein Beispiel ist hierbei Apache Axis 1.1 und .NET, die mit Arrays in verschachtelten Strukturen Schwierigkeiten haben. Mit der Gründung der Web Service Interoperability (WS-I)-Organisation zog die Web Service-Gemeinde gewissermaßen die Notbremse. WS-I publiziert soganannte Basic Profiles, die diesen Wildwuchs eindämmen sollen. Sie erhalten von WS-I auch ein Testwerkzeug, mit dem zum einen die WSDL-Beschreibungen und zum anderen die verschickten SOAP-Nachrichten auf ihre Konformität zum WS-I Basic Profile untersucht werden können. Verschiedene Hersteller integrieren die WS-I-Werkzeuge und -Standards bereits in ihre Werkzeuge. So kann man beispielsweise mit Eclipse eine WSDL-Datei auf Knopfdruck überprüfen. Das neue Visual Studio erlaubt es, Dienste per Annotation im Source Code bzgl. der WS-I-Konformität zu kennzeichnen:

```
[WebService(Namespace = "http://tempuri.org/")]
[WebServiceBinding(ConformsTo = WsiProfiles.BasicProfile1_1)]
public class Service : System.Web.Services.WebService
```

WS-I schreibt beispielsweise vor, dass SOAP-Nachrichten mit dem Literal-Stil kodiert werden müssen. Im C# Quellcode kann man durch die Verwendung der entsprechenden Annotationen den Encoded-Stil erzwingen, beispielsweise, um eine zirkuläre Struktur zu übertragen. Abbildung 5.5 zeigt die entsprechende Warnung, die von der .NET Web Service-Implementierung generiert wird.

5.2.7 WS-*

Wie der Name bereits vermuten lässt, gibt es eine Reihe weiterer Standards im Web Service-Bereich. Hierbei ist zu beachten, dass viele dieser Vorschläge noch in Gremien wie OASIS oder dem W3C in Arbeit sind und einige es wohl auch nie zu offiziellen Standards schaffen werden bzw. nicht in den Web Service-Produkten der großen Hersteller unterstützt werden. Auf der entsprechenden Wikipedia-

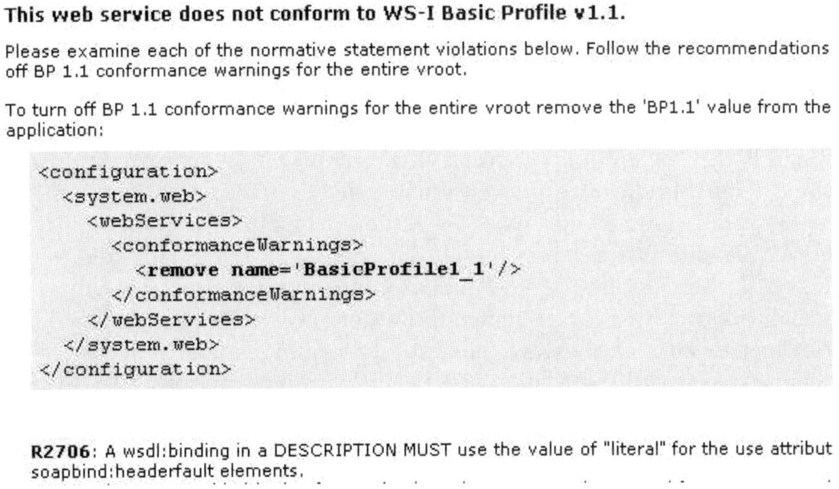

This web service does not conform to WS-I Basic Profile v1.1.

Please examine each of the normative statement violations below. Follow the recommendations off BP 1.1 conformance warnings for the entire vroot.

To turn off BP 1.1 conformance warnings for the entire vroot remove the 'BP1.1' value from the application:

```
<configuration>
  <system.web>
    <webServices>
      <conformanceWarnings>
        <remove name='BasicProfile1_1'/>
      </conformanceWarnings>
    </webServices>
  </system.web>
</configuration>
```

R2706: A wsdl:binding in a DESCRIPTION MUST use the value of "literal" for the use attribut soapbind:headerfault elements.

Abbildung 5.5: .NET warnt den Benutzer auf der Service Homepage, falls der Dienst nicht WS-I konform ist.

Seite[1] wird eine Liste dieser Arbeiten zusammengetragen. Unter der Annahme, dass bei WS-* jeweils die beiden letzten Buchstaben gewählt werden dürfen und 26*26 die Maximalzahl an Spezifikationen ist, ist das Limit noch nicht erreicht (man zählt derzeit 70 Einträge). Die Spezifikationen erstrecken sich über alle Bereiche von Diensten, von Repositories, Beschreibungen und Metadaten, Nachrichten, Sicherheit, Transaktionsverwaltung, Reliable Messaging, Interoperabilität bis hin zu Geschäftsprozessmodellierung.

5.2.8 Fragestellungen in der Praxis

Versionierung von Diensten. Eine wichtige Frage bei der Einführung von Web Services und SOAs allgemein ist die Frage, wie Dienste versioniert werden sollen. Kommt lediglich neue Funktionalität in Form neuer Operationen und Datentypen hinzu, kann man diese prinzipiell in den bestehenden Dienst einbauen. Entscheidend hierbei ist natürlich, dass die alte Funktionalität und die alte WSDL-Definition unverändert bleiben. Ändert sich eine Signatur oder auch das Verhalten einer Operation, so ist es empfehlenswert, einen komplett neuen Endpunkt aufzusetzten. Es hat sich hierbei eingebürgert, die Versionsnummer oder auch das Datum in die Namespaces zu kodieren, damit es für den Client ersichtlich ist, mit welcher Version er es zu tun hat. Alte Versionen können ggf. nach einer Gnadenfrist eingemottet werden. Hinter den Kulissen greifen meist alle Web

[1] http://en.wikipedia.org/wiki/List_of_Web_service_specifications

Service-Versionen auf dasselbe Backend zu, wobei eine möglichst dünne Schicht die Schnittstelle vor Änderungen im Backend abschirmt.

WSDL vs. Code Zentrische Entwicklung. Eine in der Praxis wichtige Frage geht mit der Verwendung von Web Services von imperativen Programmiersprachen wie Perl, C++ oder Java einher. Um einen Dienst aufzurufen, wird üblicherweise eine Middleware für die entsprechende Zielsprache verwendet, um die XML-Nachrichten nicht selbst formatieren und interpretieren zu müssen. Diese Middleware-Lösungen enthalten ein WSDL zu Code Werkzeug, also z.B. wsdl2java. Dabei werden die WSDL Port Types in Java Interfaces und die XML Schema-Typen in Java Beans übersetzt, um dem Entwickler die Arbeit möglichst zu erleichtern. Auf der Seite des Diensterbringers gibt es meist ähliche Werkzeuge, die beispielsweise eine C#-Klasse direkt als Web Service bereitstellen. Dabei wird die zugehörige WSDL-Beschreibung automatisch erzeugt. Dies ist zwar sehr elegant, und man ist mit minimalem Aufwand am Ziel, doch hat diese Technik auch Nachteile, denn Änderungen in der Implementierung oder auch der verwendeten Version der Software führen oft zu ungewollten Änderungen beim Verhalten und bei der Beschreibung des Dienstes. Langfristig kann es also die bessere Wahl sein, WSDL zentrisch zu entwickeln. Dies bedeutet, dass man die Schnittstelle nicht in C# oder Java beschreibt und WSDL erzeugt, sondern direkt in WSDL arbeitet, um dadurch die Kontrolle über die Schnittstellenbeschreibung zu wahren.

5.2.9 Bewertung der Web Service Standards

SOA und Web Services sind derzeit in aller Munde. Allein diese breite Unterstützung, die zahllosen für Web Services erhältlichen Werkzeuge sowie der Wille, Interoperabilität zu erreichen, sind die wesentlichen Pluspunkte, die für Web Services sprechen. Allerdings mehren sich auch die kritischen Stimmen. 70 Spezifikationen im Web Service-Bereich sind offensichtlich völlig übertrieben, denn wer soll das alles verstehen geschweige denn interoperable Software dafür implementieren? Auch die notorischen Performanzprobleme sind noch nicht gelöst. Es gibt sehr schnelle SOAP Stacks wie beispielsweise die C++ Lösung gSOAP[2], doch das Gros der Pakete ist erschreckend schwach. So muss man beispielsweise bei der Verwendung von Apache Axis einen massiven Performanzeinbruch im Vergleich zu anderen SOAP Stacks [3] und besonders im Vergleich zu RMI in Kauf nehmen. Oftmals ist es mit der damit erkauften Interoperabilität auch nicht allzu weit her.

Ausgehend von der Beobachtung, dass die meisten heute implementierten Dienste HTTP bzw. HTTPS verwenden, stellt sich natürlich die Frage, ob die ursprünglichen Ziele der Transport- und Kommunikationsmusterunabhängigkeit nicht der falsche Weg waren. So formiert sich eine zunehmende Bewegung im Kontext des Web 2.0, die eine Abkehr von den überkomplexen Web Services hin zur so ge-

[2] http://www.cs.fsu.edu/~engelen/soap.html

[3] http://grid.cs.binghamton.edu/projects/publications/grid2004/grid2004.pdf

nannten Web Oriented Architecture (WOA) propagiert, in der man sich auf die altbewährten Web Standards wie HTTP(S), Basic Authentication, Representational State Transfer (REST) und etwas XML beschränkt. Mehr dazu in Kapitel 9.

Die Wahrheit liegt wie immer irgendwo in der Mitte. So können sich SOA und Web 2.0 auch gut ergänzen, und es gibt immer Szenarien, in denen die eine oder die andere Technologie an besten geeignet ist. Generell muss davor gewarnt werden, ideologisch an solche Problemstellungen heranzugehen. Simple Argumente wie „Linux ist besser als Windows" oder „SOAP ist besser als REST" sind generell fehl am Platze.

5.3 Realisierungsplattformen

In diesem Abschnitt greifen wir die oben eingeführten Konzepte wieder auf und zeigen, wie diese mit den jeweiligen Werkzeugen und Realisierungsplattformen umgesetzt werden können.

5.3.1 .NET

Beginnen wir mit der Basisfunktionalität, also Web Services in einer imperativen Programmiersprache zu implementieren und aufzurufen. Dies zeigen wir anhand von Microsoft .NET. Abbildung 5.6 zeigt hierzu drei Screenshots. Das Fenster „Add Web Reference" zeigt, wie ein bestehender Dienst in Visual Studio oder auch Office eingebunden wird. Die angegebene WSDL-Beschreibung wird dann in lokale Stubs in der entsprechenden Zielsprache, also C#, Visual Basic.NET oder auch Visual Basic for Applications (VBA) übersetzt. Diese Stubs übernehmen folgende Aufgaben: Zum einen wird das WSDL Interface in ein Interface der Sprache übersetzt, zum anderen werden XML Schema-Typen in Typen der Sprache gewandelt. Weiterhin wird Code zum Serialisieren und Deserialisieren der XML-Nachrichten erzeugt, so dass der Entwickler im einfachsten Fall eigentlich gar nichts mehr von XML sieht. Der folgende C# Code zeigt einen Client, der einen synchronen Web Service aufruft:

```
// Service Stub instantiieren
Service ser = new Service();

// Endpunkt URL setzen
ser.Url = "http://endpoint.com/Service.asmx";

// Parameter vorbereiten
Order order = new Order();
order.id = ...;
order.amount = ...;
...
```

```
// Aufruf starten
Confirmation c = ser.order( order );
```

Ähnlich einfach ist es, Dienste zu erstellen. Dazu wird einfach eine Klasse mit speziellen Annotationen versehen:

```
[WebService(Namespace="http://example.com/service/",
public class Service : System.Web.Services.WebService
{
  [WebMethod]
  public string two( string s, int i ) { return s+i; }
}
```

Startet man das Programm, wird der Dienst automatisch in den IIS oder einen lokalen Entwicklungswebserver installiert, und der Browser öffnet sich wie in Abbildung 5.6 gezeigt mit einer Web-Seite, mit der der Dienst direkt getestet werden kann. Hinter den Kulissen empfängt die Web Service-Laufzeitumgebung die XML-Nachrichten per HTTP, parst diese und delegiert den Aufruf schließlich an die Implementierung weiter.

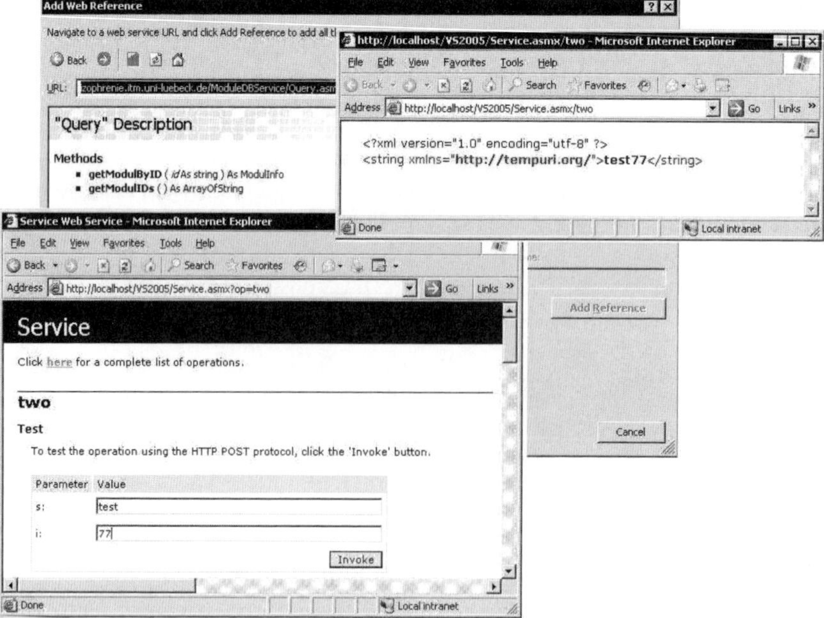

Abbildung 5.6: Web Service-Konsumenten und Dienste können mit .NET einfach erstellt werden. Der gezeigte „Add Web Reference"-Dialog erlaubt es, Dienste von einem UDDI Repository oder direkt per WSDL URL einzubinden. Auch das Debugging und das Testen eigener Dienste per Browser ist sehr komfortabel.

Für andere Plattformen funktionieren diese einfachen Schritte analog. So hat auch die am weitesten verbreitete Java SOAP Middleware Axis das Konzept von Stubs bzw. Annotationen auf der Serverseite.[1]

5.3.2 Apache Axis

Anhand von Apache Axis wollen wir nun weiterführende Beispiele, insbesondere die Verwendung von SOAP Handlern für Web Service Security (WSSE) und die Verwendung von Java Message Queues anstelle von HTTP zeigen. Wenden wir uns zunächst den Handlern zu. Abbildung 5.3 zeigt nochmals die Architektur. Handler können auf jedem beteiligten Knoten auf ankommende und ausgehende Nachrichten zugreifen. In unserem Beispiel soll die ausgehende Nachricht auf der Seite des Senders mit einem Single Sign On (SSO) Token versehen werden. Dieses Token wird im SOAP Header angefügt. Der Vorteil dieser Lösung ist, dass die Applikationslogik sich nicht mit dem Thema der Authentifizierung befassen muss. Ein entsprechender Handler kann auf der Serverseite das Token dann prüfen. Unser Beispiel gibt Antworten auf die Fragestellungen, wie ein Handler in die Kette der Handler eingefügt werden kann und wie der Handler selbst auf die Nachrichten zugreift.

Das Beispiel fügt den Handler programmatisch ein. Hierbei ist zu beachten, dass dies auch über eine Konfigurationsdatei erfolgen kann:

```
// Service Stub erzeugen
ServiceLocator loc = new ServiceLocator();
PortType ser = loc.getPortType( endpointURL );

// WSSE Handler erzeugen
Map hConfig = new HashMap();
hConfig.put("token", token);
HandlerInfo hInfo =
  new HandlerInfo(Handler.class, hConfig, null);

// Handler einfügen
QName portName = ((Stub)ser).getPortName();
((Stub)ser).getHandlerRegistry()
  .getHandlerChain(portName).add(hInfo);

// Service aufrufen
ser.operation(...);
```

Dem Handler werden die nötigen Parameter – in diesem Fall das SSO Token – per Key-Value-Tabelle übergeben. Im Falle anderer Handler könnten diese der Pfad zum Keystore oder zur Logdatei sein. Sehen wir uns nun den Handler an. Dieser ist von der Axis-Klasse `GenericHandler` abgeleitet. Die eigentliche Arbeit

[1] http://jcp.org/aboutJava/communityprocess/edr/jsr181/index.html

findet in der Methode `handleRequest` statt. Dort wird bei jeder ausgehenden Nachricht das Token an der passenden Stelle im XML-Baum eingefügt.

```
public class Handler extends GenericHandler
{
  protected String token;
  protected QName[] headers;

  public void init(HandlerInfo cfg)
  {
    token = (String)cfg.getHandlerConfig().get( "token" );
    headers = cfg.getHeaders();
  }

  public QName[] getHeaders()
  {
    return headers;
  }

  public boolean handleRequest(MessageContext mc)
  {
    try
    {
      if (mc instanceof SOAPMessageContext)
      {
        // SOAP Header Element bei Bedarf erzeugen
        SOAPHeader soapHeader = ((SOAPMessageContext)mc)
          .getMessage().getSOAPHeader();
        if (soapHeader == null)
          soapHeader = ((SOAPMessageContext)mc).getMessage()
            .getSOAPPart().getEnvelope().addHeader();

        // WSSE Element im XML Baum erzeugen
        SOAPHeaderElement wsse = (SOAPHeaderElement)soapHeader
          .addChildElement("Security", "wsse",
            "http://docs.oasis-open.org/wss/2004/01/"+
            "oasis-200401-wss-wssecurity-secext-1.0.xsd");

        // Header muss von der Gegenseite verstanden werden
        wsse.setMustUnderstand(true);

        // token anfügen
        wsse.addChildElement(token);
      }
      // true: Handlerkette weiter abarbeiten
      return true;
    }
    catch (SOAPException e)
    {
```

```
            // Aufruf abbrechen
            return false;
        }
    }
}
```

Sehen wir uns nun ein Beispiel an, das Nachrichten per JMS verschickt. In den Axis-Versionen 1.x war hierzu noch jede Menge Handarbeit angesagt. Tatsächlich wurde das Problem auch über Handler gelöst, die die Nachricht selbst durch direktes Ansprechen der JMS API versenden und dem Stack mitteilen, dass nun auf eine Antwort zu warten ist. Die Version 2.x bietet diesbezüglich eine viel saubere Lösung an. Sieht man sich die bisherigen Beispiele an, so ist lediglich an der Tatsache, dass die Endpunkte mit http:// beginnen, zu erkennen, dass HTTP als Transport verwendet wird. Tatsächlich kann bei Axis in der Version 2 JMS lediglich durch entsprechende Konfigurationen aktiviert werden. Sehen wir uns zunächst die globale Konfiguration an, in der die Message Queue an sich definiert wird:

```
<transportReceiver name="jms"
  class="org.apache.axis2.transport.jms.JMSListener">
  <parameter name="default" locked="false">
    <parameter name="java.naming.factory.initial"
      locked="false">
      org.apache.activemq.jndi.ActiveMQInitialContextFactory
    </parameter>
    <parameter name="java.naming.provider.url" locked="false">
      tcp://localhost:61616
    </parameter>
    <parameter name="transport.jms.ConnectionFactoryJNDIName"
      locked="false">
      QueueConnectionFactory
    </parameter>
  </parameter>
</transportReceiver>
<transportSender name="jms"
  class="org.apache.axis2.transport.jms.JMSSender"/>
```

Sofern nicht anders spezifiziert, verwenden JMS-basierte Dienste innerhalb des Containers diesen Message Queue Server. Dabei bindet sich jeder Dienst an die Message Queue mit dem Namen des jeweiligen Dienstes. Die Konfiguration für einen Dienst sieht folgendermaßen aus:

```
<service name="Service">
  <messageReceivers>
    <messageReceiver
      mep="http://www.w3.org/2004/08/wsdl/in-only"
      class="org.apache.axis2.rpc.receivers.
␣␣␣␣␣␣␣␣␣␣␣␣RPCInOnlyMessageReceiver"/>
```

```
    <messageReceiver
      mep="http://www.w3.org/2004/08/wsdl/in-out"
      class="org.apache.axis2.rpc.receivers.
␣␣␣␣␣␣RPCMessageReceiver"/>
  </messageReceivers>
  <parameter name="ServiceClass" locked="true">
    com.example.Service
  </parameter>
</service>
```

Man legt zunächst die Implementierungsklasse, den Namen des Dienstes sowie das zu verwendende Transportprotokoll sowohl für `in-only` (asynchrones Empfangen) als auch für `in-out` (synchrone Request-Response-Nachrichten) fest. Diese verweisen in unserem Fall auf die von Axis bereitgestellten JMS-Klassen. Zu beachten ist, dass sich an der Implementierung des Dienstes nichts ändert. Auch Sender greifen auf diesen Dienst in gewohnter Weise zu. Die URL ist hierbei jms:/echo?transport.jms.ConnectionFactoryJNDIName=QueueConnectionFactory. Natürlich muss auch dem Sender die entsprechende Konfiguration der Message Queue mitgegeben werden.

5.3.3 Open Enterprise Service Bus

Der Begriff des Enterprise Service Bus (ESB) fällt oft in einem Wort mit SOA. Während SOA sich auf die übergeordnete Architektur und die dazu erforderlichen Managementstrukturen bezieht, zielt ESB eine Ebene tiefer auf die Middleware ab, die zum Verschicken von Nachrichten verwendet wird. Fangen wir auch hier wieder mit den Eigenschaften an, um den Begriff zu definieren:

Senden von Nachrichten. Ein ESB muss sowohl synchron als auch asynchron arbeiten können. Asynchron bedeutet, dass der Sender das Verschicken initiiert, dann aber sofort mit seiner Arbeit weitermachen kann. Der synchrone Modus ist uns durch prozedurale Programmiersprachen bzw. RPCs vertraut. D.h. der Sender schickt die Nachricht und wartet auf das Ergebnis vom Server, bevor die weitere Arbeit wiederaufgenommen wird.

Routing. ESBs unterstützen normalerweise das Routing von Nachrichten. Beispielsweise können von außen eintreffende Nachrichten zuerst zu einem Knoten geschickt werden, der eine Authentifikationsprüfung vornimmt, bevor dieser die Nachricht zum eigentlichen Ziel leitet.

Mediation. Ein ESB stellt ja in gewisser Weise das Rückenmark einer Organisation dar. Da man üblicherweise mit allerlei inkompatibler Middleware und verschiedenen Datenformaten konfrontiert ist, muss der ESB die Mediation zwischen verschiedenen Protokollen und Formaten übernehmen. Hierunter fällt beispielsweise ein Adapter, der einen Mainframe per Web Service in den ESB einbringen kann.

Unterstützung für Geschäftsprozesse. Ein wichtiger Gesichtspunkt einer SOA ist, die einzelnen Dienste so nahe wie möglich an das betriebswirtschaftliche Äquivalent anzulehnen. Somit liegt es auf der Hand, dass ein Geschäftsprozess durch eine Reihe von Serviceaufrufen abgearbeitet werden kann. Allerdings darf man sich dies nicht wie ein einfaches Skript vorstellen, da ein solcher Prozess unter Umständen lang aktiv sein kann und auch menschliche Interaktionen vonnöten sein können. Deshalb spielen Persistenz und auch eine saubere, transaktionale Verwaltung, inklusive im Fehlerfall eventuell nötige Stornierungen, eine große Rolle. Ein ESB sollte deshalb die Abarbeitung solcher Geschäftsprozesse oder Workflows unterstützen.

Sicherheit und Zuverlässigkeit. Wie jede Middleware sollte sich auch ein ESB zum einen um Garantien bzgl. der Auslieferung von Nachrichten sowie zum anderen zum Schutz vor Angriffen bemühen. Idealerweise sollte ein ESB hierbei in der Lage sein, sich in bestehende Systeme zur Transaktionsverwaltung, Single Sign On und Benutzerauthentifizierung einzuklinken, anstatt selbst nochmals eine komplett parallele Infrastruktur aufzubauen.

Verwaltung. Schließlich sollte ein ESB Funktionen zur Verwaltung von Nachrichten, Benutzern, Workflows, Statistiken etc. mitbringen.

Viele dieser grundlegenden Eigenschaften werden von Web Services und den entsprechenden WS Standards aufgegriffen, die im Abschnitt 5.2 beschrieben wurden.

Zum Themenbereich Enterprise Service Bus greifen wir den Aspekt der Datenmediation auf. Bei der Systemintegration reicht es ja nicht aus, alle Teilnehmer auf dieselbe Kommunikationstechnik zu setzen; auch die Struktur und Semantik der Nachrichten muss normiert werden. Dies kann im einfachsten Fall eine Umbenennung eines Wertes sein, z.B. von Adresse zu Address, falls beispielsweise nach einer Firmenfusion ein deutsches mit einem englischen System integriert werden muss. Meist sind die Umwandlungen jedoch wesentlich komplexer und erfordern eine gewisse Logik. Der Preis eines Produkts kann zum Beispiel mit oder ohne Steuer oder Rabatte angegeben sein. Je nach Kontext müssen dann Umrechnungen erfolgen. Bis zu einem gewissen Grad kann man sich im Falle von Web Services der Basiswerkzeuge aus der XML-Welt bedienen. Zur Transformation von XML steht hierfür XSLT bereit. XSLT ist eine Regelbasierte Sprache, die ein XML-Dokument in ein anderes wandelt. Deshalb kann ein solches Mapping in einem ESB zum Einsatz kommen, indem es in den Kommunikationspfad zwischen Sender und Empfänger eingebaut wird, um den SOAP Body zu transformieren. Den Mehrwert von XSLT zeigt Abbildung 5.7. Durch die Tatsache, dass die Sprache maßgeschneidert für XML-Transformationen ist, kann die Programmierung der Transformation durch grafische Editoren unterstützt werden. Die linke Seite zeigt die Ausgangsdatenelemente, die rechte Seite das Zieldokument. Zuordnungen lassen sich per drag and drop vornehmen. Man sieht, dass in die Abbildungen auch Programmlogik eingebettet werden kann. In Abbildung 5.7 ist eine einfache

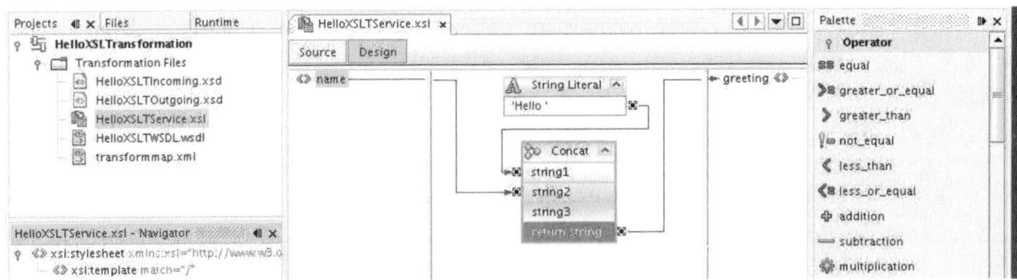

Abbildung 5.7: XSLT kann im ESB zur Mediation von Nachrichten verwendet werden. Die Abbildung zeigt den in SUN Netbeans integrierten grafischen XSLT Editor.

Konkatenation von Zeichenketten zu sehen. Es stehen natürlich noch andere Operatoren zur Verfügung, die teils am rechten Bildschirmrand zu sehen sind. Der gezeigte Editor ist Teil der Open ESB Suite von Sun.[2]

5.3.4 Oracle WS-BPEL Engine

Ähnlich wie bei XSLT ist auch die Sprache WS-BPEL genau auf einen Anwendungsbereich – nämlich Geschäftsprozessmodellierung – abgestimmt. Dadurch ist es den entsprechenden Werkzeugen möglich, den Anwender durch komfortable Werkzeuge zu unterstützen. Abbildung 5.8 zeigt die Entwicklungsumgebung der Lösung von Oracle, in der ein WS-BPEL-Prozess grafisch editiert werden kann. Die Einbettung anderer Dienste, im WS-BPEL-Jargon Partner Links genannt, erfolgt im Prinzip ähnlich wie bereits im .NET-Beispiel gezeigt. In der Abbildung ist auch ein Dialog zu sehen, der es dem Anwender erlaubt, eine auf XPath basierte Zuweisung von XML-Variablen zu erstellen. Wie bereits im Abschnitt 5.2.5 erwähnt, konzentriert sich WS-BPEL nicht auf detaillierte Algorithmen, sondern auf den Ablauf eines Prozesses und die Kommunikation mit Basisdiensten. Es ist deshalb sinnvoll, die eingehenden und zu verschickenden Nachrichten im XML-Format zu belassen. Natürlich kann ein aufgerufener Dienst beispielsweise in .NET geschrieben sein und die Daten intern wieder in C# Objekte wandeln. Dies ist für den WS-BPEL-Prozess als Dienstaufrufer aber transparent.

Ist der Geschäftsprozess erstellt, wird er in der WS-BPEL Engine von Oracle installiert. Diese Engine ist letztendlich ein einfacher J2EE-Applikationsserver. So werden auch die Prozesszustände in der Oracle Datenbank persistiert bzw. die Transaktionsmechanismen von Datenbank und Applikationsserver wiederverwendet. Ist der Prozess installiert, kann dieser über HTTP(S) sowie JMS aufgerufen werden. Die Oracle-Lösung bietet außerdem eine komfortable Administrationskonsole, die es erlaubt, den aktuellen Zustand eines Prozesses abzufragen sowie bereits abgeschlossene Transaktionen zur nachträglichen Prüfung abzurufen.

---

[2] https://open-esb.dev.java.net/

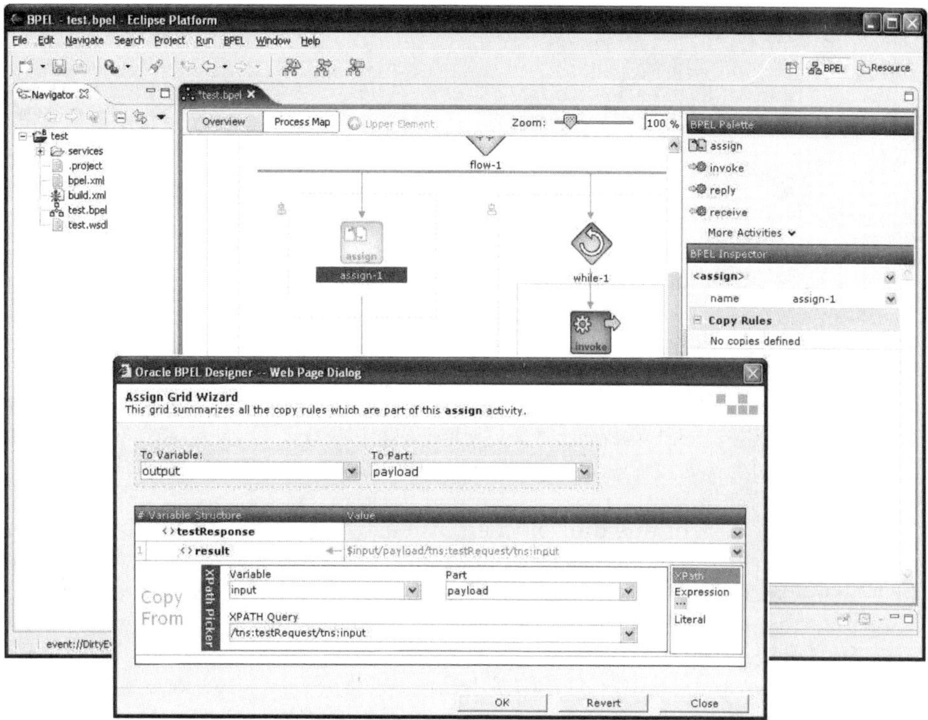

Abbildung 5.8: WS-BPEL-Prozesse können grafisch erstellt werden. Der Prozess ruft eine Reihe von Partnerdiensten auf und hantiert, wie im kleineren Fenster gezeigt, mit XML-Variablen und Nachrichten.

5.4 Code-Beispiele

Im Geiste der Interoperabilität und der Integration rufen sich alle Beispielprogramme gegenseitig auf. Abbildung 5.9 zeigt, dass der Ausgangspunkt ein Java-Klient ist, über den der Kunde die Konditionen für einen Kredit abfragt. Diese Anfrage wird an einen WS-BPEL-Geschäftsprozess weitergeleitet. Dieser macht zunächst eine Schufa-Anfrage, bevor die Anfrage an zwei Banken weitergeleitet wird. Auch diese Banken prüfen die Bonität des Kunden, bevor ein bestimmter Zinssatz ins Angebot eingefügt wird. Der Broker leitet das günstigere Angebot an den Kunden weiter.

5.4.1 Java / Axis

Der Klient ist ein einfaches Kommandozeilenprogramm, basierend auf Axis 1.4. Zunächst stellt sich die Frage, woher die importierten Klassen aus dem Paket com.broker kommen. Dies sind die Stubs, die aus der WSDL-Beschreibung des

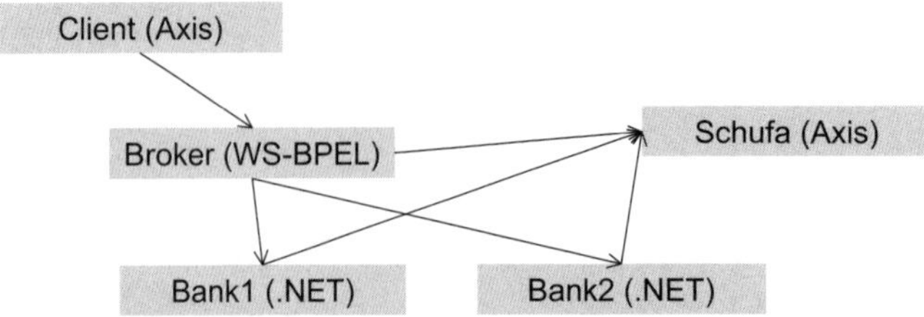

Abbildung 5.9: Zusammenspiel der Beispielprogramme

WS-BPEL-Prozesses gewonnen wurden. Dazu kann bei Axis folgendes Kommando verwendet werden:

```
java org.apache.axis.wsdl.WSDL2Java
  http://www.broker.com/credit.wsdl
```

Das Programm besteht aus drei Blöcken. Zunächst wird der Dienst instantiiert. Da keine explizite URL für den Endpunkt angegeben ist, verwendet Axis die in der WSDL-Beschreibung angegebene URL. Danach wird der Parameter mit den Daten des angeforderten Kredits präpariert. Schließlich erfolgt der Aufruf und die Ausgabe des Ergebnisses.

```
import com.broker.*;

public class Client
{
  public static void main(String[] args ) throws Exception
  {
    BrokerLocator loc = new BrokerLocator();
    BrokerSoap ser = loc.getBrokerSoap();

    Application app = new Application();
    app.setSsn( "1234567890" );
    app.setAmount( 1000.0 );
    app.setDuration( 12 );

    app = ser.makeOffer( app );
    System.out.println( "Zins:␣" + app.getInterest() );
  }
}
```

Auch der Schufa-Dienst ist mit Axis 1.4 implementiert. Da dies ein Server-Dienst ist, muss zunächst ein Transport vorhanden sein. Wir wählen dazu den Tomcat J2EE Webserver. Die Axis 1.4 Engine wird darin als Webapplikation installiert, indem der Axis Ordner einfach in den webapps-Ordner des Tomcat Servers verschoben wird. Die Datei Schufa.jws wird nun wiederum einfach in das Verzeichnis axis gelegt. Somit ist der Web Service sofort aktiv.

```
public class Schufa
{
  public double getRating( String ssn )
  {
    return 500;
  }
}
```

Der Server ist eine einfache Java-Klasse. Alle als public deklarierten Methoden werden als Web Service exportiert. Die WSDL-Beschreibung wird hierbei automatisch von Axis generiert, indem man den Browser auf http://www.example.com/axis/Schufa.jws?WSDL richtet. Es handelt sich hierbei also um eine Code-zentrische Entwicklung.

5.4.2 .NET

Die Bank ist in unserem Beispiel mit C#.NET realisiert. Da die Bank sowohl Server als auch Client ist, wird der Code in einem dem Internet Information Web Server zugänglichen Verzeichnis installiert. Der Code wird einmal geschrieben, aber auf zwei Servern installiert, da in unserem Szenario Angebote von zwei Banken eingeholt werden. Zunächst wird die Klasse `Application` definiert, die die Daten eines Kredits beinhaltet:

```
using System;

namespace Bank
{
  public class Application
  {
    public string ssn;
    public double amount;
    public int duration;
    public double interest;
  }
}
```

Der eigentliche Web Service ist in der Datei Loan.asmx zu finden und besteht aus zwei Teilen. Zunächst wird die Schfa-Bewertung eingeholt. Um die entsprechenden Stub-Klassen zu generieren, kann unter Visual Studio im Dialog „Add Web Reference" direkt auf die entsprechende URL (in unserem Falle http://www.example.com/axis/Schufa.jws?WSDL) verwiesen werden. Danach wird ja nach Bewertung der jeweilige Zinssatz im Kredit vermerkt und dieser wieder an den Aufrufer weitergegeben.

```
using System;
using System.Collections;
using System.ComponentModel;
using System.Data;
```

```
using System.Diagnostics;
using System.Web;
using System.Web.Services;

namespace Bank
{
  public class Loan : System.Web.Services.WebService
  {
    ...

    [WebMethod]
    public Application makeOffer(Application app)
    {
      WebReference.SchufaService schufa =
        new WebReference.SchufaService();
      schufa.Url = "http://www.example.com/axis/Schufa.jws";
      int rating = schufa.getRating( app.ssn );

      if ( rating < 300 )
        app.interest = 15;
      else
        app.interest = 8.0;
      return app;
    }
  }
}
```

5.4.3 WS-BPEL

Der Kredit-Broker ist als WS-BPEL-Geschäftsprozess definiert. Abbildung 5.8 zeigte bereits, wie sich ein solcher Prozess grafisch modellieren lässt. Der Prozess kann auch per Knopfdruck von der Entwicklungsumgebung auf die BPEL Engine transferiert werden. Das folgende gekürzte Listing zeigt den XML Quellcode des Prozesses. Zunächst werden die Teilnehmer des Prozesses im Partner Link Tag beschrieben. Dabei wird jeweils auf die WSDL-Beschreibung der Bank, des Schufa Dienstes sowie der eigenen WSDL-Beschreibung verwiesen.

Der nächste Block definiert die im Prozess verwendeten Variablen. Dies sind im wesentlichen die Ein- und Ausgaben der angesprochenen Dienste. Die Variablentypen verweisen dabei direkt auf die XML Schema-Beschreibungen in den jeweiligen WSDL Dateien. Der Geschäftsprozess wird also WSDL-zentrisch und anders als bei Java und .NET ohne jegliche Abbildung in Objekte entwickelt.

Danach folgt die Hauptsequenz des Prozesses, die mit dem Empfang einer Nachricht vom Klienten beginnt, deren XML-Nachricht der Variable `input` zugewiesen wird. Der Zuweisungsblock definiert dann per XPath-Ausdruck, dass der Variablen `schufaInput` die Sozialversicherungsnummer des Antragstellers zugewiesen werden soll. Aus Platzgründen verzichten wir auf den restlichen Algorithmus, der bei ausreichender Schufabewertung die beiden Banken anspricht.

```
<process name="broker"
  xmlns:tns="http://broker.com"
  xmlns:schufa="http://www.example.com/axis/Schufa.jws"
  xmlns="http://schemas.xmlsoap.org/ws/2003/03/business-process/">

  <partnerLinks>
    <partnerLink name="client" ... />
    <partnerLink name="bank1" ... />
    <partnerLink name="bank2" ... />
    <partnerLink name="schufa" ... />
  </partnerLinks>

  <variables>
    <variable name="input"
      messageType="tns:makeOfferRequest"/>
    <variable name="output"
      messageType="tns:makeOfferResponse"/>
    <variable name="schufaInput"
      messageType="schufa:getRatingRequest"/>
    <variable name="schufaOutput"
      messageType="schufa:getRatingResponse"/>
  </variables>

  <sequence>
    <receive name="receiveInput"
             partnerLink="client"
             portType="tns:makeOfferPort"
             variable="input"
             createInstance="yes"/>

    <assign>
      <copy>
        <from variable="input" part="payload"
          query="/makeOfferRequest/app/ssn" />
        <to variable="schufaInput" part="payload"
          query="/getRatingRequest/ssn" />
      </copy>
    </assign>

    <invoke name="callSchufa"
            partnerLink="schufa"
            portType="schufa:Schufa"
            operation="getRating"
            inputVariable="schufaInput"
            outputVariable="schufaOutput">
```

```
    ...

    <invoke name="replyOutput"
            partnerLink="client"
            portType="tns:makeOfferCallbackPort"
            operation="onResult"
            inputVariable="output"/>

  </sequence>
</process>
```

Kapitel 6

Event-Driven Architecture (EDA)

Die im vorigen Kapitel betrachteten Service-orientierten Architekturen (SOA) bieten ein Konzept, um Software auf Basis der von ihnen angebotenen Dienste (*Services*) zu strukturieren. Insbesondere können aus bestehenden Anwendungssystemen Services extrahiert und dann zu komplexen Geschäftsprozessen zusammengesetzt werden.

Dieser Architekturansatz ist sehr gut geeignet, wenn die zu unterstützenden Prozesse Ablauf-orientiert sind, d.h. durch einzelne Arbeitsschritte, Abfragen, Schleifen usw. beschrieben werden können. Eine solche Ablauf-orientierte Sicht auf Geschäftsprozesse stößt aber in vielen Anwendungsbereichen an ihre Grenzen.

Denn in der Realität sind viele Geschäftsprozesse ereignisgesteuert: immer mehr Detailinformationen werden elektronisch in Form von Ereignissen bereitgestellt. Dabei handelt es sich um fein-granulare Daten, die häufigen Updates unterworfen sind, und auf die in angemessener Weise möglichst in Echtzeit reagiert werden muss. Oder, wie es in einer Gartner-Studie heißt: *'the real world is mostly event driven'* [77]. Beispiele für solche ereignisgesteuerten Geschäftsprozesse gibt es viele:

- Logistische Prozesse, die eine zentrale Rolle in allen Wirtschaftsbereichen spielen, sind durch die Verarbeitung von Ereignissen bestimmt. Sie müssen bspw. auf den Eingang eines Werkstücks, das Beenden eines Fertigungsschritts oder das Auftreten eines Fehlers unmittelbar reagieren. Von besonderer Bedeutung ist dabei die Lokalisierung und Identifizierung von Waren und Gegenständen, wie sie mittels RFID-Technologie (*Radio Frequency Identification*) erfolgen kann.
- Aber auch in vielen betriebswirtschaftlichen Anwendungen sind Ereignisse von zentraler Bedeutung: die Steuerung von Arbeitsabläufen (*Workflows*) ist durch den Eingang von Bestellungen, Aufträgen, Buchungen usw. bestimmt.

Ein klassisches Beispiel ist der Wertpapierhandel: die Kauf-Entscheidung für eine bestimmte Aktie hängt von der Entwicklung von Dollarkurs, Goldpreis, Dow Jones usw. ab. Jede einzelne Kursänderung kann als ein Ereignis aufgefasst werden und muss ggf. bei der Entscheidungsfindung berücksichtigt werden.

- Im *Business Activity Monitoring* (BAM) werden die für alle Geschäftsprozesse relevanten Ereignisse in Echtzeit gesammelt und zu Daten verdichtet, um so kontinuierlich den aktuellen Status der kritischen Unternehmensprozesse bestimmen zu können. Auf Basis geeigneter Indikatoren lassen sich dann Entscheidungen fundierter treffen und die Prozesse dynamisch den Unternehmenszielen anpassen [17].

Wegen der Vielzahl der potenziell auftretenden Ereignisse und ihrer komplexen Wechselwirkungen lässt sich in den beschriebenen Szenarien kein vordefinierter Ablauf für einen Geschäftsprozess festlegen. Das prozessorientierte Konzept von SOA greift hier also nicht.

Speziell für solche Ereignis-getriebene Systeme wurde das Konzept der *Event-Driven Architecture* (EDA) von David Luckham an der Stanford University entwickelt [55]. Im Wesentlichen handelt es sich dabei um eine Softwarearchitektur, die auf die Ereignisverarbeitung ausgerichtet ist, also das Erzeugen, Entdecken und Verarbeiten einzelner Ereignisse oder ganzer Ereignisströme als zentrale Architekturkomponenten beinhaltet.

Von Gartner wurde für eine Kombination von SOA und EDA der Begriff SOA 2.0 oder *Advanced SOA* geprägt.[1] Als Hauptanwendungsgebiete werden dort u.a. Echtzeithandel in der Finanzbranche oder Verwaltung von RFID-Netzen identifiziert.

6.1 Architekturkonzept

Für die Betrachtung von Event-Driven-Architectures möchten wir nun schrittweise zwei verschiedene Ansätze unterscheiden:

- Zuerst betrachten wir Ereignis-Orientierung in Softwarearchitekturen als generelles Konzept, d.h. wir diskutieren, wie Ereignisse zur Kommunikation zwischen Komponenten verwendet werden können.
- Anschließend beschäftigen wir uns mit *Complex Event Processing* (CEP), einem Ansatz zur flexiblen, regelbasierten Verarbeitung von Ereignissen. Das CEP-Konzept ist auf Architekturen ausgelegt, deren Kontrollfluss vorwiegend Ereignis-gesteuert ist.

[1] http://www.computerwoche.de/nachrichten/577497/

6.1.1 Ereignis-orientierte Softwarearchitektur

Event-Driven-Architecture soll nicht den SOA-Architekturansatz ersetzen, sondern ihn ergänzen. Nach wie vor hat SOA seine Berechtigung und wird für viele Anwendungsgebiete die erste Wahl sein. Doch wie lässt sich EDA genauer gegen SOA abgrenzen?

Service-Orientierung. Zunächst werfen wir noch einmal einen kurzen Blick auf die Design-Prinzipien von SOA: Zentrales Konzept ist ein *Service*, der von einer Softwarekomponente (*Service Provider*) angeboten und von einem Client (*Service Requester*) aufgerufen wird. Es ist durch folgende Eigenschaften gekennzeichnet:

- Die Kommunikation zwischen Client und einem Service-Anbieter erfolgt nach dem Request/Reply-Muster. Service-Aufrufe sind in der Regel synchron, d.h. der Client wartet auf die Beendigung des Service und ggf. auf einen Rückgabewert. Damit ein Service aufgerufen werden kann, müssen sein Name, die Syntax (Parameterstrukturen) und die technischen Mechanismen (Nachrichtenformate, Transportprotokolle, Server und Ports) bekannt sein.[1] Insgesamt entsteht somit eine relative starke Kopplung des Client an den Service-Anbieter
- Services können zu komplexeren Services oder Geschäftsprozessen zusammengesetzt bzw. orchestriert werden. Das heißt, es wird ein linearer Ablauf in einer Programmier- oder einer Prozessbeschreibungssprache, bspw. in BPEL (*Business Process Execution Language)*, definiert. Eine Service-orientierte Architektur ist somit durch eine hierarchische, funktionale Zerlegung gekennzeichnet.

Abbildung 6.1 verdeutlicht den Ansatz: Die von den Komponenten angebotenen Services können aus der Geschäftsprozess-Schicht oder von Services anderer Komponenten aufgerufen werden. Die Komponenten sind dabei stark gekoppelt, weil für einen Service-Aufruf detaillierte Kenntnisse über den Service (Parameter-Struktur, Protokolle, Service-Endpunkte) erforderlich sind.

Bemerkung: Man kann in einer Service-orientierten Architektur die Kopplung von Komponenten durch verschiedene Tricks abschwächen.

- Zum einen kann man asynchrone Service-Aufrufe verwenden, damit der Client nicht durch einen Service-Aufruf blockiert wird. (Dazu wird in Java der Service in einem eigenen Thread – einem leichtgewichtigen Prozess – aufgerufen.)
- Andererseits kann man Dokumenten-orientierte Service-Parameter verwenden, d.h. die zwischen Services ausgetauschten Daten werden in einem Dokumenten-ähnlichen Austauschformat gekapselt. Dabei bietet sich XML als Programmiersprachen- und Plattform-unabhängiges Standardformat an. Da-

[1] durch WSDL beschrieben

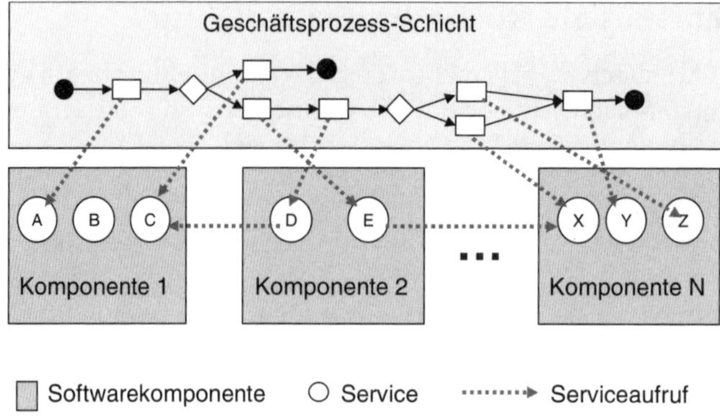

Abbildung 6.1: Service-Orientierung

bei entstehen syntaktisch stabilere Schnittstellen, weil sich auch bei Service-Modifikationen die Dokumenten-Parameter meist nicht ändern müssen. Allerdings sind solche Parameter nicht Typ-sicher. Verwendet man bspw. XML-Dokumente, so kann man diese lediglich zur Laufzeit gegen ein entsprechendes (XML-)Schema validieren.

Durch diese Maßnahmen verliert jedoch das Service-Paradigma einen Großteil seiner Attraktivität: seine Einfachheit; man ruft einen Service auf, übergibt strukturierte und wohl-definierte Parameter und wartet auf das Ergebnis.

Ereignis-Orientierung. Ereignisse sind das zentrale Konzept von Ereignis-orientierten Architekturen. Jedes Ereignis wird in Form einer Nachricht an eine Middleware[2] gesendet. Die Middleware leitet die Nachricht weiter, d.h. sie macht das Ereignis allen Softwarekomponenten bekannt, die sich für Ereignisse dieses Typs registriert haben. Dieser Ansatz impliziert folgende Eigenschaften:

- Weil der Austausch des Ereignisses über die Middleware als Mediator erfolgt, weiß die Ereignis-erzeugende Komponente nicht, wohin ein Ereignis weitergereicht und wie es weiterverarbeitet wird. Die über Ereignisse kommunizierenden Komponenten kennen sich gegenseitig nicht, sie müssen lediglich die Semantik der ausgetauschten Nachrichten verstehen. Die Kommunikation erfolgt somit asynchron und führt zu einer äußerst losen Kopplung zwischen den beteiligten Komponenten.
- Jede Komponente ist autonom und entscheidet selbst, wie sie mit den empfangenen Ereignissen umgeht. Komponenten-übergreifende Prozesse sind nicht explizit als Ganzes beschrieben, sondern die Prozess-Beschreibung ist in Form von Ereignisbehandlungs-Routinen auf verschiedene Komponenten aufge-

[2] meist eine Message-oriented Middleware (MOM)

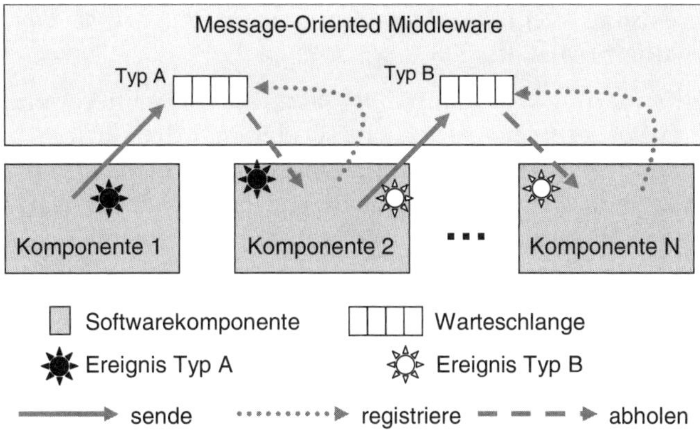

Abbildung 6.2: Ereignis-Orientierung

teilt. Das hat zur Folge, dass Komponenten-übergreifende Geschäftsprozesse nicht gut voneinander abzugrenzen und somit schlecht änderbar und wartbar sind.

Die Struktur Ereignis-gekoppelter Systeme zeigt Abbildung 6.2 genauer: Komponente 1 sendet Ereignisse von Typ *A* als Nachricht an die Message-Oriented Middleware (MOM), wo sie in einer entsprechenden Warteschlange[3] verwaltet werden. Jede Komponente, die sich bei der Middleware für Ereignisse dieses Typs registriert hat, wird ggf. über einen Ereigniseingang benachrichtigt und kann sich dann das Ereignis abholen.

Die Komponenten sind lose gekoppelt: sie kennen sich nicht gegenseitig, sondern stellen Ereignisse der Außenwelt zur Verfügung und setzen voraus, dass andere Komponenten sich dafür interessieren und die Ereignis-Semantik verstehen.
Das Konzept des Austausches von Ereignissen über Nachrichten ist schon lange im Bereich der Anwendungsintegration (EAI – *Enterprise Application Integration*, [14]) etabliert. MOM-Produkte wie IBM/MQSeries werden seit langem genutzt, um Mainframe-Systeme an andere Anwendungen anzubinden. In [29] wird die auf Ereignisaustausch basierende Anwendungsintegration detaillierter vorgestellt.

SOA versus EDA. Wie bereits erwähnt, haben sowohl Service-Orientierung wie auch Ereignis-Orientierung ihre Berechtigung.

- Service-Orientierung arbeitet nach dem Request/Reply-Paradigma und ist das Mittel der Wahl, wenn Ablauf-orientierte Prozesse implementiert werden, insbesondere, wenn synchrone Aufrufe – wie bei Benutzerabfragen – oder Trans-

[3] Eine Warteschlange kann auch als Postfach betrachtet werden, wie man es von normalen E-Mail-Systemen her kennt.

aktionen ins Spiel kommen. Klassische Geschäftsprozesse werden zumeist Service-orientiert realisiert.

- Ereignis-Orientierung wird dann eingesetzt, wenn die Entkopplung der Komponenten im Vordergrund steht. Insbesondere bei B2B-Anwendungen, wenn über Unternehmensgrenzen hinweg kommuniziert werden soll, wird ein Datenaustausch über Ereignisse durchgeführt. Ein anderes Einsatzgebiet ist die Unternehmens-interne Anwendungsintegration, wenn Komponenten keine gemeinsame technische Basis besitzen, die einen Serviceaufruf ermöglichen würde [42].
  Ereignis-Orientierung impliziert, dass Daten und Funktionalität redundant in mehreren Systemen vorgehalten werden. Dies scheint ein Nachteil zu sein, ist aber eine logische Folge der losen Kopplung, denn ein Aufheben von Redundanz verstärkt automatisch die Kopplung, weil Komponenten voneinander abhängig werden.

Meist werden Ereignis-Orientierung und Service-Orientierung gemeinsam eingesetzt. Stark abhängige Komponenten kommunizieren mittels Serviceaufrufen, aber lose gekoppelte oder Unternehmens-externe Komponenten über Ereignisse. Ereignis-Orientierung kommt immer dann ins Spiel, wenn im Geschäftsfeld eine sehr große Menge von Ereignissen auftritt, für deren Verarbeitung es keinen definierten linearen Ablauf gibt. Speziell mit dieser Situation beschäftigt sich das *Complex Event Processing*.

6.1.2 Complex Event Processing

In fast allen herkömmlichen IT-Systemen werden in bestimmten Bereichen Ereignisse ausgelöst und verarbeitet. Ereignis-Orientierung ist meist aber nicht das zentrale Konzept, auf dem die Softwarearchitektur basiert. Das von David Luckham propagierte Paradigma des *Complex Event Processing* (CEP) stellt die Verarbeitung komplexer Ereignisströme jedoch in den Mittelpunkt der Architektur [55]. CEP ist ein Konzept, um sehr große Mengen von Ereignissen flexibel verarbeiten und für den Kontrollfluss von Anwendungen nutzen zu können. Ein Beispiel ist ein System für den Aktienhandel, das Millionen von Ereignissen betrachtet, die durch alle aktuellen und historischen Kursänderungen verursacht sind.

Als wesentliche Erkenntnis betrachtet CEP die aufgetretenen Ereignisse nicht voneinander unabhängig, sondern deren Abhängigkeiten und Korrelationen. Erst die Betrachtung vieler Ereignisse über einen längeren Zeitraum gewinnt an Bedeutung und lässt entsprechende Schlussfolgerungen zu. Deshalb betrachtet man sogenannte Ereignisströme (*event stream*), d.h. die kontinuierlich eintreffenden Ereignisse sowie Ereignisse der Vergangenheit. Das Hauptziel von CEP ist es, innerhalb einer großen Ereigniswolke Muster von zusammenhängenden Ereignissen (*event patterns*) zu erkennen.

In unserem Beispiel des Aktienhandels bringt die isolierte Betrachtung eines einzelnen Ereignisses – wie die momentane Änderung eines Aktienkurses – keinen Erkenntnisgewinn. Das Ziel ist vielmehr in der riesigen Menge aller Ereignisse ein Muster zu erkennen, aus dem sich eine Kaufs- oder Verkaufsempfehlung ableiten lässt.

Im Folgenden stellen wir die einzelnen Bestandteile der Architektur vor.

Ereignisse

Ereignisse kann man als die Änderungen eines Systemzustandes verstehen. Sie lassen sich in der Terminologie der Domäne beschreiben. Beispiele für Ereignisse sind eine Flugbuchung, der Eingang eines Auftrags, eine Geldtransaktion, das Ausliefern einer Ware.

Damit Ereignisse sinnvoll genutzt und zwischen beliebigen Komponenten ausgetauscht werden können, müssen sie alle notwendigen Informationen in Form eines *Ereignis-Objektes* enthalten. Dazu gehören:

- Allgemeine Metadaten des Ereignisses, die den Ereignistyp, die Ereignisquelle, den Auftrittszeitpunkt und eine eindeutige Ereignis-ID enthalten. Diese Daten müssen für jedes Ereignis angegeben werden.
- Alle Ereignis-spezifischen Daten, die zu einer Verarbeitung benötigt werden, also bspw. die Flugdaten für ein Flugbuchungs-Ereignis oder den Geldbetrag und die Konten für eine Geld-Transaktion.

Zwischen Ereignissen bestehen Abhängigkeiten und Wechselwirkungen: bspw. gehört zu jedem Bestellungs-Ereignis ein Warenausgang-, sowie Lieferungs-Ereignis.

Fluss der Ereignisse

Einen ersten Überblick über die Funktionsweise des Complex Event Processing erhält man, wenn man den Fluss der Ereignisse verfolgt: Im CEP durchlaufen die Ereignisse verschiedene Stationen, die Abbildung 6.3 darstellt.

- Ereignis-Quellen (*Event Sources*): Ereignisse werden durch *Quellen* erzeugt, bspw. durch einen Service-Aufruf, eine Benutzerinteraktion, eine eingehende E-Mail oder ein RFID-Ereignis. Die Ereignisse sollten idealerweise in einem einheitlichen Standard-Format verschickt werden.
- Ereignis-Kanal (*Event-Channel*): Der Ereignis-Kanal bietet die technische Infrastruktur für den Transport von Ereignissen von den Quellen zu den Ereignis-verarbeitenden Komponenten, insbesondere zur zentralen CEP (*Complex Event Processing*)-Komponente. Technisch wird ein Ereignis-Kanal meist durch die bereits erwähnte Message-Oriented Middleware (MOM) realisiert, die es ermöglicht, Ereignisse in Form von Nachrichten zu verschicken.

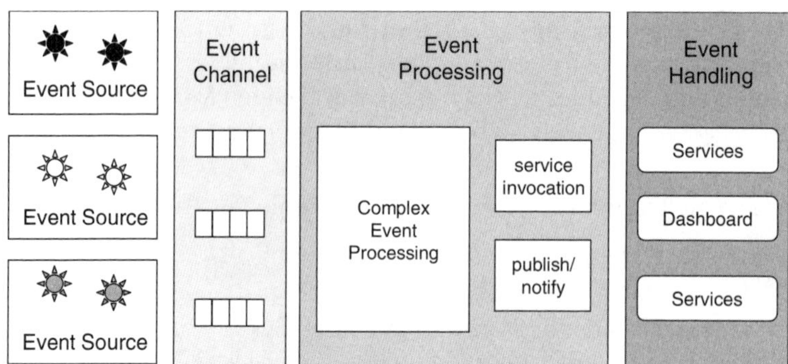

Abbildung 6.3: Fluss der Ereignisse

- Ereignis-Verarbeitung (*Event Processing*): Zur Ereignis-Verarbeitung wird der Strom der eingehenden Ereignisse mit den Techniken des Complex Event Processing analysiert (s.u.). Dabei werden anhand von Regeln Ereignismuster erkannt, auf die entsprechend reagiert werden kann. Beispielsweise soll beim Wertpapierhandel eine bestimmte Kurssituation erkannt werden, die ein Kaufs- oder Verkaufssignal darstellt.

  Es gibt verschiedene Arten, wie auf vorliegende Ereignismuster reagiert werden kann: in der Regel wird der Service einer Anwendung aufgerufen. In unserem Beispiel wird in den Backend-Systemen ein Dienst zum Kauf oder Verkauf einer Aktie ausgeführt. Zum andern können aufgetretene Ereignisse auch einfach veröffentlicht (*publish*) oder anderen Komponenten bzw. interessierten Personen bekanntgegeben (*notify*) werden.

- Ereignis-Behandlung (*Event Handling*): Die eigentliche Behandlung der Ereignisse erfolgt nicht in der Event-Processing-Komponente, sondern in den produktiven Anwendungen, den Backend-Systemen. Dies sind in der Regel Geschäftsprozesse oder Services, die von Ereignissen angestoßen werden (*event-triggered*). Alternativ werden Ereignisse einfach in der graphischen Benutzungsschnittstelle angezeigt, bzw. in Dashboards.

Komponenten zur Implementierung der CEP-Architektur

Der zentrale Schritt erfolgt in der Ereignis-Verarbeitung, die wir uns etwas genauer im Folgenden ansehen. Abbildung 6.4 zeigt die grundlegenden Bausteine eines Complex-Event-Processing-Systems; sie verfeinert den Block „Event Processing“ in Abbildung 6.3.

- **Event Specification:** Damit Ereignisse automatisch verarbeitet werden können, müssen sie präzise definiert werden. Nur mit einem definierten Ereignisformat können Ereignisse zwischen beliebigen Anwendungen und Software-

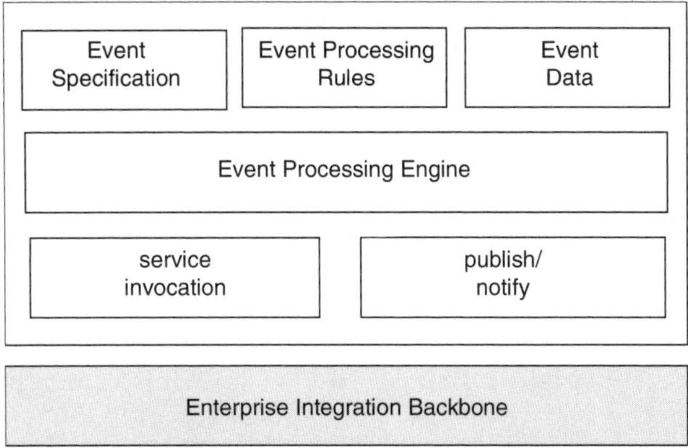

Abbildung 6.4: CEP-Architektur

Komponenten ausgetauscht werden. Die Ereignis-Spezifikation beschreibt die möglichen Ereignis-Typen mit ihren erforderlichen Daten sowie deren Abhängigkeiten und Wechselwirkungen. Oft kann eine Ereignis-Hierarchie definiert werden: Von einem abstrakten Ereignistyp, der die allgemeinen Metadaten (Typ, ID, Zeitstempel usw.) enthält, sind die konkreten Domänenspezifischen Ereignisse abgeleitet.

Mögliche technische Formate sind Schlüssel-Werte-Paare, POJOs (*Plain Old Java Objects*) in einer reinen Java-Systemlandschaft, oder XML in einer heterogenen Systemlandschaft. Die Syntax der Ereignisse, d.h. die zulässigen Elemente und Strukturen, müssen formal definiert werden, bspw. mit XML Schema für ein definiertes XML-Austauschformat.

Darüber hinaus sollte die Semantik der Ereignisse genau festgelegt werden, damit alle beteiligten Komponenten die Ereignisse korrekt interpretieren können. Die Semantik von Ereignissen, insbesondere eine genauere Klassifizierung und Beschreibung von Zusammenhängen, kann mit Ontologien definiert werden.[4] Insgesamt kann die Ereignis-Spezifikation als Metamodell für die betrachteten Ereignisse aufgefasst werden.

- **Event Data:** Die Ereignisdaten (*event data*) beschreiben die in der realen Welt tatsächlich aufgetretenen Ereignisse und sind Instanzen der in der Event Specification definierten Ereignistypen.
- **Event Processing Rules**: Auf Basis der Ereignis-Spezifikation werden Regeln zur Verarbeitung von Ereignissen, beispielsweise eine Transformation in andere Ereignis-Formate, das Filtern und Aggregieren von Ereignissen sowie das Erzeugen neuer Ereignisse, definiert. Eine *Ereignisregel* definiert Aktionen, die ausgeführt werden, wenn ein vordefiniertes Muster in einem Ereignisstrom

[4] Dabei können Technologien des *Semantic Web* wie RDF oder OWL genutzt werden.

erkannt wird. Das Ausführen einer Regel erfordert somit zunächst eine solche Mustererkennung, nämlich den Abgleich des Ereignisstroms mit einem bestimmten Muster. Ereignisregeln bestehen aus zwei Teilen:

- Ein Trigger, der aus einem oder mehreren miteinander verknüpften Mustern besteht.
- Eine Aktion, die ausgeführt wird, wenn der Trigger ausgelöst wird. Oft spricht man auch vom „Feuern" einer Regel.

Zur Beschreibung eines Musters werden Beziehungen zwischen Ereignissen ausgedrückt. Dabei lassen sich grundsätzlich folgende Beziehungstypen unterscheiden:

- *Zeitliche Zusammenhänge*: Ereignis A ereignet sich vor Ereignis B.
- *Ursächliche Zusammenhänge*: Ereignis A verursacht Ereignis B, d.h. B ist von A abhängig.
- *Aggregation von Ereignissen*: Ereignis A ist eine Gruppierung aller Ereignisse B_i, was bedeutet, dass B_i Teile von A sind.

In der Praxis werden Ereignismuster und -regeln in dafür vorgesehene Sprachen EPL (*Event Pattern Languages*) formuliert [99], [75]. Ein Beispiel für eine einfache EPL ist die Rapide-EPL, die im Buch von Luckham [55] vorgestellt wird. Eine andere viel eingesetzte Open Source EPL ist Esper [22], die wir später noch etwas genauer betrachten werden. Beispielsweise können in Rapide-EPL auf Basis der Operatoren *and*, *or* und → Ereignismuster wie folgt definiert werden:

- A *and* B *and* C: Die Regel feuert, wenn die Ereignisse A, B, und C aufgetreten sind.
- A → (B *or* C): Die Regel feuert, wenn zuerst das Ereignis A und danach das Ereignis B oder das Ereignis C aufgetreten sind.

Zurzeit gibt es jedoch noch keinen Standard zur formalen Beschreibung von Ereignissen oder für Regelsprachen, sodass diese Aufgabe in jedem Anwendungskontext neu bewältigt werden muss.

- **Event Processing Engine:** Den Kern der eigentlichen Ereignis-Verarbeitung bildet eine Regelmaschine (*event processing engine*), die die Ereignisdaten lädt und die darauf definierten Ereignisregeln ausführt.

  Weil Pattern Matching auch in der Vergangenheit stattgefundene Ereignisse berücksichtigen, müssen Ereignisdaten permanent gespeichert werden. Normalerweise lassen sich nicht alle Ereignisse abspeichern, weil deren Anzahl riesengroß werden kann – z.B. alle Aktienkursänderungen eines vergangenen Jahres.

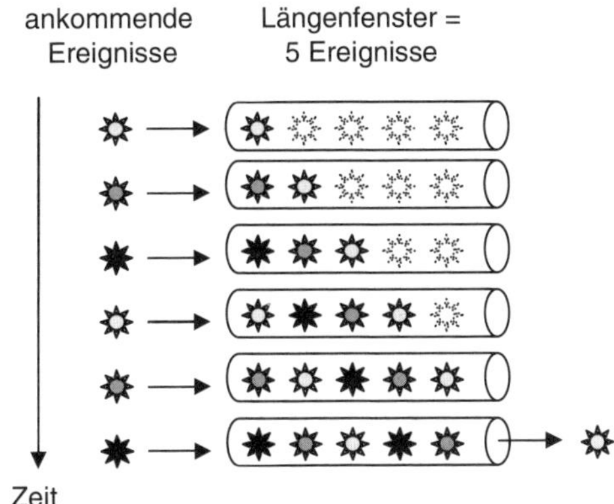

Abbildung 6.5: Längenfenster zum Abspeichern von Ereignissen

Als praktikablen Ansatz speichern die meisten Event Processing Engines nur diejenigen Ereignisse, die in einem bestimmten Zeit- oder Längenfenster (*sliding window*) stattgefunden haben. In einem Zeitfenster hat jedes Ereignis eine bestimmte Gültigkeitsdauer (*lease time*). Wenn diese abgelaufen ist, wird es aus dem Speicher entfernt. Abbildung 6.5 zeigt ein Längenfenster mit einem Puffer der Länge 5. Kommt bei vollem Puffer ein neues Ereignis an, so wird das älteste Ereignis gemäß einer FIFO (*First-In-First-Out*)-Strategie aus dem Puffer geschoben.

Es gibt eine ganze Reihe kommerzieller Anbieter von Event Processing Engines,[5] darüber hinaus einige Open-Source-Produkte, bspw. Esper [22].

- **Enterprise Integration Backbone**: Der EIB liegt außerhalb der eigentlichen Ereignis-Verarbeitung und gehört deshalb nicht mehr zur CEP-Komponente. Er bietet lediglich die Infrastruktur, um die CEP-Komponente an die vorhandenen unternehmensweiten Anwendungssysteme (bspw. Informationssysteme oder Legacy-Systeme) anzubinden. Dabei erfolgt die Kommunikation bidirektional:
  - Einerseits können Geschäftsprozesse durch Ereignisse gesteuert werden, d.h. das Auftreten eines Ereignisses stößt mithilfe des EIB den Aufruf eines Services an (*event-driven actions*). [6]
  - Umgekehrt kann eine Komponente oder ein Service der Anwendungssysteme ein neues Ereignis generieren. Ein solches Ereignis kann unterschiedliche Bedeutung besitzen und eine bestimmte Situation im Unternehmen oder ein aufgetretenes Problem anzeigen. Dieses Ereignis wird dann über

[5] bspw. IBM, BEA, Tibco, Coral8, StreamBase

[6] Diese direkte Abbildung von Ereignissen auf Services wird manchmal auch *event-driven SOA* [60] genannt. Genau genommen handelt es sich hier aber um eine spezielle Form von SOA.

den Enterprise Integration Backbone an alle interessierten Parteien verteilt, die dann autonom in angemessener Weise reagieren können.

Normalerweise ist der Enterprise Integration Backbone eine Standard-Middleware, die als Mediator [30] dient, um Ereignisse zwischen Komponenten auszutauschen. In klassischen Anwendungslandschaften mit Legacy-Systemen ist dies meist eine MOM (Message-Oriented Middleware), in moderneren Service-orientierten Architekturen ein ESB (Enterprise Service Bus).

Muster der Ereignis-Verarbeitung

Nachdem wir die einzelnen Bausteine für die Implementierung einer Complex-Event-Processing-Komponente kennengelernt haben, wollen wir nun etwas genauer auf die möglichen Verarbeitungsschritte in einer CEP-Komponente schauen, die von sogenannten Agenten (*event processing agents* – EPAs) durchgeführt werden.

- *Event Filtering*: Event Processing Agents beobachten den Strom der aufgetretenen Ereignisse, um Ereignismuster zu finden. Damit sie mit einer ggf. riesigen Menge von Ereignissen umgehen können, werden die für eine Fragestellung bedeutenden Ereignisse herausgefiltert (siehe Abbildung 6.6). Dabei könnten bspw. nur Ereignisse eines bestimmten Typs betrachtet werden (z.B. ein Ereignis vom Typ „Auftragseingang") oder Ereignisse mit einem bestimmten Inhalt (alle Auftragseingänge mit einem Wert $\geq$ 1000 Euro). Das Filtern reduziert die Menge der betrachteten Ereignisse und führt so zu einer effizienteren Verarbeitung.
- *Content-based Routing*: Der Ereignistyp oder -inhalt entscheidet über das genaue Ziel, an das ein Ereignis geschickt wird, bspw. die Warteschlange eines Ereignis-Kanals. So könnte ein Auftragseingangs-Ereignis an das Warenlager geschickt werden, das für diesen Auftrag zuständig ist.
- *Event Splitting and Event Aggregation*: Manchmal müssen komplexe Ereignisse in einzelne Ereignisse aufgebrochen werden; bspw. wird das Ereignis einer umfangreichen Bestellung zur Weiterverarbeitung in mehrere Ereignisse für jeweils eine Bestellposition aufgeteilt. Umgekehrt können fein-granulare Ereignisse zu einem Ereignis zusammengefasst werden, um so die Gesamtzahl der Ereignisse zu reduzieren; siehe Abbildung 6.7 (links).

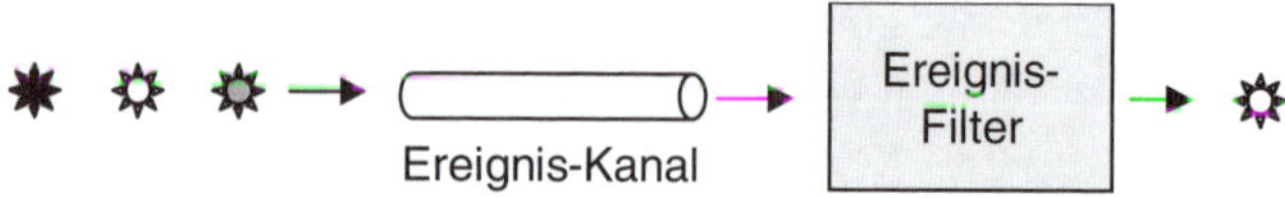

Abbildung 6.6: Filtern von Ereignissen mithilfe von EPAs

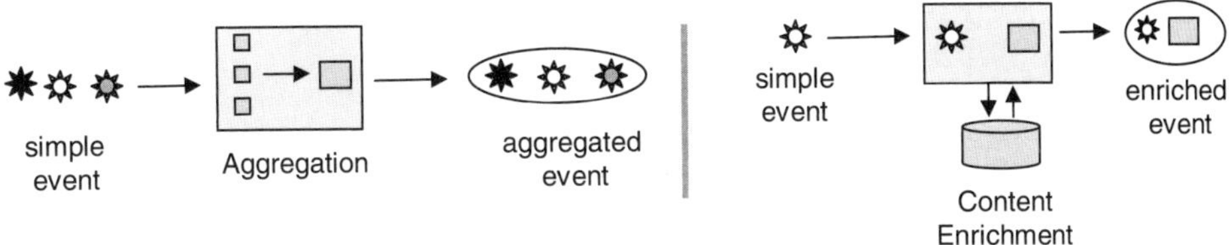

Abbildung 6.7: Ereignis-Aggregation und Content-Enrichment

- *Event Transformation*: Darüber hinaus können EPAs Ereignisse für die weitere Verarbeitung modifizieren. Die einfachste Art einer Transformation besteht darin, die Ereignisbeschreibung in ein anderes Format zu übersetzen (*event translation*). Dies ist dann erforderlich, wenn die Ereignis-Quellen keine Ereignis-Objekte im definierten Standard-Format erzeugen können. Ein fortgeschritteneres Konzept ist die Anreicherung des Ereignisinhalts (*content enrichment*), d.h. dem Ereignisobjekt werden weitere Daten hinzugefügt. Dazu müssen Dienste der Applikationsschicht genutzt werden; siehe Abbildung 6.7 (rechts). Bspw. kann ein Ereignis, das eine Personalnummer enthält, nach Zugriff auf ein Informationssystem mit genaueren Personaldaten angereichert werden.
- *Synthesis of Complex Events*: Schließlich können neue, komplexe Ereignisse (*complex events*) aus einfachen Ereignissen erzeugt werden. Hierin liegt die große Mächtigkeit von CEP, denn dieser Schritt berücksichtigt die Wechselwirkungen und Abhängigkeiten der aufgetretenen Ereignisse: Aus bestimmten Mustern des vorliegenden Ereignisstroms werden Ereignisse auf einer höheren Abstraktionsebene generiert, siehe Abbildung 6.8. Ein Beispiel ist das oben genannte System zum Wertpapierhandel: einfache Kursänderungsereignisse werden auf ein komplexes, aus vielen Ereignissen abgeleitetes Kauf- oder Verkaufsereignis abgebildet.

Die genannten Verarbeitungsschritte sind nicht grundsätzlich neu, sondern werden in ähnlicher Form als sogenannte *Messaging Patterns* auch in der Anwendungsintegration eingesetzt. Eine umfassende Darstellung dieses Themas findet sich in [29].

Event Processing Networks

Die Ereignis-Verarbeitung in einer CEP-Komponente lässt sich als Abfolge einzelner Verarbeitungsschritte darstellen, die von jeweils einem EPA ausgeführt werden. Graphisch kann dies durch ein *Event Processing Network* (EPN) beschrieben werden.

Ein EPN ist ein Netzwerk, das aus mehreren EPAs gebildet wird, sodass die Ausgabe eines EPAs als Eingabe eines anderen dient. Ein einzelner EPA über-

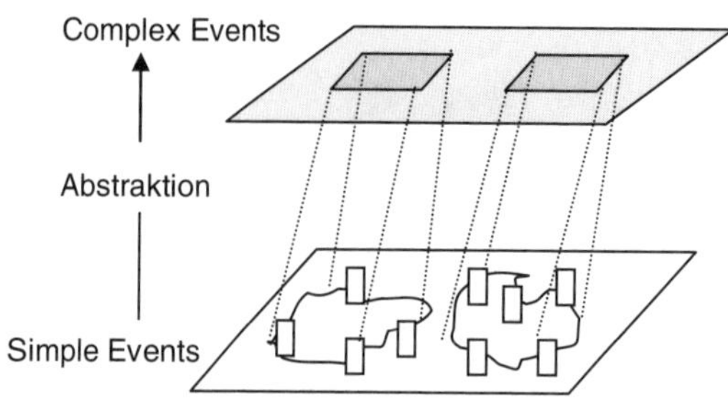

Abbildung 6.8: Complex Events

nimmt dabei nur einen oder wenige der oben dargestellten Schritte zur Ereignis-Verarbeitung (Event Filtering, Event Splitting, Event Agregation, Event Transformation, Synthesis of Complex Events, usw.). Die durch Pfeile dargestellten Verbindungen zwischen den EPAs repräsentieren den Ereignisfluss im Netzwerk.

Eine typische EPN-Struktur mit den EPAs als Netzknoten zeigt Abbildung 6.9. Um irrelevante Ereignisse herauszufiltern, werden auf der Adapter-Ebene die in den Anwendungen aufgetretenen Ereignisse in Ereignisobjekte transformiert und an die Filter-EPAs übergeben. Die Adapter stellen somit die Verbindung zu den Ereignisquellen her. Die Filter-EPAs sind in der Regel einfach und enthalten keine rechenintensiven Regeln. Sie filtern lediglich die für den Kontext der Applikation unbedeutenden Ereignisse heraus und leiten nur die relevanten Ereignisse an die Aggregation-EPAs der nächsten Ebene weiter.

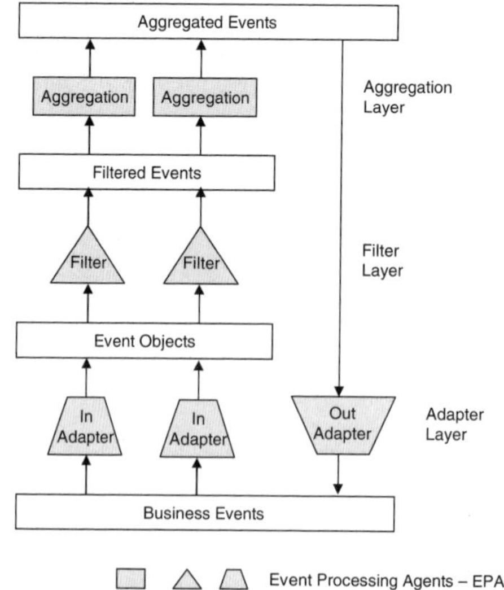

Abbildung 6.9: Event Processing Networks

Event Processing Networks veranschaulichen die komplexe Verarbeitung von Ereignisströmen. Die einzelnen EPAs sind leichtgewichtig und übernehmen nur einzelne Transformationen. Jeder EPA kann dazu eine eigene Rule Engine mit entsprechend wenigen Regeln besitzen. Die Verarbeitung der Ereignisse in kleineren Schritten macht das CEP verständlicher und somit besser wartbar. Viele und komplexe Regeln sind in einer einzelnen Rule Engine oft schwer zu verstehen und nachzuvollziehen. Wenn man das komplette EPN stattdessen in nur einer einzigen Rule Engine abbildet, so kann diese als einzelner, schwergewichtiger EPA aufgefasst werden.

6.1.3 EDA-Referenzarchitektur

Abbildung 6.10 zeigt das komplette Bild einer Referenzarchitektur mit den wesentlichen Komponenten und führt die bisher vorgestellten Architekturbausteine zusammen [18].

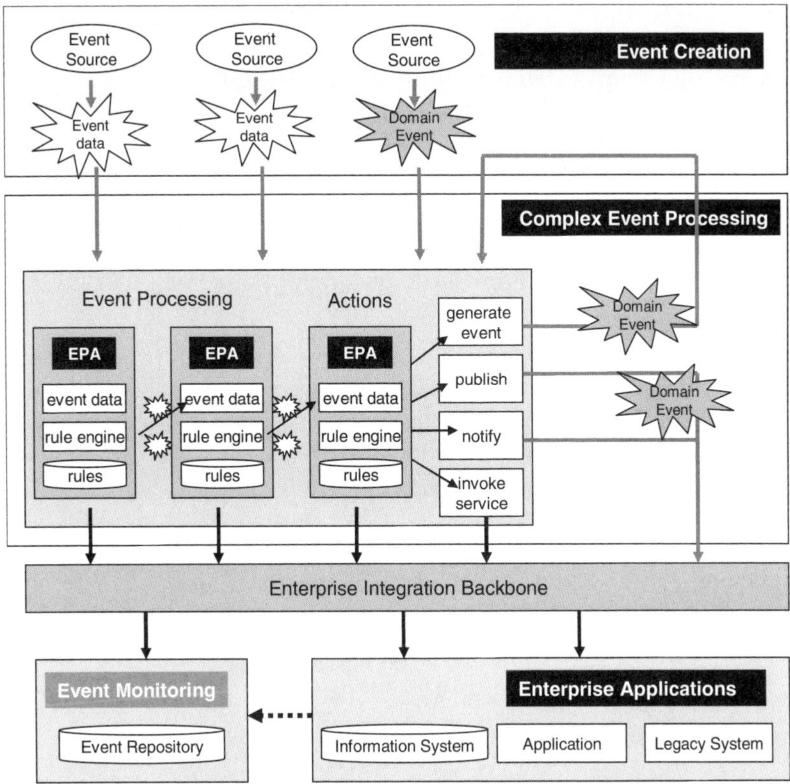

Abbildung 6.10: EDA-Referenzarchitektur

- In der obersten Schicht der Architektur (*Event Creation*) befinden sich die Ereignisquellen, in denen die Ereignisse erzeugt werden. Diese können von externen Geräten stammen, bspw. RFID-Lesegeräten, oder auch durch Zustandsänderungen des Systems verursacht werden, bspw. die Änderung eines Datensatzes oder das Eintreffen einer E-Mail. Jedes auftretende Ereignis wird ggf. schon in dieser Schicht in ein Standard-Datenformat transformiert, bspw. in einen XML-Datensatz oder ein Java-Objekt.
- Zentrale Steuerungseinheit ist die *Complex Event Processing-Komponente*, die das EPN zur Ereignisverarbeitung enthält. Das EPN besteht aus einem oder mehreren Ereignis-verarbeitenden Agenten (EPAs), die die auftretenden Ereignisse transformieren, modifizieren und zusammenführen. Dazu nutzen sie jeweils eine eigene Rule Engine mit einer eigenen Rule Base.

  Welche Verantwortung und Aufgabenbereiche man den einzelnen Agenten zubilligt, entspricht der Abwägung von Kohäsion und loser Kopplung in Softwarearchitekturen und Agentensystemen [20], [19]: Zusammenhängende Aufgaben sollten von einem einzelnen Agenten bearbeitet werden. Übernimmt ein Agent zu viele Aufgaben, wird er zunehmend komplex und unübersichtlich. Baut man stattdessen ein komplexes Netz aus sehr vielen einfachen Agenten auf, wird die Komplexität in das Netzwerk verlagert.
- Der *Enterprise Integration Backbone* stellt eine Schnittstelle oder Fassade [30], [20] zur Verfügung, damit die CEP-Komponente auf die Anwendungssysteme zugreifen kann. Dies ist zum Beispiel erforderlich, wenn Ereignisse mit zusätzlichen Informationen angereichert werden sollen (content enrichment), bspw. um aus einer Bestellnummer weitere Details zu erhalten. Die Kommunikation ist unidirektional, d.h. die Anwendungssysteme kennen die CEP-Komponente nicht.
- Die *Event-Monitoring*-Komponente ist optional und enthält ein Repository zum Speichern der Events. Die Speicherdauer von Ereignissen hängt von ihrem jeweiligen Typ ab. In der Regel werden Ereignisse höherer Komplexität länger gespeichert als einfache atomare Ereignisse. Die Event-Monitoring-Komponente ist die einzige EDA-Komponente, die für die Anwendungssysteme sichtbar ist. Sie kann von den Anwendungssystemen verwendet werden, um Ereignisse anzuzeigen, auszuwerten oder in einer Business-Activity-Monitoring (BAM)-Komponente zu visualisieren.

6.1.4 Vorgehen bei der Entwicklung von EDA-Anwendungen

Der Entwicklungsprozess von EDA-Anwendungen muss die Ereignisverarbeitung entsprechend berücksichtigen. Neben den üblichen Aufgaben des Software-Entwicklungsprozesses müssen generell die folgenden EDA-spezifischen Schritte durchgeführt werden:

1. *Ereignisquellen und -typen*: Zunächst müssen die Ereignisquellen und die von ihnen erzeugten Ereignistypen identifiziert werden. Diese Ereignisse sind einfach (*simple events*) und beschreiben eine Zuständsänderung oder das Eintreten einer bestimmten Tatsache. In der Regel wird man eine Ereignishierarchie definieren, die durch Spezialisierung von Ereignissen entsteht. Zum Beispiel ist der Kauf eines Produktes mit Kreditkarte eine spezielle Ausprägung eines normalen Kauf-Ereignisses.
2. *Beziehungen zwischen Ereignissen*: Anschließend werden die Abhängigkeiten und Beziehungen zwischen den Ereignistypen untersucht, um daraus ggf. komplexe Ereignisse (*complex events*) abzuleiten. Komplexe Ereignisse spiegeln einen Sachverhalt in der Domäne wider, der durch eine bestimmte Zustandskonstellation charakterisiert ist. Dieser Zustand ist eingetreten, wenn ein bestimmtes Muster von Ereignissen aufgetreten ist.
3. *Ereignisformat*: Es wird ein einheitliches Ereignisformat definiert, in das ggf. die ursprünglichen Ereignisse transformiert werden. Dazu werden zunächst die allgemeinen[7] und Ereignistyp-spezifischen Ereignis-Metadaten festgelegt. Anschließend wird in Abhängigkeit von der eingesetzten Rule Engine das Darstellungsformat festgelegt, bspw. XML oder Java-Objekte.
4. *Muster und Regeln*: Mithilfe einer EPL werden die relevanten Ereignismuster und -regeln spezifiziert. Dabei werden ggf. einfache Ereignisse transformiert, mit Inhalten angereichert oder zu komplexen Ereignissen zusammengeführt.
5. *Ereignis-gesteuerte Aktionen*: Schließlich wird die Ereignisbehandlung in den Anwendungssystemen realisiert. Die beim Auftreten eines Musters ausgeführten Aktionen werden implementiert und von der CEP-Komponente angestoßen.

6.1.5 Aktueller Entwicklungsstand

Insgesamt führt Event-Driven-Architecture in Verbindung mit Complex-Event-Processing zu einem neuen Paradigma für Softwarearchitekturen. Im Gegensatz zu klassischen Service-orientierten Architekturen (SOA) ist der Kontrollfluss nicht vordefiniert und imperativ als Folge von Befehlen beschrieben, sondern reagiert dynamisch und regelbasiert auf auftretende Ereignis-Muster. Viele Anwendungsbereiche – insbesondere in Logistik, Medizin und Finanzwesen – sind Ereignisgetrieben und können durch EDA-basierte Softwaresysteme besser und flexibler abgebildet werden. In diesen Bereichen kann schon heute EDA klassische IT-Systeme ablösen oder zumindest ergänzen.

Allerdings stehen dem schnellen Erfolg von EDA einige Faktoren im Wege:

- Es fehlen allgemeine Standards, insbesondere Event Processing Languages zur Beschreibung von Ereignismustern und -regeln. Die vorhandenen Rule Engi-

[7] Ereignistyp, ID, Zeitstempel,...

nes verwenden proprietäre EPLs und APIs, die eine unternehmensweite Entscheidung für ein Produkt erschweren. Zurzeit sind allerdings einige Standards auf den Weg gebracht, die zwar nicht unmittelbar auf EDA ausgerichtet sind, aber zumindest eine Standardisierung für Regelsprachen vorantreiben: die Java Rule Engine API [39] und die Regelsprache RuleML [89].

- Darüber hinaus gibt es noch keine etablierten Methoden für die Entwicklung von EDA-Systemen. Insbesondere Guidelines, Entwurfsmuster oder wiederverwendbare Event Driven Agents existieren zurzeit noch nicht.
- Aktuell gibt es noch keine etablierten Produkte am CEP-Markt. Darüber hinaus ist die Werkzeugunterstützung noch nicht annähernd so weitgehend wie bei klassischen Architekturen. Beispielsweise gibt es kaum Hilfen beim Debugging von Regelsystemen.
- Es gibt noch wenig Erfahrungen mit wirklich komplexen EDA-Systemen. Insbesondere die Entwicklung komplexer Regelsysteme ist für viele Unternehmen völliges Neuland.

Insgesamt bleiben also noch viele Fragen und Probleme offen. Weil aber der mögliche Einsatzbereich immer wichtiger wird und mittlerweile auch führende Hersteller auf den EDA-Zug aufspringen, ist zu erwarten, dass sich EDA-Architekturen auf Dauer durchsetzen werden. Sobald sehr viele korrelierende Ereignisse verarbeitet werden, bietet EDA den zurzeit besten Architekturansatz.

6.2 Realisierungsplattformen

Bisher wurde die CEP-Arbeitsweise lediglich konzeptionell dargestellt. Doch für die Verarbeitung von Ereignissen, insbesondere für das Pattern Matching, benötigt man eine entsprechende Realisierungsplattform.

Die ersten EDA-Plattformen entstanden an Hochschulen und Forschungseinrichtungen, bspw. an den amerikanischen Hochschulen Stanford und Berkley, und wurden meist nur in einzelnen Projekten eingesetzt. Mittlerweile gibt es aber einige kommerzielle Produkte, die meist von kleinen Spezialanbietern (wie Coral8, GemStone, StreamBase) stammen. Und inzwischen haben sich auch die etablierten Middleware-Anbieter (wie IBM, TIBCO, BEA, Siemens, HP) des Themas angenommen.

Leider existieren zurzeit noch keine Standards, sodass die Produkte recht unterschiedlich sind. Im Wesentlichen stellen alle Produkte jedoch die folgenden Komponenten zur Verfügung:

- Es wird eine proprietäre *Event Processing Language (EPL)* definiert, mit deren Hilfe sich Ereignisse, Ereignismuster und Regeln beschreiben lassen.

  Die meisten EPLs sind an SQL angelehnt und nutzen aus SQL bekannte Konstrukte wie `SELECT`, `WHERE` und `INSERT INTO`, die zum Filtern, Aggregieren und Erzeugen komplexer Ereignisse benötigt werden. Statt Tabellen werden jedoch Eingabeströme sowie *Views* verwendet. Dazu lassen sich durch Zeitfenster (*Time Window*) und Längenfenster (*Length Window*) die Menge der in einem Ereignisstrom betrachteten Ereignisse einschränken. Die in EPL formulierten Abfragen werden kontinuierlich – nicht einmalig, wie bei einer Datenbank – ausgeführt und deshalb auch *continuous queries* genannt [4].

Zur Definition von Ereignismustern können in der `WHERE`-Klausel Ereignistypen, Ereignisattribute und temporale Aspekte, also die zeitliche Abfolge von Ereignissen, betrachtet werden. Insbesonder müssen sich bestimmte Ereignisse auch ausschließen lassen, d.h. man spezifiziert, dass bestimmte Ereignisse in einem definierten Zeitraum nicht stattgefunden haben.

Die Anforderungen an Sprachen zur Definition von Ereignissen werden bspw. in [99] ausführlich diskutiert. Ein konkretes Beispiel stellen wir im folgenden Abschnitt vor.

- Darüber hinaus steht eine *Rule Engine* zur Verfügung, um den Strom der eingehenden Ereignisse gemäß der in der EPL definierten Ereignismuster und -regeln zu verarbeiten. Die Rule Engine ist speziell auf die schnelle Verarbeitung großer Ereignisströme ausgerichtet. Dabei werden zwei Entwurfsziele angestrebt: zum einen muss ein hoher Durchsatz erreicht werden, d.h. bis zu 100000 Ereignisse sollen pro Sekunde verarbeitet werden, zum andern sollen die Latenzzeiten für die Reaktion auf Ereignisse möglichst kurz sein [23].

Im Folgenden möchten wir eine praktische Umsetzung des EDA-Ansatzes anhand der Open-Source-Plattform *Esper* vorstellen [22]. Esper ist die zurzeit einzige Open Source Rule Engine, die speziell auf die Verarbeitung von Ereignissen ausgerichtet ist. Die Plattform steht als Java-Implementierung oder unter dem Namen *Nesper* auch für .NET zur Verfügung.

6.3 Code-Beispiele

Die erforderlichen Esper-Elemente wollen wir nun schrittweise anhand eines Beispiels vorstellen.

Ereignisse

Zunächst müssen die im Anwendungsszenario relevanten Ereignisse definiert werden. Um die Konzepte zu verdeutlichen, betrachten wir im Folgenden ein Beispiel aus dem Bankenumfeld. Abbildung 6.11 zeigt die möglichen Ereignisse in Form einer Klassenhierarchie.

- Allgemeine Ereignisse werden in der abstrakten Klasse `AbstractEvent` modelliert, die die allgemeinen Metadaten aller Events beschreibt: hier den Typ, eine ID und einen Zeitstempel. Von dieser Klasse sind nun alle domänen-

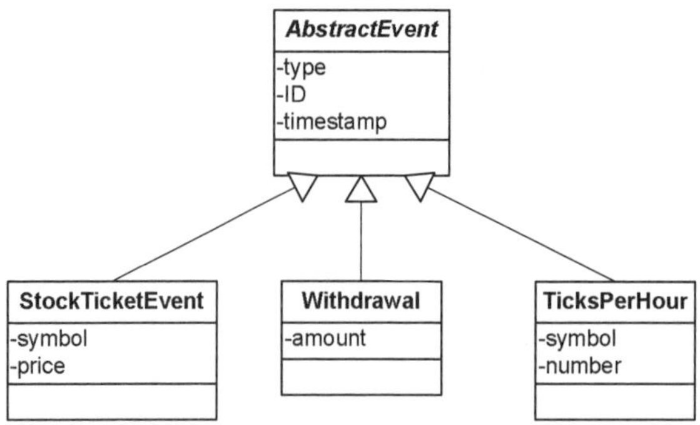

Abbildung 6.11: Ereignis-Hierarchie

spezifischen Ereignisse abgeleitet, die jeweils einen bestimmten Zustand anzeigen.

- Das Ereignis `StockTicketEvent` zeigt die Änderung eines Aktienkurses an und ist durch das Symbol der Aktie und den entsprechenden Preis gekennzeichnet.
- Das `Withdrawal`-Ereignis zeigt das Abheben eines Geldbetrags an.
- Das `TicksPerHour`-Ereignis ist ein komplexes Ereignis; es zeigt die Anzahl der Kursänderungen an, die eine Aktie innerhalb der letzten Stunde erfahren hat.

Ereignisse können in Esper nicht nur durch Java-Objekte (POJOs), sondern auch durch Schlüssel/Werte-Paare (`java.util.Map`) oder XML-Dokumente beschrieben werden.

Event Processing Language – EPL

Als EPL bietet Esper mit der *Event Processing Query Language* (EQL) eine SQL-ähnliche Abfragesprache für Ereignisströme. Mithilfe von EQL können Ereignismuster definiert und neue, komplexe Ereignisse erzeugt werden. Die folgenden Beispiele demonstrieren die Möglichkeiten von EQL:

```
select * from StockTicketEvent
```

Dieses EQL-Statement selektiert aus allen Ereignissen, die an Esper gesendet werden, diejenigen, die vom Typ `StockTicketEvent` sind. Das Statement definiert ein sehr einfaches Ereignis-Pattern, das nur den Ereignistyp betrachtet.

Für jedes EQL-Statement kann ein Listener-Objekt registriert werden, dessen Ereignisbehandlungs-Methode aufgerufen wird (s.u.), sobald das Pattern erfüllt ist – für unser Beispiel, wenn ein `StockTicketEvent` auftritt.

```
select avg(price) from StockTicketEvent.win:time(30sec)
```

Das Beispiel zeigt die *Aggregation* von `StockTicket`-Ereignissen: Es wird der Durchschnittspreis aller Aktien, die in den letzten 30 Sekunden gehandelt wurden, ausgerechnet. Dazu wird ein entsprechendes Sliding Time Window für die `StockTicket`-Ereignisse definiert: `StockTicketEvent.win:time(30sec)`.

```
select * from Withdrawal.win:time(60min)
            where amount >= 1000
```

Mit diesem EQL-Statement werden alle `Withdrawal`-Ereignisse selektiert, deren Betrag (`amount`) größer als 1000 ist. Durch diese Abfrage findet somit ein *Filtern* der Ereignisse statt.

```
insert into TicksPerHour
       select symbol, count(*) as number
       from StockTicketEvent.win:time(60min)
       group by symbol}
```

Dieses Beispiel zeigt, wie ein neues, komplexes Ereignis generiert wird. Das `insert`-Statement erzeugt neue Ereignisse vom Typ `TicksPerHour` mit den Attributen `symbol` und `number`. Dabei werden von allen `StockTicket`-Ereignissen der letzten Stunde (`from StockTicketEvent.win:time(60min)`) das Kurs-Symbol und die Anzahl der Kursänderungen betrachtet (`select symbol, count(*) as number`).

Ereignis-Erzeugung und -Behandlung

Die Beispiele veranschaulichen, wie Ereignisströme nach einfachen Mustern untersucht werden können. Für ein Gesamtbild bleiben aber noch zwei Fragen offen: Wie können Ereignisse initial erzeugt werden, und wie lassen sich Ereignisse behandeln? Für beide Aufgaben gibt es in Esper ein entsprechendes Java-API:

```
StockTicketEvent evt = new StockTicketEvent(IBM, 74.50);
....getEPRuntime().sendEvent(event);
```

erzeugt ein Ereignis als Java-Objekt und sendet es an Esper.

```
EPStatement statement =
..getEPAdministrator().createEPL("select␣*␣from␣Withdrawal");
statement.addListener(listener);
```

registriert ein Listener-Objekt für ein EQL-Statement. Die Listener-Klasse muss eine Update-Methode implementieren, die von Esper aufgerufen wird, sobald das in `statement` beschriebene Pattern eintritt.

Kapitel 7

Peer-to-Peer

Peer-to-Peer-Netzwerke (*P2P networks*) sind der breiten Öffentlichkeit meist durch Musik- und Filme-Tauschbörsen wie Gnutella, Napster, eDonkey oder BitTorrent bekannt. Weil durch Nutzung der File-Sharing-Programme häufig Urheberschutzrechte verletzt wurden, bspw. durch den illegalen Download von MP3-Dateien und Videos, gerieten Peer-to-Peer-Netzwerke in die Schlagzeilen der Tagespresse.

Zwar besitzen die meisten Softwaresysteme eine klassische Client-Server-Architektur, betrachtet man aber die im Internet übertragenen Datenmengen, so wird ein Großteil des Datenverkehrs durch Peer-to-Peer-Anwendungen verursacht. Bis zu 10 Millionen Nutzer nutzen P2P-Anwendungen und produzieren mehr als die Hälfte der übertragenen Daten, insbesondere durch das Herunterladen von Kinofilmen.[1] Allerdings ändert sich aktuell das Benutzerverhalten: Plattformen wie *YouTube* haben Audio- und Videostreaming populär gemacht, so dass der reine P2P-Verkehr nunmehr nur noch etwa ein Drittel des Datenverkehrs ausmacht.[2]

Neben Filesharing gibt es eine Vielzahl von sinnvollen, nützlichen und auch legalen Anwendungsbereichen von Peer-to-Peer-Netzwerken, bspw. Instant Messaging (IRC – Internet Relay Chat), Internet-Telefonie (Skype) oder Internet-Fernsehen (IPTV, beispielsweise Joost). Ebenfalls auf P2P-Ansätze setzen Ad-hoc-Netzwerke, wie sie im OLPC (One Laptop per Child)-Projekt[3] verwendet werden. Die OLPC-Laptops können sich spontan und dynamisch vernetzen, um ihre Daten und Dienste wechselseitig zu nutzen.

---

[1] http://www.netzwelt.de/news/74722-p2ptraffic-in-deutschland-bittorrent-ueberholt.html

[2] http://www.gulli.com/news/p2p-traffic-sinkt-trendwende-2007-06-20/

[3] Das Projektziel ist es, Kindern in Entwicklungsländern Laptops zur Verfügung zu stellen, um ihnen bessere Lernmöglichkeiten zu bieten; siehe http://laptop.org/index.de.html

7.1 Architekturkonzept

Klassische Softwarearchitekturen basieren auf dem Client/Server-Paradigma: dedizierte Server bieten Dienste und Daten an, die eine Vielzahl von Clients nutzen können. Dieses Modell hat sich in der Vergangenheit bestens bewährt und wurde kontinuierlich weiterentwickelt (bspw. die schon besprochene Mehrschichtenarchitektur und SOA). Insbesondere lassen sich Daten und Dienste leicht suchen und auffinden: Entweder kennen die Clients einen relevanten Server, oder sie finden ihn bspw. über Suchmaschinen. Allerdings besitzen Client-Server-Architekturen auch eine Reihe von Nachteilen:

- Die Architektur ist schlecht skalierbar. Wenn die Anzahl der Anforderungen an den Server dramatisch zunimmt, lassen sich die Clients nicht mehr mit akzeptablen Antwortzeiten bedienen. So können besondere Ereignisse – beispielsweise Katastrophen, Streiks, Sportereignisse, politische Wahlen – zu Spitzenlasten bis hin zum Zusammenbruch der entsprechenden Auskunftsdienste im Internet führen: die Server bilden einen Flaschenhals.
- Weil Server meist exklusiv die Daten und Dienste bereitstellen, stellen sie einen Single-Point-Of-Failure dar. Wenn ein Server ausfällt, sind sehr viele Clients davon betroffen. Darüber hinaus können Server Angriffspunkte einer Denial-Of-Service-Attacke sein, d.h. eine Lawine von künstlich generierten Anforderungen legt den Server lahm.
- Schließlich wird in Client-Server-Systemen die den Clients zur Verfügung stehende Rechenleistung nicht gut genutzt: Die Clients sind meist arbeitslos, ihre Ressourcen – insbesondere die vorhandenen Daten – können von anderen Clients nicht verwendet werden.

Peer-to-Peer-Netzwerke [57] bieten ein alternatives Architekturkonzept, das diese Beschränkungen auszuräumen versucht.

7.1.1 Was ist P2P?

Ein Peer-to-Peer-Netzwerk ist eine verteilte Systemarchitektur, in der nicht zwischen Clients und Servern unterschieden wird: alle Knoten im Netzwerk sind gleichwertige Partner, d.h. *Peers* (engl.: Ebenbürtige), siehe Abbildung 7.1. Ein Peer-Knoten kann sowohl die Aufgaben eines Clients als auch diejenigen eines Servers wahrnehmen, d.h. er ist sowohl Anbieter als auch Nachfrager von Daten und Diensten. Insgesamt lassen sich Peer-To-Peer-Netzwerke durch folgende Eigenschaften charakterisieren[3]:

- Das Netzwerk besteht aus Knoten (Peers), die unmittelbar, d.h. ohne den Umweg über einen Server, miteinander kommunizieren und ihre Ressourcen wechselseitig nutzen können. Es gibt also keine hierarchische, sondern eine symmetrische Kommunikation zwischen den Peers. Ein Peer kann sowohl An-

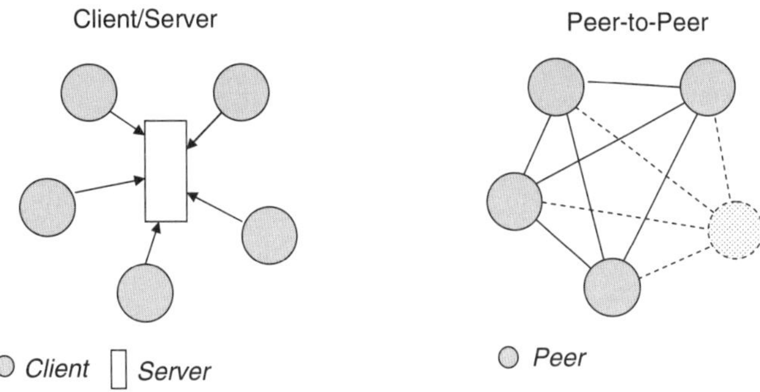

Abbildung 7.1: Client/Server- und Peer-to-Peer-Modell

fragen stellen wie auch an ihn gestellte Anforderungen bearbeiten. Mögliche Ressourcen, die Peers gegenseitig nutzen können, sind u.a. Daten, CPU-Zeit, Speicher, Netzwerkbandbreite.

- Weil Peers keine zentralen Server nutzen, müssen sie infrastrukturelle Aufgaben aktiv wahrnehmen, bspw. andere Peers suchen oder das Routing von Nachrichten durchführen. In P2P-Netzen gibt es keine zentrale Steuerung oder Kontrolle.
- P2P-Netze sind selbst-organisierend, die Topologie eines P2P-Netzwerks kann sich dynamisch und fortlaufend ändern: neue Peers können dem Netz beitreten und es nach gewisser Zeit wieder verlassen. Der rechte Teil in Abbildung 7.1 zeigt die Topologie eines P2P-Netzes, wenn ein (hier gestrichelt dargestellter) Knoten das Netz verlässt. Damit Ressourcen dauerhaft im Netz zur Verfügung stehen, müssen sie redundant auf mehreren Knoten vorgehalten werden. Dadurch sind Peer-to-Peer-Netze fehlertolerant: Auch nach Ausfall eines Knotens[1] können dessen Dienste im Gesamtnetz aufrechterhalten werden.
- Mithilfe von P2P-Netzen lassen sich soziale Communities bilden, die unabhängig von einer vorgegebenen und administrierten Netzinfrastruktur sind. Jede Gruppe, die ein gemeinsames Interesse verbindet, kann ein eigenes P2P-Netzwerk bilden.

Ein P2P-Netzwerk ist Applikations-basiert – bspw. das Netzwerk aller Knoten, die das File-Sharing-System Gnutella installiert haben. Damit die Knoten miteinander kommunizieren können, müssen sie über ein bestehendes physikalisches Netzwerk (typischerweise ein IP-basiertes) miteinander verbunden sein. Deshalb wird ein P2P-Netz auch als *Overlay Network* bezeichnet: über das Gesamtnetz wird ein anderes logisches Netz gelegt, das eine andere Struktur als das physikalische Netz besitzt (siehe Abbildung 7.2). Dabei können im Overlay-Netzwerk benachbarte

[1] der in P2P-Netzen aufgrund des Austritts von Peers häufig vorkommt

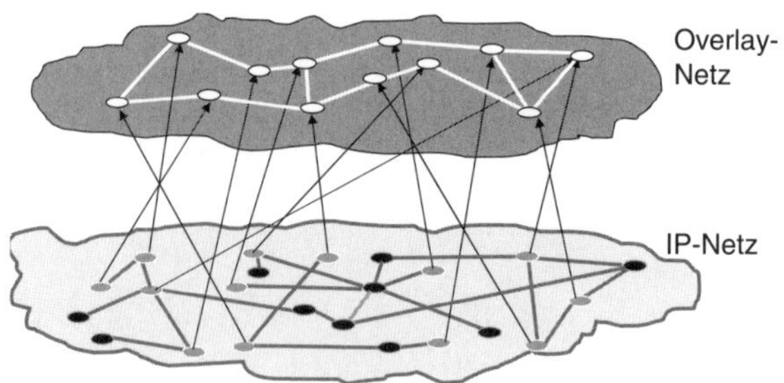

Abbildung 7.2: Client/Server- und Peer-to-Peer-Modell

Knoten durchaus physikalisch sehr weit auseinander liegen. Die Topologie und Struktur des Overlay-Netzes sowie Routing- und Lokalisierungs-Mechanismen hängen von der konkreten P2P-Implementierung ab.

Peer-to-Peer-Netzwerke lösen einige der mit einer Client/Server-Architektur verbundenen Probleme: P2P-Netze sind nicht von wenigen Servern abhängig und haben somit keinen Flaschenhals oder zentralen Angriffspunkt. Darüber hinaus sind P2P grundsätzlich besser skalierbar als Server-basierte Netze: alle am Netzwerk teilnehmenden Peers bringen automatisch ihre Ressourcen ins Netz ein. Ein weiterer nicht zu unterschätzender Vorteil ist, dass P2P-Netze aufgrund der fehlenden Server keine spezielle Administration erfordern. Sie sind selbstorganisierend und autonom. Allerdings stehen diesen Vorteilen auch eine Reihe von Problemen und Schwierigkeiten gegenüber, die im Wesentlichen dadurch entstehen, dass P2P-Systeme sehr dynamisch sind: Sie bestehen aus unzuverlässigen Partnern, die jederzeit das Netz verlassen können, und werfen somit neue Probleme auf.

- Von welchem Peer wird ein Dienst oder eine Datei angeboten, und wie lässt sich dieser Peer lokalisieren?
- Was passiert, wenn Peers das Netz verlassen, und wie lassen sich neue Peers ins Netz integrieren? Verwandt ist das Problem der automatischen Verbindungstrennung nach 24 Stunden bei DSL-Anschlüssen. Beim Wiederaufbau bekommt der Rechner eine neue IP-Adresse zugewiesen und ist im System dann ein neu hinzugekommener Rechner.
- Welche Qualität hat die Übertragung von Daten zwischen Peers, bspw. wie schnell ist sie?
- Wie weit können Peers einander vertrauen?

Die folgenden Abschnitte versuchen Lösungsansätze für diese Fragen aufzuzeigen.

7.1.2 Zentrale Architektur – Napster

Die Zeit der Peer-to-Peer-Systeme begann 1999 mit *Napster*, einem File-Sharing-System, das von dem damals 19-jährigen Shawn Fanning als Musiktauschbörse für MP3-Musikdateien entwickelt wurde. Napster wurde sehr schnell populär, mit bis zu 38 Millionen Nutzern, musste aber nach verschiedenen Urheberrechtsklagen durch die Musikindustrie abgeschaltet werden.[2] Zwar ist Napster der Startpunkt für P2P-Systeme, aber aus technischer Sicht ist das System sehr einfach gehalten und verfolgt auch keinen reinen Peer-to-Peer-Ansatz, wie Abbildung 7.3 zeigt. Napster unterhält einen zentralen Server mit einer Datenbank, die die Namen aller im P2P-Netz aktuell angebotenen (MP3-)Dateien und die IP-Adressen der zugehörigen Peers abspeichert. Das System funktioniert gemäß folgendem Protokoll:

1. Clients, auf denen die Napster-Anwendung ausgeführt wird, registrieren sich beim zentralen Server, dessen feste IP-Adresse sie kennen. Dabei veröffentlichen sie einen Index der von ihnen angebotenen Dateien mit entsprechenden Metadaten, bspw. Dateiname, Datum, Künstler usw..
2. Clients, die Dateien herunterladen möchten, können eine Anfrage an den Napster-Server stellen, der das komplette Angebot des P2P-Netzes kennt. Der Server sucht nach Clients, welche die gewünschte Datei besitzen, und sendet deren IP-Adressen an den anfragenden Client zurück.
3. Schließlich kann der anfragende Client direkt mit dem Client kommunizieren, der die gesuchte Datei gespeichert hat, und einen Download durchführen. Nur hier findet eine Peer-to-Peer-Kommunikation statt: es ist kein Server zwischengeschaltetet.

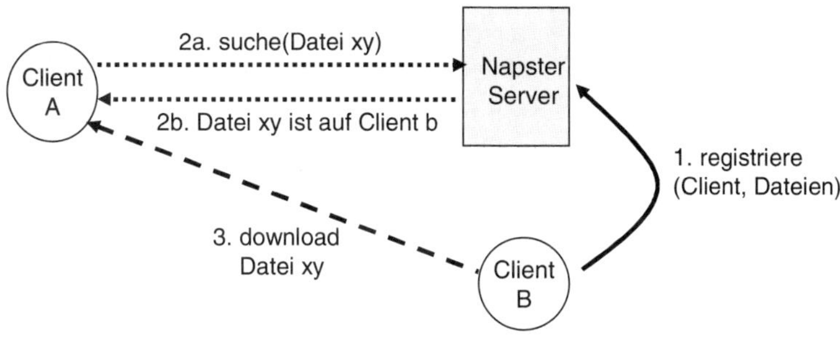

Abbildung 7.3: Napster-Architektur

Das Protokoll zeigt, dass Napster kein richtiges Peer-to-Peer-, sondern eher ein klassisches Client/Server-System ist – mit allen bereits genannten Problemen. Der

[2] Inzwischen ist Napster als kommerzielles System mit neuer technischer Architektur wieder in Betrieb; siehe http://www.napster.de/.

Napster-Server muss die Anfragen aller Teilnehmer bearbeiten und eine riesige Datenmenge, nämlich einen Index für die Dateien aller Teilnehmer verwalten: damit ist das System äußerst schlecht skalierbar. Zudem bildet der Server einen zentralen Ausfall- und Angriffspunkt, von dessen Verfügbarkeit das gesamte Netz abhängt. Insgesamt bietet Napster zwar eine einfache, aber nicht sehr praktikable Lösung.

7.1.3 Verteilte Architektur – Gnutella

Gnutella ist das erste echte Peer-to-Peer-System und vermeidet die Nachteile und Einschränkungen der zentralen Architektur von Napster. Es wurde im Jahr 2000 bei dem AOL-Tocherunternehmen Nullsoft entwickelt mit dem Ziel, ein dezentrales und sich selbst organisierendes File-Sharing-System zu schaffen. Weil es in Gnutella keinen zentralen Server mehr gibt, kann das System weder einfach abgeschaltet werden, noch sind Klagen gegen einen zentralen Betreiber möglich.

Gnutella benutzt keine zentralen Kontrollmechanismen, sondern alle Peers kommunizieren unmittelbar miteinander mithilfe einer auf den Peers installierten Gnutella-Software.[3] Gnutella bildet ein Overlay-Netzwerk, das auf IP-Netzen aufbaut und die Kommunikation zwischen seinen Peers aufgrund der folgenden Protokolle regelt [31].

Aufbau des P2P-Netzes. Zunächst muss ein Weg gefunden werden, wie sich neue Peers in das Gnutella-Netzwerk einbinden lassen. Dabei stellt sich auch schon das erste Problem: wie kann sich ein neuer Peer ins Gnutella-Netz integrieren, wenn er noch keinen Peer kennt? Dazu müsste ihm die Adresse mindestens eines anderen Peers, der gerade online ist, bekannt sein. Es gibt eine pragmatische Lösung: Jede Gnutella-Client-Software erhält eine Liste mit Standard-Peers, die mit hoher Verfügbarkeit im Netz sind. (Diese Liste kann manuell erweitert werden, um bspw. diejenigen Peers zu speichern, die einem Peer aus früheren Verbindungen mit dem P2P-Netz bekannt sind.) In einem Bootstrap-Schritt versucht der neue Peer mit wenigstens einem der in der Liste aufgeführten Peers Kontakt aufzunehmen. Sobald ihm dies gelingt, ist er ans Gnutella-Netz angebunden. Dazu wird folgendes Protokoll ausgeführt:

- *Ping*: Bei Eintritt ins Gnutella-Netz meldet sich ein Peer bei allen seinen Nachbarn, indem er ihnen eine *Ping*-Nachricht sendet. Eine eingehende Ping-Nachricht wird von den Nachbarn wiederum an deren Nachbarn weitergereicht, sodass in einer Art Schneeball-Effekt das Netz durchlaufen wird. Diese Nachrichten-Propagation nennt man auch *flooding*.
- *Pong*: Alle Peers, die eine Ping-Nachricht empfangen, antworten auf dem umgekehrten Weg mit einer *Pong*-Nachricht, die ihre IP-Adresse und die Gesamt-

[3] Es gibt verschiedene sogenannte Gnutella-Clients, die auf Basis der Gnutella-Protokolle Netze aufbauen und Dateien austauschen können, bspw. *LimeWire* (http://www.limewire.com) und *BearShare* (http://www.bearshare.com).

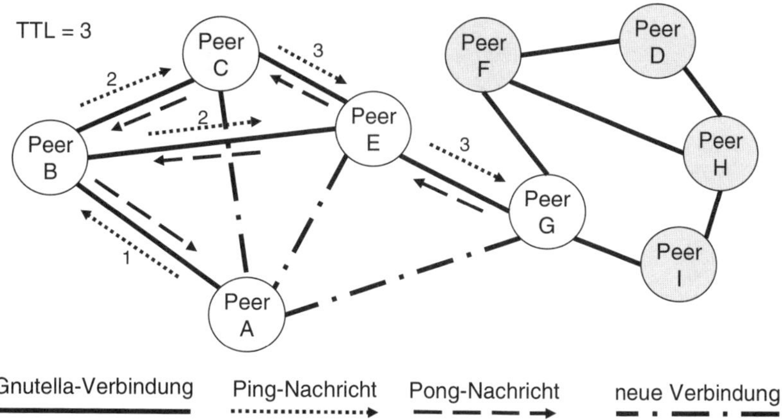

Abbildung 7.4: Ping/Pong-Mechanismus für den Aufbau des Gnutella-Netzes

größe der von ihnen angebotenen Daten enthält. Die Pong-Nachrichten werden auf demselben Weg zurückgeschickt wie die Ping-Nachrichten.

Auf diese Weise findet ein neuer Peer sukzessiv weitere im Gnutella-Netz angemeldete Peers. Damit kein unbegrenzter Netzwerkverkehr entsteht, werden verschiedene Mechanismen eingesetzt: Jede Gnutella-Nachricht besitzt eine eindeutige ID, sodass ein Peer das mehrfache Versenden einer Nachricht vermeiden kann. Darüber hinaus gibt es ein *TTL* (Time-To-Live)-Feld mit einem initial festgelegten Wert,[4] das bei jeder Weiterleitung des Pakets heruntergezählt wird. Sobald der Wert 0 erreicht ist, wird das Paket nicht mehr weitergeleitet. Darüber hinaus wird die Anzahl der Nachbarn, mit denen ein Peer kommuniziert, beschränkt: bspw. könnte er aus der Menge der ihm bekannten Peers nur diejenigen mit den meisten Daten auswählen.

Abbildung 7.4 zeigt den Ablauf an einem Beispiel. Dem Peer-Netz tritt Knoten *A* bei und sendet eine Ping-Nachricht an den einzigen ihm bekannten Peer *B*. Peer *B* leitet die Ping-Nachricht nun an seine Nachbarn (*C*, *E*) weiter, die wiederum die Ping-Nachricht an ihre Nachbarn (*E*, *G*) schicken. Ist in unserem Beispiel TTL auf 3 gesetzt, werden die Ping-Nachrichten nach drei Hops nicht mehr weitergesendet. Jeder Knoten, der eine Ping-Nachricht erhalten hat, sendet nun eine Pong-Nachricht auf dem umgekehrten Weg an den Knoten, der die Ping-Nachricht geschickt hat, zurück. Nachdem Knoten *A* alle Pong-Nachrichten empfangen hat, kennt er die Knoten und *C*, *E* und *G* und kann zu ihnen Verbindungen herstellen.

Suchanfragen. Die Suche im Gnutella-Netz ist durch das folgende Protokoll geregelt und in Abbildung 7.5 dargestellt.

[4] Typisch ist ein Wert von 6 oder 7.

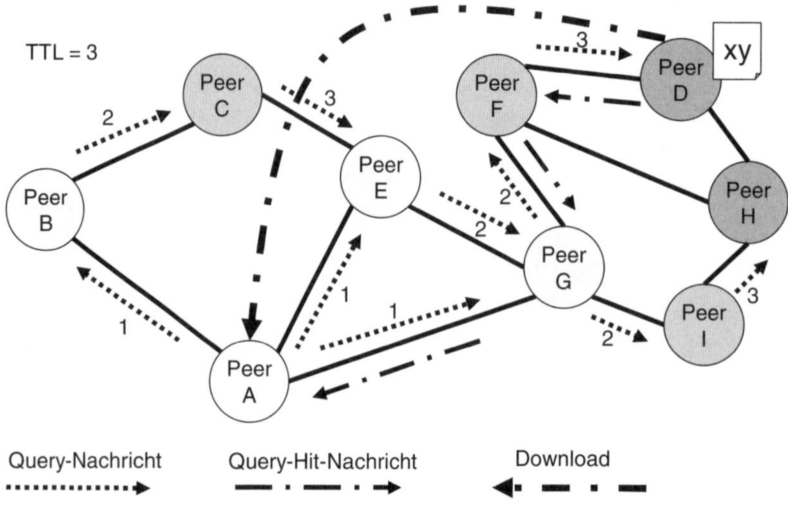

Abbildung 7.5: Suche im Gnutella-Netz

- *Query*: Wenn ein Peer eine bestimmte Datei suchen möchte, sendet er eine *Query*-Nachricht mit einem Such-String an seine Nachbar-Peers. Ankommende Query-Nachrichten werden kaskadierend an Nachbar-Peers weitergeleitet, bis der eingestellte TTL-Wert erreicht ist. Im Beispiel sucht Peer A die Datei xy und schickt eine Query-Nachricht *(A,xy)* an alle seine Nachbarn (B, E, G), die diese im nächsten Schritt weiterleiten ($B \rightarrow C, E \rightarrow G, G \rightarrow (F, I)$), und im dritten und letzten Schritt $C \rightarrow E, F \rightarrow D, I \rightarrow H$.
- *Query-Hit*: Wenn ein Peer die gewünschte Datei besitzt, schickt er eine *Query-Hit*-Nachricht auf umgekehrtem Weg an den Anfrager zurück. Die Query-Hit-Nachricht enthält den genauen Dateinamen und die IP-Adresse des gefundenen Peers. In Abbildung 7.5 schickt Peer D die Query-Hit-Nachricht an Peer A zurück.
- Daraufhin findet ein direkter Download der Datei statt, d.h. hier kommt es zu einem Datentransfer zwischen den Peers A und D.

Der mit Gnutella verfolgte Ansatz ist das erste wirklich verteilte P2P-System ohne jegliche zentrale Kontrolleinheit. Gnutella ist deswegen ausfallsicher und auch in gewissen Sinne skalierbar: mit zunehmender Teilnehmerzahl wächst nicht nur die Anzahl der Suchanfragen, sondern es stehen auch mehr Peers zur Verfügung, um die Anfragen zu bedienen und den Datenbestand unter sich aufzuteilen. Allerdings gibt es auch eine Reihe von Nachteilen:

- Es werden sehr viele Nachrichten produziert und dadurch ein großer Netzverkehr erzeugt. Hat bspw. jeder Peer q Nachbarn, so wächst mit jeder Weiterleitung die Anzahl der versendeten Nachrichten exponential: im ersten Schritt werden q Nachrichten versandt, im nächsten $q \cdot (q-1)$, dann $(q \cdot (q-1)) \cdot (q-1)$, ... Bei typischen Werten von bspw. $q = 4$ und $TTL = 7$ entstehen so bspw. 13120 Nachrichten.[5]

- Durch Wahl des TTL-Wertes wird das Netzwerk partitioniert. Ein Peer kann nur Daten innerhalb seiner Reichweite finden, denn seine Suchanfragen werden nur so oft an direkte Nachbarn weitergereicht, wie es der TTL-Wert zulässt. Der Anfrageerfolg von Gnutella ist deshalb ggf. gering, weil nicht das komplette Netz abgesucht werden kann. Wird bspw. ein äußerst seltener MP3-Song gesucht, so ist die Chance, dass er in unmittelbarer Nähe eines Peers gefunden wird, gering. Ein Heraufsetzen der TTL-Grenze oder gar ihr Wegfall würde dieses Problem lösen. Dies ist aber nicht möglich, weil dann die Anzahl der Nachrichten explodieren würde (s.o.). Ohne TTL-Grenze würde jeder Knoten sämtliche Anfragen aller Teilnehmer erhalten.
- Ein weiteres Problem von Gnutella ist das sogenannte *Free Riding*: Viele Peers nutzen zwar das Netz für eigene Suchanfragen, stellen aber selber keine Dateien zur Verfügung. In [38] wird festgestellt, dass ca 15% der Nutzer 94% der Daten zu Verfügung stellen. Die wenigen Daten bereitstellenden Peers degenerieren damit zu eine Art von Server.

Insgesamt bietet Gnutella zwar ein skalierbares und dezentrales P2P-Netz, aber keine effiziente Suche von Daten. Inzwischen gibt es jedoch Weiterentwicklungen von Gnutella[6], die mit anderen und effizienteren Verfahren arbeiten. Durchgesetzt haben sich Mischformen von Napster und Gnutella mit sogenannten Super-Peers, die – ähnlich Napster-Servern – für einen Teilausschnitt des P2P-Netzes verantwortlich sind. Beispiele für solche hybriden Ansätze sind *FastTrack* bzw. *Kazaa*.

7.1.4 Distributed Hash Tables

Das Grundproblem von Gnutella ist, dass der eigentliche Such-Vorgang sehr unstrukturiert ist: es werden zunächst die Nachbar-Peers und dann kaskadierend deren Nachbarn befragt. Diese Form der Breitensuche ist sehr ineffient und in großen Netzen oft auch erfolglos, weil die Suche nach einer festen Anzahl von Schritten abgebrochen wird. Als geeignete Datenstruktur für schnelles Suchen haben sich Hashtabellen erwiesen. Diese Suchverfahren lassen sich in Form von sogenannten „verteilten Hashtabellen" (*Distributed Hash Tables – DHT*) auf Peer-to-Peer-Netze übertragen [5]. Die Grundidee: Die Daten sollen gezielt im Netz abgelegt und auf diese Weise strukturiert gesucht werden können. Genauer:

- Es wird eine geeignete Hashfunktion verwendet, um aus den IP-Adressen der Peers eine Knoten-ID zu berechnen. Dabei sollen diese IDs aus einem sehr

[5] Ein Knoten mit q Nachbarn leitet eine Anfrage an alle seine Nachbarn weiter, nur nicht an den Peer, von dem die Anfrage kam: insgesamt werden also $q-1$ Nachrichten erzeugt.

[6] http://www.gnutella.com/

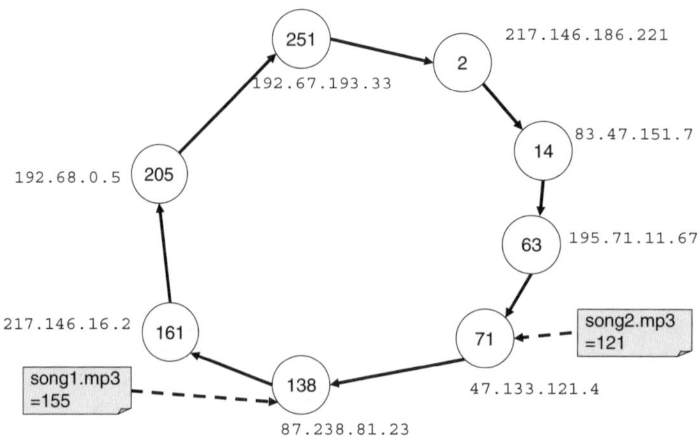

Abbildung 7.6: Hashwerte von IP-Adressen, abgebildet auf einem abstrakten Ring

großen Wertebereich stammen, bspw. dem Intervall $[0, 2^{64} - 1)$, um Kollisionen zu vermeiden.[7] Abbildung 7.6 zeigt, wie mithilfe einer Hashfunktion die IP-Adressen der Peers auf das (zur Veranschaulichung kleine) Intervall $[0, 256)$ abbildet und die Knoten gemäß ihrer Hashwerte auf einen logischen Ring angeordnet werden. (Im Beispiel wird die IP-Adresse `217.146.186.221` per Hashfunktion auf die Knoten-ID 2 ergeben.)

- Der Suchschlüssel [8] wird nun mittels derselben Hashfunktion auf das Intervall der Knoten-Ids abgebildet, um so die Daten eindeutig einem Knoten zuzuordnen. Beispielsweise speichert ein Knoten alle Daten, deren Hashwerte zwischen seiner Knoten-ID und der Knoten-ID seines Nachfolgers liegen. In Abbildung 7.6 ist also der Knoten mit dem Hashwert 138 für alle Dateien zuständig deren Hashwerte im Intervall $[138, 161)$ liegen, also auch für *song1.mp3* mit dem Hashwert 155.
- Betritt oder verlässt ein Peer das Netz, so werden die Daten neu zugeordnet. Ein neuer Peer reiht sich in den logischen Ring ein und übernimmt die Daten seines Vorgängers, deren Hashwert größer als seine eigene Knoten-ID ist. Wenn in Abbildung 7.7 ein Peer mit dem Hashwert 100 das Netz neu betritt, reiht er sich zwischen Knoten 71 und 138 ein. Knoten 71 ist dann nur noch für das Intervall $[71, 100)$ zuständig und die Datei *song2.mp3* mit Hashwert 121 wird auf den neuen Peer verlagert.
  Verlässt ein Peer das Netz, so werden seine Daten auf den Vorgängerknoten verteilt. Im rechten Teil von Abbildung 7.7 verlässt Knoten 71 das Netz, und seine Dateien werden auf den Vorgängerknoten 63 übertragen, der nun für das

[7] Beispielsweise könnte auch SHA-1 (Secure Hash Algorithm) genutzt werden: eine Standard-Hashfunktion, die in der Kryptographie eingesetzt wird und einen Hashwert der Länge 160 Bit liefert.
[8] z.B. der *Interpret* eines Songs für die Suche nach MP3-Dateien

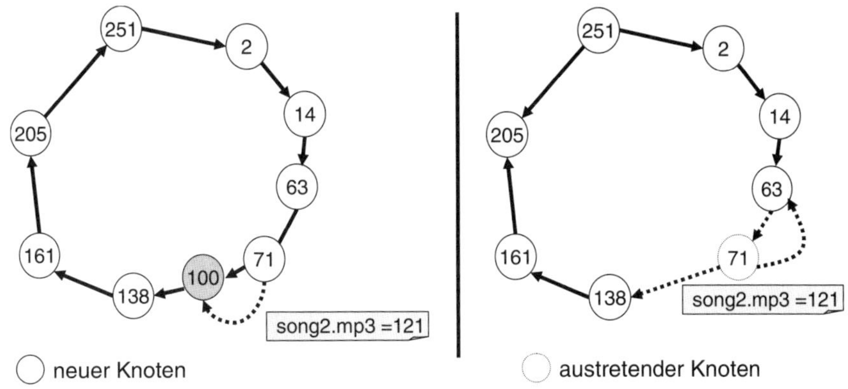

Abbildung 7.7: Beitritt und Austritt von Peers in DHTs

Intervall $[63, 138)$ verantwortlich ist.
In diesem Verfahren führt das Einfügen oder Löschen von Peers nur zu einer lokalen Veränderung des Netzes: nur der Vorgänger-Peer muss sich ändern, indem er neue Daten aufnimmt oder eigene Daten abgibt.

Das bisher skizzierte Verfahren ermöglicht nur eine sehr ineffiziente Suche: Wenn ein bestimmtes Datum mit dem Hashwert h_x gesucht wird, dann muss der logische Ring durchlaufen werden, bis man einen Peer findet, der eine größere Knoten-ID hat. Die gesuchten Daten befinden sich dann auf dessen Vorgänger. Sucht man in Abbildung 7.7 eine Datei mit Hashwert 171, dann weiß man nach Ankunft an Knoten 205, dass die Datei in Vorgängerknoten 161 gespeichert sein muss. Im Schnitt muss der halbe Ring durchlaufen werden, bis der Ziel-Peer erreicht ist. Das Laufzeitverhalten beträgt damit $O(N)$ bei N Peers und ist bei großen Netzen inakzeptabel. Deshalb sind effizientere Strukturen zur Verkettung der Peers erforderlich. Dazu gibt es verschiedene Ansätze – einer von ihnen soll jetzt genauer vorgestellt werden.

7.1.5 Chord

Chord ist ein DHT-basiertes System, das 2001 am MIT entwickelt wurde und oft als das erste praktisch einsetzbare System betrachtet wird [84]. Es erweitert den oben vorgestellten DHT-Ansatz mit der Ringstruktur, um die lineare Suche durch binäres Suchen zu ersetzen und so das Laufzeitverhalten zu verbessern. Die Grundidee ist sehr einfach: Man schafft mehr Kanten (oder Zeiger) auf andere Knoten, um den Ring schneller durchlaufen zu können.[9] Jeder Peer verwaltet seine Zeiger in einer sogenannten *Finger Table*. Hat das Chord-Netz einen

[9] Technisch gesehen, enthält ein Zeiger die IP-Adresse des Peers.

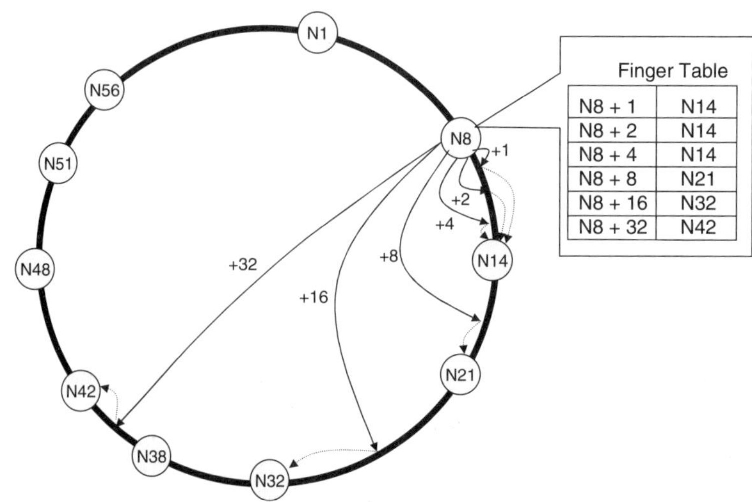

Abbildung 7.8: Finger Table in Chord

Adressraum von $[0, 2^m - 1)$, also maximal 2^m Knoten, so gibt es höchstens m Einträge in der *Finger Table*.

- Für jeden Knoten mit Knoten-ID $n \in [0, 2^m - 1)$ weist der i-te Eintrag in der *Finger Table* auf denjenigen Knoten, dessen ID größer als $(n + 2^{i-1}) mod 2^m$ ist. Abbildung 7.8 zeigt ein Beispiel für ein Netz mit dem Adressraum $[0, 64)$, also mit $m = 6$. Damit enthält die *Finger Table* von Knoten $N8$ insgesamt 6 Einträge. Der 6. Eintrag errechnet sich zunächst gemäß $8 + 2^{6-1} = 40$. Der Knoten mit der nächsthöheren ID im Ring ist $N42$, deshalb ist dieser Knoten in der Tabelle eingetragen.[10] Im Beispiel sieht man auch, dass manche Einträge identisch sind, weil der Ring nur spärlich besetzt ist.
- Die Suche nach einem Datum mit einem bestimmten Hashwert h_x ist in Abbildung 7.9 dargestellt. Startet man bspw. in Knoten $N8$ die Suche nach dem Wert $h_x = 54$, so schickt man die Suchanfrage an den Knoten in der *Finger Table*, der die größte ID besitzt, die kleiner als der gesuchte Wert 54 ist. Dort wird die Suche iterativ fortgesetzt. Man springt im Beispiel also von Knoten $N8$ zu Knoten $N42$. In dessen Zeigertabelle ist Knoten $N51$ derjenige, der $h_x = 54$ gerade noch unterschreitet. Die an Knoten $N51$ fortgesetzte Suche zeigt, dass bereits dessen direkter Nachfolger einen größeren Hashwert besitzt (1. Eintrag der *Finger Table*), somit muss das Datum 54 auf Knoten $N51$ abgelegt sein.

Der Abstand zum gesuchten Knoten wird fortgesetzt halbiert, so dass eine Laufzeit von $O(logN)$ erzielt wird, mit N der Gesamtzahl von Peers. Das Verfahren ist

[10] Es wird $mod64$ gerechnet, damit man den zulässigen Adressraum nicht verlässt.

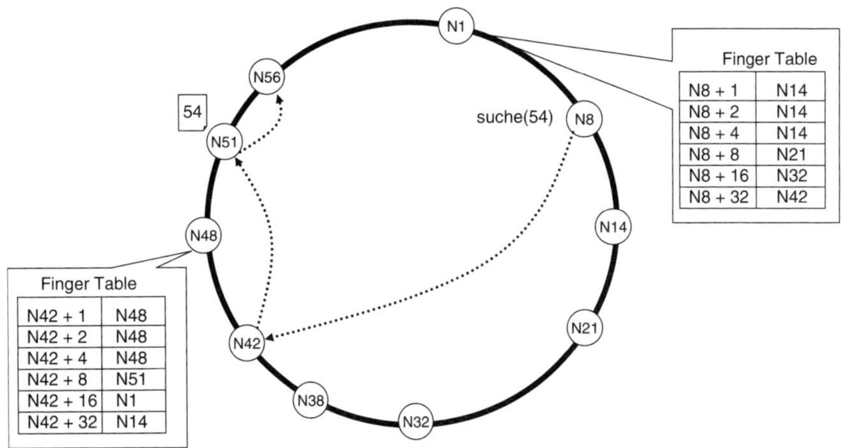

Abbildung 7.9: Suche in Chord

fehlertolerant: Wenn Zeiger aufgrund verschwundener Knoten ins Leere weisen, kann der nächstniedrige Zeiger aus der *Finger Table* verwendet werden. Allerdings muss zumindest der erste Zeiger auf den direkten Nachfolger stimmen. Fehlende Zeiger verschlechtern jedoch die Laufzeit. Deshalb werden in einem sogenannten *Stabilization Protocol* die *Finger Tables* periodisch überprüft und kontinuierlich nachgepflegt.

Es gibt eine ganze Reihe von Systemen, die DHT verwenden und das dargestellte Verfahren in verschiedenen Richtungen optimieren. Beispiele für Systeme, die mit DHT arbeiten, sind CAN, Pastry, Tapestry und Kademlia.

7.1.6 Split-Stream-Protokolle

Möchten sehr viele Peers dieselbe (und sehr große) Datei per HTTP herunterladen, so ist die Download-Geschwindigkeit sehr gering, weil die Bandbreite zwischen den anfragenden Peers aufgeteilt werden muss. Dieses Problem lässt sich mithilfe sogenannter *Split-Stream*-Protokolle, wie sie bspw. im populären BitTorrent-System eingesetzt werden, umgehen [11]. Die Grundidee ist dabei recht einfach:

- Die große Datei wird zunächst in viele kleine Blöcke oder Segmente aufgeteilt, typischerweise zwischen 64Kb und 1MB groß. Jeder Peer, der eine Datei herunterlädt, muss also alle Segmente der Datei einsammeln.
- Ein Peer, der ein Segment heruntergeladen hat, stellt dieses Segment unmittelbar anderen am Download der Datei interessierten Peers zur Verfügung.

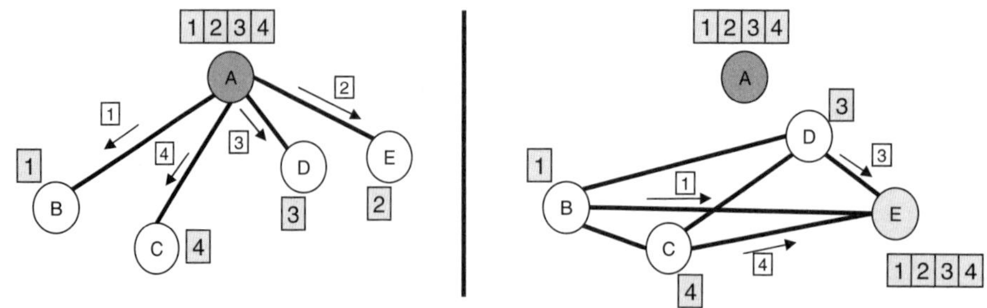

Abbildung 7.10: Split-Stream-Protokoll

- Die Peers besitzen – gemäß ihrem Download-Fortschritt – nur einen Teil der Segmente und versuchen, die ihnen fehlenden Segmente mit den anderen Peers auszutauschen.

Die technische Umsetzung erfolgt über einen speziellen Server, den *Tracker Host*, der den Download-Vorgang koordiniert [13]. Darüber hinaus gibt es die sogenannten *Seeder*, die die komplette Datei besitzen, und eine große Menge von Clients, die die Datei herunterladen möchten.

- Für den Download einer Datei lädt ein Client zunächst nur eine *Torrent*-Datei mit Metainformationen, welche u.a. die IP-Adresse des Tracker Host, den Dateinamen und Prüfsummen der Segmente enthält.
- Danach verbindet der Client sich mit dem Tracker Host, der ihm Peers nennt, die bei ihm fehlende Datei-Segmente besitzen.
- Sobald ein Client ein Segment erhalten hat, meldet er dies dem Tracker und stellt es damit anderen Clients zur Verfügung.

Initial wird jedes Segment von einem Seeder geladen. Anschließend tauschen die Peers Kopien der Segmente untereinander aus. Der Tracker Host schafft auf diese Weise ein P2P-Netz zwischen denjenigen Peers, die eine bestimmte Datei herunterladen möchten.

Abbildung 7.10 zeigt ein Beispiel. Peer *A* ist der ursprüngliche Besitzer (*Seeder*) einer Datei, die aus den 4 Segmenten (1,2,3,4) besteht. Die vier Clients *B*, *C*, *D* und *E* erhalten über den Tracker Host zunächst die Adresse des Seeders, von dem sie jeweils verschiedene Segmente erhalten (linke Seite). Anschließend bekommen sie vom Tracker Host die Adressen der anderen Peers und bauen ein P2P-Netz auf, um die restlichen Segmente zu laden. Die rechte Seite der Abbildung zeigt die nächsten Schritte aus Sicht von Peer *E*. Er kann nun die ihm fehlenden drei Segmente (1,3,4) von drei verschiedenen Peers (*B*, *D*, *C*) beziehen. Insgesamt führt dies zu einer Beschleunigung des Downloads und einer deutlichen Entlastung von Seeder *A*.

7.1.7 Bedeutung und Einordnung von P2P-Netzen

Es gibt keinen Zweifel, dass Peer-to-Peer-Netze zurzeit sehr erfolgreich sind. Die Menge der durch P2P-Technologie übertragenen Daten zeigt, dass es sich hier um ein Massenphänomen handelt. Im Gegensatz zu klassischen Server-orientierten Systemen müssen P2P-Systeme aber mit einigen Problemen kämpfen:

- Die meisten Peers sind unzuverlässig, und deshalb sind P2P-Systeme mit dem Problem der sich ständig ändernden Netztopologie konfrontiert.
- Die Verbindungen zwischen Peers sind nicht ideal: Einerseits sind sie normalerweise asymmetrisch, d.h. der Upload ist sehr viel langsamer als ein Download. Andererseits ist eine Kommunikation über die Grenzen von Firewalls und NAT hinweg oftmals erschwert.
- Peer-to-Peer-Netzwerke funktionieren nur, wenn alle Peers fair miteinander umgehen. Aber in File-Sharing-Systemen gibt es viele Peers, die Daten herunterladen, ohne eigene Daten anzubieten. Einen Ausweg bieten spezielle Protokolle, die Fairness zu erzwingen, indem Clients, die keine Daten liefern, nur nachrangig bedient werden.
- Das Hauptfeld von P2P-Netzen sind nach wie vor Tauschbörsen, die aufgrund der Verletzung von Urheberrechten viele juristische Fragen aufwerfen.

In jüngster Zeit verschieben sich zunehmend die Anwendungsfelder von P2P-Technologie. Neben File-Sharing spielt das schnelle Verbreiten von Nachrichten zunehmend eine wichtige Rolle: Split-Stream-Prokolle werden zur Internet-Telefonie oder zum Internet-Fernsehen genutzt. Ein anderes Ziel ist die Schaffung sozialer Netze, beispielsweise für Groupware-Programme, Spiele oder Instant-Messaging. P2P ist immer dann ein guter Architekturansatz, wenn Netzwerke aufgebaut werden sollen, die keine festen Serverstrukturen besitzen. Darüber hinaus ist P2P die Technologie der Wahl, wenn Systeme gut skalierbar und fehlertolerant sein müssen, weil sie von sehr vielen Teilnehmern genutzt werden sollen.

7.2 Realisierungsplattformen

Die bisher vorgestellten Ansätze und Konzepte bilden die theoretischen Grundlagen für Peer-to-Peer-Netze. Es stellt sich nun die Frage, wie sie in der Praxis verwendet werden. Dazu betrachten wir zunächst die bei Sun entwickelte P2P-Entwicklungsumgebung JXTA und anschließend einige praktisch eingesetzte P2P-Systeme.

7.2.1 JXTA

Das Projekt JXTA (juxtapose[1]) wurde 2001 bei Sun Microsystems entwickelt, um die Entwicklung von P2P-Anwendungen für beliebige Anwendungsdomänen zu erleichtern – inzwischen wird es als Open Source-Projekt weitergeführt.[2] JXTA definiert eine Reihe von Protokollen, die den Austausch von XML-Nachrichten festlegen und die grundlegenden Aufgaben eines Peers in einem P2P-Netz unterstützen. Darüber hinaus spezifiziert JXTA ein Referenz-API in Java und stellt so ein allgemein einsetzbares P2P-Framework zur Verfügung [32].

Die JXTA-Protokolle unterstützen im Einzelnen die folgenden Grundelemente eines P2P-Systems [10], [87].

- *Peer-Discovery:* Das Peer-Discovery-Protokoll bietet einen Mechanismus, damit sich Peers gegenseitig finden können. Die Suche von Peers muss auch über die Grenzen lokaler Netzwerke funktionieren – insbesondere wenn Firewalls oder NAT (Network Address Transformation) eingesetzt werden.
- *Peer Groups*: Einzelne Peers können sich in Gruppen, bspw. mit gemeinsamen Services, Aufgaben oder Security-Mechanismen organisieren.
- *Advertisement*: Jede Ressource im P2P-Netz – bspw. Services, Peers, Peer Groups – wird durch ein XML-Dokument, das sogenannte Advertisement, beschrieben. Advertisements ermöglichen das dynamische Auffinden von Services.
- *Data Transfer*: Der Datenaustausch zwischen Peers geschieht über spezielle Kommunikationskanäle – sogenannte *Pipes*. Pipes abstrahieren vom jeweiligen Übertragungsprotokoll; bspw. können HTTP und TCP genutzt werden, um zwei Peers mit einer Pipe zu verbinden.
- *Message Routing*: JXTA stellt ein abstraktes Transport-Protokoll zur Verfügung, um netzweit Nachrichten zwischen Peers zu verschicken. Dies geschieht innerhalb eines Netzes direkt zwischen Peers oder über spezielle *Relay Peers*, wenn die Nachrichten zwischen verschiedenen Netzen übertragen werden müssen. Relay Peers befinden sich am Übergang zwischen zwei Netzen und gestatten es, dass Peers über die Grenzen von lokalen Netzen hinweg – trotz des Einsatzes von Firewalls oder NAT – miteinander kommunizieren können.
- *Rendezvous Protocol*: In einem JXTA-Netz gibt es spezielle *Rendezvous Peers*, die Nachrichten an andere Peers weiterleiten. Jeder Peer muss mindestens einen Rendezvous-Peer kennen und sich dort registrieren, damit seine Ankunft den anderen dort angemeldeten Peers bekanntgegeben wird. Rendezvous-Peers unterstützen die Suche nach Ressourcen, indem sie einen Index aller Advertisements der bei ihnen registrierten Peers (*Share Resource Distributed Index*)

[1] engl. juxtapose= nebeneinanderstellen
[2] www.jxta.org

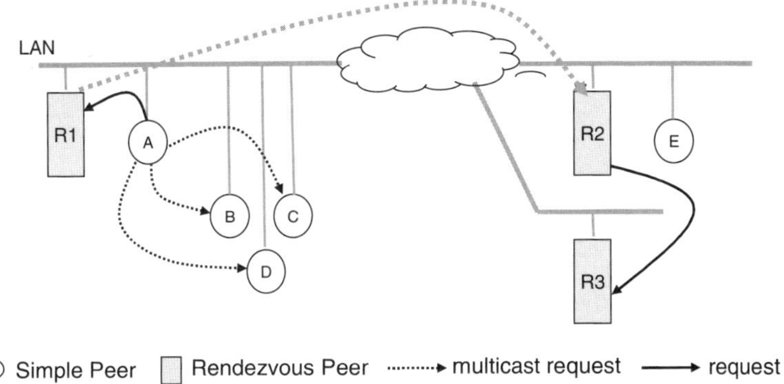

Abbildung 7.11: Weiterleitung von Anfragen in JXTA-Netzwerken

verwalten. Abbildung 7.11 zeigt, wie Anfragen weitergeleitet werden. Wenn Peer *A* eine Suchanfrage stellt, befragt er einerseits per Multicast alle Peers in seinem lokalen Netzwerk und andererseits seinen Rendezvous-Peer, der die Anfrage an andere Rendezvous-Peers propagiert.

Die JXTA-Plattform besitzt wiederum eine Softwarearchitektur, die aus drei aufeinander aufbauenden Schichten besteht; siehe Abbildung 7.12.

- *JXTA Core*: Die grundlegenden Dienste, die alle Peer-to-Peer-Netze benötigen, werden von der JXTA-Core-Schicht bereitgestellt. Mithilfe dieser Schicht können Peers und Peer Groups erzeugt werden und miteinander über Pipes kommunizieren. Darüber hinaus sind hier grundlegende Security-Mechanismen realisiert. Eine Peer-Monitoring-Komponente kann genutzt werden, um die Kommunikation zwischen Peers zu überwachen.

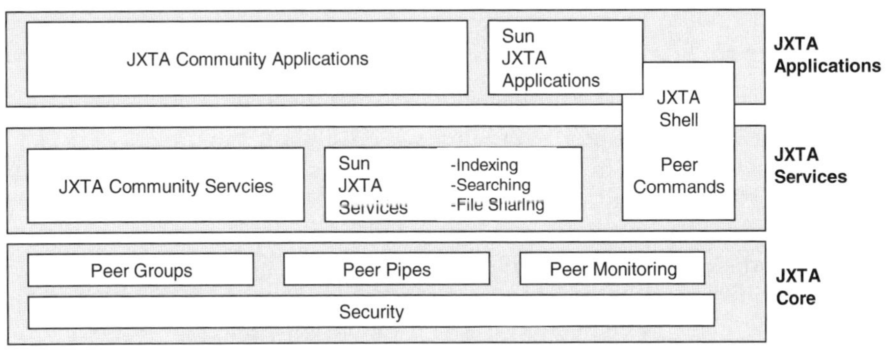

Abbildung 7.12: Überblick über die JXTA-Architektur.

- *JXTA Services*: In dieser Schicht werden Dienste angeboten, die nicht absolut notwendig sind, aber in den meisten Peer-to-Peer-Anwendungen verwendet werden. Mithilfe der JXTA-Core-Dienste werden z.B. Suchdienste (JXTA-Search) realisiert, sowie Dienste zum Indexieren oder zum Transport von Dateien. Diese Schicht wird sowohl von Sun wie auch von der JXTA-Community weiterentwickelt und ausgebaut.
- *JXTA Applications*: Schließlich können auf Basis der beiden genannten Schichten komplexe Anwendungen für verschiedene Domänen implementiert werden. Beispiele sind Instant Messaging oder andere beliebige P2P-Anwendungen.
- *JXTA Shell*: Des Weiteren gibt es die JXTA Shell, mit deren Hilfe sich die JXTA-Services über eine Konsole nutzen lassen. Dadurch wird die Entwicklung von JXTA-Anwendungen durch die JXTA-Shell erleichtert. Logisch befindet sich die JXTA Shell zwischen der JXTA-Service- und der JXTA-Application-Schicht (in gewissem Sinne ist es bereits eine eigene Anwendung.

Insgesamt wird mit JXTA versucht, eine Standardisierung von P2P-Systemen zu erreichen. Durch die definierten XML-Nachrichten und das festgelegte API wird eine Plattform- und Programmiersprachen-unabhängige Basis für die Implementierung von P2P-Systemen geschaffen. JXTA schafft einen sehr allgemeinen Standard, wie Informationen zwischen Peers ausgetauscht werden können. Die eigentlichen P2P-Anwendungen müssen dann auf dieser Basis implementiert werden. Allerdings wird JXTA bisher nur in sehr wenigen realen P2P-Netzen eingesetzt, bspw. dem Groupware-Programm *Collanos*.[3] Ein oft ins Feld geführtes Argument gegen den Einsatz von JXTA ist seine Ineffizienz. Insbesondere mobile Endgeräte wie PDAs tun sich schwer mit dem durch den Austausch von XML-Nachrichten produzierten Overhead.
Die meisten praktisch relevanten P2P-System nutzen nicht JXTA, sondern sind proprietär – die wichtigsten Systeme wollen wir uns im Folgenden kurz anschauen.

7.2.2 Peer-to-Peer-Netze in der Praxis

Wie bereits erwähnt, sind P2P-Netze für einen sehr großen Teil des Datenverkehrs verantwortlich. Zurzeit werden etwa ein Drittel der Daten mittels P2P-Technologie übertragen. In der Praxis spielen dabei einige wenige File-Sharing-Programme die dominante Rolle, denn P2P-Netze sind nur dann erfolgreich, wenn sie eine sehr große Zahl von Teilnehmern haben. Statistische Auswertungen zeigen, dass aktuell hauptsächlich vier File-Sharing-Programme eingesetzt werden: eDonkey, BitTorrent und mit weit weniger Nutzern FastTrack und Gnutella. Für alle diese Systeme sind die von ihnen verwendeten Protokolle nicht vollständig offengelegt. In der Regel nutzen sie die hier vorgestellten konzeptio-

[3] www.collanos.com

nellen Ansätze mit einigen pragmatischen Erweiterungen. Hier ein kurzer Abriss der Systeme.

- **FastTrack und Gnutella2**
  Beide Systeme verwenden den ursprünglichen Gnutella-Ansatz eines dezentralen P2P-Netzes, das auf Nachrichten-Flooding beruht. Weil in einem reinen Gnutella-Netz die einzelnen Peers oft überfordert sind, werden spezielle *Super-Nodes* eingeführt. Die Super-Nodes verwalten eine Menge von Peers und besitzen Indexinformationen über die dort abgelegten Dateien. Darüber hinaus kommunizieren sie mit anderen Super-Nodes, um bspw. Suchanfragen durchführen zu können. *Normale Peers* registrieren sich mit ihren Daten bei den Super-Nodes und stellen auch ihre Suchanfragen an sie. Die Datenübertragung erfolgt wiederum unmittelbar zwischen den Peers. Insgesamt wird also der Ansatz von Gnutella um eine zentrale Datenverwaltung wie in Napster erweitert, die sich allerdings nur auf ein Teilnetz von Peers bezieht.
- **eDonkey und Kademlia**
  Das P2P-System eDonkey ist ebenfalls nicht vollständig dezentral, sondern nutzt Server, auf denen eine spezielle Server-Software (bspw. Lugdunum) läuft. Die Server speichern Indexinformationen sowie Daten und interagieren miteinander. Sie können von speziellen eDonkey-Clients genutzt werden, populär sind bspw. eMule und Shareaza. Entscheidend ist hierbei, dass die Daten direkt von den Servern geladen werden, womit eDonkey im strengen Sinne kein P2P-, sondern ein Server-Netzwerk darstellt.
  Es gibt aber mit *Kademlia* eine Erweiterung von eDonkey, die die Server von eDonkey ersetzt und so ein echtes P2P-Netzwerk entstehen lässt [59]. Dabei verwendet Kademlia eine Distributed Hash Table, wie wir sie bei Chord vorgestellt haben. Im Unterschied zu Chord wird eine andere Verkettung der Peers – anstelle der Finger Table – aufgebaut. Das Kademlia-Protokoll kann als eDonkey-Erweiterung bspw. von der eMule- und MLDonkey-Clientsoftware verwendet werden.
- **BitTorrent**
  BitTorrent ist ein File-Sharing-Protokoll, das auf den schnellen Download von großen Dateien ausgelegt ist. Es benutzt dazu das Konzept des bereits vorgestellten Split-Stream-Protokolls. Die technische Umsetzung erfolgt über Tracker-Hosts, die alle Peers kennen, die eine bestimmte Datei herunterladen möchten. Bei einer Suchanfrage liefert der Trackerhost die Adressen der Peers, die gerade die Datei herunterladen. Er liefert somit die erforderlichen Informationen zum Aufbau eines P2P-Netzes zwischen denjenigen Peers, die bereits Teile der Datei besitzen und diese nun wechselseitig tauschen können. Die Peers nutzen ihre Upload-Kapazitäten und können so den Dateitransport insgesamt beschleunigen und den Server entlasten. Inzwischen gibt es auch Ansätze, die auf Tracker Hosts verzichten und mithilfe von DHT die Trackerinformationen auf mehrere Peers verteilen. Split-Stream-Protokolle werden

vor allen Dingen zum Verteilen großer Datenmengen eingesetzt, bspw. BitTorrent zur Verteilung verschiedener Linux-Distributionen.

Kapitel 8

Grid-Architekturen

Für den eigentlichen englischen Begriff *Grid* gibt es zahlreiche mögliche Übersetzungen; im Bereich der Grid-Architekturen in der IT wird der Begriff jedoch im Sinne der Übersetzung *Strom-* oder *Wassernetz* verwendet. In den ersten Artikeln zu *Grid Computing* als Vision wurde in diesem Sinne auch der Vergleich zum Stromnetz herangezogen: Rechenleistung sollte man mit Hilfe eines *Grid* wie Strom aus der Steckdose beziehen können. Wird Rechenleistung benötigt, um ein bestimmtes Problem zu lösen, so sollte man seinen lokalen Computer mit der zu lösenden Problemstellung an ein *Grid* anschließen können und nach möglichst kurzer Zeit aus dem *Grid* die Problemlösung erhalten (vgl. Abb. 8.1). Dabei spielt es keine Rolle, welches Element des *Grid* tatsächlich die Leistung zur Verfügung stellt. Für den Endanwender bleibt dies transparent, die Abrechnung erfolgt über den Betreiber des *Grid*. Natürlich sind heutige *Grids* von dieser Vision noch weit entfernt. Das liegt im Wesentlichen daran, dass die Schnittstellen für Grid-Berechnungen komplexer als in der Strom-Analogie sind. Die Vision eines *Grid* schien jedoch so verlockend, dass der Begriff des *Grid* sehr diffus verwendet wurde und teilweise auch noch wird. In Hype-Zeiten wurde er besonders gerne von Marketing-Abteilungen der großen *Player* im IT-Bereich für viele unterschiedliche Dinge benutzt und teilweise auch missbraucht.

Dieses Kapitel legt daher den Schwerpunkt der Betrachtung auf ein *Grid* als Architekturprinzip für verteilte Anwendungen, ohne dabei allerdings konkrete Implementierungen zu vernachlässigen. Im Einzelnen sollen daher zunächst die wesentlichen architektonischen Grundlagen des *Grid Computing* aus Software-Sicht erläutert werden. Danach wird der aktuelle Stand bei der Realisierung dieser Konzepte beschrieben; diesen Teil untermauern einige Code-Beispiele für aktuelle Realisierungen.

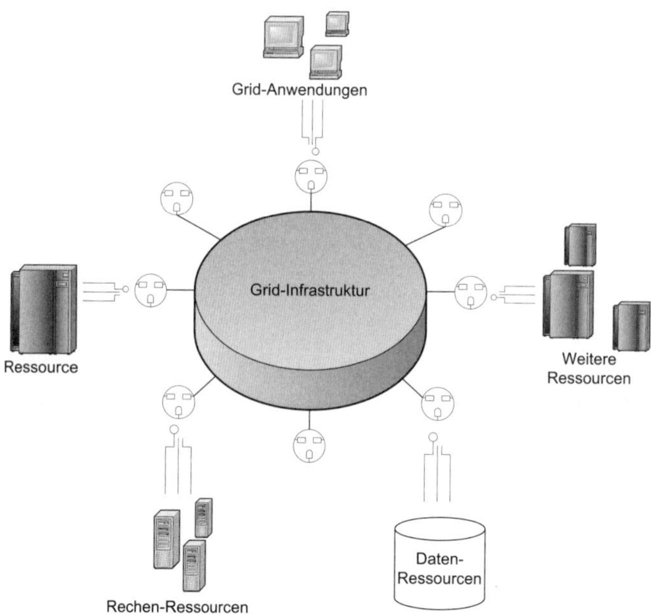

Abbildung 8.1: Ein *Grid* stellt Ressourcen für Anwendungen flexibel und transparent zur Verfügung.

8.1 Architekturkonzept

Als Geburtsstunde des *Grid Computing* wird üblicherweise das Jahr 1998 mit dem Erscheinen des Werkes [25] genannt. Dort wird ein *Grid* wie folgt definiert:

> „*A computational grid is a hardware and software infrastructure that provides dependable, consistent, pervasive, and inexpensive access to high-end computational capabilities.*"

Es handelt sich also um eine *Middleware*, die Anwendungen den Zugang zu leistungsstarken Berechnungsmöglichkeiten bereitstellt. Obige Definition wurde später von den Autoren selbst wie auch von vielen anderen dahingehend modifiziert, dass ein *Grid* koordiniertes Teilen von Ressourcen und Problemlösungsinstanzen in einer dynamischen, verteilten und mehrere Institutionen umfassenden virtuellen Organisation ermöglicht. Die zweite Definition erweitert die erste dahingehend, dass nicht mehr nur der Zugang zu Berechnungsmöglichkeiten, sondern vielmehr zu jeglicher Art von Ressource (also auch Daten oder Druckern) ermöglicht wird. Ein wesentliches Anwendungsgebiet für Datenressourcen sind Anwendungen, die den Zugriff auf sehr große, verteilte Datenbanken erfordern, wie z. B. in der Meteorologie. Weiterhin wird der institutionsübergreifende Charakter mehr in den Vordergrund gestellt, während zunächst eher ein von einem

Client individuell zu lösendes Problem betrachtet wurde. Auch diese Änderung geschah im Hinblick auf Anwendungen, die aus komplexen Prozessen bestehen, die nicht durch eine einmalige, verteilte Berechnung zu implementieren sind.

8.1.1 Allgemeines

Betrachten wir zunächst die wichtigsten Merkmale eines Grid-Systems (vgl. [41] sowie [52]):

1. **Ressourcen werden in einer koordinierten Art und Weise geteilt.** Die Ressourcen in einem *Grid* können von mehreren verschiedenen Teilnehmern am *Grid* genutzt werden. Dabei wird die Nutzung der einzelnen Ressourcen so gesteuert, dass eine möglichst gleichmäßige Auslastung der Ressourcen erreicht wird.
2. **Es gibt keinen zentralen Kontrollpunkt, der sämtliche Aktivitäten koordiniert.** Zwar wird die gemeinsame Nutzung von Ressourcen durch Koordination gesteuert, allerdings gibt es dafür keine zentrale Einheit, sondern die Korrdination wird durch die nutzenden Prozesse untereinander geregelt.
3. **Die verwendeten Ressourcen liegen in getrennt administrierten Domänen.** Im Unterschied zu einem *Cluster* oder einem Parallelrechner spricht man nur dann von einem *Grid*, wenn die Ressourcen, die am *Grid* teilnehmen, nicht in einer zentralen Administrationsdomäne liegen. Diese Voraussetzung impliziert typischerweise auch, dass mehrere Firmen oder Organisationen an einem *Grid* teilnehmen.
4. **Die Kommunikation mit den Ressourcen verwendet standardisierte, offene und allgemeingültige Protokolle und Schnittstellen.** Dieses Merkmal ist nach Berücksichtigung der zuvor genannten Merkmale im Prinzip unverzichtbar: Prozesse von getrennt administrierten Rechnern, die sich selbst bei der Ressourcennutzung koordinieren sollen, sind nur möglich, wenn offene und standardisierte Protokolle und Schnittstellen eingesetzt werden. Ansonsten wäre die Einstiegshürde für die Nutzung des *Grid* viel zu hoch.
5. **Die Dienste bieten eine gute Service-Qualität.** Um eine flexible Nutzung der Ressourcen durch unterschiedlichste Prozesse zu ermöglichen, ist es erforderlich, dass die Ressourcen über eine gute Verfügbarkeit und möglichst kurze Antwortzeiten verfügen. Die Aussage ist an dieser Stelle bewusst vage gehalten, da die konkreten Details der zu erwartenden Qualität eines durch eine Ressource angebotenen Dienstes im Rahmen der Ressourcenauswahl und Koordination genau festgelegt werden können. Im Allgemeinen ist bloß festzustellen, dass ausschließlich oft verfügbare, effiziente Ressourcen in einem *Grid* überhaupt angeboten werden sollten.

An dieser Stelle bietet es sich ferner an, den Begriff des *Grid* von zunächst ähnlich scheinenden, bereits seit langem bekannten Architekturprinzipien abzugrenzen: paralleles Rechnen und *Cluster*.

Abgrenzung zu parallelem Rechnen. Das parallele Berechnen einer Problemlösung auf mehreren Prozessoren oder Rechnern wird bereits seit längerer Zeit praktiziert. Der Einsatzbereich liegt dabei hauptsächlich bei Aufgaben, deren Komplexität die Berechnung auf einem einzelnen Rechner nicht erlaubt. Hierbei kann die Rechenarbeit auf mehrere Prozessoren innerhalb eines Rechners oder auch auf verschiedene Rechner verteilt werden. Für beide Modelle gibt es umfangreiche Forschungsergebnisse, einige der vorgestellten Konzepte sind für beide Modelle nutzbar (z.B. parallele Algorithmen zur Lösung großer Gleichungssysteme, die es ermöglichen, effizient die Berechnung aufzuteilen). Zu den wesentlichen Unterschieden zu einem *Grid* gehört die begrenzte Einsatzmöglichkeit beim parallelen Rechnen: als Ressourcen werden hier nur Berechnungsressourcen (Prozessoren) betrachtet. Der Anwendungsbereich beschränkt sich also auf berechnungsintensive Aufgaben, bei denen die Komplexität alleine algorithmischer Natur ist. Außerdem findet die Kommunikation der einzelnen Berechnungsknoten hier meist in einem binären, proprietären Format statt, das auf das spezifische Problem optimiert ist. Schließlich gibt es meist eine feste koordinierende Instanz, die die anderen Berechnungsknoten aktiviert, steuert, deren Ergebnisse kombiniert und auch für das Überwachen des gesamten Systems eingesetzt werden kann. Bei einem *Grid* fehlt eine solche zentrale Kontrollinstanz.

Abgrenzung zum Cluster. Bei einem so genannten *Cluster* handelt es sich um eine Menge von Ressourcen, die nach außen hin als Einheit auftreten. Ein Nutzer kann dem *Cluster* eine bestimmte Aufgabe übergeben, die dann durch das *Cluster* gelöst wird. Dabei ist es für den Nutzer transparent, welche der Ressourcen des *Clusters* an der konkreten Lösung seines Problems beteiligt sind. Die Kontrollinstanz des *Cluster* verteilt alle eingehenden Anforderungen möglichst gleichmäßig auf die zur Verfügung stehenden Ressourcen, um eine optimale Antwortzeit für alle Anforderungen zu erreichen. Gleichzeitig wird eine optimale Ausnutzung der zur Verfügung stehenden Ressourcen angestrebt. Während im Unterschied zum parallelen Rechnen bei einem *Cluster* immerhin die Grid-Merkmale der heterogenen, koordiniert genutzten Ressourcen sowie der potenziell vielfältigen Aufgaben gegeben sind, fehlt zu einem vollwertigen *Grid* noch mindestens das Merkmal der Verteilung auf unterschiedliche Administrationsdomänen. Häufig fehlen außerdem die Merkmale der verteilten Koordination und der offenen Schnittstellen. Oftmals werden *Cluster* vor allem aus Gründen der Ausfallsicherheit also für eine gute Service-Qualität im Bereich der Verfügbarkeit verwendet. Tatsächlich verschwimmen in der Praxis allerdings zuletzt die Grenzen zwischen *Cluster* und *Grid* zunehmend, und so wird auch von einigen Software-Anbietern eine klassische Cluster-Implementierung als *Grid* verkauft.

8.1.2 Arten von Grids

Während man inzwischen einem *Grid* die Möglichkeit zur Einbindung unterschiedlichster Ressourcen abverlangt, unterschied man lange Zeit zwischen verschiedenen Arten von *Grids*, je nachdem, für welche Art von Problemen ein spezielles *Grid* besonders geeignet war. Obwohl diese Unterteilung inzwischen eigentlich obsolet ist, soll sie hier aus zwei Gründen noch einmal kurz genannt werden. Zum einen wird man in der Literatur immer wieder diese Begriffe finden und sollte sie entsprechend einordnen können, zum anderen stellen diese Problembereiche gute Illustrationen dar, wofür ein *Grid* in der Praxis eingesetzt werden kann.

Rechen-Grid. Ein Rechen-Grid soll in erster Linie die Rechenleistung vieler einzelner Rechner bündeln und zentral anbieten, so dass Probleme, deren Berechnung auf wenigen Rechnern zu lange dauern würde, durch den Einsatz massiver Parallelisierung in akzeptabler Zeit berechnet werden können. Die potenziellen Aufgaben liegen also im Bereich der berechnungsintensiven Anwendungen wie z. B. der Vorausberechnung des Wetters. Das *Grid* dient dazu, massive Rechenleistung zur Verfügung zu stellen.

Datenbank-Grid. Bei einem Datenbank-Grid geht es primär darum, riesige Datenbestände, die die Kapazitäten eines einzelnen Datenbankservers bei weitem sprengen würden, für Nutzer durch eine einheitliche Zugriffsschnittstelle anzubieten. Der Nutzer stellt seine Anfrage an das *Grid*, und dieses holt automatisiert die Anfrageergebnisse aus den unterschiedlichen Datenspeichern und kombiniert sie für den Nutzer zu einer einzigen Ergebnisliste. Dem Nutzer bleibt dank des *Grid* also der Zugriff auf unterschiedliche, verteilte Datenbestände erspart. Außerdem verbessert sich durch die Verteilung potenziell die Service-Qualität durch verkürzte Antwortzeiten. Innerhalb eines Datenbank-Grids kann abhängig von der konkreten Ausprägung dabei der Zugriff auf eine einzige verteilte Datenbank erfolgen oder auch die intelligente Kombination von Ergebnissen unterschiedlichster Datenbanken im Sinne einer föderierten Datenbank.

Ressourcen-Grid. Ressourcen-Grids stellen dem Nutzer bestimmte Ressourcen zur Verfügung, die er temporär oder auch andauernd nutzen kann. Bei diesen Ressourcen handelt es sich heutzutage meist um Speicherplatz, den der Nutzer beliebig zur Ablage eigener Daten und späteren Zugriff darauf nutzen kann. In diesem Kontext muss man sich die Grid-Anwendungen eher als eine Art Client-Server-Anwendung vorstellen, die das *Grid* zur Nutzung von Ressourcen verwendet. Die Anwendungen sind also eher einfach gehalten, dafür gibt es aber auch bereits zahlreiche praktische Implementierungsbeispiele solcher Ressourcen-Grids wie Amazon S3 (stellt zentralen Speicherplatz zur Verfügung) und das *Fraunhofer Resource-Grid* (stellt zentrale Grid-Aufgaben mehreren Fraunhofer-Gesellschaften zur Verfügung).

Weitere Grids. Inzwischen gibt es zahlreiche Anwendungsfälle für eine Grid-Architektur, und einige dieser Anwendungsfälle führten zu einer speziellen Bezeichnung dieses *Grid*. Im Sinne der allgemeinen Definition eines *Grid* aus Abschnitt 8.1 handelt es sich zwar entweder um kein *Grid* oder aber nur um eine spezifische Anwendung für ein *Grid*. Weil diese Anwendungen aber stark zur Verbreitung der Grid-Ideen geführt haben, sollen sie trotzdem erwähnt werden. Zu diesen *Grids* gehören beispielsweise so genannte Service-Grids, die bestimmte Dienste zur Nutzung anbieten, wie z. B.:

- *Amazon Flexible Payments Service* zur Abwicklung von Zahlungen zwischen verschiedenen Geschäftspartnern;
- *Alexa Site Thumbnail*, der zu Web-Seiten passende Thumbnail Bilder anbietet.

Weitere Arten solcher *Grids* könnten *Knowledge Grids* sein, die den Zugang zu verteilt abgelegtem Wissen vereinfachen und möglicherweise sogar die dabei ermittelten Daten anhand der Nutzeranfrage kombinieren und somit neue Erkenntnisse erzeugen.

8.1.3 OGSA

Die wohl am weitesten verbreitete Architekturvorlage für Grid-Architekturen wurde unter dem Namen *Open Grid Services Architecture (OGSA)* bekannt und zuerst in [27] veröffentlicht. Inzwischen handelt es sich dabei um eine offizielle Spezifikation des *Global Grid Forum (GGF)*, die in Version 1.0 im Jahre 2005 veröffentlicht wurde ([28]). Im Prinzip gibt die OGSA eine geschichtete Architektur für eine Grid-Implementierung wie in Abbildung 8.2 vor. Dabei stellt die oberste Schicht (Domänenspezifische Anwendungen) die Schicht der Nutzer des *Grid* dar. Die unterste Schicht enthält die eigentlichen ins *Grid* integrierten Ressourcen zusammen mit ihren Zugriffsprotokollen. Da die Ressourcen unabhängig von einem *Grid* betrieben und die Anwendungen unabhängig davon implementiert werden könnten, sind die genauen Inhalte dieser Schichten nicht weiter in der Spezifikation detailliert.

Die beiden eigentlichen Kernschichten des *Grid* werden durch die *OGSA Platform Services* sowie die *Open Grid Services Infrastructure (OGSI)* gebildet. Genaugenommen handelt es sich bei dieser Aufteilung in zwei Schichten und die Festlegung der genannten Namen bereits um eine mögliche Implementierung der OGSA. Daher werden diese Schichten der OGSA auch nicht hier, sondern erst im Abschnitt 8.2.1 im Detail erläutert.

Die *OGSA Platform Services* bieten einerseits zentrale Grid-Dienste an, die für die verschiedensten im *Grid* vorhandenen Dienste und Ressourcen benötigt werden, wie z. B. eine gemeinsame Authentisierung.

Andererseits bieten die *OGSA Platform Services* auch den Einstiegspunkt in die Welt des *Grid* für die domänenspezifischen Anwendungen, die die Dienste des *Grid* in Anspruch nehmen wollen. Dies wird durch eine einheitliche Zugriffs-

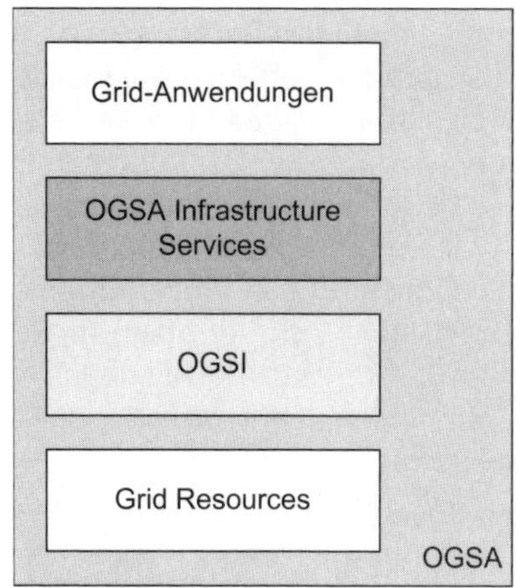

Abbildung 8.2: Logischer Schichtenaufbau eines Grid-Systems gemäß der OGSA-Spezifikation

schnittstelle sowie Dienste für die Informationsverwaltung, welche Dienste das *Grid* mit welchen Charakteristika anbietet, erleichtert.

Die OGSI-Schicht wiederum stellt die Beziehung zwischen den eben genannten Diensten und den tatsächlichen Grid-Ressourcen her. Alle ins *Grid* integrierten Ressourcen können so auf einheitliche Art und Weise (meist mittels *Web Services*) durch die *Platform Services* kontaktiert werden.

Im Unterschied zu den klassischen *Web Service*-Architekturen (vgl. Kapitel 5.2) wird ein *Grid*, auch wenn die einzelnen Dienste möglicherweise durch *Web Services* implementiert werden, durch den dynamischen und potenziell temporären Charakter der beteiligten Ressourcen sowie die Zustandshaftigkeit der Dienste selbst charakterisiert. Oft gibt es auch noch die Möglichkeit, sich als Interessent bei Dienständerungen zu registrieren, so dass dann sogar Aufrufe vom *Grid* an die eigentlichen Nutzer des *Grid* möglich sind.

8.1.4 Weiterführende Literatur

Aufgrund der vielfältigen Herkunft von Grid-Ansätzen und der zahlreichen sehr unterschiedlichen Anwendungsbereiche und Reifegrade bietet es sich an dieser Stelle an, auf verfügbare Literatur zum Thema überblicksartig einzugehen. Allgemein ist zu sagen, dass inzwischen zahlreiche Bücher zum Thema *Grid Computing* erschienen sind. Weil die verwendeten Technologien für Grid-Architekturen sich in den letzten Jahren jedoch wie im weiteren Verlauf dieses Kapitels beschrieben schnell gewandelt haben, sollte bei der Auswahl eines Buches besonders auf Aktualität/Erscheinungsjahr geachtet werden.

Neben einigen wenigen allgemeinen Einführungen gibt es viele Bücher, die hauptsächlich aus einer Sammlung von Einzelberichten zu konkret implementierten *Grids* bestehen. Diese Sammlungen sind in erster Linie dann interessant, wenn eine eigene Implementierung in einer ähnlichen Domäne erfolgen soll. Zu dieser Klasse von Büchern gehören [8], in dem Anwendungsbeispiele für *Grids* beschrieben werden; die Beschreibungen sind teils auf Deutsch und teils auf Englisch. Ähnlich ist auch [71] aufgebaut: eine Sammlung von Aufsätzen verschiedener Autoren, die sich hauptsächlich mit Benutzerumgebungen und Werkzeugen für die Entwicklung von Grid-Anwendungen anhand von Beispielen beschäftigen. Es gibt auch Artikel mit neuartigen Konzepten für *Grids* sowie zum *Software Engineering* bei Grid-Anwendungen.

Etwas mehr an Konzepten, Ideen und Perspektiven neben den Anwendungsbeispielen finden Sie in [9]. Dabei handelt es sich ebenfalls um eine Sammlung von Aufsätzen, die alle Themen des Grid-Spektrums abdecken. Konzepte, wie Entwickler von Grid-Software mit Tools unterstützt werden könnten, findet man in [72]. Dabei werden hauptsächlich die vier Bereiche Performanzanalyse, Portabilität, Kollaboration der Werkzeuge sowie das Workflow-Modell betrachtet.

Eine generelle Einführung in *Grid Computing* mit einer ausführlichen Beschreibung der zugrunde liegenden Technologien bietet z. B. [41]. Das Buch enthält sowohl eine überblicksartige Einführung wie auch eine Beschreibung der relevanten Organisationen und stellt den Zusammenhang mit *Web Services* her. Im umfangreichen technischen Teil werden die OGSA sowie das *Globus Toolkit* (allerdings in der Version 3) ausführlich erklärt. Eine ähnlich umfassende Einführung in Grid-Konzepte und relevante Implementierungstechniken bietet [52]. Nach einer übersichtlichen konzeptionellen Beschreibung enthält das Buch i. w. aktuelle technologische Realisierungsalternativen für alle wichtigen Komponenten eines *Grid* von der Infrastruktur über Workflow-Management bis hin zu Portalen.

Eine gute und kompakte Einführung in OGSA, insbesondere in die darauf basierende Implementierung des *Globus Toolkit*, finden Sie in [27]. Die zugrunde liegenden Konzepte wurden beispielsweise in [26] beschrieben.

Neben diesen Werken sind natürlich auch die Original-Spezifikationen (OGSA: [28], OGSI: [90] und [7], WS-RF: [33]) wichtige Informationsquellen. Für das *Globus Toolkit* gibt es eine umfangreiche Online-Dokumentation auf der Web-Seite `www.globus.org` sowie ein Buch ([82]), das sich speziell mit der Programmierung von Java-Services für die Version 4 des *Toolkit* beschäftigt.

8.2 Realisierungsplattformen

In diesem Abschnitt wollen wir einige mögliche Implementierungsformen eines Grid vorstellen. Dabei geht es weniger um die Beschreibung konkreter Implementierungen von *Grids* aus der Praxis für spezifische Anwendungsdomänen als vielmehr um mögliche Implementierungen der im vorausgehenden Abschnitt beschriebenen Architektur. Zu den Gründen, keine konkreten Grid-Anwendungen zu beschreiben, gehört, dass die Architekturen dieser Systeme meist weit vom Idealbild entfernt sind, in der Literatur bereits zahlreiche solcher Sammlungen von Beschreibungen existieren und schließlich der Einsatzbereich der Grid-Anwendungen so eingeschränkt ist, dass dies von wesentlichem Einfluss auf die Gesamtarchitektur war und somit die Implementierung wenig allgemeingültigen Charakter hätte.

8.2.1 Konzeptionelle Realisierungen der OGSA

Zu den Realisierungsvorschlägen für die OGSA gehört zunächst eine Realisierung der zweiten Schicht aus Abbildung 8.2, die durch die so genannten *OGSA Platform Services* erfolgt. Für die dritte Schicht unterhalb dieser Dienste werden in diesem Abschnitt zwei Realisierungen beschrieben: OGSI ([90]) und WS-RF ([33]). Die *Open Grid Services Infrastructure (OGSI)*-Realisierung ist die ursprüngliche Idee einer Implementierung der OGSA. Nachdem auch dort alle Grid-Dienste als *Web Services* modelliert werden und die Spezifikationen im *Web Service* Umfeld fortschreiten, wird in Zukunft wahrscheinlich die Implementierung der dritten Schicht, basierend auf dem *Web Services Resource Framework (WS-RF)*, an Bedeutung zunehmen. Diese ist daher im letzten Unterabschnitt beschrieben.

OGSA Platform Services. Die *OGSA Platform Services* stellen zentrale Basisdienste des *Grid* bereit, die sowohl von den Nutzern des *Grid* als auch von den eigentlichen Ressourcen im *Grid* genutzt werden können. Sie stellen einen einheitlichen Zugriff auf die Grid-Ressourcen sicher. Zu diesen zentralen Basisdiensten gehören beispielsweise Dienste aus den folgenden Bereichen (vgl. auch Abb. 8.3):

- Verwaltung der Ausführung von Anforderungen auf den Knoten des *Grid*
- Sicherheit
- Service Level Management
- Monitoring und Analyse
- Verwaltung der Grid-Ressourcen
- Dienstqualität
- Optimierung der Ressourcennutzung

Die Basisdienste sind dabei auf die folgenden logischen Einheiten aufgeteilt:

- Die so genannten *Execution Management Services (EMS)* sorgen für den Start sowie die Überwachung der Ausführung von Aufgaben durch die Ressourcen des *Grid*. Dazu gehören das Auffinden von für die Ausführung geeigneten Ressourcen, die Auswahl der am besten geeigneten Ressource, die Vorbereitung und das Starten der eigentlichen Ausführung sowie die Verwaltung der Aufgabe während der Ausführung durch die Grid-Ressource.

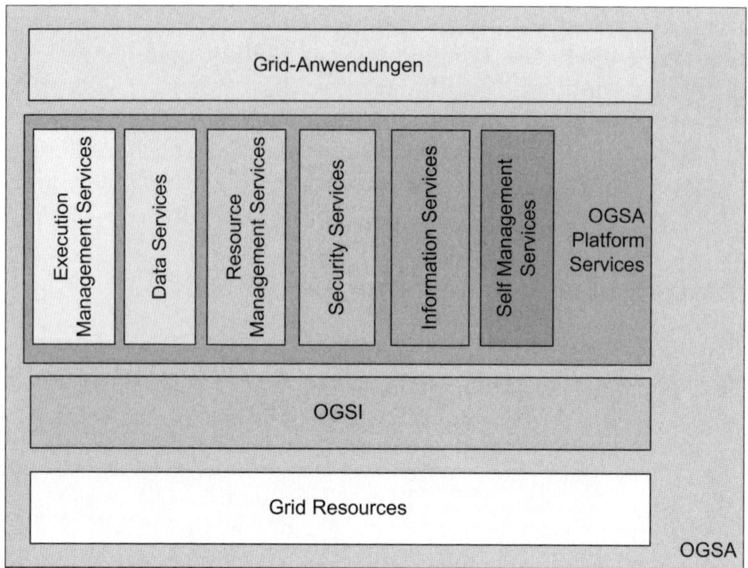

Abbildung 8.3: Die *OGSA Platform Services* als Verbindung zwischen Grid-Nutzern und gekapselten Grid-Ressourcen

- Die Aufgabe der *Data Services* ist die Steuerung von Zugriff, Modifikation und Verschiebung von Daten-Ressourcen. Diese Aufgaben sind in einem *Grid* umfangreicher als auf den ersten Blick zu erwarten. Es sind nämlich einerseits unterschiedlichste Ressourcen wie Dateien, *Streams* oder Datenbanken nach außen einheitlich abzubilden. Andererseits gehört auch die Organisation der Replikation sowie die Verwaltung der gesamten Metadaten zu den Aufgaben der *Data Services*.
- Alle Ressourcen im *Grid* werden durch die *Ressource Management Services* verwaltet. Zu den zu verwaltenden Ressourcen gehören dabei die Ressourcenbereitsteller selbst, ihre Einbindung in das *Grid* sowie die Ressourcen, die die Grid-Infrastruktur zur Verfügung stellen. Dabei müssen die RMS z. B. einen Grid-Knoten neu starten, eine Datenbank für eine Anfrage reservieren oder einen Registrierungsdienst überwachen können.
- Die *Security Services* ermöglichen die Einhaltung aller festgelegten sicherheitsrelevanten Richtlinien. Da im Kontext von *Grids* meist von virtuellen Organisationen gesprochen wird und ein wesentliches Merkmal eines *Grid* die domänenübergreifende Kooperation von Ressourcen ist, sind die Definition und die Einhaltung von Sicherheitsrichtlinien in diesem Kontext besonders komplex. Eine Implementierung dieser Dienste muss daher erweiterbar, integrierbar und technologieunabhängig sein, um die Kooperation der verschiedenen Sicherheitsmechanismen der einzelnen Domänen zu ermöglichen. Zu

diesen Sicherheitsmechanismen gehören Autorisierung, Vertraulichkeit, Authentifizierung, Wahrung der Privatspäre sowie sicheres *Auditing*.

- Die *Self Management Services (SMS)* werden dafür eingesetzt, dass einzelne Komponenten im *Grid* automatisch gesteuert werden können. Da in einem idealen *Grid* die Systemverwaltung im Wesentlichen durch das *Grid* selbst erfolgt, sind Dienste erforderlich, die von den Grid-Ressourcen aufgerufen werden können, um Einfluss auf die Systemverwaltung nehmen zu können. So sollten es die SMS ermöglichen, einen Rechner aus dem *Grid* herauszunehmen, wenn er momentan voll ausgelastet ist oder nicht zur Verfügung steht. In ähnlicher Weise sollte eine Ressource, die entdeckt, dass ein bestimmter Dienst momentan nicht zur Verfügung steht, diesen selbstständig neu starten können. Natürlich müssen auch hier Richtlinien definiert werden, nach denen das Management vorgenommen wird, denn nicht jede Komponente darf jede beliebige andere Komponente steuern. Diese Dienste werden mit vollem Funktionsumfang sicher erst in etlichen Jahren zur Verfügung stehen.
- Die Aufgabe der *Information Services* ist die Bereitstellung und Pflege von Informationen über Anwendungen, Ressourcen und Dienste im *Grid*. Im Unterschied zu den Datendiensten, die im Wesentlichen den Zugang zu Datenressourcen für die Anwendungen im *Grid* ermöglichen, handelt es sich hier um Dienste, die Metainformationen über das *Grid* liefern können. Diese Informationen können bereits in aufbereiteter oder aggregierter Form vorliegen und werden z. B. von EMS und der Anwendungsüberwachung verwendet.

OGSI. Die OGSI ist ein Implementierungsvorschlag für die dritte Schicht in Abbildung 8.2, die also eine einheitliche Verbindung zwischen Ressourcen und OGSA-Grid-Diensten herstellt. In der Spezifikation ([90]) wird ein Grid-Dienst als ein spezieller *Web Service* definiert, der im zugehörigen WSDL-Dokument einer bestimmten Menge an Konventionen in Bezug auf Schnittstellen, Erweiterungen und Verhalten genügt. Im Unterschied zur klassischen Vorstellung von einem *Web Service* als zustandslosem Dienst wird ein *Grid Service* als Steuerungsmechanismus einer verteilten und möglicherweise lange zustandsbehafteten Ressource eingesetzt. Trotzdem wird für die eigentliche Kommunikation mit dem *Grid Service* die *Web Service*-Technologie verwendet.

Im Prinzip definiert die OGSI also einen *Grid Service* auf Basis eines *Web Service*. Das Programmiermodell und der Austausch von Nachrichten im XML-Format werden dabei übernommen, genauso wie die prinzipielle Beschreibung eines Dienstes durch WSDL. Im Unterschied zu einem klassischen *Web Service* wird ein *Grid Service* allerdings durch ein erweitertes WSDL, nämlich *GWSDL*, beschrieben. Diese Erweiterung ist erforderlich, da ein *Grid Service* intern einen Zustand verwalten kann (also im Gegensatz zu typischen *Web Services* nicht zustandslos ist) und diesen (oder Teile davon) auch nach außen hin zur Verfügung stellen muss. GWSDL stellt dabei zusätzlich zu WSDL die Möglichkeit der Schnittstellenvererbung sowie einen speziellen `portType` für den Zugriff auf die Zustandsinformationen zur Verfügung. Die Zustandsinformationen werden nach außen durch so genannte *Service Data Elements* verfügbar gemacht.

Ein Beispiel einer GWSDL-konformen Deklaration eines `portType` findet sich im folgenden Programmtext:

```
<gwsdl:portType name="DatabaseSystem"
    extends="crm:BaseManageableResource␣ogsi:GridService">
  <wsdl:operation name="restart"/>
  <wsdl:operation name="shutdown"/>

  <sd:serviceData name="lifecycleModel" ... />
  <sd:ServiceData name="serviceGroupType" ... />
</gwsdl:portType>
```

Hier ist zum einen dargestellt, wie Schnittstellen (z. B. der generische `GridService`) vererbt werden können; zum anderen wird der Zugriff auf die Zustandsinformationen durch Operationen aus einem anderen Namensraum (hier `sd:ServiceData`) ermöglicht. Für eine detaillierte Beschreibung der Erweiterungen in OGSI wird hier aus Platzgründen auf [7] verwiesen.

WS-RF. Als wichtige Alternative zur Implementierung der dritten Schicht aus Abbildung 8.2 hat sich inzwischen das *Web Services Resource Framework (WS-RF)* herauskristallisiert. Es ersetzt im Prinzip die OGSI-Spezifikation[1] und behebt wesentliche Kritikpunkte. Insbesondere soll durch WS-RF eine bessere Integration in andere *Web Service* Standards erreicht werden, und die Modellierung von zustandsbehafteten Ressourcen und *Web Services* wird hier etwas entkoppelt. Die WS-RF-Spezifikation besteht aus den folgenden fünf Bestandteilen:

- *WS-Resource*: In diesem Dokument wird der Begriff einer *WS-Resource* definiert. Eine solche *WS-Resource* ist demnach eine zustandsbehaftete Ressource, gekoppelt mit einem *Web Service*, durch den auf die Ressource zugegriffen werden kann. Unter einer Ressource wird hier eine eindeutig identifizierbare Einheit verstanden, die durch *XML Infoset* modellierbare Eigenschaften (den Zustand) und einen Lebenszyklus besitzt. Im Kontext eines *Grid* sind somit alle Grid-Ressourcen als *WS-Resources* aufzufassen. *WS-Resources* werden durch *WS-Addressing* ([34]) identifiziert.
- *WS-ResourceProperties*: Die `ResourceProperties` werden verwendet, um die Informationen, die den Zustand einer *WS-Resource* ausmachen, zu verwalten. In der Spezifikation werden auch Metadaten und Informationen zu möglichen Verwaltungsoperationen auf der Ressource als solche Eigenschaften verstanden. Die Zustandseigenschaften werden dabei in Dokumenten verwaltet, die aus Elementen bestehen, denen wiederum ein Wert zugewiesen werden kann. Da zu jeder *WS-Resource* unterschiedliche solcher Eigenschaftsdoku-

[1] Tatsächlich wurde [7] inzwischen von der Web-Seite des GGF entfernt, da man auch dort inzwischen die Verwendung der Alternative WS-RF empfiehlt.

mente verwendet werden können, gibt es hier die Möglichkeit, unterschiedliche Sichten auf den Zustand einer Grid-Ressource abzubilden. Dies stellt eine Verbesserung gegenüber dem OGSI-Modell dar. Andererseits sind die zu verwendenden Eigenschaften nicht näher spezifiziert, so dass es schwieriger wird, interoperable Implementierungen des Zustands einer Grid-Ressource zu schaffen, als es bei OGSI der Fall war. Dieses Problem lässt sich (zumindest theoretisch) durch weitere Spezifikationen beheben.

- *WS-Resource Lifetime*: Diese Spezifikation definiert Nachrichten, die verwendet werden können, um den Lebenszyklus einer *WS-Resource* mit Hilfe von *Web Services* zu beeinflussen. So gibt es hier beispielsweise die Möglichkeit, durch eine Nachricht `<wsrf-rl:Destroy/>` eine *WS-Resource* zu beenden.
- *WS-ServiceGroup*: Im WS-RF Modell werden alle Dienste in so genannten Service-Gruppen angeordnet. Dabei stellt eine Service-Gruppe eine anwendungsspezifische Sammlung von Diensten und *WS-Resources* dar. Dies bedeutet, dass in einer Service-Gruppe sowohl die eigentlichen Dienste im *Grid* wie auch die dazu gehörigen Dienste, die Zugriff auf die zugehörigen Zustände (modelliert durch *WS-Resource*) bereitstellen, zusammengefasst werden. Es ist sowohl vorgesehen, feste Zuordnungen von Diensten zu Gruppen vorzunehmen, als auch dynamisch mit Hilfe von so genannten *Service Group Registrations*.
- *WS-BaseFaults*: Hier wird ein einheitliches Format für Fehlerfälle und die zugehörigen Nachrichten festgelegt.

Zur Illustration, wie die Spezifikationen des WS-RF eingesetzt werden können, sollen im Folgenden die Eigenschaften einer Festplatte, die in ein *Grid* eingebunden ist, abgefragt werden. Dazu nehmen wir an, dass es unter der URL `http://example.com/diskdrive` eine Festlegung der Eigenschaften einer Festplatte gibt, die im Folgenden als Namensraum eingesetzt werden kann. Eine Anfrage nach den Eigenschaften einer speziellen Festplatte würde dann wie folgt aussehen:

```
<wsrf-rp:GetMultipleResourceProperties>
  xmlns:nsdd="http://example.com/diskdrive">
  <wsrf-rp:ResourceProperty>
    nsdd:NumberOfBlocks
  </wsrf-rp:ResourceProperty>
  <wsrf-rp:ResourceProperty>
    nsdd:BlockSize
  </wsrf-rp:ResourceProperty>
  <wsrf-rp:ResourceProperty>
    nsdd:StorageCapability
  </wsrf-rp:ResourceProperty>
</wsrf-rp:GetMultipleResourceProperties>
```

Hier sollen also drei Eigenschaften einer Festplatten-Ressource abgefragt werden. Diese Anfrage könnte die Ressource wie folgt beantworten; hierbei wird ein weiterer Namensraum verwendet, der die Eigenschaften einer Festplatte detailliert festlegt:

```
<wsrf-rp:GetMultipleResourcePropertiesResponse
  xmlns:nsdd="http://example.com/diskdrive"
  xmlns:nsdc="http://example.com/diskcapabilities">
  <nsdd:NumberOfBlocks>22</nsdd:NumberOfBlocks>
  <nsdd:BlockSize>1024</nsdd:BlockSize>
  <nsdd:StorageCapability>
    <nsdc:NoSinglePointOfFailure>
      true
    </nsdc:NoSinglePointOfFailure>
  </nsdd:StorageCapability>
  <nsdd:StorageCapability>
    <nsdc:DataRedundancyMax>42</nsdc:DataRedundancyMax>
  </nsdd:StorageCapability>
</wsrf-rp:GetMultipleResourcePropertiesResponse>
```

Insgesamt scheint sich inzwischen WS-RF als dritte Schicht in der OGSA durchzusetzen. Die Vorteile der besseren Integration anderer Web Service-Spezifikationen sowie die flexible Zuordnung und Abfragbarkeit von Zuständen zu Ressourcen sind die ausschlaggebenden Argumente. Trotzdem besitzt WS-RF im Vergleich zu OGSI auch Nachteile: so sind bisher keine Grid-spezifischen Festlegungen für Ressourcen und Namensräume erfolgt. Eine allgemein akzeptierte Beschreibung für die Eigenschaften typischer Grid-Ressourcen (wie eine Festplatte im obigen Beispiel) gibt es bisher nicht. Ohne eine solche zentrale Spezifikation lässt sich aber keine Organisations-übergreifende Nutzung von Ressourcen im *Grid* erreichen. Ob und wann es eine solche Spezifikation geben wird, muss die Zukunft zeigen.

8.2.2 Unabhängige Implementierungen

Globus Toolkit. Bereits seit den 1990er-Jahren wird an der Implementierung einer *Open Source Software*-Basis für *Grids* gearbeitet. Diese Implementierung heißt *Globus Toolkit* (`http://www.globus.org`). Aktuell liegt die Version 4 vor; dies ist die erste, die vollständig auf *Web Services* für die Kommunikation innerhalb des *Grid* setzt. Parallel dazu, wie sich das Konzept eines *Grid* in den letzten Jahren gewandelt hat, wurde auch die Implementierung des *Globus Toolkit* stetig weiterentwickelt und verändert. In der aktuellen Version GT4 handelt es sich im Prinzip um eine Implementierung der zweiten Schicht der OGSA (vgl. Abbildung 8.2), also um eine Implementierung der *OGSA Platform Services*. Die Hauptkomponenten der Globus GT4-Implementierung stellt Abbildung 8.4 dar[2]. Zur besseren Ver-

[2] Gestrichelte Komponenten sind nur als Vorschau verfügbar und sollten noch nicht produktiv eingesetzt werden.

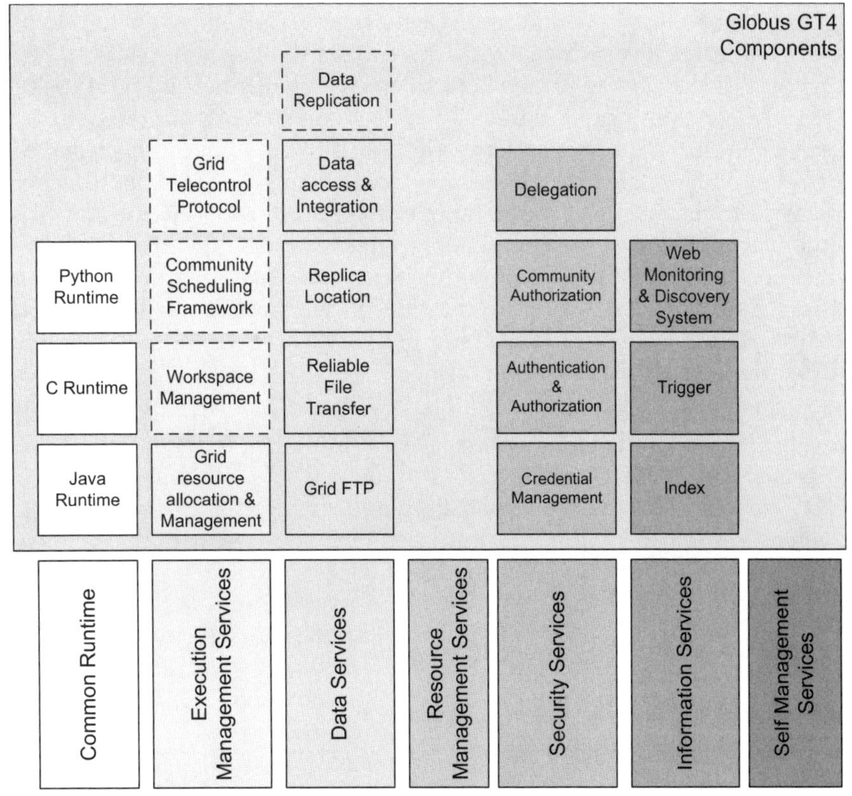

Abbildung 8.4: Hauptkomponenten der *Globus Toolkit GT4*-Implementierung

gleichbarkeit mit der Konzeption der *OGSA Platform Services* wurden die Graustufen aus Abbildung 8.3 hier wiederaufgenommen.

Im Vergleich zu den *OGSA Platform Services* ist hier zu erkennen, dass die Funktionen in den Bereichen *Resource* und *Self Management* fehlen. Das Fernziel, ein sich selbst steuerndes *Grid* zu implementieren, wurde mit dem GT4 noch nicht verfolgt. Dies scheint im Kontext heterogener Umgebungen auch noch nicht unmittelbar bevorzustehen. Funktionen im Bereich der *Execution Management Services*, die in diese Richtung gehen, sind im GT4 ebenfalls noch nicht für den produktiven Einsatz, sondern lediglich aus informativen Gründen und zur Vorausschau auf künftige Versionen enthalten. Im Gegensatz dazu sind in den Bereichen *Data*, *Information* und *Security Services* bereits heute die wesentlichen Funktionalitäten aus der OGSA enthalten. Außerdem stellt Globus als eine der wesentlichen Erweiterungen so genannte *Language Runtimes* bereit, die es einerseits stark vereinfachen, selber Client-Anwendungen für ein Globus-Grid in einer der unterstützten Programmiersprachen (C, Java, Python) zu erstellen. Andererseits ermöglichen sie auch die einfachere Implementierung von Software-Bausteinen, die auf dem *Grid* ausgeführt werden, also echten Grid-Anwendungsbausteinen. Globus GT4 unterstützt im Prinzip auf der dritten Schicht eine Implementierung mit WS-RF wie zuvor beschrieben. Es gibt allerdings auch noch abwärtskompatible Bestandteile (hauptsächlich `GridFTP` und eine alte Variante der *Resource Allocation and Management*-Komponente), die direkt in Globus implementiert ist und dabei keine *Web Services* verwendet. Als besondere Stärke des Globus GT4 ist die vereinheitlichte Implementierung der *Security Services* anzusehen. Dabei unterstützen die Dienste verschiedene Implementierungsvarianten. So werden basierend auf *WS-Security* und *SOAP*-Zertifikate sowie Benutzername/Passwort auf Ebene der Nachrichten unterstützt, andererseits auch basierend auf TLS und *SOAP*-Zertifikate auf der Ebene der Transportschicht.

Als Beispiel einer Anwendung des Globus GT4 kann man das vom BMBF geförderte Projekt *AstroGrid-D* (Teil der *D-Grid*-Initiative) ansehen. In Abbildung 8.5 ist exemplarisch die Darstellung des aktuellen Grid-Zustands mit dem *GT4 WebMDS* zu sehen. Aus der Verwendung von `ServiceGroup`-Elementen kann man bereits die Verwendung des darunter liegenden WS-RF ablesen. Für eine einzelne `ServiceGroup` werden dabei weitere Informationen gespeichert; vgl. Abb. 8.6.

Als Nachteile des Globus GT4 wären der sehr komplexe Installationsprozess sowie die ausschließliche Unterstützung von Linux und Unix (und selbst hier nur einige wenige Derivate) als Wirtssysteme zu nennen. Somit können nicht belie-

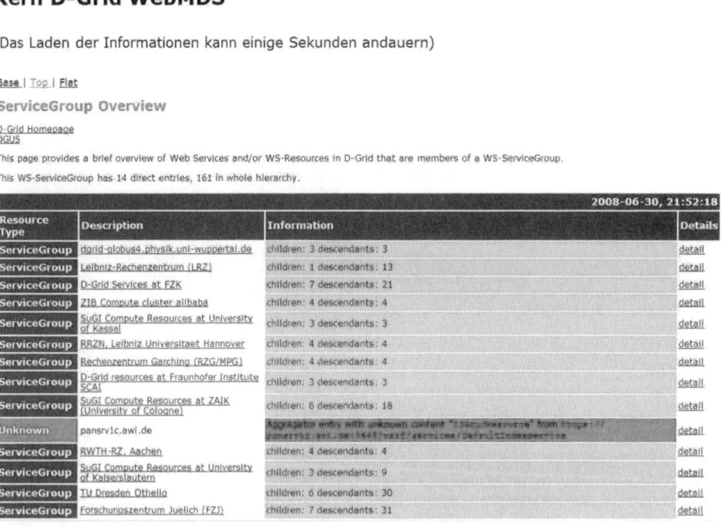

Kern D-Grid WebMDS

(Das Laden der Informationen kann einige Sekunden andauern)

Base | Top | Flat

ServiceGroup Overview

D-Grid Homepage
DGUS

This page provides a brief overview of Web Services and/or WS-Resources in D-Grid that are members of a WS-ServiceGroup.

This WS-ServiceGroup has 14 direct entries, 161 in whole hierarchy.

2008-06-30, 21:52:18

Resource Type	Description	Information	Details
ServiceGroup	dgrid-globus4.physik.uni-wuppertal.de	children: 3 descendants: 3	detail
ServiceGroup	Leibniz-Rechenzentrum (LRZ)	children: 1 descendants: 13	detail
ServiceGroup	D-Grid Services at FZK	children: 7 descendants: 21	detail
ServiceGroup	ZIB Compute cluster alibaba	children: 4 descendants: 4	detail
ServiceGroup	SuGI Compute Resources at University of Kassel	children: 3 descendants: 3	detail
ServiceGroup	RRZN, Leibniz Universitaet Hannover	children: 4 descendants: 4	detail
ServiceGroup	Rechenzentrum Garching (RZG/MPG)	children: 4 descendants: 4	detail
ServiceGroup	D-Grid resources at Fraunhofer Institute SCAI	children: 3 descendants: 3	detail
ServiceGroup	SuGI Compute Resources at ZAIK (University of Cologne)	children: 6 descendants: 18	detail
Unknown	pansrv1c.awi.de	Aggregator entry with unknown content [illegible]	detail
ServiceGroup	RWTH-RZ, Aachen	children: 4 descendants: 4	detail
ServiceGroup	SuGI Compute Resources at University of Kaiserslautern	children: 3 descendants: 9	detail
ServiceGroup	TU Dresden Othello	children: 6 descendants: 30	detail
ServiceGroup	Forschungszentrum Juelich (FZJ)	children: 7 descendants: 31	detail

Abbildung 8.5: Beispiel einer Darstellung mit dem *GT4 WebMDS* für das deutsche D-Grid

Kern D-Grid WebMDS

(Das Laden der Informationen kann einige Sekunden andauern)

Base | Top | Flat

ServiceGroup 9387303 Overview

D-Grid Homepage
DGUS

This page provides a brief overview of Web Services and/or WS-Resources in D-Grid that are members of a WS-ServiceGroup.

This WS-ServiceGroup has 14 direct entries, 161 in whole hierarchy.

		2008-06-30, 21:54:16	
Resource Type	**Description**	**Information**	**Details**
GRAM Fork	gramd1.d-grid.uni-hannover.de	name: "RRZN_D-Grid" queues: 1 clusters: 1 hosts: 64	detail
GRAM Multi	gramd1.d-grid.uni-hannover.de	name: "RRZN_D-Grid" queues: 0 clusters: 1 hosts: 64	detail
GRAM PBS	gramd1.d-grid.uni-hannover.de	name: "RRZN_D-Grid" queues: 4 clusters: 1 hosts: 64	detail
RFT	gramd1.d-grid.uni-hannover.de	active transfer resources: 0 files: 0 total: 845.41 GB files: 327857	detail

Abbildung 8.6: Beispiel der Darstellung einer `ServiceGroup` mit dem *GT4 WebMDS*

bige Ressourcen in ein *Grid* eingebunden werden. Außerdem hat sich das *Globus Toolkit* bisher wenig im kommerziellen Umfeld, sondern hauptsächlich im wissenschaftlichen Bereich durchgesetzt.

8.2.3 Herstellerspezifische Implementierungen

Da es sich bei dem Begriff *Grid Computing* zumindest eine bestimmte Zeit lang um einen der klassischen Hype-Begriffe handelt, haben fast alle namhaften Software-Anbieter auch Produkte zum Thema *Grid Computing* im Angebot. Allen Angeboten gemein ist jedoch, dass sie nicht auf Basis der Standard-Architekturen realisiert wurden, die wir im ersten Teil dieses Kapitels beschrieben. Das liegt sicherlich auch daran, dass viele der entsprechenden Spezifikationen noch recht neu sind und eine vollständige Umsetzung daher noch nicht zu erwarten ist. Trotzdem ist auch heute bereits der Bedarf an Software-Unterstützung zum Betrieb eines firmeneigenen *Grid* gegeben. Für *Grids* im organisationsinternen Umfeld (und auch Organisations-übergreifend, solange man sich an den entsprechenden Hersteller bindet) kommen daher die aktuell angebotenen Produkte in Betracht, die wir im Folgenden kurz vorstellen.

Sun Microsystems. Dem idealen *Grid*, wie in Abschnitt 8.1 definiert, kommt Sun mit der Software *Sun Grid Engine* (aktuelle Version zur Zeit des Schreibens ist 6.1) wohl am nächsten. Es handelt sich um eine kommerzielle Version der *Open Source Software Grid Engine*, die eine weniger verbreitete Alternative zum *Globus Toolkit* darstellt. Von den idealtypischen Eigenschaften eines *Grid* aus Abschnitt 8.1.1 werden die Punkte 1, 4 und 5 uneingeschränkt und der Punkt 3 eingeschränkt unterstützt. Es gibt einen so genannten *Grid Master*, der eine Art zentrale Kontrolle darstellt, so dass der Punkt 2 hier nicht erfüllt ist. Es können heterogene Ressourcen eingebunden werden, die unter gewissen vereinfachenden Annahmen auch Organisations-übergreifend beheimatet sein dürfen. Es werden Richtlinien zur Berechtigungsprüfung eingesetzt, die aber bestimmte vereinfachte Annahmen bezüglich der Verbindung zwischen den Ressourcen machen. Beliebige Anwendungen können auf diesen Ressourcen transparent ausgeführt werden, wobei sich die Zuteilung dynamisch steuern lässt. Als Schnittstelle zum *Grid* dient *DRMAA*, so dass man im Wesentlichen von einer offenen und standardisierten Schnittstelle sprechen kann. Es handelt sich hierbei nämlich um eine Spezifikation des *Open Grid Forums* (vgl. `http://www.ogf.org/documents/GFD.22.pdf`). Weitere Informationen finden Sie unter der URL `http://www.sun.com/software/gridware`.

IBM. Bei IBM setzt man weniger auf eine eigene Implementierung des Grid-Kerns (analog zur OGSA), sondern konzentriert sich auf fertige Lösungen für bestimmte Anwendungsszenarien sowie das Angebot von *Hardware* und *Consulting* zur Implementierung eines *Grid*. Dies kann auch als ein Zeichen der guten Qualität der existierenden *Open Source*-Implementierungen wie Globus angesehen werden.

Hewlett-Packard. Ähnlich wie IBM setzt auch Hewlett-Packard hauptsächlich auf das Angebot von *Hardware* und *Consulting* zur Implementierung eines *Grid* bzw. Teilen eines *Grid* beim Kunden. Allerdings finden sich auf der Seite von HP explizite Hinweise, dass man die weiter oben in diesem Kapitel beschriebenen offenen Standards wie OGSA und WS-RF für die Implementierung eines *Grid* unterstützt. Naturgemäß steht für Dienstleister ein unternehmensinternes *Grid* im Vordergrund des Interesses. Durch die ausdrückliche Unterstützung der offenen Standards sollte allerdings eine Erweiterung auf unternehmensübergreifende *Grids* möglich sein.

Oracle. Die Firma Oracle setzt ebenfalls einen Schwerpunkt auf firmeninterne *Grids*. Da dafür aber hauptsächlich bereits bekannte, firmeneigene Produkte eingesetzt werden sollen, ist eine spätere Erweiterung auf eine potenziell heterogene Umgebung nicht möglich. Weiterhin fällt auf, dass Oracle die Schwerpunkte eher auf *Clustering* und Virtualisierung legt und kein *Grid* im Sinne der Definition in Abschnitt 8.1 zum Ziel hat. Neben der *Hardware* sind zwar auch bei der *Software* prinzipiell heterogene *Grids* möglich, jedoch muss die *Software* unter der *Oracle Fusion Middleware* laufen, was die Portabilität stark einschränkt.

Amazon. Bei Amazon findet sich zur Zeit die Implementierung eines *Grid*, die dem Modell des Stromnetzes am nächsten kommt. So bietet die Firma (bisher nur in den USA) sowohl Rechen- als auch Speicherkapazität an, die man als Anwender buchen und je nach Verbrauch bezahlen kann. Analog zu einem Stromanschluss entstehen dabei Fixkosten und verbrauchsabhängige Nutzungsgebühren. Die interne Implementierung dieses *Grid* durch Amazon ist nicht offengelegt. Für den Anwender spielt dies aber auch keine Rolle, da er ganz im Sinne des *Grid* wie in Abschnitt 8.1 definiert lediglich als Nutzer des *Grid* auftritt; für ihn handelt es sich beim *Grid* um eine automatisch verwaltete Menge von Ressourcen, die dynamisch seinen Aufgaben zur Ausführung zugeteilt werden.

Die Bereitstellung von Rechenressourcen erfolgt mithilfe der so genannten *Elastic Compute Cloud (EC2)*; der Anwender erstellt dabei ein auf seine Bedürfnisse zugeschnittenes *Amazon Machine Image (AMI)*, das er an das *Grid* übergibt. Dieses *Image* kann er dann mithilfe von definierten *Web Services*-Schnittstellen steuern. Noch einfacher ist die Bereitstellung von Speicherressourcen, der *Simple Storage Service (S3)*. Hierbei kann der Nutzer direkt über eine *Web Service*-Schnittstelle seine Daten an S3 übergeben bzw. früher gespeicherte Daten dort wieder abrufen. Ein kleines Beispiel zu diesem Dienst findet sich in Abschnitt 8.3.2. Weitere Details sind der Web-Seite von Amazon (`http://www.amazon.com/aws`) zu diesem Thema zu entnehmen.

8.3 Code-Beispiele

In diesem Abschnitt soll anhand von zwei kurzen Beispielen ein Eindruck von der Programmierung im Kontext einer Grid-Architektur gegeben werden. Dies geschieht zum einen anhand einer einfachen Grid-Software-Komponente, basierend auf dem *Globus Toolkit*, zum anderen anhand einer Client-Anwendung für das von Amazon zur Verfügung gestellte *Grid*.

8.3.1 Globus Toolkit GT4

Da sich bereits das Kapitel 5.2 sowie das noch folgende Beispiel in diesem Abschnitt mit der Programmierung basierend auf *Web Services* befasst, soll hier ein kleines Beispiel für eine Grid-Anwendung ohne explizite Nutzung von *Web Services* gegeben werden. Die Implementierung basiert auf der *Grid Resource Allocation and Management*-Schnittstelle (GRAM) des *Globus Toolkit GT4*. Um das Beispiel übersichtlich zu halten, soll lediglich die folgende, sehr einfache Aufgabe gelöst werden: ein Grid-Knoten soll eine Auflistung der Dateien des Verzeichnisses `/usr` auf einem anderen Grid-Knoten beziehen. Zur Auflistung soll der Linux-Befehl `/bin/ls -lisa` verwendet werden.

Um diese Aufgabe mithilfe des *GRAM Service* auszuführen, benötigen wir zuerst eine Datei, in der der Job spezifiziert ist, der ausgeführt werden soll. Diese Spezifikation findet in einer XML-Syntax statt und könnte beispielsweise wie in Listing 8.1 aussehen.

Listing 8.1: Job-Spezifikation im Globus GT4 zur Nutzung des GRAM

```
<job>
  <executable>ls</executable>
  <directory>/bin/</directory>
  <argument>-lisa</argument>
  <argument>/usr/</argument>
  <stdout>${GLOBUS_USER_HOME}/ls-ausgabe</stdout>
```

```
  <fileStageOut>
    <transfer>
      <sourceUrl>
        file:///${GLOBUS USER HOME}/ls-ausgabe
      </sourceUrl>
      <destinationUrl>
        gsiftp://visogrid01:2811/tmp/grid02-ls
      </destinationUrl>
    </transfer>
  </fileStageOut>
  <fileCleanUp>
    <deletion>
      <file>file:///${GLOBUS USER HOME}/ls-ausgabe</file>
    </deletion>
  </fileCleanUp>
</job>
```

Der angegebene Job wird den `ls`-Befehl mit den Parametern `-lisa` auf dem `/usr`-Verzeichnis des Rechners `visogrid02` ausführen (wegen des entsprechenden Aufrufs des Job, siehe weiter unten) und die Ausgabe lokal im Heimatpfad des Globus-Nutzers unter dem Dateinamen `ls-ausgabe` speichern. Danach wird mittels *GridFTP Service* im *Stage Out*-Teil die erstellte Datei nach `visogrid01` kopiert. Dort heißt sie dann `grid02-ls` und liegt im Ordner `/tmp`. Am Ende der Ausführung erfolgt das Löschen der erstellten Datei auf dem Rechner `visogrid02`. Dabei ist zu beachten, dass dieser Job auf dem Rechner `visogrid01` gestartet, dann aber auf dem Rechner `visogrid02` ausgeführt wird. Die Ausführung wird z. B. mit dem Kommando in Listing 8.2 auf `visogrid01` gestartet (unter der Annahme, dass die XML-Datei aus Listing 8.1 unter dem Namen `lsjob.rsl` gespeichert wurde).

Listing 8.2: Aufruf zur Ausführung eines Grid-Jobs im Globus GT4

```
export MJF_GRID02=https://visogrid02:8443/
                    wsrf/services/ManagedJobFactoryService
globusrun-ws -submit -F $MJF_GRID02 -S -f lsjob.rsl
```

An dieser Anweisung lässt sich erkennen, dass hier intern die *Web Service*-basierte Variante des GRAM verwendet wird, obwohl in der Job-Beschreibung selbst kein Hinweis auf *Web Services* zu finden war. Es wäre also möglich, dieselbe Job-Beschreibung mit einem anderen Ausführungskommando auch mit der klassischen Variante des GRAM auszuführen.

8.3.2 Amazon

Da das prinzipielle Vorgehen bei der Erstellung eines *Web Service Clients* bereits Thema von Abschnitt 5.2 war, soll an dieser Stelle nur auf die spezifischen Dinge der *Amazon Web Service* Grid-Schnittstelle eingegangen werden. Als Beispiel werden die S3-Speicherdienste von Amazon verwendet; hieraus soll die Operation

`PutObject` zum Ablegen von Daten im Amazon Speicher-Grid betrachtet werden. Das WSDL der *Grid-Services* von Amazon für die S3-Dienste findet man unter `http://s3.amazonaws.com/doc/2006-03-01/AmazonS3.wsdl`. Der relevante Teil für den Dienst `PutObject` sieht wie in Listing 8.3 dargestellt aus.

Listing 8.3: WSDL-Definition der Operation `PutObject` in Amazon S3

```
<?xml version="1.0" encoding="UTF-8"?>
<wsdl:definitions
 targetNamespace="http://s3.amazonaws.com/doc/2006-03-01/"
 xmlns:tns="http://s3.amazonaws.com/doc/2006-03-01/"
 xmlns:wsdl="http://schemas.xmlsoap.org/wsdl/"
 xmlns:wsdlsoap="http://schemas.xmlsoap.org/wsdl/soap/"
 xmlns:xsd="http://www.w3.org/2001/XMLSchema">

  <wsdl:types>
    <xsd:schema
     elementFormDefault="qualified"
     targetNamespace="http://s3.amazonaws.com/doc/2006-03-01/">
      <xsd:include schemaLocation="AmazonS3.xsd"/>
    </xsd:schema>
  </wsdl:types>

  <wsdl:message name="PutObjectRequest">
    <wsdl:part element="tns:PutObject" name="parameters"/>
  </wsdl:message>
  <wsdl:message name="PutObjectResponse">
    <wsdl:part element="tns:PutObjectResponse"
               name="parameters"/>
  </wsdl:message>

  <wsdl:portType name="AmazonS3">
    <wsdl:operation name="PutObject">
      <wsdl:input message="tns:PutObjectRequest"
                  name="PutObjectRequest"/>
      <wsdl:output message="tns:PutObjectResponse"
                   name="PutObjectResponse"/>
    </wsdl:operation>
  </wsdl:portType>

  <!-- SOAP Binding omitted -->

  <wsdl:service name="AmazonS3">
    <wsdl:port binding="tns:AmazonS3SoapBindng" name="AmazonS3">
      <wsdlsoap:address
               location="https://s3.amazonaws.com/soap"/>
    </wsdl:port>
  </wsdl:service>
</wsdl:definitions>
```

Nach der Einbindung einschlägiger Namensräume (wie *XMLSchema* und *SOAP*) sowie der Festlegung des spezifischen Namensraums für *Amazon S3* (Zeilen 2 – 7) wird eine Operation namens `PutObject` definiert (Zeilen 25 – 32). Diese Operation erwartet als Eingangsnachricht eine Nachricht vom Typ `PutObjectRequest` und liefert als Ausgangsnachricht eine Nachricht vom Typ `PutObjectResponse`. Der genaue Aufbau dieser Nachrichten wird in den Zeilen 17 – 23 definiert; in diesem Falle stehen dort jedoch lediglich Typnamen für die Nachrichten, deren genaue Struktur in der XML-Schema-Datei `AmazonS3.xsd` definiert wird (Einbindung in den Zeilen 8 – 15). Aus Gründen der Übersichtlichkeit wurde die Definition der Bindung an SOAP als Kommunikationsprotokoll hier nicht dargestellt. In den Zeilen 36 – 41 wird schließlich festgelegt, dass der zuvor definierte Dienst unter der genannten URL mittels SOAP angesprochen werden kann. Hier könnten prinzipiell auch noch andere *Ports* festgelegt werden, so dass sich derselbe Dienst parallel auch über ein anderes Protokoll ansprechen lässt.

Der folgende Auszug aus der oben erwähnten eingebundenen Schema-Definition gibt einen Hinweis darauf, welche Möglichkeiten beim Speichern von Objekten dem Nutzer des Dienstes geboten werden.

Listing 8.4: XML-Schema-Definition für die Operation `PutObject` in Amazon S3

```
<?xml version="1.0" encoding="UTF-8"?>
<xsd:schema
  xmlns:tns="http://s3.amazonaws.com/doc/2006-03-01/"
  xmlns:xsd="http://www.w3.org/2001/XMLSchema"
  elementFormDefault="qualified"
  targetNamespace="http://s3.amazonaws.com/doc/2006-03-01/">

  <xsd:element name="PutObject">
    <xsd:complexType>
      <xsd:sequence>
        <xsd:element name="Bucket" type="xsd:string"/>
        <xsd:element name="Key" type="xsd:string"/>
        <xsd:element name="Metadata" type="tns:MetadataEntry"
                     minOccurs="0" maxOccurs="100"/>
        <xsd:element name="ContentLength" type="xsd:long"/>
        <xsd:element name="AccessControlList"
                     type="tns:AccessControlList"
                     minOccurs="0"/>
        <xsd:element name="StorageClass"
                     type="tns:StorageClass"
                     minOccurs="0"/>
        <xsd:element name="AWSAccessKeyId" type="xsd:string"
                     minOccurs="0"/>
        <xsd:element name="Timestamp" type="xsd:dateTime"
                     minOccurs="0"/>
        <xsd:element name="Signature" type="xsd:string"
                     minOccurs="0"/>
```

```
        <xsd:element name="Credential" type="xsd:string"
                     minOccurs="0"/>
30    </xsd:sequence>
    </xsd:complexType>
  </xsd:element>

  <xsd:element name="PutObjectResponse">
35  <xsd:complexType>
      <xsd:sequence>
        <xsd:element name="PutObjectResponse"
                     type="tns:PutObjectResult"/>
      </xsd:sequence>
40  </xsd:complexType>
  </xsd:element>

  <xsd:complexType name="PutObjectResult">
    <xsd:sequence>
45    <xsd:element name="ETag" type="xsd:string"/>
      <xsd:element name="LastModified" type="xsd:dateTime"/>
    </xsd:sequence>
  </xsd:complexType>

50 </xsd:schema>
```

Alle Attribute des Typs `PutObject`, der in den Zeilen 8 – 32 definiert wird, können beim Speichern eines Objekts mit angegeben werden. Diese werden von *S3* mitgespeichert und dienen später z. B. zum leichteren Suchen in der Menge gespeicherter Objekte. Man kann erkennen, dass zusätzlich zum zu speichernden Objekt ein eindeutiger Schlüssel (Zeile 12), ein Container für mehrere Objekte (Zeile 11) sowie Metadaten (Zeile 13 – 14) gespeichert werden können. Außerdem lässt sich mit einer *Access Control List* der Zugang zum Objekt regeln (Zeile 16 – 18) sowie eine Signatur (Zeile 26 – 27) und ein Berechtigungsnachweis (Zeile 28 – 29) hinterlegen. Die genaue Struktur dieser einzelnen Attribute, sofern sie nicht von Standarddatentypen sind, findet man ebenfalls in der entsprechenden Schema-Datei; Details sind hier der Übersichtlichkeit wegen nicht dargestellt.

Ferner ist noch die (relativ einfache) Struktur der Antwortnachricht in den Zeilen 34 – 48 dargestellt. Eine Antwort besteht aus einem Objekt des Typs `PutObjectResult` (Zeilen 34 – 41). Dieses wiederum besteht aus einem so genannten *E-Tag* (einer Art Hash-Code des gespeicherten Objekts) sowie der Zeit der letzten Änderung. Da in einer Anfrage auch mehrere Objekte gespeichert werden können, kann auch als Antwort eine Liste von Paaren aus *E-Tag* und Datum zurückgegeben werden (Typ `xsd:sequence` in den Zeilen 44 und 47).

Wie üblich kann man nun zu dieser Dienstbeschreibung einen *Web Service Client* generieren lassen und dann diesen nutzen, um die Speicherdienste des Amazon *Grid* zu nutzen. Natürlich gibt es noch zahlreiche weitere Dienste von S3, die hier nicht aufgeführt worden sind, da es sich nur um eine exemplarische Darstellung handeln soll. Details finden Sie auf der oben genannten Web-Seite von Amazon.

Kapitel 9

Web 2.0 und Web-orientierte Architekturen

Der Begriff „Web 2.0" wird Dale Dougherty vom O'Reilly-Verlag und Craig Cline von MediaLive zugeschrieben und entstand während einer Diskussion am Rande einer Web-Konferenz. Der Begriff ist keineswegs klar definiert und letztendlich ein Oberbegriff für eine Reihe von Technologien und Trends sowie für die insgesamt veränderte Art und Weise der Internetverwendung. Diese Veränderung kann grob in drei Phasen eingeteilt werden: Phase eins war im Wesentlichen durch einfache Internetpräsenzen von Firmen, Institutionen und Personen geprägt. Dabei wurden vornehmlich statische Inhalte publiziert. Wenn die Alternative zu statischen Webinhalten im Verschicken von Broschüren und dem Schalten von Anzeigen in Zeitungen bestand, war dies natürlich ein enormer Schritt voran. Die zweite Phase war vor allem durch das Generieren dynamischer Inhalte gekennzeichnet. Somit konnten Lagerbestände dynamisch angezeigt und natürlich auch Bestellungen online entgegengenommen werden. Auch wenn diese Phase nach dem Platzen der Dot Com-Blase abrupt beendet schien, werden heute mehr Waren und Dienstleistungen denn je über das Internet bestellt. Die dritte Phase ist vor allem durch die starke Einbeziehung des einzelnen Nutzers gekennzeichnet. Prominente Beispiele sind hier die sehr aktive Bloggerszene oder die überaus erfolgreiche Internet-Enzyklopädie Wikipedia. Der Nutzer am Rechner wandelt sich also vom reinen Konsumenten zu einem mündigen Internetmitbürger, der auch einen aktiven Beitrag leistet. Web 2.0 wird meist anhand von Beispielen definiert, die für den jeweiligen Bereich die Web 1.0- und Web 2.0-Varianten gegenüberstellen.

Britannica Online vs. Wikipedia. Die Encyclopedia Britannica kann als Brockhaus des englischsprachigen Raums bezeichnet werden. Das Kerngeschäft des Verlags ist natürlich der Verkauf von Büchern, und der Schritt, ein freies Internetangebot aufzubauen kostete sicher schon einiges an Überwindung. Dennoch ist das Angebot Web 1.0 zuzuordnen, da der Verlag mit seinen Editoren die Kontrolle über den Inhalt hat. Wikipedia repräsentiert die Welt von Web 2.0, da im Prinzip jeder Internetnutzer Seiten editieren kann. Viel wird über die Qualität und Zuverlässigkeit von Wikipedia diskutiert. Das Magazin Nature veröffentlichte eine Studie,[1] in der 42 Artikel aus Wikipedia und der Encyclopedia Britannica verglichen wurden. In beiden Quellen wurden jeweils vier gravierende Fehler entdeckt. Bezüglich kleinerer Faktenfehler, Auslassungen und missverständlicher Formulierungen unterlag Wikipedia allerdings 123 zu 162 – dennoch ein beachtliches Ergebnis. Es gibt aber auch etliche kritische Stimmen, die schlecht geschriebene Artikel bemängeln und davor warnen, dass Personen in Wikipedia verleumdet werden und oftmals wenig dagegen tun können. Der bekannte Fall das prominenten US-Journalisten John Seigenthaler scheint diese Befürchtungen zu bestätigen als ihm in seiner Wikipedia-Biographie eine Verwicklung in den Mord an US-Präsidenten Kennedy unterstellt wurde.

Persönliche Website vs. Blog. Ein Blog ist im Prinzip ein öffentliches Online Tagebuch, wird also von einer Person geschrieben. Der Unterschied zu einer persönlichen Website ist im Prinzip nur, dass ein Blog sehr einfach direkt im Browser editiert werden kann. Dabei werden neue Einträge – auch Posts genannt – mit Datum versehen stets oben auf der Seite angezeigt, womit eine gewisse Aktualität garantiert ist. Oftmals können Besucher auch Kommentare zu den einzelnen Posts abgeben. Oft werden persönliche Websites nach ihrer Erstellung nicht gleich aktualisiert.

Content Management-Systeme vs. Wikis. Content Management-Systeme (CMS) erlauben es einer Gruppe von Benutzern, Inhalte zu verwalten. Ein Wiki tut im Prinzip nichts anderes, unterscheidet sich aber in einigen wichtigen Details. So wird der Benutzer stets dazu aufgefordert, neue Inhalte zu erstellen. Liefert eine Suchanfrage beispielsweise keine Ergebnisse, kann sofort ein Dokument zu dem fehlenden Begriff angelegt werden. Dokumente in Wikis sind stets in HTML geschrieben und stark verlinkt. Schließlich können die Dokumente direkt im Browser mittels einer einfachen Markupsprache editiert werden. Mit Unterstrichen versehene Worte werden _**fett**_ gedruckt, und Begriffe in eckigen Klammern stellen sofort einen Hyperlink zu dem Wiki-Dokument her, in dem der Begriff erklärt wird oder weitere Informationen zu dem Begriff hinterlegt sind. Ziel eines Wikis ist also immer, das Einfügen von Inhalten so einfach wie möglich zu machen und Autoren so wenige Steine wie möglich in den Weg zu legen. Die größte Gefahr für ein Wiki wie für ein CMS besteht darin, veraltete Information zu enthalten und seine Benutzer sowie insofern auch Autoren zu verlieren.

Taxonomien vs. Tags. Viele Bereiche stützen sich auf Taxonomien. So können beispielsweise Web Services in einem UDDI-Repository anhand einer geografischen

[1] http://www.nature.com/news/2005/051212/full/438900a.html

Taxonomie als in Deutschland gehostete Dienste klassifiziert werden (Welt – Europa – Deutschland). Dies ist wichtig, wenn zum Beispiel ermittelt werden soll, welche Haftungsregelungen für den Dienst gelten. Es gibt eine Reihe solcher Taxonomien. Ein prominenter Vertreter ist beispielsweise das North American Industry Classification System (NAICS). Das Problem solch zentral erstellter Taxonomien ist, dass sie recht schwerfällig und statisch sind und durch ihre Generalität selten richtig gut passen. Die Web 2.0-Gemeinde bedient sich auch hier eines sehr pragmatischen Ansatzes: man lässt einfach die Benutzer die Klassifikation erledigen und überlässt ihnen komplett die Wahl der Schlagworte oder auch Tags. Geht es beispielsweise darum, eine Nachrichtenmeldung zu klassifizieren, so könnte jeder Leser die Meldung mit beliebigen Tags wie „Kochen" oder „Jogi Löw" versehen. Dieses Mehrheitsprinzip wird auch Folksonomy genannt und hat in der Zwischenzeit auf etlichen Nachrichtenwebsites Einzug gehalten. Berühmt sind insbesondere die so genannten Tag Clouds, die häufig genannte Tags durch eine größere Schrift hervorheben.

9.1 Architekturkonzept

Nun ist dies ja ein Buch über die Architekturen verteilter Anwendungen und nicht über Internet-Basisdemokratie oder die Soziologie von Online-Netzwerken. Ein Kapitel über Web 2.0 ist aber durchaus berechtigt, denn Begriffe wie Asynchronous JavaScript And XML (AJAX), Representational State Transfer (REST), Mashups oder Rich Site Summary (RSS) sind einerseits Web 2.0 zuzuordnen, haben andererseits auch Einzug in die Welt der Geschäftsapplikationen – also die Welt hinter den Firewalls – gehalten. So ist die neue Spezifikation von WSDL darauf ausgelegt, REST mit einzubeziehen. Die neue Entwicklungsumgebung von Microsoft unterstützt die Entwicklung von AJAX-Applikationen, IBM brüstet sich mit einem Werkzeug zur Erstellung von Mashups, und DB2 liefert Daten als RSS Feed. Im Geschäftsumfeld wird dann oft von „Web-orientierter Architektur" (WOA) gesprochen, also der Anwendung von Web 2.0 und Internettechnologien innerhalb eines Unternehmens. Diese Definition unterscheidet sich von „Service-orientierten Architektur" (SOA), da viele der WS*-Spezifikationen kritisch hinterfragt werden. Die folgenden Abschnitte beleuchten die wesentlichen architektonischen Merkmale genauer.

9.1.1 Keep it Simple!

In der Web 2.0-Welt herrscht ein erfrischender Pragmatismus. Man versucht nicht, Standards einzuführen, sondern einfach Dinge mit bestehenden Mitteln zum Laufen zu bekommen. Dies hat natürlich auch zur Folge, dass etwaige Hürden mit teilweise sehr fragwürdigen Methoden umgangen werden, was sich insbesondere im Abschnitt zur Cross Domain-Problematik zeigt. Web-orientierte Architekturen basieren komplett auf Internetstandards wie HTTP, SSL, Proxies usw. Im

Gegensatz zu SOA verzichtet man darauf, andere Arten des Transports oder das Konzept von Mittelsmännern in der Architektur zu verankern. In Anbetracht der Tatsache, dass die meiste SOA-Kommunikation diese weiterführenden Möglichkeiten nicht nutzt, ist diese Entscheidung sicher sinnvoll. Weiterhin liegt bei Weborientierten Architekturen der Fokus weitaus stärker auf der Benutzerschnittstelle im Browser. Oftmals wird deshalb auch propagiert, Web 2.0 sei die UI für und ergänze SOA. Dies ist zum Teil sicher richtig. Dennoch sind auch deutliche Überschneidungen zu sehen, in denen beide Welten konkurrieren. So zielen beispielsweise Mashups und SOA Workflows darauf ab, mehrere Basisdienste zu einem neuen Dienst zusammenzufügen.

9.1.2 Hochskalierbare Systeme mit REST

REST steht für Representational State Transfer und stammt aus der Dissertation von Roy Fielding, einem der Hauptautoren von HTTP [24]. REST bezeichnet den Software-Architekturstil, der die Grundlage für das World Wide Web ist und die folgenden Grundsätze befolgt:

REST basiert auf Ressourcen, die über eine universelle Syntax adressiert werden. Dieses Prinzip ist uns aus dem WWW vertraut. Auch Web Services greifen dieses Paradigma auf. So ist der Endpunkt eines Web Services eine URL.

REST ist ein zustandsloses Client-Server-Protokoll. Der Vorteil zustandsloser Nachrichten ist, dass weder Client noch Server Zustandsinformationen speichern müssen, was die Software erheblich vereinfacht. Hierbei ist zu beachten, dass die Verwendung von HTTP-Cookies nicht REST-konform ist.

REST verwendet eine Menge wohldefinierter Operationen. Im Gegensatz zu RPCs, in denen eine Ressource beliebige Operationen definieren kann, verlässt sich REST auf eine klar definierte Menge von Basisoperationen wie beispielsweise die uns von HTTP bekannten Verben GET, PUT, DELETE usw. Nun stellt sich die Frage, wie Systeme mit einem solch eingeschränkten Funktionsumfang implementiert werden sollen, die vielleicht sonst auf RPC-Mechanismen zurückgreifen würden. Angenommen, ein RPC-Dienst stellt den Klienten die Funktionen getUser, addUser, placeOrder, changeOrder und searchOrder zur Verfügung. Ein REST-Ansatz würde hier einfach drei Ressourcen definieren: http://host.com/user, http://host.com/order und http://host.com/searchOrderForm. Die jeweiligen Operationen können nunmehr auf HTTP GET, PUT etc. abgebildet werden.

Neben dieser puristischen Sichtweise wird der Begriff REST oftmals auch weiter gefasst. Abbildung 9.1 zeigt das Ergebnis einer REST-Anfrage an den Google GeoCoder-Dienst, der Adressen in Länge und Breite umsetzen kann. Die Anfrage ist ein einfacher HTTP-Request, kann also wie gezeigt direkt vom Browser aus getätigt werden. Die URL enthält hierbei die Parameter der Anfrage. So sind darin die umzuwandelnde Adresse, das gewünschte Ausgabeformat und ein Schlüssel,

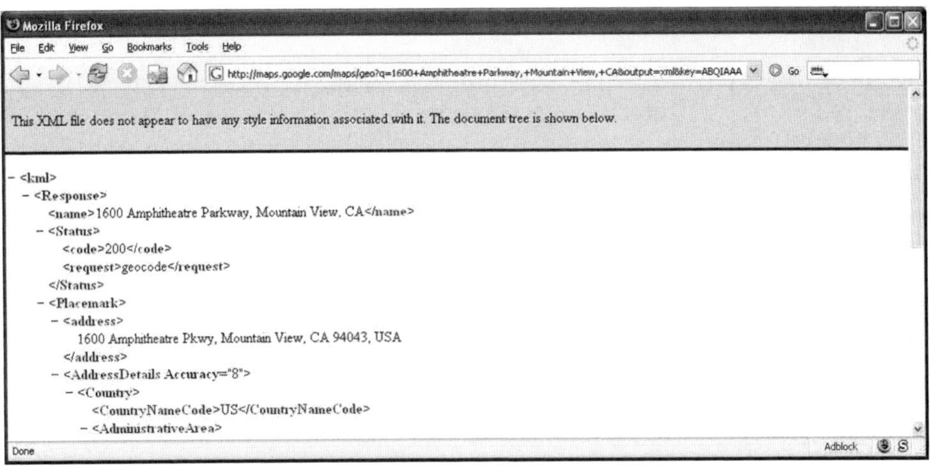

Abbildung 9.1: REST Aufruf des Google Geocoder-Dienstes – die Parameter sind in der URL kodiert, die Ausgabe ist ein XML-Dokument mit den gewünschten Daten.

der den Aufrufer identifiziert, enthalten. Die Ausgabe ist eine XML-Datei, die die gewünschte Information enthält.

Beim Vergleich eines solchen REST-Aufrufs mit SOAP sind gewisse Parallelen festzustellen. Die SOA-Standards bieten natürlich wesentlich mehr Flexibilität bezüglich der Verschlüsselung, dem Routing von Nachrichten, der genauen Spezifikation von komplexen Parametern und nicht zuletzt der Art des zu verwendenden Transportprotokolls. REST wiederum besticht durch seine Einfachheit. Allein schon die Tatsache, dass ein REST-Dienst direkt vom Browser aus angesprochen werden kann, ist sicherlich ein großes Plus.

9.1.3 AJAX: Neue Wege im Design von Web-basierten Benutzerschnittstellen

Nachdem wir den Begriff REST eingeführt haben, stellt sich die Frage, wie man sich diese Art der Client-Server-Kommunikation zu Nutze machen kann. Eine mögliche Anwendung besteht darin, REST-Aufrufe direkt aus dem Browser heraus zu tätigen, und zwar nicht in der Art und Weise, wie wir es in der obigen Abbildung gesehen haben, sondern so, dass der Aufruf asynchron im Hintergrund abläuft. Der Benutzer merkt schließlich nur, wie sich die angezeigten Daten im Browser ändern, nicht aber, dass im Hintergrund tatsächlich Kommunikation stattgefunden hat. Diese Technik nennt sich Asynchronous JavaScript and XML (AJAX). Um AJAX zu verstehen, muss man sich den grundlegenden Unterschied zwischen traditionellen, mit Java Swing oder Visual Basic geschriebenen UIs und Web-basierten UIs vergegenwärtigen:

Traditionelle UIs.

- Bildschirmübergänge, z.B. der Sprung von einem zum nächsten Karteikartenreiter, werden von der Applikation gehandhabt. Sie ist in der Lage, den nächsten Bildschirm zu zeichnen.
- Events, wie beispielsweise das Drücken eines Buttons, werden von der Applikation abgefangen. Diese lädt ggf. Daten vom Server nach. Die Kommunikation erfolgt meist über CORBA, DCOM, RMI oder entsprechende Middleware. Schließlich werden die entsprechenden Bildschirmelemente mit den Daten gefüllt. Handelt es sich beispielsweise um eine Suchanfrage, könnte das Tabellenmodell mit den Daten gefüttert werden. Dies löst dann ein Bildschirm-Update über das Model View Controller Pattern aus.

Vorteile Traditioneller UIs.

- Traditionelle UIs sind responsiv, da im Gegensatz zum Web weniger Interaktionen mit dem Server nötig sind.
- Des Weiteren sind Bildschirmmasken mit Technologien wie Visual Basic, Swing sowie den entsprechenden Werkzeugen einfach zu entwickeln, da zum Event-Handling nur eine Methode wie `onClick` implementiert werden muss und somit Anzeige und Ereignisverwaltung an einer Stelle gebündelt sind. Webbasierte UIs tun sich mit der Ereignis- und Zustandsverwaltung schwerer, da man sich um HTTP Sessions und Requests kümmern muss. Auch ist es oftmals ein Problem, die Ergebnisseite wieder genauso aussehen zu lassen wie die ursprüngliche Seite – ein Artefakt der Tatsache, dass nicht die bestehende Seite modifiziert, sondern eine komplett neue geladen wird.

Web-basierte UIs.

- Bei Web-basierten UIs erfolgen die Bildschirmübergänge, wenn ein Link geklickt oder ein Formular ausgefüllt wird. Dabei wird vom Server eine neue, ggf. dynamisch generierte Seite geladen.
- Events werden ebenfalls durch Folgen eines Links gehandhabt. Dabei wird oft dieselbe Seite erneut geladen, beispielsweise wenn eine Tabelle sortiert werden soll.

Vorteile Web-basierter UIs.

- Eine Web-basierte UI kann von quasi allen Betriebssystemen aus verwendet werden, da Browser auf jeder Plattform zu finden sind.
- Die Software hat eine inhärente Client-Server-Architektur und ist somit automatisch in einem verteilten System lauffähig.
- Mit HTML und CSS lassen sich einfach grafisch ansprechende UIs erstellen. Jeder, der sich beispielsweise im Detail mit den Swing-Layoutmanagern aus-

einander gesetzt hat, wird dies sicher bestätigen. Eine einfache Website mit Überschrift und Bild ist schneller und einfacher deklarativ zu erstellen, als das Pendant aufwändig zu programmieren.

Ziel von AJAX ist es, das Beste aus beiden Welten zu vereinen. Aus der Welt der Web-basierten Anwendungen übernimmt man die Darstellung der Anwendung im Browser mittels HTML und CSS sowie HTTP als Übertragungsprotokoll. Aus der Welt der traditionellen Benutzerschnittstellen wird die Ereignisverwaltung, die von einem Fat-Client getriebene Kommunikation mit dem Server sowie das inkrementelle Ändern des aktuellen Bildschirminhalts übernommen. Wir veranschaulichen diesen Unterschied anhand eines kleinen Beispiels einer Web-Site, die auf Knopfdruck die Systemzeit des Servers anzeigt. Zunächst zeigen wir den traditionellen Web-basierten Ansatz mit HTML und JSP. Drückt der Benutzer auf das HTML-Button Element, wird die Seite durch das JavaScript-Kommando document.location = document.location neu geladen. Der Browser schickt eine HTTP GET-Anfrage an den Server. Dieser wertet die Anfrage aus und schickt eine neue, dynamisch generierte Seite zurück, welche dann wieder angezeigt wird.

```
<html>
  <body>
    <div id="output">
      <%=new java.util.Date() %>
    </div>
    <input type="button" value="Refresh"
      onClick="document.location␣=␣document.location">
  </body>
</html>
```

Nun zum AJAX-Beispiel. Während in der traditionellen Variante Client- und Server-Code miteinander vermischt sind, ist das AJAX-Programm in einen Client, der aus JavaScript und HTML besteht, und einen Server getrennt. Sehen wir uns zunächst den Client an:

```
<html>
  <head>
    <script>
      function go()
      {
        var req;
        if (window.XMLHttpRequest)
          req = new XMLHttpRequest();
        else if (window.ActiveXObject)
          req = new ActiveXObject("Microsoft.XMLHTTP");

        req.onreadystatechange = function()
        {
          if (req.readyState == 4 && req.status == 200)
            document.getElementById("output").innerHTML =
```

```
16               req.responseText;
17           }
18
19           req.open("GET", "/buch/timeajax.jsp" );
20           req.send(null);
21         }
22       </script>
23     </head>
24     <body>
25       <div id="output"></div>
26       <input type="button" value="Refresh"
27         onClick="javascript:go()">
28     </body>
29   </html>
```

Der HTML Body-Bereich sieht im Grunde ähnlich aus. Es fehlt die JSP Server-Komponente, die das Datum in eine neu zu generierende Seite schreibt. Auch der JavaScript-Eventhandler erzeugt keinen Seiten-Refresh, sondern ruft die oben definierte Routine go auf. Hier wird zunächst das XMLHttpRequest-Objekt instantiiert. Dieses Objekt ist in neueren Browsern Teil der dort vorhandenen JavaScript-Bibliothek und spielt eine zentrale Rolle, um asynchrone HTTP-Anfragen von JavaScript aus abzusetzen. Leider besteht hier ein Unterschied zwischen Internet Explorer- und Mozilla-Browsern, der sich in der if-Abfrage widerspiegelt. Bevor in Zeile 18 und 19 die Anfrage an den Server mit der URL /buch/timeajax.jsp gestartet wird, definiert man in Zeile 12 eine Callbackfunktion. Diese wird aufgerufen, sobald das Ergebnis der HTTP-Anfrage vom Server beim Browser ankommt. Genau durch diesen Callback-Mechanismus entsteht die Asynchronität. Das Senden in Zeile 19 wartet nicht auf das Ergebnis, sondern kehrt sofort zurück und gestattet dem Browser somit weitere Benutzereingaben zu verarbeiten. Bei geschickter Programmierung können die Ladezeiten versteckt werden, zum Beispiel indem eine große Anfrage in mehrere kleine aufgeteilt wird. Die ersten Ergebnisse können auf diese Weise sofort angezeigt werden, während der Rest noch geladen wird und die „gefühlte" Geschwindigkeit der Software steigt. Was passiert nun in der Callback Methode? Die Bedingung prüft, ob die Anfrage tatsächlich beendet ist und ob ein HTTP Code ungleich 200 einen Fehler anzeigt. Ist dies nicht der Fall, kann mittels req.responseText auf den Antworttext vom Server zugegriffen werden. Dieser wird mittels der Document Object Model (DOM)-API in die bestehende Seite eingefügt. Der Servercode ist denkbar einfach:

```
<%=new java.util.Date() %>
```

Es wird lediglich eine Zeile Text mit Datum und Uhrzeit ausgedruckt. Genau dieser Text landet schließlich in der Variable `req.responseText` auf der Clientseite. Man sieht also, dass der Browser nicht mehr von Seite zu Seite springt und vom Server generierte Seiten anzeigt. Stattdessen findet sich im Browser ein in JavaScript geschriebener Fat Client, der asynchron mit dem Server kommuniziert und Änderungen wie eine gewöhnliche Applikation über eine API auf den Bildschirm

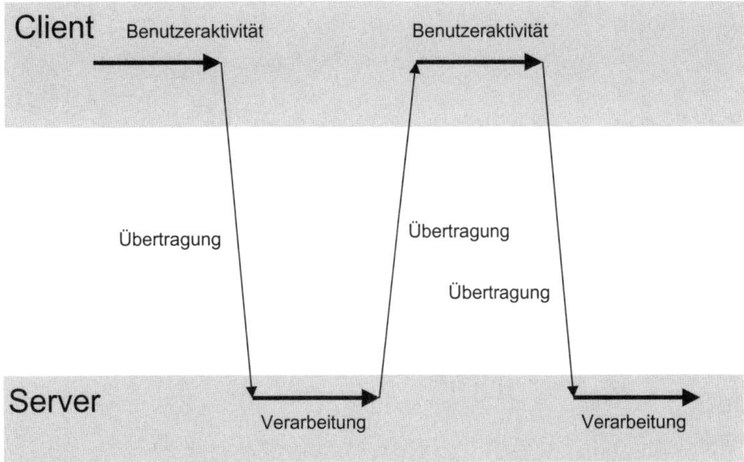

Abbildung 9.2: Herkömmliche Web-UIs springen von Seite zu Seite, wobei die Benutzerinteraktion immer wieder durch die Ladezeit vom Server unterbrochen wird.

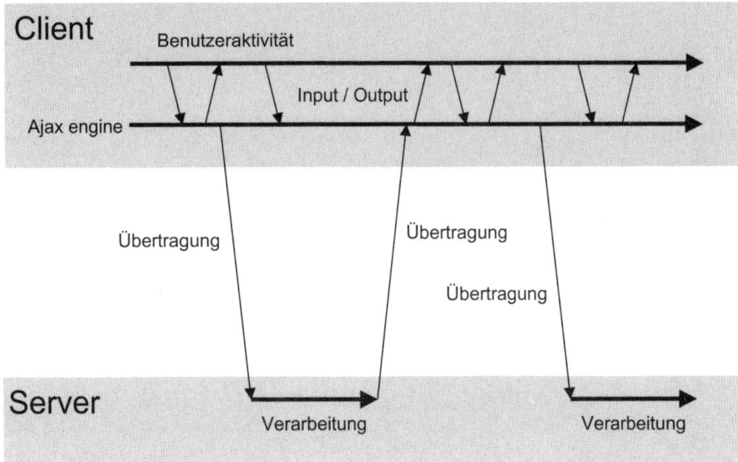

Abbildung 9.3: Bei AJAX UIs bleibt eine Seite mit dem JavaScript Client erhalten und für den Benutzer ansprechbar, während Daten asynchron vom Server geladen werden.

bringt. Abbildung 9.3 verdeutlicht die neue Architektur und zeigt die Unterschiede auf. Vorteil von AJAX ist die Tatsache, dass die Eingabemaske während der Kommunikation weiter benutzbar bleibt, da der Browser die Seite nicht verlässt.

Nun wurde bereits erläutert, wie über einen Callback-Mechanismus Asynchronität gewährleistet wird. Bleibt die Frage, welche Rolle XML bei AJAX spielt. Im vorigen Beispiel wurde eine denkbar einfache Art der Datenkodierung gewählt,

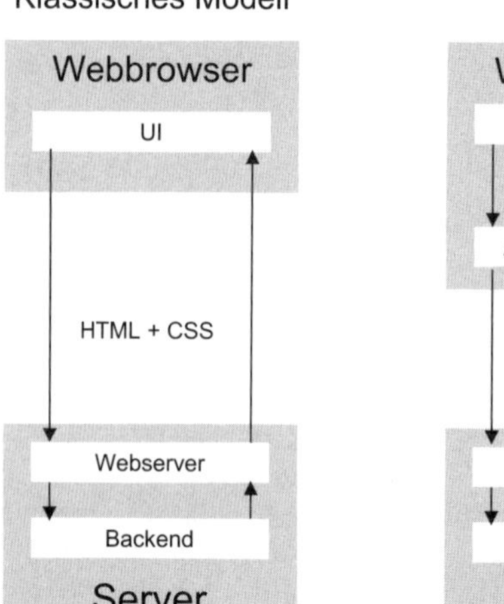

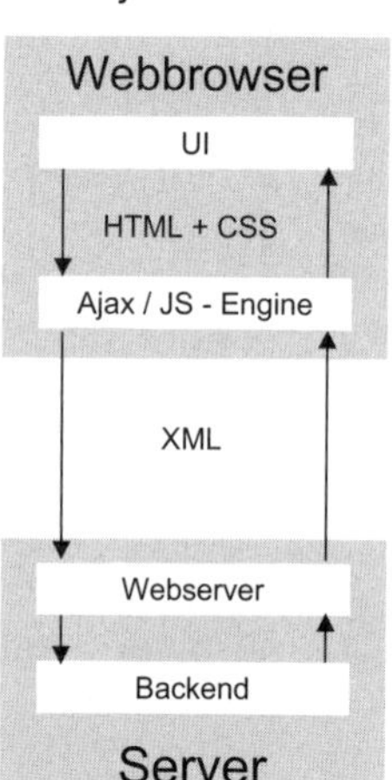

Abbildung 9.4: Herkömmliche Web-UIs und AJAX im Vergleich: Der Server gibt bei AJAX strukturierte Daten aus, die erst im JavaScript-Client in Bildschirmänderungen übersetzt werden.

nämlich eine einfache Zeile Text. Was ist nun, wenn eine komplexere Struktur übertragen werden soll. In diesem Fall kann der Server XML erzeugen. Stellen wir beispielsweise unseren Zeitserver auf XML um:

```
<%
  response.setContentType( "text/xml" );
  out.println( "<?xml␣version='1.0'?>" );
  out.println( "<time>" );
  out.println( new java.util.Date() );
  out.println( "</time>" );
%>
```

Der Client muss nun wie folgt umgeschrieben werden:

```
...
        req.onreadystatechange = function() {
          if (req.readyState == 4 && req.status == 200) {
            var d = req.responseXML.documentElement
              .firstChild.nodeValue;
            document.getElementById("output").innerHTML = d;
          }
        }

        req.open("GET", "/buch/timeajaxxml.jsp" );
        req.send(null);
...
```

Statt req.responseText wird nun die Variable `req.responseXML` verwendet, die den übertragenen XML-Baum per Document Object Model (DOM) anbietet. Die variable `documentElement` liefert den Wurzelknoten „time". Von hier aus kommt man über firstChild an den Textknoten und von dort aus schließlich an den eigentlichen Wert. Hierbei ist zu erwähnen, dass die DOM API vom W3C normiert und somit in allen möglichen Programmiersprachen wie .NET, Java und auch JavaScript gleiche Methoden- und Feldernamen hat. Es ist auch möglich, XPath Ausdrücke oder XSLT-Transformationen auf den übergebenen XML-Baum anzuwenden.

9.1.4 JSON als leichtgewichtiger Ersatz für XML

Sieht man sich das AJAX-XML-Beispiel an, so stellt sich die Frage, ob XML immer die einfachste Variante ist, Daten vom Server in den Browser zu übertragen. Die Vor- und Nachteile von XML können wie folgt beschrieben werden:

Vorteile von XML.

- XML ist weit verbreitet.
- XML bietet saubere Lösungen für Sonderzeichen und Internationalisierung.
- APIs existieren für fast alle Programmiersprachen.
- Viele Werkzeuge, beispielsweise um SQL Daten direkt in XML zu übertragen.

Nachteile von XML.

- XML ist in der Verarbeitung ziemlich langsam.
- DOM API ist bisweilen – wie im obigen Beispiel zu sehen ist – recht umständlich.
- Einige Eigenschaften von XML, wie beispielsweise ignorable whitespaces, führen oft zu Fehlern.

Insbesondere die Tatsache, dass der Client in AJAX-Anwendungen immer in JavaScript geschrieben ist, führte dazu, dass man sich nach einer Alternative zu XML umgesehen hat. Dies führte zur Entwicklung der JavaScript Object Notation (JSON). JSON ist im Prinzip nichts Neues: Man verwendet schlicht die JavaScript-Sprachsyntax, um Objektkonstanten im Quellcode aufzuschreiben im Kontext von Web-basierten RPCs. Folgendes Beispiel definiert ein JavaScript-Objekt und liest einen Wert aus:

```
var o = { 'a' : 5, 'b' : [ 'foo', 'bar' ] };
// print 'bar'
alert( o.b[1] );
```

Wie kann man sich die flexible Objektnotation zunutze machen? Sehen wir uns dazu zunächst den JSON-Zeitserver an:

```
<%
  out.print( "{" );
  out.print( "'time'␣:␣" );
  out.print( "'" + new java.util.Date() + "'" );
  out.print( "}" );
%>
```

Man sieht, dass der Server einfach JavaScript Sourcecode verschickt. Wie kann der Client dies nun verarbeiten? Man bedient sich hierbei der Funktionalität des JavaScript eval-Kommandos, das dynamisch JavaScript aufführen kann. Der Client sieht also wie folgt aus:

```
...
        req.onreadystatechange = function()
        {
          if (req.readyState == 4 && req.status == 200)
          {
            var d = eval( "(" + req.responseText + ")" );
            document.getElementById("output").innerHTML =
                d.time;
          }
        }

        req.open("GET", "/buch/timeajaxjson.jsp" );
        req.send(null);
...
```

Das im Server erzeugte Objekt wird also als Sourcecode übertragen. Der Client greift mittels req.responseText darauf zu und instantiiert das Objekt einfach über eval. Nun kann der Client auf die Struktur zugreifen und das div Tag auf d.time setzen um den Wert im Browser sichtbar zu machen.

Zusammenfassend kann man sagen, dass JSON die Arbeit auf dem Client wesentlich vereinfacht, da nativ in JavaScript auf Werte zugegriffen werden kann, anstatt die oft umständliche DOM API verwenden zu müssen. Auf der Serverseite wird die Arbeit etwas erschwert, da Applikationsserver Objektserialisierung in JSON noch nicht direkt unterstützen und man wahrscheinlich diesen Code selbst schreiben bzw. sich eine passende Bibliothek suchen muss.

9.1.5 Event-basierte Programmierung mit Feeds

Im Abschnitt über AJAX wurde schon ausgiebig über Callbacks gesprochen. Nun waren dies lokale Callbacks innerhalb eines JavaScriptinterpreters. In verschiedenen Applikationen stellt sich die Frage, wie Callbacks über das Web funktionieren. Das Standardbeispiel in diesem Bereich ist ein Nachrichtenticker. Clients sollten Neuigkeiten möglichst schnell erhalten. In diesem Kontext wird auch von Push-Diensten gesprochen. Der Client muss also nicht erst selbst aktiv werden, sondern bekommt die Nachricht zugesandt, sofern er sich vorher als Interessent registriert hat. Dieser Prozess wird im Englischen Syndication genannt. Somit ergibt sich der Name Rich Site Syndication (RSS), der einen Standard zur Übertragung solcher Nachrichtenkanäle – auch Feeds genannt – beschreibt.

Wie funktioniert RSS nun genau? Die Infrastruktur des Webs erlaubt es nicht, dass der Server dem Client aktiv eine Nachricht schickt. Deshalb muss auf Polling, also das stetige Nachfragen des Clients, ob es denn jetzt endlich mal wieder eine neue Nachricht gibt, zurückgegriffen werden. Man kennt Polling auch von Mailprogrammen. Dort stellt man ein, in welchem Intervall der Mailserver zum Abholen neuer Nachrichten kontaktiert werden soll.

Bei RSS funktioniert dies ähnlich, nur dass das Abholen der Nachrichten über HTTP erfolgt. Damit der Client den RSS Feed überhaupt findet, kann dieser vom HTML aus verlinkt werden. Neuere Browser stellen einen solchen RSS-Link durch das RSS-Symbol in der Adressleiste dar. Man klickt auf dieses Symbol, um auf die Daten des Feeds zuzugreifen.

```
<html>
  <head>
    <link rel="alternate"
          type="application/rss+xml"
          title="RSS" href="web2_0.rss" />
```

Die RSS Resource ist eine einfache XML-Datei, die das RSS-Vokabular verwendet. Diese Datei kann statisch im Dateisystem abgelegt sein oder dynamisch aus einer Datenbank erstellt werden:

```
<?xml version="1.0" encoding="ISO-8859-1"?>
<rss version="2.0">
  <channel>
    <title>Moderne Webanwendungen mit Ajax und Web 2.0</title>
    <link>http://web.cecs.pdx.edu/~eberhart/web2.0/</link>
    <description>Moderne Webanwendungen mit Ajax und Web 2.0
    </description>
    <language>de-de</language>
    <item>
      <title>Seminar am 6.11.2006 in Heidelberg</title>
      <description>Eine kurze Zusammenfassung des Artikels
      </description>
      <link>http://www.dia-bonn.de/mwa1_2006/mwa_main.html
      </link>
      <author>Andreas Eberhart</author>
    </item>
    ...
  </channel>
</rss>
```

Der Client holt diese Datei also in regelmäßigen Abständen über HTTP vom Server ab. Da der Client keine Parameter wie „wann wurde das letzte Mal nachgefragt" oder „letzte erhaltene Nachricht" übertragen kann, ist es komplett dem Client überlassen, herauszufinden, welche Nachrichten neu hinzukamen.

Beispiele für RSS Clients sind vielfältig. Im Browser werden RSS Feeds meist als aktive Lesezeichen verwendet, also Lesezeichen die beim Start von der Website geladen werden. Andere Clients handhaben sich wie ein Mailprogramm oder zeigen dem Benutzer neue Nachrichten durch ein Popup-Fenster an.

Neben RSS gibt es weitere Feed-Formate. Das Atom-Format erweitert RSS beispielsweise durch Felder für UUID und Zeitstempel der Nachricht, was das Berechnen des Deltas zwischen zwei Feedanfragen erheblich vereinfacht. Google versucht sein Format GData durchzusetzen, das dem Client auch die Möglichkeit gibt, Suchanfragen und Änderungen vorzunehmen.

9.1.6 Mashups: Daten- und Applikationsintegration im Browser

Der Begriff Software as a Service (SAS) beschreibt den Trend weg von der gekauften, lizensierten und lokal installierten Software hin zu Internetangeboten, auf die online zugegriffen werden kann und die für einen gewissen Zeitraum und je nach Bedarf gemietet werden. Salesforce.com ist das Paradebeispiel für eine SaaS basierte Customer Relationship Management (CRM)-Lösung. Auch im Web 2.0-Umfeld spiegelt sich dieser Gedanke in dem Begriff Mashup wider. Ein Mashup ist eine Internetseite, die zwei oder mehr Basisangebote zu einem neuen Angebot vereint und dadurch neue Werte schafft. Abbildung 9.5 zeigt das Beispiel placeopedia.com, in dem eine Interaktive Karte per Zoom und Verschieben dazu dient, zum momentanen Kartenausschnitt passende Wikipedia-Artikel zu finden. Placeopedia vereint hierzu die Basisdienste Wikipedia und Google Maps.

Das Einbinden eines Basisdiensts kann in der Web 2.0-Welt viele Formen annehmen. Die einfachste Form ist sicherlich, einen simplen Hyperlink zu setzen. Weiterhin ist es beispielsweise möglich, per JavaScript und DOM API Bilder von einem anderen Host nachzuladen. Dies passiert im Falle von Google Maps und könnte in etwa so aussehen:

```
<script>
  function onZoom()
  {
    // berechne x, y, zoom
    ...
    document.getElementById( "map" ).src =
      "http://maps.google.com/x="+x+"&y="+y+"&zoom="+zoom;
  }
</script>
```

Schließlich ist es auch möglich, auf strukturierte Daten eines Dienstes per AJAX zuzugreifen. Von der Grundidee her sind sich Mashups und Workflows in der Welt der SOA sehr ähnlich. Beide Ansätze führen einzelne Dienste zu einem neuen Angebot zusammen. Der wesentliche Unterschied besteht zum einen darin,

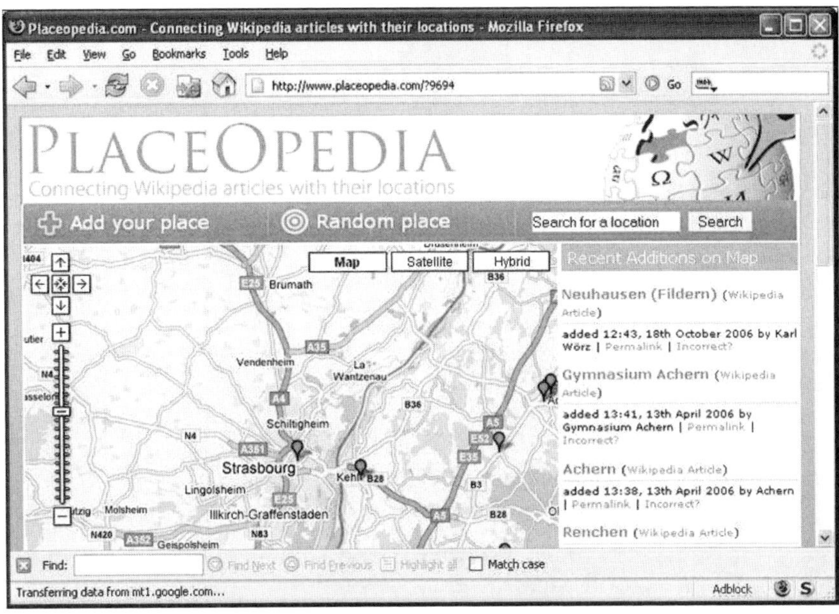

Abbildung 9.5: Placeopedia ist ein Mashup, der Google Maps- und die Wikipedia-Basisdienste zu einen neuen Angebot vereint.

dass die Integration bei Mashups zum Großteil im Browser erfolgt und zum anderen, dass Mashups stets direkt eine Benutzerschnittstelle haben, also von Menschen konsultiert werden und nicht – wie im Falle von SOA – von anderen Diensten.

Die Website www.programmableweb.org verschafft einen guten Überblick über die Mashup-Szene. Dort finden sich Listen von Mashups, den verwendeten APIs sowie Beschreibungen und Bewertungen. Es lohnt sich, dort zu stöbern. Der Mashup http://veloroutes.org/ erlaubt es beispielsweise, Joggern und Radfahrern ein Höhenprofil ihrer Haus-und-Hofstrecke zu erstellen.

9.1.7 Architektonische Probleme bei Mashups und AJAX

Bevor wir nun in komplette Euphorie bezüglich Web 2.0 und Mashups verfallen, gilt es die in Abbildung 9.6 gezeigte Architektur kritisch zu bewerten. Die Integration im Browser hat sicher einige Vorteile wie zum Beispiel die Tatsache, dass Grafiken sehr einfach in die Integration einfließen können, da sie direkt im Browser angezeigt werden. Die Architektur erfordert allerdings bei allen AJAX-Applikationen einen in JavaScript geschriebenen Fat Client. Dies bringt die folgenden Probleme mit sich:

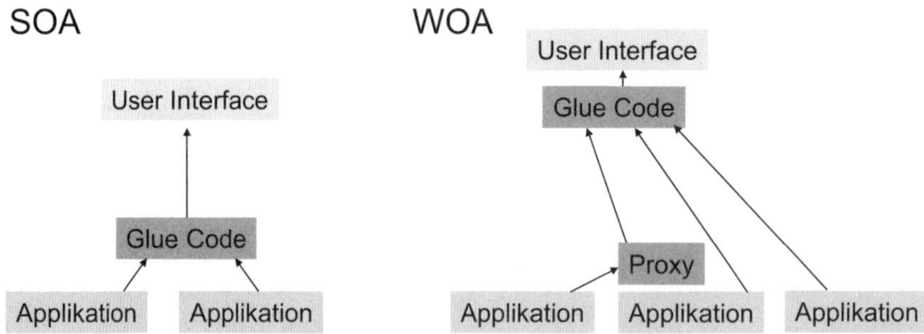

Abbildung 9.6: Mashups und Web-orientierte Architekturen integrieren Daten und Applikationen im Browser mittels JavaScript, bei SOAs geschieht dies im Backend.

- JavaScript ist eine interpretierte Skriptsprache und JavaScript-Programme sind durch das fehlende Typsystem fehleranfällig.
- JavaScript ist bezüglich der Werkzeuge und Debugging-Möglichkeiten nicht die beste Wahl.
- Es ist für Angreifer sehr einfach, JavaScript Clients zu modifizieren, da diese im Klartext im Browser vorliegen.
- Es ist für Entwickler oft schwer, die benötigte Funktionalität zu erstellen, da der Client im Browser nur über eingeschränkte Rechte verfügt.

Der letzte Punkt ist insbesondere für Mashups sehr kritisch, denn eine Regel besagt, dass JavaScript lediglich Anfragen zu dem Host absetzen darf, von dem er geladen wurde. Werden dem Client vom Benutzer nicht ausdrücklich mehr Rechte eingeräumt, dürfen keine Anfragen zu anderen Host gemacht werden, um von dort Daten für den Mashup zu laden.

Wie bereits erwähnt, wählt die Web 2.0-Gemeinde einen pragmatischen Weg zur Lösung des Problems. Dieser Weg wird von Microsofts Chefstrategen Ray Ozzie treffend als „intelligentes Browserhacking" beschrieben. Um den Rahmen des Buchs nicht zu sprengen, wollen wir kurz auf zwei Varianten eingehen, die es erlauben, Anfragen an andere Hosts abzusetzen.

On Demand Scripts. Die erste Variante macht sich zunutze, dass script Tags mit `src`-Attribut per DOM erstellt werden können. Dies führt dazu, dass der Browser ein Script per HTTP von der angegebenen URL lädt und ausführt. Die URL unterliegt hierbei nicht der Quellrestriktion. Definiert der Skript nun eine Variable, kann diese später als Ergebnis ausgelesen werden. In unserem Beispiel ruft der Skript eine Methode auf. Das eigentliche Ergebnis der Anfrage ist als Parameter im Aufruf verpackt. Die Implementierung der Funktion `sendRPCDone` nimmt dann dieses Ergebnis in Empfang und zeigt es auf dem Bildschirm an. Das Beispiel spricht den Google Suggest-Dienst an, der einen gegebenen Präfix wie „Tok" in die häufigsten Google Suchanfragen – in unserem Beispiel tokyo,tokio hotel,tokyo drift – umsetzt.

```
<html>
  <head>
    <script>
      function go( par )
      {
        var head = document.getElementsByTagName
                  ("head").item(0);
        var oScript = document.createElement("script");
        oScript.setAttribute("src",
"http://www.google.com/complete/search?hl=en&js=true&qu=" +
          encodeURIComponent( par ));
        head.appendChild(oScript);
      }

      function sendRPCDone(fr,is,cs,ds,pr)
      {
        output.innerHTML = cs;
      }
    </script>
  </head>
  <body>
    <input type="text" id="input"
      onkeyup=
        "javascript:go(
␣␣␣␣␣␣␣␣␣␣␣␣document.getElementById('input').value␣)">
    <div id="output">
  </body>
</html>
```

Versteckte IFrames. Ein weiterer Weg, Daten von einem Host zu laden besteht darin, versteckte IFrame HTML-Elemente zu verwenden. Der IFrame wird versteckt, indem er sehr klein - beispielsweise 1 auf 1 Pixel groß – auf der Seite dargestellt wird. Eine Reihe von Skripten, die u.a. auch den Anker der IFrame URL (also den Teil der URL hinter dem #-Zeichen) als Datenaustauschvariable verwenden können, werden dann zur Kommunikation verwendet, wobei der IFrame die eigentliche Kommunikation mit dem dritten Host übernimmt.

Server Proxy. Ein relativ einfacher serverseitiger Ansatz ist, Anfragen vom Browser zunächst an den eigenen Host zu schicken und von dort aus an den Drittanbieter weiterzuleiten. Hier ist allerdings Vorsicht geboten, da man sich allerhand rechtliche Probleme durch eine solche Proxy einhandeln kann, weil auf einmal alle von Internetnutzern initiierte Anfragen vom eigenen Rechner aus zum Anbieter weitergeleitet werden.

Es gibt beim W3C eine Arbeitsgruppe, die sich mit der Spezifikation einer Erweiterung der XMLHttpRequest-Schnittstelle befasst, damit zukünftig diese so genannten Cross Domain-Anfragen elegant gehandhabt werden können. Allerdings wird es eine Weile dauern, bis diese Spezifikation fertig und in den Browsern implementiert wird und die Browser, die diese Spezifikation noch nicht implementieren, „aussterben". Insofern wird man bei der Programmierung von Mashups weiterhin auf solche Tricks zurückgreifen.

9.2 Realisierungplattformen

Nachdem im letzten Abschnitt die Grundlagen von Mashups und AJAX eingeführt wurden, wollen wir uns nun mit den Realisierungsplattformen befassen. AJAX-Applikationen haben ja immer einen Teil, der für die Benutzerschnittstelle verantwortlich ist, und einen Teil, der die Kommunikation mit dem Server übernimmt. Diese beiden Aspekte betrachten wir in den beiden folgenden Abschnitten. Danach befassen wir uns noch kurz mit Ansätzen, Mashups mittels integrierter Entwicklungsumgebungen zu erstellen, und mit Alternativen Clients, also Lösungen, die auf in Browsern installierten Plugins basieren.

9.2.1 AJAX-Werkzeuge

Die obigen Beispiele zeigten, dass AJAX-Anfragen problemlos vom Browser aus abgesetzt werden können. Man sah allerdings auch, dass man noch weit von einer ausgereiften Middleware wie z.B. RMI entfernt ist. Zum einen ist die Parameterübergabe per URL encoding nicht besonders komfortabel, zum anderen muss das XMLHttpRequest-Objekt initialisiert und umständlich mit den Callbacks hantiert werden.

Es gibt einige Bibliotheken, die diese Details für den Entwickler verstecken und komfortable RPC-artige Aufrufe von Serverobjekten erlauben. Ein Beispiel hierfür ist das Direct Web Remoting (DWR) Toolkit. DWR integriert sich in einen J2EE-fähigen Webserver und erlaubt es über Konfigurationsdaten, JavaScript Clients per AJAX beliebige Java-Objekte im Backend zur Verfügung zu stellen. Sehen wir uns ein simples Chat-Beispiel an. Zunächst der Server:

```
public class Chat
{
  static String messages = "";

  public String getMessages()
  {
    return messages;
  }

  public String addMessage( String message )
```

```
  {
    messages = messages + message + "<br>";
    return messages;
  }
}
```

Der Clou an DWR ist nun, dass aus dieser Klasse per Java Reflection automatisch ein JavaScript Stub generiert wird, der die Details von AJAX abhandeln kann. Dieser Stub, im Beispiel Chat.js, wird einfach über eine script Tag inkludiert:

```
<head>
  <script type='text/javascript'
            src='/dwr-demo/dwr/interface/Chat.js'>
  </script>
  <script type='text/javascript'
            src='/dwr-demo/dwr/engine.js'>
  </script>
  <script type='text/javascript'
            src='/dwr-demo/dwr/util.js'>
  </script>
  <script>
    function send()
    {
      var message = document.getElementById( "message" ).value;
      var messages = Chat.addMessage( message );
      document.getElementById( "messages" ).innerHTML =
                messages;
    }
  </script>
</head>
...
  <div id="messages" />
  <input type="text" id="message" />
  <input type="button" value="send" onClick="send();" />
...
```

9.2.2 UI Libs

Unsere Beispiele zeigten ansatzweise, wie mittels JavaScript und DOM dynamische UIs geschrieben werden können. Hierbei kann auch auf eine ganze Reihe interessanter Bibliotheken zurückgegriffen werden, die es erlauben, Komponenten wie sortierbare Tabellen oder Baumstrukturen einzubinden. Eine weit verbreitete Bibliothek ist hierbei das Dojo Toolkit. Dojo ist im Prinzip eine mächtige JavaScript-Bibliothek, die auf den eigenen Webserver kopiert und von den HTML-Seiten inkludiert wird. Ist dies geschehen, können die Dojo Widgets auf der Seite verwendet werden. Abbildung 9.7 zeigt, dass mit dieser Bibliothek sehr ansprechende UIs gebaut werden können.

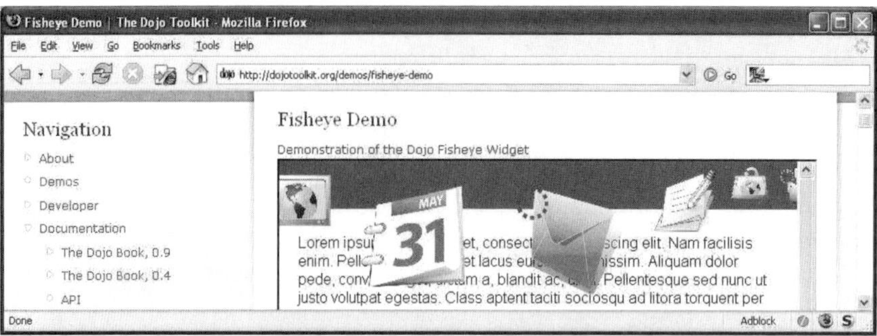

Abbildung 9.7: Dojo Fisheye Viewer Widget

9.2.3 Mashup IDEs

Für jede Art von Benutzerschnittstelle gibt es die Vision, Applikationen zu erstellen, indem man Komponenten per drag and drop auf eine Seite zieht und Eventhandler per Doppelklick hinzufügen kann. Solche Rapid Application Development (RAD)-Werkzeuge gibt es für HTML, Visual Basic etc. So ist es nicht verwunderlich, wenn dieses Paradigma auch auf Mashups angewandt wird. IBM arbeitet derzeit an dem QEDWiki-System. Die Vision besteht darin, dass Applikationen, die auf RSS Feeds aus einer DB2-Datenbank, Internetdiensten wie Strikeiron oder Salesforce und anderen Angeboten wie Wetter- und Kartendiensten schnell erstellt werden können. Interessant ist hierbei die Kombination von Mashup und Wiki. Das Wiki übernimmt in diesem Fall die Dokumentation und vor allen die Versionierung der sich im Lauf der Zeit ändernden Programmversionen.

Ein weiteres interessantes System, das man auch direkt im Browser ausprobieren kann, ist die WebRPC Plattform. WebRPC ist zunächst ein Repository von REST- aber auch SOAP-Diensten, die von der Site aus getestet werden können. WebRPC erlaubt es auch, eigene Dienste zu registrieren. Weiterhin werden Daten über die Latenz und Verfügbarkeit der Dienste gespeichert unf grafisch angezeigt.

Diese Dienste können dann im MashupMaker mit UI Widgets kombiniert werden. Die Programmierung erfolgt, indem man Komponenten und Dienste aus einer Liste wählt und einige Codestücke, wie beispielsweise die Eventhandler, mit JavaScript ausfüllt. Abbildung 9.8 zeigt einen mit der Site erzeugten Mashup, der die Google Maps und Dojo Table Widget, sowie einen Kalender und einen Adress zu Geokoordinaten-Suchdienst kombiniert, um anzuzeigen, wo ein im Kalender eingetragener Termin stattfindet.

9.2.4 Alternative Clients

Es gab immer schon Ansätze, die versuchten, die durch HTML auferlegten Restriktionen zu umgehen. Hierzu zählen auch Java Applets und ActiveX Controls,

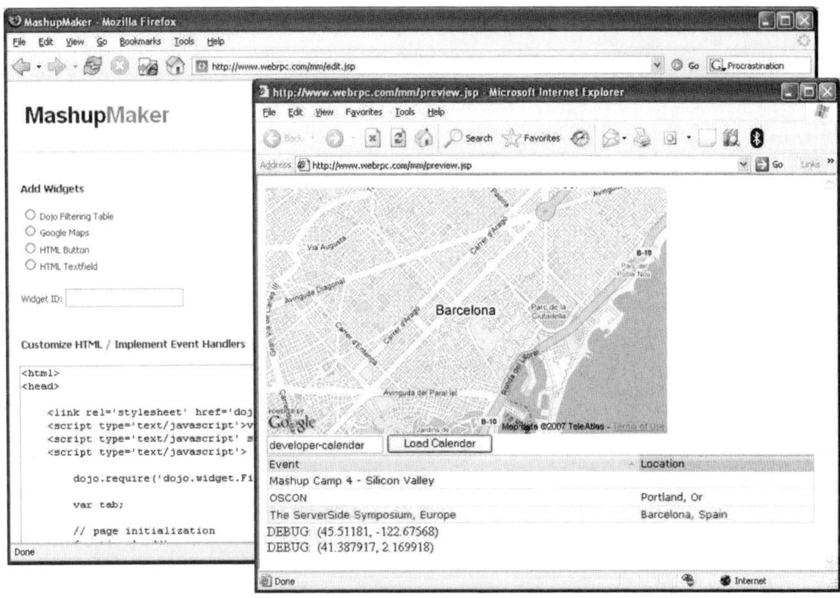

Abbildung 9.8: Mit dem MashupMaker von WebRPC lassen sich Mashups einfach online in Browser erstellen.

die sich vor einigen Jahren noch großer Beliebtheit erfreuten. In letzter Zeit setzt sich allerdings vor allem die Adobe Flash-Plattform durch.

Adobe Flash. Flash ist ein Browserplugin, das Skripte und Animationen ausführen kann. Somit hat es der Hersteller in der Hand, schnell auf Anforderungen wie beispielsweise cross domain-Aufrufe für Mashups zu reagieren. Von der Architektur her sind solche Lösungen eng mit AJAX verwandt.

Microsoft Silverlight. Microsoft hob die Silverlight-Plattform vor kurzem aus der Taufe. Silverlight ist vor allem ein Angriff auf die Adobe-Plattform und bietet vergleichbare Funktionalität auf Basis der .NET-Plattform.

Scalable Vector Graphics. Scalable Vector Graphics (SVG) ist ein W3C-Standard, der es erlaubt, Vektorgrafiken in HTML-Seiten einzubinden und diese auch per DOM API von Skripten aus zu modifizieren. Im Internet Explorer wird hierzu ein Plugin von Adobe benötigt. Firefox kann, wie in Abbildung 9.9 gezeigt, SVG ab der Version 1.5 nativ ausführen.

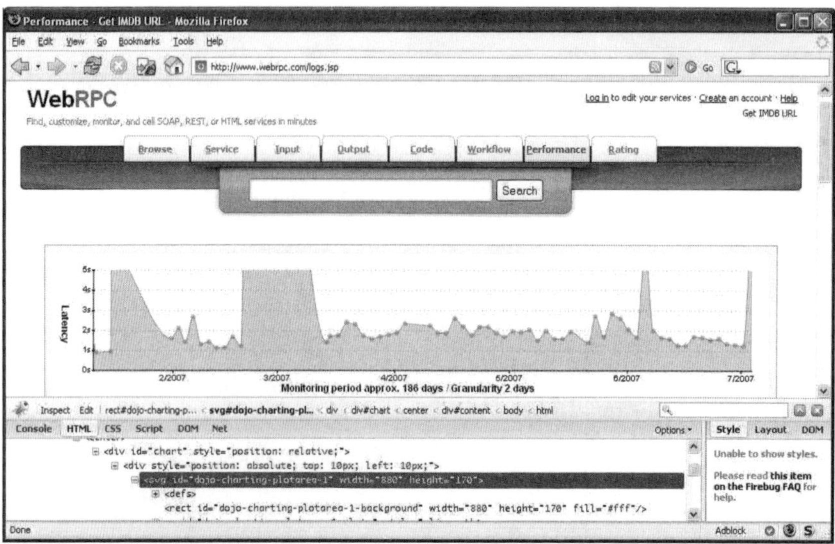

Abbildung 9.9: Die WebRPC Performance-Grafen basieren auf SVG – der mittels Firebug in der unteren Bildhälfte dargestellte HTML-Baum zeigt deutlich, dass die SVG-Elemente direkt im HTML Code eingebettet sind.

9.3 Code-Beispiele

9.3.1 REST Client in Java

Das erste Beispiel zeigt, wie ein einfacher Klient mittels REST-Informationen von Google Maps abfragt. Die gewünschte Adresse wird per Kommandozeile übergeben. Die Klasse an sich stellt in gewisser Weise einen Stub dar, der den bereits in Abbildung 9.1 gezeigten Google-Dienst in der Methode `getCoord` verpackt. Zu einer gegebenen Adresse wird die geografische Länge, Breite und Höhe ermittelt. In Zeile 21 wird zunächst die passende URL mit dem HTTP GET-Parameter zusammengesetzt. Der HTTP-Aufruf und das Parsen des Ergebnisses erfolgt mit den entsprechenden Java-Bibliotheken. Im XML-Ergebnis sind einige Informationen gespeichert. Da für unser Beispiel lediglich das coordinates-Element interessant ist, verwenden wir den XPath-Ausdruck //coordinates, um schnell an die passende Stelle im XML zu navigieren. Der Inhalt des Elements wird nach Kommas tokenisiert und in Fließkommazahlen gewandelt.

Dieses Beispiel zeigt, dass REST sehr einfach zu beherrschen und aufgrund seiner Schlankheit auch sehr schnell ist. Nachteilig wirkt sich natürlich aus, dass das Parsen und Konvertieren der Ergebnisse selbst programmiert werden muss.

```
import javax.xml.parsers.DocumentBuilderFactory;
import javax.xml.xpath.XPath;
import javax.xml.xpath.XPathConstants;
import javax.xml.xpath.XPathFactory;

import org.w3c.dom.Document;

public class GMap
{
  public float lat;
  public float lng;
  public float alt;

  public String toString()
  {
    return "lat:␣"+ lat + ",␣lng:␣" + lng + ",␣alt:␣" + alt;
  }

  public static GMap getCoord( String query ) throws Exception
  {
    String url =
        "http://maps.google.com/maps/geo?q="+
        query+
        "&output=xml&key=...";
    Document doc = DocumentBuilderFactory.newInstance().
        newDocumentBuilder().parse( url );
    XPath xpath = XPathFactory.newInstance().newXPath();
    String coordinates = (String)xpath.evaluate(
        "//coordinates", doc, XPathConstants.STRING );
    String[] coords = coordinates.split( "," );
    GMap gmap = new GMap();
    gmap.lng = new Float(coords[0]);
    gmap.lat = new Float(coords[1]);
    gmap.alt = new Float(coords[2]);
    return gmap;
  }

  public static void main(String[] args) throws Exception
  {
    String query = args[0]; // Hamburg
    GMap gmap = getCoord( query );
    System.out.println( gmap );
  }
}
```

9.3.2 JavaScript Mashup

Unser zweites Beispiel zeigt einen in JavaScript geschriebenen Mashup, der einen öffentlich verfügbaren Google-Kalender ausliest, die Termine tabellarisch und sortierbar anzeigt und bei Auswahl eines Termins den Ort des Termins mit einer Karte anzeigt. Der Mashup verwendet dazu die Google Maps-Komponente sowie eine Dojo-Tabelle. Das Backend besteht aus dem Kalender-Dienst und dem auch im obigen Beispiel verwendeten Adressdienst.

Die Struktur des Quelltextes ist in HTML Head und Body unterteilt. Beginnen wird mit dem Body. Dort werden lediglich die Bildschirmkomponenten (Karte, Text mit Knopf und die Tabelle) angelegt. Deren Inhalte werden komplett mit JavaScript dynamisch erzeugt.

Der Einsprungspunkt im Head ist die Methode `load`. Dort werden die Bildschirmkomponenten initialisiert und über das Feld `onDataToggle` angegeben, welche JavaScript-Methode auszuführen ist, falls eine Tabellenzeile angeklickt wird. Hierbei ist zu beachten, dass dieser Feldname von der Dojo API vorgegeben wird.

Im Programm sind zwei Ereignisse definiert. Zum einen wird nach einem Klick in der Tabelle die Methode `getLatLng` mit der Adresse der angewählten Zeile aufgerufen. Zum anderen wird nach einem Klick auf den HTML Button in die Methode `gCalStub` mit dem Inhalt der Textbox gesprungen. Der letztere Handler ist dabei direkt im HTML Code verankert.

Der Kalender bedient sich der onDemand JavaScript-Methode, um die Cross Domain-Problematik zu umgehen. Der Aufruf erfolgt also über das Einfügen eines script-Elements in den DOM-Baum. Die Ausgabe des Kalenderdienstes ruft wiederum `gCalLoaded` auf, wo über die Termine iteriert und diese in die Tabelle übertragen werden. Die Methode `getLatLng` übersetzt die Adresse zunächst in eine Koordinate. Danach wird die Karte an der passenden Stelle zentriert.

```
<html>
<head>
  <script src='http://maps.google.com/maps?file=api&v=2&key=...'
    type='text/javascript'></script>
  <link rel='stylesheet' href='dojoTable.css' type='text/css'/>
  <script type='text/javascript' src='dojo/dojo.js'></script>
  <script type='text/javascript'>
    var geocoder = null;
    var map;
    var tab;
    var text;
    dojo.require('dojo.widget.FilteringTable');
    dojo.addOnLoad(load);

    function load()
    {
      geocoder = new GClientGeocoder();
```

```
    map = new GMap2(document.getElementById('map'));
    map.setCenter(new GLatLng(37.4419, -122.1419), 13);
    tab = dojo.widget.createWidget('dojo:FilteringTable',
      {valueField: 'row'},dojo.byId('tab'));
    tab.columns.push(tab.createMetaData({'field':'Event'}));
    tab.columns.push(tab.createMetaData({'field':'Location'}));
    text = document.getElementById('text');
    tab.onDataToggle = function (evt)
    {
      getLatLng(tab.getSelectedData().Location);
    }
  }

  function gCalStub( user )
  {
    var head = document.getElementsByTagName('head').item(0);
    var script = document.createElement('script');
    script.setAttribute('src', 'http://www.google.com/
      calendar/feeds/'+user+'@google.com/public/full?
      alt=json-in-script&callback=gCalLoaded&orderby=
      starttime&max-results=15&singleevents=true&sortorder=
      ascending&futureevents=true');
    head.appendChild(script);
  }

  function gCalLoaded( data )
  {
    rows = [];
    for ( var i=0; i<data.feed.entry.length; i++ )
    {
      rows[i]={};
      rows[i].row=i;
      rows[i].Event=data.feed.entry[i].title.$t;
      rows[i].Location=
        data.feed.entry[i].gd$where[0].valueString;
    }
    tab.store.setData( rows );
  }

  function setCenter( map, lat, lng )
  {
    map.setCenter(new GLatLng(lat, lng), 13);
  }

  function getLatLng(address)
  {
    geocoder.getLatLng( address, function(point)
    {
```

```
        setCenter( map, point.y, point.x );
      });
    }
  </script>
</head>
<body>
  <div id='map' style='width: 500px; height: 300px'></div>
  <input id='text' type='text' value='developer-calendar'>
  <input type='button' value='Load Calendar'
    onclick='gCalStub( text.value )'>
  <table id='tab'></table>
</body>
</html>
```

Teil III

Auswahl einer konkreten Architektur

Kapitel 10

Vergleichskriterien zur Architekturwahl

Der vorangegangene Teil zeigte, welche Vielfalt an Architekturen für verteilte Systeme inzwischen existiert. Welche sollte man nun für ein konkretes Entwicklungsprojekt auswählen? In diesem zweiten Hauptteil wollen wir versuchen, dem Leser bzw. dem Anwendungsentwickler Entscheidungshilfen für die Entscheidung für oder gegen eine bestimmte Architektur an die Hand zu geben. Das Ziel besteht darin, die oft subjektive oder „hype-orientierte“ Entscheidung auf eine objektivere Grundlage zu stellen. Wie wir sehen werden, ist dies natürlich nicht zu einhundert Prozent möglich, allein schon deshalb, weil es viele Faktoren gibt, die von Unternehmen zu Unternehmen unterschiedlich gewichtet werden.

Wir hatten bereits in Kapitel 2 einige grundlegende Gedanken zur Strukturierung von Software zusammengetragen. Die dort aufgestellten Leitlinien der starken Kohärenz und der losen Kopplung werden heute praktisch von allen Architekturen (mehr oder weniger) gut unterstützt. Vielmehr sind dies ja doch Eigenschaften, die vom Entwickler unterstützt werden müssen: er hat eigentlich mit jeder Architektur die Möglichkeit, sein System gut oder schlecht im Sinne der Leitgedanken zu strukturieren. Also sind diese Kriterien zwar sehr wichtig, sie helfen uns bei der konkreten Entscheidung jedoch noch nicht so richtig weiter. Werden wir deshalb konkreter.

Wir wollen dies in drei Schritten tun. Im ersten Kapitel von Teil III beschäftigen wir uns zunächst mit den Anforderungen der einzelnen Architekturen bzw. Plattformen an die Ressourcen in einem Unternehmen. Dabei werden wir im Wesentlichen anhand des Softwarelebenszyklus einzelne Phasen der Entwicklung untersuchen (Abschnitt 10.1). Dies ist jedoch nur die eine Seite. In Kapitel 2 hatten wir schon festgestellt, dass die Entscheidung mit Sicherheit immer von der speziellen Anwendung abhängt. Die Betrachtung von der Architekturseite genügt also nicht, man muss sich Gedanken über die Art der Anwendung machen. Daher wollen wir in Abschnitt 10.2 eine Reihe von Kriterien diskutieren, mit deren Hilfe man eine Art Klassifikation von Anwendungen vornehmen kann. Anschließend kann man feststellen, welche Klassen von Anwendungen besonders gut zu bestimmten Architekturen passen bzw. umgekehrt.

Das zweite Kapitel dieses Teils, nämlich Kapitel 11, zeigt dann im dritten Schritt anhand einer größeren Zahl von Fallbeispielen, wie sich diese Kriterien in den Entscheidungen vergangener bekannter und erfolgreicher Projekte widerspiegeln. Anhand dieser Beispiele kann der Leser in vielen Fällen seine eigene Anwendung einordnen und bekommt damit ein weiteres gutes Werkzeug zur Entscheidungsunterstützung an die Hand.

10.1 Anforderungen aus dem Softwarelebenszyklus

Geht es um die praktischen Folgen der Entscheidung für eine bestimmte Architektur, dann bietet sich deren Betrachtung anhand des Softwarelebenszyklus an, da die Entwicklung von Software normalerweise diesem Prozess folgt. Unabhängig davon, dass es viele verschiedene Modelle für diesen Lebenszyklus gibt, lassen sich doch einige grundlegende Phasen identifizieren, die in den verschiedenen Modellen im Wesentlichen auf unterschiedliche Art und Weise ausgeprägt sind und kombiniert werden. Üblich sind folgende Phasen:

- *Analyse*: Das gegebene Problem wird analysiert. Ziel ist z.B. die Identifikation der relevanten Objekte der Problemwelt oder der dort ablaufenden Prozesse.
- *Design*: Ausgehend von den Ergebnissen der Analyse, wird das Lösungsmodell erstellt, also die Struktur des zu realisierenden Systems beschrieben. Spätestens dieser Schritt wird meist durch formale Methoden wie UML unterstützt.
- *Implementierung*: Das Lösungsmodell wird in konkreten Code (Java, C++, ...) übersetzt. Dies geschieht entsprechend den Prinzipien der losen Kopplung im Rahmen von Modulen, die jeweils auch von unterschiedlichen Projektgruppen bearbeitet werden können.
- *Test*: Der erstellte Code wird getestet. Üblich sind sowohl Modultests, um die Einzelfunktionalität zu überprüfen, als auch Integrationstests, durch die das Zusammenspiel der Module getestet wird.
- *Betrieb und Wartung*: Die Software geht in den Betrieb und muss weiter gepflegt werden. Am Ende der Lebenszeit wird sie außer Betrieb genommen.

Übergreifend sollte man sich außerdem noch anschauen, welche Anforderungen an das (Projekt-)Management gestellt werden und welches Umfeld für eine Architektur existiert.

Zwei typische Modelle für den Softwarelebenszyklus sind das (schon etwas ältere) Wasserfallmodell und das Spiralmodell. Bei Letzterem werden die Phasen oft durchlaufen, so dass meist mehrere Prototypen entstehen, anhand derer jederzeit geprüft werden kann, wie nahe man der endgültigen Lösung gekommen ist oder ob man an einer Stelle vom Weg abgekommen ist. Dies gestattet das einfache Wasserfallmodell nicht, da es nur einen kompletten Entwicklungszyklus vorsieht (wobei es auch hier verbesserte Modelle mit Feedback-Schleifen gibt).

Die folgenden Abschnitte gehen nun darauf ein, welche Punkte in den einzelnen Phasen besonders zu beachten sind. Um der Kompaktheit willen haben wir einzelne Phasen zusammengefasst.

10.1.1 Analyse und Design

In den beiden Phasen Analyse und Design kommt es vor allem auf die Möglichkeiten an, die eine Architektur bzgl. der *Modellierung* der Lösung bietet. In der Softwaretechnik gibt es verschiedenste Ansätze und Verfahren, um solche Modelle aufzustellen. Die Puristen vertreten die Ansicht, dass man bei der Modellierung mit einer möglichst abstrakten Sprache beginnen sollte, die weitgehendst von Implementierungsüberlegungen abgekoppelt ist. Häufig wird für die Verwendung einer Logikvariante plädiert, die rein deskriptiv darstellt, wie sich das System entwickeln soll, also keinerlei algorithmische Schritte beschreibt. Etwas anwendungsnäher sind bereits automatenbasierte Sprachen wie z.B. SDL (sehr bekannt in der Telekommunikationswelt). Allerdings muss man zugeben, dass viele dieser Ansätze rein akademisch sind und den Durchbruch hin zur praktischen Softwareentwicklung nicht geschafft haben.

Anders sieht es jedoch mit der Sprache UML (Unified Modeling Language) [74] aus. Im Laufe der letzten Jahre hat sich hier ein Werkzeug entwickelt, das eine Vielzahl von Möglichkeiten für die Modellierung aller Arten von Systemen bietet. Vom Grundgedanken her verfolgt UML einen objektorientierten Ansatz, da ein System typischerweise als eine Sammlung von miteinander interagierenden Komponenten beschrieben wird. Wie es sich für ein noch recht abstraktes Modell gehört, werden auf dieser Ebene noch keine Aussagen über die konkrete Verteilung der Komponenten getroffen; dies geschieht erst in den nächsten Schritten.

UML wird in der IT-Branche auf breiter Front zur Modellierung neu zu schaffender Systeme eingesetzt, wenn es auch wegen seiner inzwischen hohen Komplexität zunehmend in der Kritik steht. Viele Unternehmen brauchen nicht das eine Werkzeug für alle Fälle, sondern begnügen sich mit Teilaspekten und sind demnach auch nicht interessiert an komplexen Werkzeugen, die die komplette UML-Funktionalität abdecken und entsprechend schwierig zu lernen und zu bedienen sind. Trotzdem ist UML der mit Abstand führende Ansatz, der in dieser Phase der Softwareentwicklung zum Einsetz kommt.

Zusammenfassend sammelt also eine Softwarearchitektur in diesem Bereich Punkte, wenn sie entweder eine UML-Modellierung direkt unterstützt oder ihr zumindest nicht unvereinbar gegenübersteht. Die zuerst genannten Ansätze der noch wesentlich stärker formalisierten Sprachen spielen in der Praxis keine Rolle und werden nur in Ausnahmefällen unterstützt. Eine fehlende Unterstützung führt entsprechend nicht zu einer Abwertung.

10.1.2 Entwicklung und Test

Geht man von der reinen Modellbetrachtung hin zu den konkreten Implementierungen in einer Programmiersprache wie Java, so spielt vor allem die Komplexität des Implementierungsmodells eine wichtige Rolle. Je mehr Komponenten verfügbar sind, die sich zusätzlich noch in einer größeren Zahl von Schichten anordnen lassen, desto komplexer werden die Optionen der Umsetzung, und desto schwieriger ist das Gesamtsystem im Entwicklungsprozess zu beherrschen. Wird eine solch komplexe Architektur angeboten, so spielt die Verfügbarkeit mächtiger Werkzeuge eine noch größere Rolle als in der Phase zuvor. Dabei ist entscheidend, dass die Werkzeuge so weit wie möglich die Komplexität vor dem Anwendungsprogrammierer verbergen und entsprechend eine einfache Schnittstelle anbieten. Ideal ist es, wenn Werkzeuge zur Verfügung stehen, die Design- und Implementierungsphase komplett abdecken, so dass der gesamte Prozess von der Anyalse bis hin zum implementierten Produkt in homogener Weise abgewickelt werden kann. In vielen Fällen wird es jedoch auch so sein, dass man ein von anderen entwickeltes Design in eine Implementierung umsetzen muss. Hier ist dann oftmals eine detaillierte Beschäftigung mit den Möglichkeiten des Implementierungsmodells nötig. Mächtige Werkzeuge, die eine entsprechende Detaillierung zulassen, haben bei komplexen Architekturen auch immer eine steile Lernkurve, was bei Projektplanungen zu berücksichtigen ist.

Sehr hilfreich ist es, wenn es bereits weitreichende Erfahrungen mit einer oder sogar mehreren Architekturen bzw. Plattformen gibt. Üblicherweise haben sich dann zunächst Best Practice-Ansätze herausgebildet, die zeigen, welche Programmierverfahren sich in der Praxis am ehesten bewährt haben. Für einige Architekturen mündete dieser Herausbildunsgprozess in der Definition von Mustern (Patterns), die für bestimmte Situationen bzw. Fragestellungen genau vorgeben, wie eine Lösung aussehen sollte. Dies geht so weit, dass solche Muster vom Hersteller einer bestimmten Plattform konkret empfohlen oder sogar standardisiert werden. Das Vorliegen solcher Muster und Best Practices ist ein klares Plus, da es die Entwicklungszeiten deutlich verkürzen kann.

Ein oft vernachlässigter Aspekt der Entwicklungsphase ist das so genannte Deployment, also die Installation und Konfiguration der fertigen Anwendung bzw. von einzelnen Komponenten in der endgültigen Ablaufumgebung. Auch hier sind die Anforderungen der in Teil II vorgestellten Architekturen ganz massiv unterschiedlich. Komplexe Architekturen erfordern eine starke Untertsützung beim Deployment; eine manuelle Installation ist aufgrund der vielen verschiedenen zu beachtenden Parameter praktisch ausgeschlossen. Eine Plattform, die zwar für die eigentliche Entwicklung wunderbare Werkzeuge bereit hält, das komplizierte Deployment aber den Künsten des Systemadminstrators überlässt, wird schnell für erheblich steigende Projektkosten sorgen.

10.1.3 Betrieb

Nach der Installation steht die Betriebsphase eines Softwaresystems an. Hier spielen also die Laufzeiteigenschaften einer Architektur bzw. der sie realisierenden Plattform die wesentliche Rolle. Diese wird wiederum stark von der internen Organisation der entsprechenden Software bestimmt, also vor allem von der Art der Kommunikation der Komponenten untereinander und ihrer Anordnung in logischen Schichten.

Betrachtet man zunächst die positiven Aspekte einer vermehrten Schichtung eines Softwaresystems, so stechen hier vor allem die Merkmale Flexibilität und Skalierbarkeit hervor. Eine logische Schicht lässt sich normalerweise als eigenständige Softwarekomponente realisieren, die im Zweifel auch auf einem eigenen Rechner (Server) laufen kann. Je mehr Schichten, desto leichter lassen sich diese auf mehrere Rechner verteilen. Damit kann erstens die Last auf einzelnen Rechnern besser kontrolliert und die Verteilung bei Bedarf modifiziert werden. Zweitens ist ein Ausbau des Systems bei später anfallender höherer Last sehr viel leichter möglich, indem man z.B. zwei Schichten, die bisher auf ein und demselben Rechner abliefen, auf zwei Rechner verteilt, oder indem man eine Schicht mehrmals auf jeweils anderen Rechnern vorhält.

Die Schichtung hat jedoch auch Nachteile. Zunächst fällt wesentlich mehr interne Netzwerkkommunikation zwischen den einzelnen Schichten an als bei einer monolithischen Implementierung. Allerdings geht das oft einher mit einer besseren Organisation und schlankeren Implementierung der äußeren Schnittstellen (z.B. zu einem Client), so dass der Netzwerkverkehr zwischen Client und Anwendung sich reduziert. Weiterhin darf man natürlich den Adminstrationsaufwand eines mehrschichtigen Systems nicht unterschätzen: Selbst wenn alle Schichten auf einem Rechner laufen, muss sich der Administrator um eine deutlich größere Zahl von Prozessen kümmern und vor allem deren Zusammenspiel koordinieren. Geht man von einer verteilten Lösung aus, muss ein erheblicher Zusatzaufwand für die Rechneradministration kalkuliert werden. Auch der zugehörige Monitoringaufwand für die Systemkomponenten steigt erheblich.

Betrachtet man schließlich die unvermeidlichen Updates des Gesamtsystems, so ist die eigentliche Modifikation der Software im Rahmen der Entwicklung sicherlich einfacher zu handhaben, je mehr Schichten es gibt, da die Schichten entsprechend weniger umfangreich und damit weniger anfällig für den Einbau von Fehlern sind. Beim Deployment wird es aber schon wieder schwieriger, vor allem dann, wenn sich Anwendungslogik auch in den Clients findet. In diesem Fall muss dann ein effizientes Austauschverfahren verfügbar sein, das auch die auf einem organisationsexternen Rechner installierten Komponenten berücksichtigt.

10.1.4 Management und Umfeld

Für das Management spielen neben den oben beschriebenen Fragen auch Ressourcenfragen eine wichtige Rolle. Die Frage, wie viel Personal man zum Betrieb einer bestimmten Lösung benötigt, wurde im vorigen Abschnitt bereits angesprochen. Für das Management ist es aber mindestens genauso wichtig, ob es für die Entwicklung auf der Basis einer bestimmten Architektur überhaupt genügend *qualifiziertes* Personal gibt. Die Architekturen stellen wie gesagt zum Teil so hohe Anforderungen an spezielle Kenntnisse, dass diese oft nicht kurzfristig nachgeholt werden können. Für den kurz- bis mittelfristigen Erfolg eines Projektes wird es also entscheidend sein, ob der Markt in ausreichender Zahl Architekten, Softwareentwickler, Tester etc. mit den entsprechenden Kenntnissen bereit hält. Für Architekturen, die lange am Markt sind und schon vielfach erfolgreich eingesetzt wurden, ist dies meist der Fall; für neuere Ansätze eher (noch) nicht.

Das Alter einer Architektur geht gleichfalls in die Frage der Industrieunterstützung ein. Der Manager eines Softwareprojektes möchte natürlich ungern einem bloßen „Hype“ aufsitzen, also einer Architekturform folgen, die zwar gerade in aller Munde ist, in sechs Monaten aber schon keine Rolle mehr spielt. Gradmesser kann hier bspw. eine entsprechende Industrieunterstützung sein, die aus einem Hype erst ein solides Fundament für erfolgreiche Umsetzungen machen kann.

Schließlich darf der Kostenfaktor nicht vernachlässigt werden. Jede Architektur ist mit unterschiedlichen Kostenarten verbunden, von denen wir hier die wichtigsten nennen wollen:

- Einige Architekturen bzw. die zugehörigen Realisierungsplattformen sind Open Source und dementsprechend oft kostenlos verwendbar. Andere wiederum erfordern das Aufbringen nicht unerheblicher Lizenzgebühren. Bei Open-Source-Lösungen sind jedoch auch wieder die Folgekosten des konkreten Lizenzmodells zu beachten. So kann es z.B. sein, dass sämtlicher auf der Basis einer Open Source-Bibliothek entwickelter Code wieder Open Source sein muss – eine Situation, die für viele kommerzielle Projekte nicht akzeptabel ist.
- Eng verbunden mit dieser Frage sind die Kosten für Entwicklung und Beratung/Support. Gerade beim Support können bei Open Source-Lösungen erhebliche Mehrkosten anfallen, die bei der proprietären Software oft im Preis inbegriffen sind. Entsprechend sind Open Source-Lösungen gerade im Anfangsstadium fehleranfälliger, so dass die Entwicklungskosten schnell steigen. Bei eingeführten Plattformen gilt dieses Argument wiederum nicht, da eine große Entwickler-Community die Fehler schon seit Jahren eliminiert.
- Oben hatten wir schon den erhöhten Aufwand beim Betrieb einer vielschichtigen Architektur angesprochen, der sich natürlich auch kostenmäßig auswirkt: mehr Rechner, mehr Netzwerklast und somit mehr Komponenten, um Skalierbarkeit zu erreichen, und mehr Personal.

10.1.5 Analyse der Architekturen

In diesem Abschnitt wollen wir die in Teil II eingeführten Architekturen auf die Erfüllung der eben abgeleiteten Anforderungen hin untersuchen. Dabei ist es natürlich so, dass die Qualität einer Architektur bzgl. dieser Kriterien vor allem auch von der Verfügbarkeit und Güte entsprechender Implementierungsumgebungen abhängt – so kann eine Architektur von der Idee her noch so gut sein; wenn jedoch die verfügbaren Implementierungen nicht an diese Ideen heranreichen, so fehlt es einfach an der Umsetzung für reale Projekte. Wir gehen so vor, dass wir jede einzelne Architektur bzgl. der vier Themenblöcke Analyse und Design, Entwicklung und Test, Betrieb und Management betrachten.

Client-Server

- *Analyse und Design*
  Da es sich bei einer Client-Server-Anwendung in Reinform insbesondere im Vergleich mit den anderen betrachteten Architekturen um eine sehr einfache Architekturform handelt, spielt die Modellierbarkeit hier in der Praxis wahrscheinlich keine so große Rolle. Allerdings werden die für die Modellierung einer Client-Server-Anwendung erforderlichen Konstrukte sicherlich in jeder praktisch relevanten Modellierungssprache zur Verfügung stehen. In der UML kommt hier insbesondere die Verwendung von Komponenten-, Interaktions- und Zustandsdiagrammen in Betracht. Für heutzutage neu zu entwickelnde Software kommt das Client-Server-Paradigma in Reinform dabei wohl nur für sehr überschaubare Projekte in Frage.

  Die Verwendung des mehrstufigen Client-Server-Ansatzes stellt jedoch auch für größere Projekte eine mögliche Alternative dar. Dies gilt insbesondere, wenn die Schnittstellen zwischen den Komponenten besonders schlank und wenig flexibel sein müssen, die Anwendung also über ihren Lebenszyklus hin als eher statisch angesehen werden kann. Die Modellierung solcher mehrstufiger Client-Server-Anwendungen mit den Mitteln der UML ist gut erprobt, wird in vielen Vorgehensmodellen vorgeschlagen und wird auch sehr gut durch die einschlägigen Werkzeuge unterstützt, da man weitestgehend mit Standardfunktionalitäten der UML auskommt.

  Sollen jedoch komplexe und zugleich flexible Softwaresysteme mit diesem Architekturprinzip realisiert werden, stößt man relativ schnell an unüberwindbare Grenzen. Die hierfür zu erstellenden Modelle werden dann sehr komplex und sind kaum noch handhabbar. Das Client-Server-Prinzip bietet sich also eher für nur schwach verteilte Systeme mit wenigen, eher großen Komponenten an.

- *Entwicklung und Test*
  In diesem Bereich kann die Client-Server-Architektur deutlich punkten: die Entwicklung wird durch nahezu alle Standard-Entwicklungsumgebungen ausreichend unterstützt, da es sich um eines der ersten verwendeten Model-

le für verteilte Anwendungen überhaupt handelt. Es ist beispielsweise sehr einfach, mit einer Entwicklungsumgebung wie Eclipse eine einfache Client-Server-Anwendung in Java zu entwickeln (vgl. Code-Beispiel in Kapitel 3.3.1); genau so einfach wäre dies mit dem Microsoft Visual Studio für eine vergleichbare Anwendung in C# möglich.

Auch Test und Deployment einer solchen Client-Server-Anwendung ist im Vergleich zu den anderen Architekturmustern sehr einfach: es werden die benötigten Komponenten auf die entsprechenden Rechner verteilt und gestartet. Beim Modul-Testen kann man dabei die einzelnen Komponenten sehr leicht durch Stubs simulieren, um das zu testende Modul isoliert betrachten zu können. Auch Integrationstests sind wegen der sehr gut überschaubaren Architektur eher einfach, und mögliche Fehler lassen sich durch Analyse der wenigen Komponenten, aus denen das System besteht, sehr leicht identifizieren und zuordnen.

Da es Client-Server-Anwendungen bereits relativ lange gibt, sind auch die Erfahrungen mit solchen Anwendungen bereits sehr groß, und demzufolge existieren schon sehr ausgereifte Entwicklungsmuster und Best Practices etwa zur Verteilung von Logik auf die Komponenten oder zur Optimierung der verwendeten Schnittstellen zwischen den Komponenten. In dieser Kategorie sollten die Client-Server-Architekturen im Vergleich also am einfachsten zu beherrschen sein.

- *Betrieb*
  Für den Betrieb einer verteilten Anwendung ergeben sich bei einer Client-Server-Anwendung alle Schlüsse unmittelbar aus der Eigenschaft, wonach sie aus eher wenigen, relativ großen Komponenten besteht. Einerseits sind also Updates selbst ähnlich dem initialen Deployment eher einfach durchzuführen, da nur wenige Komponenten zu betrachten sind und die Auswirkungen einer Änderung auf andere Komponenten auch gut zu überschauen sein sollten. Andererseits ist der Aufwand für die Modifikation einer großen Komponente selbst natürlich wesentlich größer als bei kleineren Komponenten: es sind umfangreichere Tests durchzuführen. Die Auswirkungen eines temporären Ausfalls einer großen Komponente auf das Gesamtsystem sind potenziell wesentlich gravierender, so dass Änderungen bei Client-Server-Anwendungen eher seltener durchgeführt werden sollten; sie eignen sich wie schon weiter oben erwähnt also eher für statischere Softwaresysteme.

  Eine logische Schichtung ist bei Client-Server-Anwendungen nur sehr eingeschränkt möglich, da es eben einfach nur wenige Komponenten gibt, auf die diese Schichten abgebildet werden könnten. Alle Vorteile einer logischen Schichtung, wie in Abschnitt 10.1.3 dargestellt, sind bei Client-Server-Architekturen also nur in sehr geringem Umfang nutzbar.

- *Management und Umfeld*
  Das Client-Server-Prinzip ist bereits relativ alt und hat heutzutage sicherlich

keinen Hype-Faktor. Wenn man sich dafür entscheidet, kann man sicher sein, nicht von aktuellen Tendenzen geleitet zu werden. Die Mehrzahl der heute aktiven Software-Entwickler sollte sich gut mit dem Prinzip der Client-Server-Anwendungen auskennen und die erforderlichen Technologien beherrschen. Auch für den Nachwuchs wird hier gesorgt, da dieses Architekturprinzip und die zugehörigen Technologien auch heute noch als Einstieg in die verteilten Systeme in der Ausbildung von Software-Entwicklern eine wichtige Rolle spielen.

Auf der Kostenseite ist es schwierig, eine einheitliche Aussage für alle möglichen Implementierungen von Client-Server-Anwendungen zu treffen. Insbesondere im Bereich der Software-Lizenzkosten gibt es einfach zu viele unterschiedliche Implementierungsmöglichkeiten, um eine gesamtgültige Aussage zu treffen; sicherlich ist jedoch auch eine Implementierung mit kostengünstigen und trotzdem gut erprobten Open Source-Technologien möglich. Bei den weiteren Kosten ist zu beachten, dass die Implementierungstechnologien zwar weit verbreitet und gut bekannt sind, die geringe Zahl der zu verwendenden Komponenten der Gesamtanwendung aber zu relativ hohen Aufwänden führen können, wenn die Anwendung sehr komplex wird. Diese Problematik ist (wenngleich auf deutlich niedrigerem Niveau) vergleichbar mit heutigen Mainframe-Anwendungen, die so groß und umfangreich sind, dass sie kaum noch überschaubar sind und entsprechend große Betriebskosten verursachen.

Auch für den Kostenaspekt spielt es also eine wichtige Rolle, das Client-Server-Architekturprinzip nur dann einzusetzen, wenn die zu entwickelnde Anwendung nicht zu komplex und umfangreich sein soll. Ist dies der Fall, so sind die Wartungs- und Betriebskosten einer Client-Server-Anwendung sehr niedrig. Mit zunehmender Komplexität können diese Kosten jedoch stark zunehmen, bis ein nicht mehr vertretbares Niveau erreicht ist.

N-Tier

Bei der Analyse „klassischer" N-Tier-Anwendungsarchitekturen ist es sinnvoll, diese für derzeit vier Kernbereiche durchzuführen – typische Web 1.0-Anwendungsarchitekturen, verteilte Objekte, hier am Beispiel CORBA, sowie verbreitete N-Tier-Komponentenarchitekturen, konkret .NET und Java EE.

- *Analyse und Design*
  Für N-Tier-Anwendungsarchitekturen auf Basis aller genannten Technologiebereiche gilt, dass für praktisch alle wesentlichen Konzepte die notwendigen Werkzeuge für Analyse und Design zur Verfügung stehen. Diese reichen von Web-Seiten-Ablauf-Diagrammen über allgemeine UML-Komponenten- und UML-Verteilungsdiagramme bis hin zur modellgetriebenen Architektur auf Basis von UML-Modellen (zum Beispiel unter Einsatz der sogenannten OMG Model Driven Architecture – OMG MDA). Werkzeuge reichen hier von reinen Graphik-Werkzeugen zum „Malen von Modellen" über IDEs, die auf der Basis

von Spezifikationen Web-(Rumpf)-Anwendungen generieren können, bis hin zu Werkzeugen, die beispielsweise OMG MDA und UML nutzen, um weite Teile des Codes für N-Tier-Anwendungen bereits aus diesen Modellen zu generieren. Bewegt man sich im Rahmen „normaler" N-Tier-Geschäftsanwendungen, so ist der Analyse- und Design-Bereich insgesamt als gut unterstützt anzusehen. Diese Aussage zu A&D-Werkzeugen gilt insbesondere für „normale" Web 1.0-Anwendungen, Java EE und .NET sowie mit altersbedingten kleinen Einschränkungen auch für CORBA.

- *Entwicklung und Test*
  Als für die obigen vier Kernbereiche der Anwendungen durchweg gut bis sehr gut unterstützt kann der Entwicklungs- und Testbereich angesehen werden. Bei der Vielfalt der Werkzeuge wie IDEs, Code-Generatoren, Testwerkzeuge usw. besteht eher die Qual der Wahl. Dies gilt gleichermaßen für kommerzielle Werkzeuge, beispielsweise von ORB-, Application Server-, IDE-, Repository-, oder Testwerkzeug-Herstellern als auch im Open Source-Bereich. Das Angebot ist im C++-, Java-, PHP-Umfeld plattformübergreifend umfassend. Während Werkzeuge im CORBA-Umfeld traditionell eher kommandozeilenorientiert (aber durchaus mächtig) arbeiten, sind IDEs wie zum Beispiel Eclipse oder VisualStudio hochintegrierte Entwicklungswerkzeugkästen, die über Plugins auch vielfältigste Formen von DB-Integration, Modellierung, Testwerkzeugen usw. unterstützen. Dies wird ergänzt durch spezialisierte Werkzeuge vieler Hersteller sowie den Open Source-Bereich.

  Für die Entwicklung von N-Tier-Anwendungen existieren vielfältige Beispiele und Entwurfsmuster. Dies sind zum Beispiel im Java Enterprise-Umfeld die Blueprints, Microsofts Architekturmuster, IBMs Enterprise-Anwendungsmuster uam.

  Anzumerken ist jedoch einmal mehr, dass die Komplexität durch die potenzielle Anzahl beteiligter Komponenten durchaus steigt. Es gibt recht mächtige Deployment- und Management-Werkzeuge, diese sind jedoch auf Grund ihrer Mächtigkeit nicht unbedingt leicht durchschaubar bzw. einsetzbar.

  Trotzdem gilt, dass N-Tier-Architekturen auf der Basis etablierter Technologien ein insgesamt bewährtes und beherrschbares Gesamtfeld darstellen.

- *Betrieb*
  Hohe Skalierbarkeit und eine gute Flexibilität sind bei passendem Design eine zentrale (potenzielle) Stärke der N-Tier-Architekturen. Verteilung von Anwendungsteilen über Rechner, gute Lastbalancierung, Fehlertoleranz usw. sind typische Merkmale guter N-Tier-Architekturen. Allerdings kann ein mäßiges oder gar schlechtes Design auch schnell zu einer schwer durchschaubaren Komplexität mit vielen Abhängigkeiten führen. Gerade im Betrieb sind deshalb frühzeitig Muster und Richtlinien zu etablieren, die den Umgang mit N-Tier-Anwendungen beispielsweise auf .NET- oder Java EE-Basis festlegen. Ansonsten können Aspekte wie Deployment, Security, Transaktionen, Ausfall-

sicherheit usw. unangenehme Erfahrungen bereithalten. Es gilt jedoch durchaus, dass viele Rechenzentren diese Erfahrungen bereits hinter sich haben und „ihre" unterstützten N-Tier-Technologieplattformen gut beherrschen, aktualisieren und betreiben können.

- *Management und Umfeld*
  N-Tier-Architekturen sind inzwischen etabliert, haben insofern nur noch einen geringen Hype-Faktor. Entsprechende Konzepte sind in der aktuellen IT-Ausbildung gängige Praxis, für den Nachwuchs wird also gesorgt, aber noch nicht allzu lange. Insofern sollten sich ausreichend aktive Software-Entwickler finden, die sich mit solchen Architekturen auskennen, wenn auch gegebenenfalls weniger als beispielsweise mit einfachen Client-Server-Anwendungen. Auch für Technologien wie CORBA, deren Popularität abgenommen hat, gilt dies noch. Sicher ausreichend Personal wird sich hingegen für gängige Formen von N-Tier-Web 1.0-Anwendungen finden.

  Es gilt als gemeinsame Aussage, dass zumindest verteilte N-Tier-Anwendungen erst ab einer gewissen Problemgröße der Anwendung (besonders) sinnvoll sind. Bei kleineren Aufgabenstellungen sollte zumindest ein anderer guter Grund (zum Beispiel unternehmensinterne Standardisierung) für den Einsatz einer (verteilten) N-Tier-Architektur vorliegen.

  Zur Kostenseite ist zu sagen, dass N-Tier-Architekturen durch ihre deutlich steigende Komplexität oft für Mehraufwand sorgen. Andererseits ist die Werzkzeugunterstützung für Analyse, Entwicklung und Betrieb sowohl im kommerziellen als auch im Open Source-Bereich für die typischen Technologien als umfassend, vielfach bewährt und gut anzusehen. Hier sind also Risiken (und Werkzeugkosten) überschaubar. Ferner gilt, dass zum Beispiel die unternehmensinterne Standardisierung auf ein solches umfassend bewährtes Konzept bzw. eine damit verbundene Technologie aufgrund der langfristig deutlich vereinfachten Pflege und Wartung eine signifikante Kostenersparnis verursachen kann. Dies gilt jedenfalls im Vergleich dazu, die jeweils neueste Hype-Technologie einzusetzen, was nach einer Weile leicht zu einem Technologiewildwuchs führt.

SOA

- *Analyse und Design*
  Bei einer Service-orientierten Architektur sind prinzipiell drei Fälle zu unterscheiden: Im ersten Fall wird ein Dienst erstellt, der von anderen Abteilungen oder Firmen über das Intranet bzw. das Internet genutzt werden. Im zweiten Fall nimmt man selbst einen solchen Dienst in Anspruch. Natürlich kann es auch eine Mischung aus diesen beiden Fällen geben, wobei man dann von zusammengesetzten Diensten spricht. Im dritten Fall kommunizieren Komponenten miteinander, die alle von derselben organisatorischen Einheit entwickelt und betrieben werden. Streng genommen spricht man hierbei nicht

von einer Service-orientierten Architektur, auch wenn beispielsweise Web Services als Middleware zum Einsatz kommen. Dieser Fall entspricht eher einer Client-Server- oder N-Tier-Architektur. Service-orientierte Architekturen basieren definitionsgemäß auf Diensten, die verschiedenen Verantwortungsbereichen entstammen.

Bei Analyse und Design stellt sich somit zunächst die zentrale Frage, auf welche Dienste aufgesetzt werden soll und ob diese verlässlich funktionieren. Eventuell muss zwischen Serviceanbieter und Kunde ein Service Level Agreement (SLA) abgeschlossen werden, welches Verfügbarkeit, maximal zulässige Antwortzeit und andere Parameter wie die Kosten für die Beanspruchung des Dienstes regelt.

Anbieter und Kunde finden sich üblicherweise über ein zentrales Dienstverzeichnis. Dies kann ein UDDI-Verzeichnisdienst oder aber auch eine einfache Intranetseite sein. Inzwischen bestehen bereits Ansätze, neben der technischen Dienstbeschreibung beispielsweise durch WSDL weitere Merkmale wie SLAs im Verzeichnis zu hinterlegen, um den Kunden bei der Dienstauswahl weiter zu unterstützen. Allerdings muss klar sein, dass eine vollautomatische Dienstauswahl nur funktionieren kann, wenn die Dienste vor der Registrierung im Verzeichnisdienst einer eingehenden Qualitätskontrolle unterzogen wurden und diese durch ein übergreifendes Organ wie beispielsweise die Firma oder den B2B-Marktplatzbetreiber sichergestellt wird. Normalerweise werden die Dienste manuell geprüft, und es finden ggf. weitere Verhandlungen zwischen Anbieter und Nachfrager statt. Hierbei müssen Fragen zum Funktionsumfang, der technischen Infrastruktur sowie den Kosten des Dienstes geklärt werden.

Beim Design einer Service-orientierten Architektur spielen die so genannten Workflows eine entscheidende Rolle. Hierbei wird ein Geschäftsprozess schrittweise von seiner abstrakten und implementierungsunabhängigen Form in eine lauffähige Implementierung gebracht. Ein bekanntes Werkzeug hierbei ist das Aris Toolkit der Firma IDS Scheer. Neben dem Design des Geschäftsprozesses können in solchen Werkzeugen auch Simulationen durchgeführt werden, um die modellierten Prozesse zu optimieren, bevor sie technisch realisiert werden.

- *Entwicklung und Test*
  Sind die Dienste ausgewählt, geht es darum, diese technisch aufeinander abzustimmen. In diesem Schritt muss üblicherweise eine Abbildung von Datenstrukturen vorgenommen werden, um die Nachrichten der externen Dienste in interne Formate und Strukturen zu übersetzen. In der Praxis sind üblicherweise auch einige technische Hürden bzgl. der Kompatibilität der verschiedenen Werkzeuge zu überwinden. Gerade zusammengesetzte Dienste bereiten hierbei oft Schwierigkeiten, da der zusammengesetzte Dienst sich für eine Plattform zum Ansprechen der Basisdienste entscheiden muss und sich diese manchmal als inkompatibel zu den von den Basisdiensten versandten Nachrichten erweist. Besonderes Augenmerk ist auch auf die Benutzer- und Zertifi-

katsverwaltung zu legen. Oftmals bereiten diese Aspekte mehr Schwierigkeiten als die eigentliche Applikationslogik.

Bei der Entwicklung von Geschäftsprozessen sind natürlich Workflow-Systeme sehr hilfreich, da die Prozesse in einer Spezialsprache wie WS-BPEL implementiert werden können. Das oben erwähnte Aris-Werkzeug ist beispielsweise auch in der Lage, eine Rohform eines abstrakten Prozesses in WS-BPEL zu exportieren, so dass dieser in einem entsprechenden Editor vervollständigt werden kann.

Das Deployment eines Dienstes erfolgt üblicherweise in einen Applikationsserver oder eine Workflow Engine und bedient sich beispielsweise der bekannten J2EE- und .NET-Paradigmen. Wichtig ist vor allem, beim Bereitstellen von Diensten die Versionsproblematik im Auge zu behalten. Weil die Dienste von allen möglichen Klienten genutzt werden, muss man eine publizierte Version unter Umständen sehr lange und vor allem parallel zu neuen Versionen pflegen.

Zum Testen von Diensten stehen eine Reihe von Werkzeugen zur Verfügung. Das WS-I-Konsortium bietet beispielsweise ein Testwerkzeug an, mit dem die WSDL-Beschreibungen und die ausgetauschten SOAP-Nachrichten auf ihre WS-I-Konformität geprüft werden können. Das Testen von Diensten lässt sich auch problemlos automatisieren. Hierfür kann beispielsweise die HP Quick-Test Professional-Software eingesetzt werden.

- *Betrieb*
  Ein großer Vorteil der Service-orientierten Architektur besteht darin, dass Funktionalität in Dienste ausgelagert werden kann und somit die Komplexität der selbst zu entwickelnden Software reduziert wird. Allerdings handelt man sich andere Probleme ein, die sich im Betrieb bemerkbar machen. Zunächst stellt sich die Frage, ob die vereinbarten SLAs eingehalten werden, und, vor allem, wer diese im laufenden Betrieb prüft und im Fehlerfall entsprechend reagiert. Auch hierfür gibt es inzwischen einige Managementwerkzeuge, die neben der Hardware auch publizierte Dienste prüfen und überwachen.

  Ein weiterer wichtiger Punkt ist die Versionierung eines Dienstes. Da nicht alle Nutzer eines Dienstes der eigenen organisatorischen Kontrolle unterstehen, müssen bei Änderungen am Dienst alte Versionen weiter gepflegt werden.

- *Management und Umfeld*
  Während die vorigen Abschnitte Service-orientierte Architekturen im Allgemeinen betrachten, fokussieren wir in diesem Abschnitt auf SOAs, die mit Web Services realisiert sind. In diesem Bereich gibt es sicher ausreichend qualifizierte Fachkräfte, da Web Services inzwischen standardmäßig an allen Hochschulen unterrichtet werden. Außerdem ist eine Vielzahl an Open Source-Lösungen verfügbar. Allerdings muss konstatiert werden, dass das Versprechen der 100-prozentigen Interoperabilität leider nicht realisiert werden konnte. Im Gegensatz zu den CORBA-versus-DCOM-Kriegen besteht wenigstens die Bereit-

schaft der Hersteller, die jeweiligen Lösungen miteinander zusammenarbeiten zu lassen, doch fehlerhafte Implementierungen und proprietäre Lösungen besonders in Bereichen wie Verschlüsselung oder Session-Handling bereiten immer wieder Probleme.

EDA

- *Analyse und Design*
  Eine Event-Driven-Architecture sollte immer dann zum Einsatz kommen, wenn Ereignisse eine zentrale Rolle in einer Anwendung spielen und im Wesentlichen den Kontrollfluss festlegen. Dies gilt für Anwendungsszenarien, wenn sich keine übergreifenden prozessorientierten Abläufe definieren lassen, wie es bspw. in vielen logistischen Prozessen der Fall ist. Complex-Event-Processing (CEP) wird besonders dann interessant, wenn auf komplexe Ereignismuster in Echtzeit reagiert werden muss. Dabei wird EDA nicht als Alternative, sondern als Ergänzung zu SOA betrachtet, d.h. Teile der Softwarearchitektur können konventionell mit klassischen Mitteln modelliert und realisiert werden (also bspw. mit UML und einer imperativen Programmiersprache wie Java oder C#).

  Für die Analyse von EDA-Systemen gibt es nur sehr wenig Unterstützung mit klassischen Modellierungsmethoden wie der UML. Zwar lassen sich Ereignis-Hierarchien relativ gut mit Hilfe von UML-KLassendiagrammen beschreiben, aber die Definition von Ereignismustern oder Ereignisregeln ist kaum möglich. Theoretisch können Zustandsautomaten zur Beschreibung von Ereignismustern eingesetzt werden; diese werden aber sehr schnell zu komplex und gestatten auch nicht die Definition temporaler Aspekte, wie sliding windows. Stattdessen wird man die gesamte Ereignisbearbeitung mittels einer Event Processing Language (EPL) beschreiben. Dies geschieht aber auf einem sehr niedrigen Abstraktionsniveau und ist bereits sehr implementierungsnah. Insgesamt gibt es noch kein an die Entwicklung von EDA-Systemen angepasstes detailliertes Vorgehensmodell.

  Trotz der fehlenden Unterstützung bei der Modellierung bietet EDA den Vorteil, dass sie die Ereignisverarbeitung in den Mittelpunkt stellt und sie als zentrales Architekturkonzept verwendet. EDA zwingt somit die Entwickler, die Ereignisverarbeitung an einer zentralen Stelle und explizit durchzuführen. Dies ist ein wesentlicher Vorteil gegenüber konventionellen Architekturen, die ja auch die Ereignisse der Realität verarbeiten müssen, dies aber meist unstrukturiert und über das System verstreut tun.

- *Entwicklung und Test*
  Die Entwicklung von EDA-Systemen unterscheidet sich von anderen Architekturen durch die Implementierung der regelbasierten Complex-Event-Processing-Komponente (CEP). Mit der deklarativen Definition von Ereignismustern und Regeln wird ein weiteres Paradigma im Softwareentwicklungs-

prozess eingesetzt.[1] Dabei nutzt CEP ein sehr komplexes Programmiermodell, denn das Feuern der Regeln unterliegt keiner festen sequentiellen Reihenfolge, so dass man sich in gewissem Sinne von einer linearen Denkweise lösen muss. Deklarative Beschreibungen sind meist sehr viel kompakter, aber auch komplexer in ihrer Wirkungsweise.

Derzeit stehen noch sehr wenige Event Processing Languages zur Verfügung, die mit funktionsfähigen Entwicklungsumgebungen bei der Realisierung von CEP-Komponenten helfen. Insbesondere ist die Werkzeugunterstützung noch nicht annähernd so weitgehend wie bei klassischen Architekturen. Beispielsweise gibt es kaum Hilfen beim Testen und Debugging von Regelsystemen.

Allerdings ist eine Implementierung der EDA-Mechanismen mit einer klassischen Programmiersprache und entsprechenden Werkzeugen keine echte Alternative: sie wird extrem aufwändig und unübersichtlich.

- *Betrieb*
  Im Betrieb zeichnen sich EDA-Architekturen besonders durch entsprechende Flexibilität aus: die Ereignisbehandlung kann durch Änderungen und Erweiterungen der Regeln einfach und dynamisch während der Laufzeit geändert werden.

  Das Laufzeitverhalten hängt im Wesentlichen von der Qualität und Effizienz der eingesetzten Rule Engines ab. Aktuell gibt es bereits sehr leistungsfähige und an die Ereignisverarbeitung angepasste Engines, die sich bereits in realen Anwendungen bewährt haben. Inbsondere können sie mit großen Ereignismengen umgehen, bspw. durch Verwendung von sliding windows.

  Das Konzept des aus vielen Event Processing Agents (EPA) bestehenden Event Processing Network (EPN) macht die CEP-Komponente gut skalierbar. Durch die Hinzunahme weiterer EPAs, die ggf. auf mehrere Rechner verteilt werden, können Leistungsengpässe bei der Ereignisverarbeitung abgefedert werden.

- *Management und Umfeld*
  Aus Management-Sicht ist der Einsatz von EDA als komplett neuer Ansatz noch mit einer Anzahl von Risiken behaftet.

  Zum einen gibt es derzeit kaum Entwickler, die bereits Erfahrungen mit EDA-Anwendungen gemacht haben oder sich zumindest mit regelbasierten Systemen auskennen. Da EDA jedoch nicht einfach eine weitere Technologie darstellt, sondern eine komplett neue Denkweise erfordert, darf der Lernaufwand nicht unterschätzt werden. Insbesondere die Entwicklung komplexer Regelsysteme ist für viele Unternehmen völliges Neuland.

  Das zweite Problem stellt sich in den noch nicht vorhandenen Standards und Werkzeugen. Es fehlen allgemeine Standards, insbesondere Event Processing Languages zur Beschreibung von Ereignismustern und -regeln. Die am Markt

[1] Die Realisierung der Ereignisbehandlung erfolgt nach wie vor in einer imperativen Programmiersprache.

angebotenen Rule Engines verwenden proprietäre EPLs und APIs, die eine unternehmensweite Entscheidung für ein Produkt erschweren. Darüber hinaus gibt es noch keine etablierten Methoden für die Entwicklung von EDA-Systemen. Insbesondere Guidelines, Entwurfsmuster oder wiederverwendbare Event Driven Agents existieren zurzeit noch nicht. Aktuell gibt es auch noch keine etablierten Produkte am CEP-Markt. Viele Produkte stammen von kleinen Spezialanbietern.

Insgesamt bleiben also noch viele Fragen und Probleme offen. Weil aber mittlerweile auch führende Anbieter auf den EDA-Zug aufspringen, ist zu erwarten, dass sich EDA-Architekturen auf Dauer durchsetzen werden. Sobald sehr viele korrelierende Ereignisse in Echtzeit verarbeitet werden müssen, bieten EDA und CEP den zurzeit besten Architekturansatz.

P2P

- *Analyse und Design*
  Die Entscheidung für ein Peer-To-Peer-Netz wird meist nicht in Abwägung mit einer anderen Softwarearchitektur getroffen, sondern weil es keine wirklichen Alternativen gibt. P2P-Netze werden immer dann eingesetzt, wenn es gilt, große Datenmengen an eine sehr große Zahl von Clients weiterzuleiten oder wenn ein effizienter Datentransport mithilfe von Split-Stream-Protokollen erreicht werden soll. Klassische Anwendungsfälle sind Filesharing-Systeme, Groupware-Anwendungen oder Instant Messaging. Insbesondere sind P2P-Systeme dann die Architektur der Wahl, wenn keine zentralen Serverstrukturen vorliegen.

  Genau betrachtet, bieten P2P-Systeme keine vollständige Systemarchitektur, die alle Aspekte abbildet, sondern definieren lediglich Protokolle zur verteilten Ablage von Daten und entsprechende Mechanismen zum Datenzugriff. Insofern gibt es auch keine spezifischen Methoden oder Modellierungsansätze zur Entwicklung von P2P-Systemen. Die Systeme müssen also nach wie vor mit klassischen Verfahren, in der Regel also mit UML entwickelt werden. Allerdings ist dabei kritisch anzumerken, dass die Protokolle sowie die verwendeten Datenstrukturen und Algorithmen in P2P-Netzen meist sehr komplex und kaum mit Standardmethoden zu modellieren sind. Dies sieht man auch daran, dass in der Originalliteratur nicht UML, sondern proprietäre – meist verbale – Beschreibungsformen verwendet werden.

- *Entwicklung und Test*
  Zurzeit gibt es keine weitgehende Unterstützung zur Realisierung und zum Test von Peer-to-Peer-Systemen. Die einzige spezielle Umgebung zur Implementierung von P2P-Anwendungen ist JXTA, die allerdings in nur wenigen realen Systemen eingesetzt wird. Die meisten praktisch genutzten P2P-Applikationen sind individuell entwickelt worden und basieren auf keinem verfügbaren Standard-Framework.

Damit wird die Entwicklung von funktions- und leistungsfähigen P2P-Systemen sehr aufwändig. Auch der Test von P2P-Anwendungen gestaltet sich sehr schwierig, weil man die Vorgänge in einem P2P-Netz mit ggf. mehreren 10000 Peers simulieren muss. Dabei muss insbesondere geprüft werden, wie die implementierten Protokolle mit der hohen Volatilität in P2P-Netzen, also dem Eintreten und Austreten von Peers, fertig werden, denn die Skalierbarkeit von Protokollen ist entscheidend für den Erfolg eines Systems.

- *Betrieb*
  Der Betrieb von Peer-to-Peer-Netzen unterscheidet sich grundlegend von allen anderen Systemarchitekturen, weil es keinen zentralen Server gibt. Ein gut funktionierendes P2P-System nutzt die in anderen Architekturen oft nicht ausgeschöpften Ressourcen der System-Teilnehmer, z.B. CPU-Leistung, Plattenplatz oder Übertragungs-Bandbreite. Darüber hinaus sind P2P-Anwendungen selbst-organisierend und fehlertolerant, d.h. sie benötigen keine spezielle Administration. Allerdings brechen viele reale Systeme mit dieser idealen Architektur und besitzen zentrale Datenstrukturen, die dann entsprechend verwaltet werden müssen und ggf. einen Single-Point-Of-Failure darstellen.

  Gute Skalierbarkeit ist ein zentrales Ziel aller P2P-Systeme, und sie skalieren quasi automatisch: Jeder neue Peer ist gleichzeitig Client und Server des Netzes. Einerseits stellt er zwar neue Anforderungen, andererseits bringt er aber auch seine Ressourcen ins Netz ein und stellt sie anderen Peers zur Verfügung. Idealerweise stellen P2P-Systeme sicher, dass beide Aspekte ausbalanciert sind: nur ein Peer, der bspw. eigene Daten bereitstellt, kann auch mit hoher Bandbreite Daten anderer Peers selber nutzen.

- *Management und Umfeld*
  Aus Kostensicht sind P2P-Systeme – zumindest theoretisch – ideal: weil weder Server-Infastruktur noch Administrationspersonal benötigt wird, entfallen jegliche Betriebskosten. Wie bereits erwähnt, gibt es aber in den meisten P2P-Netzen zentrale Strukturen, die entsprechend verwaltet werden müssen. Beispiele dafür sind Supernodes in Gnutella-Netzen der zweiten Generation oder Server, die Torrent-Dateien im BitTorrent-System verwalten.

  Insgesamt kann die Entwicklung einer P2P-Anwendung eher als Forschungsvorhaben denn als Standard-Projekt betrachtet werden. Die Entwicklung der erforderlichen Protokolle ist anspruchsvoll und techniknah, und zurzeit gibt es nur sehr wenige Entwickler, die Erfahrungen in der Entwicklung eines P2P-Systems vorweisen können. Auch angesichts der fehlenden Werkzeugunterstützung ist deshalb die Entwicklung einer P2P-Anwendung in jeder Hinsicht eine Herausforderung.

  Aufgrund ihrer einzigartigen Eigenschaften können P2P-Netze aber viele Anforderungen ideal umsetzen: wenn ein System von sehr vielen Teilnehmern genutzt wird, es gut skalierbar und fehlertolerant sein muss und dazu noch ohne Serverinfrastruktur auskommen muss, ist der P2P-Ansatz nahezu ideal.

Grid

- *Analyse und Design*
  Die Entscheidung, eine Grid-Architektur zu verwenden, schränkt die Auswahl der zur Verfügung stehenden Techniken für Analyse und Design des Software-Systems kaum ein. Allerdings sollte man über die Verwendung einer solchen Architektur schon prinzipiell nur dann nachdenken, wenn (zumindest perspektivisch) das zu entwickelnde Software-System eine große Anzahl an Ressourcen benötigen wird. Dabei können diese Ressourcen sowohl Rechenleistung wie auch Speicherbedarf oder jede andere für die Software erforderliche Ressource sein.

  Entscheidet man sich für die Verwendung einer Grid-Architektur, so wird diese heutzutage später meist basierend auf Web Services implementiert (vgl. Kapitel 8.1). Für diese Technologie gibt es, da sie momentan eine sehr hohe Unterstützung erfährt, zahlreiche sehr ausgereifte Tools zur Modellierung der zugrunde liegenden Prozesse und Software-Komponenten. Dabei werden häufig auch verbreitete und gut bekannte Modellierungssprachen und Werkzeuge zum Einsatz kommen.

  Neben diesem positiven Aspekt der Grid-Architektur ist jedoch gerade im Bereich Analyse und Design auch der große Nachteil dieser Architekturvariante zu nennen. Da ein Grid eine sehr hohe Flexibilität ermöglicht, ist dies auch mit einer extrem hohen Komplexität bei der Modellierung der Anwendung verbunden. Des Weiteren ist für die Modellierung der Anwendung durch den Systemanalytiker sehr große Abstraktionsfähigkeit und die Bereitschaft zu vielfältigen und langwierigen Experimenten mit der Softwarearchitektur vonnöten. Zwar gibt es auch im Umfeld der Grids umfangreiche und leistungsfähige Tools (wie z. B. das Globus Toolkit); diese unterstützen jedoch eher den Betrieb als die Analysephase.

  Insgesamt sollte man festhalten, dass der Einsatz einer Grid-Architektur nur für wirklich komplexe Anwendungen erwogen werden sollte, bei denen sich der große Aufwand für Analyse und Design lohnt, wenn er nicht für eine Software entsprechender Komplexität ohnehin (d. h. auch bei Wahl einer anderen Architektur) erforderlich wäre.

- *Entwicklung und Test*
  Im Bereich Entwicklung und Test zeigen sich deutlicher die Stärken einer Grid-Architektur: die zur Verfügung stehenden Werkzeuge (z. B. Globus Toolkit) unterstützen die Entwicklung der Software-Komponenten des Grid bereits gut, und auch das prinzipiell sehr komplexe Deployment in einer solchen extrem verteilten Architektur wird durch diese Tools stark vereinfacht. Diese Aussage gilt insbesondere für moderne Grid-Software, da diese basierend auf Web Services zu implementieren ist, für die es wiederum weitere gut entwickelte Werkzeuge gibt, die dem Entwickler die Arbeit erleichtern können.

Der Entwicklungsstand der Patterns und Best Practices für diese Technologien ist momentan noch mäßig, doch aufgrund des aktuellen Hype ist hier mit einem sehr raschen Fortschritt zu rechnen. Prinzipiell sind stark verteilte Softwaresysteme sehr schwer zu testen; insbesondere das Lokalisieren von Fehlern gestaltet sich schwierig. Dies gilt natürlich auch für die Grid-Architektur; allerdings ermöglicht diese durch gute Programmierung eine klare Trennung der Zuständigkeiten sowie die inhärente Fehlertoleranz wahrscheinlich in dieser Kategorie bessere Möglichkeiten als alle anderen Architekturen bei vergleichbarer Komplexität der Gesamtanwendung. Man sollte dies also eher als positiven Aspekt der Grid-Architektur ansehen.

- *Betrieb*
  In diesem Bereich kann die Grid-Architektur durch ihre große Flexibilität ihre ganze Stärke ausspielen. Obwohl an einem solchen Softwaresystem meistens viele Komponenten beteiligt sind, ist der Betrieb einer solchen Anwendung eher einfach. Die vorhandenen Tools und Werkzeuge unterstützen den Administrator in großem Maße, es gibt die Möglichkeit, flexibel Ressourcen hinzuzunehmen oder wieder aus dem Grid zu entfernen. Die aktuelle Vision des Grid ermöglicht sogar einen Betrieb mit vollautomatisierter Administration, dem optimalen Betriebsverhalten. Auch wenn diese Visionen noch nicht die Realität widerspiegeln, kann man doch sagen, dass schon aktuelle Werkzeuge zahlreiche wesentliche Merkmale dieses automatisch administrierten Systems aufweisen.

  Eine weitere Vereinfachung des Betriebs ergibt sich durch die interne Verwendung von vereinheitlichten, weit verbreiteten und bekannten Kommunikationsmechanismen. In diesem Fall führt die Vereinheitlichung zu einer Vereinfachung des Betriebs, da nur wenig verschiedene Technologien zu betrachten sind. Auch das Einspielen von Updates ist in einem Grid so einfach wie in keiner anderen Architektur, da die Knoten flexibel aktualisiert werden können. Ressourcen und Software-Komponenten können in dieser Architektur sehr flexibel gruppiert und/oder geschichtet werden, so dass die Grid-Architekur auch in diesem Punkt eine optimale Bewertung erreicht.

- *Management und Umfeld*
  Der Einsatz eines Grid ist eine kostspielige Angelegenheit: diese scheinbare Binsenweisheit hat sicherlich auf den ersten Blick einen großen wahren Kern. Will man ein selbstbetriebenes Grid verwenden, so sind neben relativ großen Anschaffungskosten für die erforderliche Hardware auch die Kostem für die initiale Inbetriebnahme eher hoch. Allerdings ist dies nur ein Teil der Wahrheit: für den Eigenbetrieb eines sehr komplexen Softwaresystems sind unabhängig von der verwendeten Architektur hohe Investitionen erforderlich. Tatsächlich sind diese im Falle eines Grid potenziell sogar geringer, da hier eine große Zahl relativ günstiger Standardhardware-Komponenten verwendet werden kann, während bei anderen Architekturen häufig relativ teure spezielle Hardwarebausteine erforderlich sind. In der Praxis wird in großen Unternehmen daher

sogar häufig an die Einführung einer Grid-Architektur gedacht, um die Kosten für Hardware und Betrieb der eigenen Anwendungen zu senken. Die Einsparpotenziale resultieren hier allerdings meist eher aus einer besseren Ausnutzung der Hardware als aus der Verwendung einer Grid-Architektur in den Anwendungen selbst.

Betrachtet man darüber hinaus den Betrieb einer Grid-Anwendung auf einer von einem Dienstleister bereitgestellten Infrastruktur, so ist der Betrieb vermutlich sogar optimal im Bereich der Kosten, da man nur tatsächlich genutzte Ressourcen bezahlen muss. Kosten für nicht genutzte Ressourcen entstehen hier im Gegensatz zum selbst betriebenen Grid nicht; diese Tatsache ist insbesondere deshalb bedeutend, weil die meisten größeren Firmen eine nur sehr geringe Auslastung der von ihnen betriebenen Hardware verzeichnen.

Die Kosten im Bereich der Software sind im Bereich des Grid-Computing recht schwer zu treffen, da es einerseits führende Tools aus dem Open Source-Bereich im Grid-Umfeld gibt (z. B. Globus Toolkit), andererseits aber für den Betrieb einer Service-orientierten Architektur (insbesondere wenn es eine solche im Unternehmen bereits gibt) natürlich auch wieder Kosten entstehen. In diesem Bereich scheinen sich bisher die kommerziellen Software-Produkte zu behaupten, was mit nicht unerheblichen Lizenzkosten einhergehen kann.

Sicherlich ist der Hype-Faktor beim Grid-Computing beträchtlich; allerdings sind die Zeiten, da ein Grid als Allheilmittel angesehen wurde, inzwischen auch vorbei und einer differenzierteren Betrachtung gewichen. In dieser Kategorie kann man also davon ausgehen, dass man bei einer realistischen und zutreffenden Einschätzung, wonach das eigene Projekt eine für ein Grid hinreichende Komplexität besitzt, ohne Gefahr, einem momentanen Boom aufgesessen zu sein, auch eine Grid-Architektur zur Lösung einsetzen kann.

Die größten Probleme beim Einsatz einer Grid-Architektur könnten bei der Suche nach geeignetem Personal entstehen, was insbesondere für den Bereich der Analyse und des Design gilt. Die Grid-Architektur stellt eine sehr komplexe Softwarearchitektur dar; um sie sinnvoll und angemessen einsetzen zu können, werden Architekten und Entwickler benötigt, die sowohl breite Kenntnisse im Bereich der einzusetzenden Technologien (z. B. Web Services, parallele Programmierung) als auch ein großes Abstraktionsvermögen mitbringen. Solche Personen sind nicht so häufig zu finden, was auch daran liegt, dass beispielsweise im Bereich der Ausbildung an Hochschulen Themen aus dem Bereich der Grid-Architekturen wenn überhaupt, dann erst ganz am Ende des Curriculums zu finden sind.

Insgesamt kann man zum Thema Grid-Architektur also festhalten, dass sie perfekt und sicher für entsprechend komplexe Projekte eingesetzt werden kann. Durch ihre effiziente Nutzung von Ressourcen und die sehr flexible Aufteilung der Software-Komponenten lässt sie im architektonischen Bereich kaum Wünsche offen. Durch die standardisierten Kommunikationstechnologien und Schnittstellen ist ferner eine gute Interoperabilität zwischen verschiedenen Programmiersprachen und Betriebssystemen gegeben. Man sollte sich aber im Klaren darüber sein, dass ein gutes und angemessenes Design hier eine besonders große Rolle spielt. Dafür braucht man wiederum sehr kompetente und erfahrene Grid-Architekturen, die auf absehbare Zeit in größerer Zahl nicht so leicht zu finden sind.

Web 2.0

Um Web 2.0 mit anderen Architekturen vergleichen zu können, muss der Begriff Web 2.0 weiter unterteilt werden. Betrachtet man Web Oriented Architectures, ist man prinzipiell sehr nahe bei einer Service-orientierten Architektur, die eben statt Web Services auf einer einfacheren Middleware wie HTTP und REST basiert.

Wir beschränken uns deshalb in diesem Abschnitt auf die Web-2.0-Aspekte von Benutzerschnittstellen, also Ajax-basierte Webapplikationen und vor allem Mashups.

- *Analyse und Design*
  Bei der Analyse und dem Design von Web 2.0-Benutzerschnittstellen stehen sicherlich zwei Aspekte im Vordergrund. Zum einen müssen die Benutzerführung und die Zustandsübergänge zwischen den verschiedenen Bildschirmen und Eingabemasken definiert werden. Hierbei ist zu beachten, dass Ajax-basierte Applikationen einer klassischen Fat-Client-Applikation, wie sie in Java Swing oder Visual Basic geschrieben wird, viel näher ist als einer Web-1.0-Applikation, die auf permanenten Sprüngen von HTML-Seite zu HTML-Seite basiert. Zum anderen spielen bei Mashups Basisdienste sowie Widgets von Drittanbietern eine große Rolle. Hierbei gelten prinzipiell dieselben Regeln wie bei der Auswahl von Diensten in einer Service-orientierten Architektur. Allerdings arbeitet man im Web 2.0 eher ad hoc und weniger formal. Hierbei ist nicht zu vergessen, dass im schlimmsten Fall lediglich die Website nicht funktioniert, was dem Benutzer auch sofort auffällt. In einer Service-orientierten Architektur basieren oftmals kritische und vor allem automatisiert ablaufende Geschäftsprozesse hingegen auf den Diensten, was eine eingehende Prüfung der Dienstqualität im Gegensatz zu Mashups unerlässlich macht.
- *Entwicklung und Test*
  Bei der Entwicklung von Web-2.0-Applikationen spielt naturgemäß der Browser eine große Rolle. Werkzeuge wie Firebug sind hierbei unerlässlich. Eine entscheidende Frage stellt sich beim zu erwartenden Benutzerkreis der Applikation. Welche Browser und welche Versionen der Browser müssen unterstützt werden? Welche Sicherheitsbestimmungen gelten bzgl. der Cross Domain-Problematik? Kann man überhaupt davon ausgehen, dass alle Klienten JavaScript unterstützen? Diesen Fragen hängen natürlich maßgeblich davon ab, ob die Applikation im Internet oder für einen eingeschränkten Nutzerkreis im Intranet angeboten wird.

Automatisierte Tests sind für Ajax-Webanwendungen nur sehr schwierig durchführbar. Werkzeuge wie das bereits erwähnte HP QuickTest Professional können zwar Clicks auf Webseiten simulieren, aber naturgemäß kann eine Benutzerschnittstelle weniger gut automatisiert getestet werden als eine programmatische API. Der Testsoftware fällt es natürlich auch schwer, die Benutzerfreundlichkeit oder die Übersichtlichkeit der Seite zu bewerten.

- *Betrieb*
  Web 2.0-Applikationen werden üblicherweise in einer Ad-hoc-Art-und-Weise erstellt. Dion Hinchcliffe bezeichnet dies als Situational Applications, also Anwendungen, die schnell für einen kleinen Benutzerkreis und oftmals von den Benutzern selbst erstellt werden. Naturgemäß gelten für solche Anwendungen weniger starke Anforderungen an die Verfügbarkeit. Dennoch gelten prinzipiell dieselben Regeln zur Auswahl und Bereitstellung von Basisdiensten, wie dies im Bereich der SOA beschrieben wurde. Die Regeln der Versionierung lassen sich schön an den Beispielen von Google Maps oder dem Yahoo Traffic-Dienst nachvollziehen. Auch hier werden alte Versionen parallel zu den neuen betrieben.

- *Management und Umfeld*
  Web 2.0-Applikationen basieren massiv auf HTML und JavaScript. Für diese offenen Standards sind viele Fachkräfte ausgebildet. Weiterhin ist eine Vielzahl von Open Source-Werkzeugen und Bibliotheken verfügbar, mit denen sich ansprechende Applikationen erstellen lassen. Probleme in der Praxis bereitet allerdings genau diese Vielzahl. Es ist mitunter sehr schwer, ein passendes Framework auszuwählen, da mittlerweile einige Hundert Kandidaten verfügbar sind und es sehr schwer ist, die den eigenen Anforderungen gemäße Variante auszuwählen. Leider zeichnet sich unter den Kandidaten auch noch kein klarer Gewinner ab.

10.2 Anforderungen der Anwendungen

Aber nicht nur die Architekturen und Plattformen stellen ihre Anforderungen an die unterschiedlichen Phasen des Lebenszyklus. Umgekehrt sind es ja zunächst einmal die Anwendungen selbst, die am Ende realisiert werden wollen und ihrerseits unterschiedliche Anforderungen an die zugrunde liegende Architektur stellen. Eine Anpassung der Anwendung an die Architektur ist meist nicht sinnvoll, sondern man sollte von vorneherein die richtige Architektur für die jeweilige Anwendung wählen.

Dann stellt sich allerdings die Frage, wie man die Anforderungen einer Anwendung beschreibt bzw. wie man eventuell sogar anhand einer bestimmten Anwendungsart sofort die richtige Architektur auswählen kann. Wir werden im Folgenden eine Reihe von Kriterien besprechen, anhand derer sich Anwendungen unterscheiden lassen.

10.2.1 Grad an Interaktivität

Ein wichtiges Kriterium ist die Frage, wie interaktiv eine Anwendung ist. Je höher der gewünschte bzw. notwendige Grad an Interaktivität ist, desto kürzer muss die Reaktionszeit des Systems auf Anfragen eines Anwenders sein. Kürzere Reaktionszeiten bekommt man, indem man etwa Code auch auf Client-Systemen ausführt und nicht nur als Server-Anwendung laufen lässt. Hat man hingegen Systeme, die außer zum Systemstart und zum Ergebnisabruf i.W. keine Benutzerinteraktion vorsehen, so spielt dieses Kriterium keine Rolle und man kann bei der Implementierung andere Kriterien in den Vordergrund rücken.

Anwendungen, die sehr auf das „Desktop-Gefühl" setzen, sind vor allem diejenigen, die bisher immer auf dem Rechner des Anwenders installiert waren und nun ins Netz verlagert werden. Beispiele sind Textverarbeitungs- und Tabellenkalkulationssysteme, aber auch Kalender- und E-Mailsysteme. Um erfolgreich zu sein, müssen sie sehr kurze Reaktionszeiten bieten. Auch bedeutend, wenn auch schon weniger, ist dieses Kriterium für die typischen Enterprise-Anwendungen im Geschäftsumfeld. Zwar gibt es auch hier eine hohe Interaktivität, indem viele Teilnehmer an einem solchen System teilnehmen, aber diese erwarten normalerweise keine Blitzreaktionen des Systems, da sie seit Jahren und Jahrzehnten daran gewöhnt sind, dass diese Systeme ein wenig Verzögerung mit sich bringen.

Am anderen Ende der Skala befinden sich Anwendungen, die einmal angestoßen eine ganze Weile arbeiten, bevor sie ein Ergebnis präsentieren.

10.2.2 Zahl der Teilnehmer

Anwendungen können explizit für eine große oder kleine Zahl von Teilnehmern ausgelegt sein oder sich beispielsweise aufgrund steigender Popularität von wenigen zu vielen Benutzern hin entwickeln. Die meisten Business-to-Consumer-Anwendungen aus dem Web werden auf eine größere Zahl ausgelegt sein, während etwa bei Business-2-Business-Anwendungen einer bestimmten Branche mit wenigen Marktteilnehmern von vorneherein klar ist, dass es nur sehr wenige Teilnehmer geben wird.

Die erwartete Teilnehmerzahl hat einen großen Einfluss auf das Design von Hard- und Software. Bei erwarteten großen oder wachsenden Zahlen sollten die Systeme von Anfang an *skalierbar* ausgelegt werden, d.h., sie müssen entweder schon mit wachsenden Zahlen zurechtkommen oder zumindest problemlos ausbaubar sein. Es gibt vom Prinzip her eigentlich keine Architekturen, die eine Skalierbarkeit grundsätzlich ausschließen; allerdings ist es unterschiedlich komfortabel, diese auch einzubauen. Bei den einfachen, aber flexiblen Client-Server-Systemen etwa kann man Skalierbarkeit zwar erreichen, allerdings muss i.W. alles von Hand programmiert werden. Auf der anderen Seite stehen die großen Plattformen wie JEE, die schon vom Design her darauf ausgelegt sind, auf einfache Art und Weise beispielsweise weitere Application Server hinzuzuschalten und dann Enterprise JavaBeans dynamisch dorthin zu migrieren. Auch P2P-Systeme sind optimale

Kandidaten für große Systeme, da jeder neue Teilnehmer auch neue Ressourcen mitbringt.

10.2.3 Ressourcenbedarf

Anwendungen, die viel Rechenzeit, viel Plattenplatz oder andere Ressourcen benötigen, sind per definitionem natürlich am besten bei Grid-Architekturen und P2P-Systemen aufgehoben – gerade bei Letzteren sorgt etwa die oben diskutierte wachsende Teilnehmerzahl eher für eine wachsende Zahl an Ressourcen, was bei den Server-basierten Systemen wie N-Tier oder SOA nicht der Fall ist.

10.2.4 Dynamik

Unter Dynamik wollen wir hier die Notwendigkeit verstehen, mit einem Anwendungsdesign schnell und flexibel auf sich ändernde Umweltbedingungen zu reagieren. Gemeint sind z.B. neue Geschäftspartner eines Unternehmens, die integriert werden wollen, neue Gesetze, die Änderungen in der Anwendung erfordern, geändertes Verhalten von Kunden aufgrund neuer Ideen von Konkurrenten etc. Für diese Anforderungen wurde, wie wir in Teil II dargestellt haben, insbesondere das SOA-Paradigma entwickelt, das entsprechend mit Dynamik sehr gut umgehen kann, da die gesamte Infrastruktur z.B. bei Web Services darauf ausgelegt ist. Weitaus schwieriger ist dies bei relativ eng gekoppelten Systemen, wie sie beim Client-Server-Design traditionell entstehen. Auch N-Tier-Anwendungen in ihrer klassischen Form sind eher etwas schwerfällig, weshalb sie heute vielfach um eine SOA-Komponente bzw. -Sichtweise ergänzt werden (s. die Amazon-Story aus Kapitel 5).

10.2.5 Robustheitsanforderungen

Bei verteilten Anwendungen spielt die Robustheit gegenüber Fehlern oft eine große Rolle, insbesondere, wenn die Ablaufumgebung nicht besonders zuverlässig ist. Dies gilt etwa bei Mobilität von Systemkomponenten oder Integration kleiner und billiger Rechner, die häufig ausfallen. Natürlich darf eine solche Anwendung nicht komplett ausfallen, nur weil etwa die Batterie eines Client-Rechners gerade leerläuft.

Auch hier gilt, dass eine starke Kopplung, wie man sie eher bei Client-Server-basierten Systemen findet, sich auf die Robustheit ungünstig auswirkt. N-Tier-Systeme können – bei Einsatz enstprechender Features wie zum Beispiel Clustering in Java EE-Application-Server-Produkten – recht robust implementiert werden, P2P-Systeme sind dagegen geradezu optimal auf Ausfälle ausgelegt, da sie dort praktisch ständig auftreten. Aber auch Grids sollten mit Ausfallerscheinungen bestens zurechtkommen, wenn die entsprechende Plattform dies unterstützt. Fällt etwa ein Rechner des großen Systems aus, dann sollte die Grid Software dafür sorgen, dass sofort ein anderer seine Aufgabe übernimmt.

10.2.6 Anwendungsgebiet

Es mag etwas widersinnig sein, auch das Anwendungsgebiet als Kriterium zu verwenden, da wir ja eigentlich erst einmal Anwendungsklassen definieren wollen. Jedoch ist es einfach so, dass sich in bestimmten Anwendungsgebieten heute auch eine bestimmte Architekturform durchgesetzt hat. Dies hängt oft von einer Reihe von Faktoren ab, die nicht immer objektiv bewertbar sind. Zum Beispiel hat sich in der „informierten Öffentlichkeit“ durchgesetzt, dass man Tauschsysteme am besten auf Peer-to-Peer-Basis implementiert. Wenn große Firmen eine neue B2C-Anwendung realisieren möchten, dann „weiß man“ heute einfach, dass dies auf N-Tier-Basis zu geschehen hat. Oder wenn man den Begriff „Grid“ hört, dann fällt einem dazu als Erstes CERN und große Datenmengen ein. Dieses Kriterium ist deshalb allein aus psychologischen Gründen nicht zu vernachlässigen und so ist die eingeführte Architekturform auch objektiv gesehen oftmals die richtige.

10.3 Zusammenfassung der Architekturbewertung

Die Aussagen dieses Kapitels zu den verschiedenen Kriterien bzgl. des Einsatzes können natürlich nur Anhaltspunkte sein – immer spielen viele andere Faktoren z.B. bzgl. der speziellen Situation des Unternehmens, der Konkurrenzsituation, Kundenwünschen etc. eine wichtige Rolle. Trotzdem glauben wir, dass die obigen Aussagen durchaus hilfreich bei der Auswahl einer Architektur bzw. Plattform für ein konkretes Projekt sein können.

Tabelle 10.1: Zusammenfassende Architekturbewertung

	C-S	N-Tier	SOA	EDA	P2P	Grid	Web 2.0
SW-Lebenszyklus							
Analyse und Design	→	↑	↑	↘	→	↘	↓
Entwicklung und Test	↑	↑	↑	↓	↓	↗	→
Betrieb	→	→	→	→	↑	↑	→
Management und Umfeld	↗	↗	↗	↘	↗	→	↗
Anwendung							
Interaktivität	↑	↗	↓	→	→	↓	↑
Teilnehmerzahl	↓	↗	↑	→	↑	↑	↑
Ressourcenbedarf	→	→	↓	↘	↑	↑	↑
Dynamik	↓	→	↑	↑	↓	↗	↑
Robustheit	↓	↗	→	→	↑	↑	│

Da wir relativ ausführlich waren, wollen wir die Ergebnisse nun noch einmal übersichtlich in einer Tabelle darstellen. Dabei verwenden wir die Zeilen zur Darstellung der Kriterien und die Spalten für die Architekturen. Für die Bewertung der Eignung verwenden wir Pfeilsymbole mit den naheliegenden Bedeutungen: ↓ entspricht eine weniger gute Eignung bzw. Unterstützung, → bedeutet durchschnittlich, und ↑ steht für sehr gute Eignung bzw. Unterstützung.

Kapitel 11

Verteilte Anwendungen: Fallbeispiele aus der Praxis

Nachdem in den vorangehenden Kapiteln wesentliche Architekturen verteilter Anwendungssysteme vorgestellt wurden, zeigt dieses Kapitel deren Einsatz in der Praxis. Es beschreibt für die meisten der vorgestellten Architekturen in Kurzform Fallbeispiele, in denen diese praktisch eingesetzt wurden bzw. werden. Die Fallbeispiele enthalten jeweils eine kurze Beschreibung der verteilten Anwendung und ihres Praxishintergrundes, illustrieren gegebenenfalls ihre Kernarchitektur und geben Referenzen auf weiterführendes Material.

11.1 Fallbeispiele „Klassische Web-Anwendungsarchitekturen und Verteilte Objekte"

Im Wesentlichen parallel zur beginnenden Popularität des WWW (seit ca. 1994) entstanden typische Architekturen für „traditionelle" verteilte Web-Anwendungen (Web 1.0), Anwendungsarchitekturen mittels verteilter Objekte und Kombinationen aus beiden Ansätzen. Die folgenden Abschnitte zeigen Fallbeispiele, die auf hierfür typischen Technologien wie u.a. CGI, CORBA, DCOM, HTML und PHP basieren.

11.1.1 Klassische Web 1.0-Anwendungsarchitekturen

Dieser Abschnitt zeigt zwei Beispiele typischer Systemarchitekturen für Web 1.0-Anwendungen, die in dieser und ähnlicher Form weltweit vielfach im Einsatz sind.

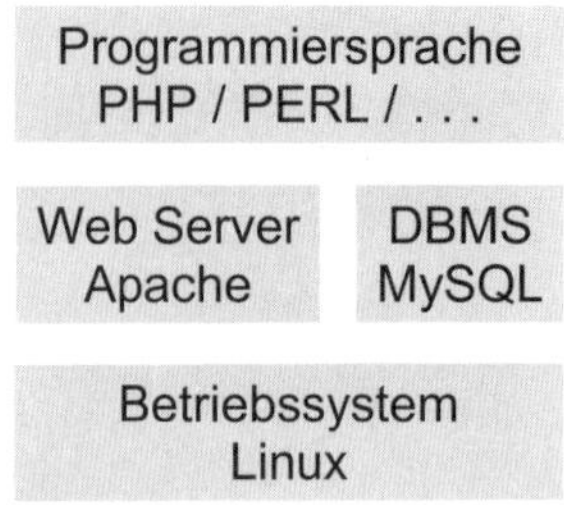

Abbildung 11.1: LAMP-Stack

Web 1.0: "LAMP-Stack"

Neben Microsofts IIS/ASP- und Suns Java-Technologien ist der so genannte LAMP-Stack die wohl populärste Technologievariante einer solchen Web-Software-Architektur (siehe Abbildung 11.1). LAMP steht hierbei für Linux, Apache, MySQL und PHP/Perl/... Das Akronym kennzeichnet also eine Kombination von frei nutzbaren Open Source-Technologien, nämlich ein Linux-Derivat als verwendetes Betriebssystem, Apache als Web-Server, MySQL als relationales Datenbankmangementsystem und Skriptsprachen wie Perl, PHP u.ä. zur dynamischen Web-Seiten-Aufbereitung.

Eine Reihe von Anwendungen, die den LAMP-Stack nutzen, findet man auf den Web-Seiten von MySQL [61]. Dort sind Fallbeispiele zum Web-Portal Friendster, zum US Census Bureau usw.

11.1.2 3-Tier Web- und verteilte Objekte-Anwendung mit CORBA: „UIS-Föderationsarchitektur"

Ein Fallbeispiel für eine typische 3-Tier-Web-Anwendung, kombiniert mit CORBA-Technologie, entstammt dem Bereich der Umweltinformationssysteme (UIS). Ähnliche Architekturen wurden ab Mitte der 90er-Jahre weltweit in verschiedenen Anwendungsbereichen eingesetzt. Das vorgestellte Beispiel wurde in der zweiten Hälfte der 90er-Jahre am Forschungszentrum Informatik (FZI) der Univ. Karlsruhe in Kooperation mit dem Umweltministerium und der Landesanstalt für Umweltschutz, Baden-Württemberg mit der CORBA-Implementierung Orbix entwickelt.

Die Architektur zeigt einen der typischen Anwendungsfälle für CORBA, und zwar dient CORBA hier insbesondere der Gesamtintegration von stark heterogenen Informationsquellen in verteilten Informationssystemen. Es handelt sich somit um eine Föderationsarchitektur für lose gekoppelte, heterogene Informationsquellen, die auf der Idee lose gekoppelter Datenbanken aus föderierten Datenbanksystemen [79] basiert.

Der Aufbau dieser Föderationsarchitektur ist folgender:

- CORBA wird in der Architektur zur einheitlichen, technischen Integration der Informationsquellen genutzt. Letztere sind stark heterogen. Sie umfassen zum Beispiel Berechnungsprogramme, objektorientierte und relationale Datenbanksysteme, Expertensysteme, Geo-Informationssysteme usw, die oft auf unterschiedlichen Plattformen ablaufen und unterschiedliche Programmiersprachen nutzen. Aufbauend auf diesen Quellen wird eine Reihe von Diensten bereitgestellt, welche u.a. diese Quellen integrieren und über eine CORBA-IDL-Schnittstelle zugreifbar machen. Unterteilt wird die Architektur in Anwenderdienste und Systemdienste, wobei Anwenderdienste aus Systemdiensten zusammengesetzt sind bzw. diese nutzen. Systemdienste beinhalten Auskunftsdienste zur Navigation und Information sowie Basisdienste, die Datenanfrage- und Berechnungsfunktionalität bereitstellen. Der „Ereignisverarbeiter“, eine ereignisgetriebene Regelverarbeitungskomponente, die ebenfalls mittels CORBA nutzbar ist, erlaubt mittels ECA-Regeln eine flexible Spezifikation von Ereignissen, über die zum Beispiel Endnutzer benachrichtigt werden sollen. Ein Beispiel wäre im UIS-Umfeld die Überwachung bestimmter Grenzen für Luftmesswerte. In [48, 45, 44] finden sich nähere Beschreibungen dieser Komponente. Sie kann als eine frühe Variante einer Event-Driven Architecture (EDA) angesehen werden.
- WWW-Technologie inklusive Java wird für die Client-seitige Informationsdarstellung genutzt. Diese Technologien werden in der Föderationsarchitektur miteinander kombiniert – klassisch beispielsweise in Form von CORBA-Objekten, die HTML-Seiten generieren, oder auch mittels Java-/CORBA-ORBs [93]. Über Letztere können sich Java-Programme, z.B. Java-Applets, direkt aus einem Web-Browser heraus mit einer CORBA-Umgebung verbinden. Teilweise sind auch Client-ORB in Web-Browser integriert (bzw. als Teil der genutzten Java VM verfügbar).

Ausführlichere Darstellungen dieser Föderationsarchitektur finden Sie unter anderem in [46, 54].

Eine Reihe weiterer Fallbeispiele zu CORBA befinden sich auf CORBA-Web-Seiten wie zum Beispiel [67], Beispiele zu Microsofts vergleichbarer DCOM-Technologie auf Microsofts Architektur-Web-Seiten.

11.2 Fallbeispiele „N-tier-Architekturen“

In diesem Abschnitt werden Fallbeispiele für typische komponentenbasierte N-tier-Architekturen vorgestellt, deren wohl bekannteste kommerzielle Vertreter Microsofts .NET und Suns Java Enterprise Edition sind. Hinzu kommen eine Vielzahl von Open-Source-Technologien. Populär wurden komponentenbasierte verteilte Anwendungen ab Ende der 90er-Jahre. Die Technologien werden jedoch weiterentwickelt (z.B. als .NET 3.x, Java EE 5ff oder Spring 2). Damit sind auf ihnen basierende Architekturen nach wie vor hochaktuell.

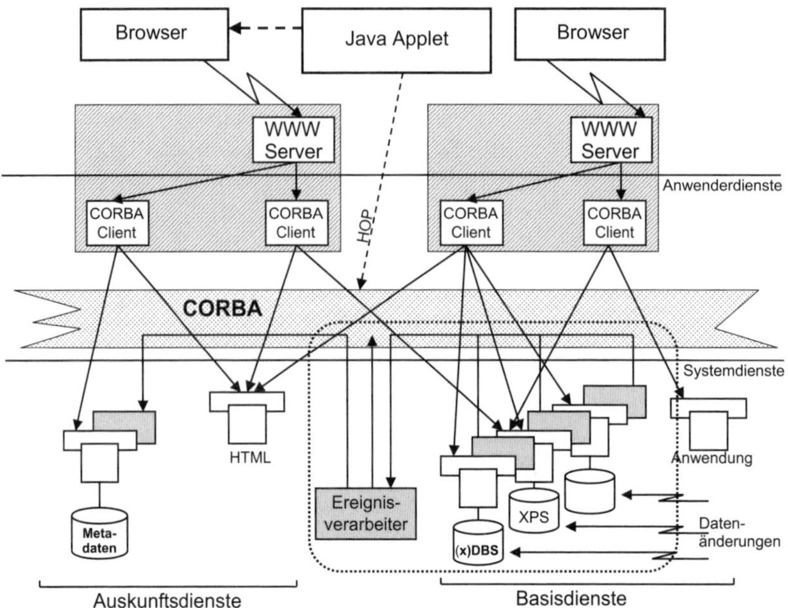

Abbildung 11.2: Föderationsarchitektur mit CORBA und Web-Technologie: UIS-Beispiel

Anzumerken ist, dass bei den hier vorgestellten Beispielen in der Regel Web-Technologien für die Benutzerinteraktion eingesetzt werden, das heißt: Client-seitig wird ein Web-Browser angenommen. Dies erleichtert eine Client-seitige Plattformunabhängigkeit, ist jedoch keinesfalls zwingend notwendig. Gleichermaßen könnten in ähnlichen Architekturen zum Beispiel Windows-spezifische Visual-Basic-Clients oder Java-Swing-Clients eingesetzt werden.

11.2.1 .NET: „3-Schicht-Anwendung vita.NET"

Gastbeitrag: Dr. Michael Heyder; *IT-Manager VITA, IT-Dienstleister der Vereinigung der Metall-Berufsgenossenschaften, April 2008*

Bei der Vereinigung der Metallberufsgenossenschaften(VMBG) wurde mit vita.NET eines der bisher umfangreichsten Beispiele für Composite Desktop Applications auf der Basis von Microsoft .NET realisiert.

Das Microsoft-geprägte Konzept der *Composite Desktop Applications* verfolgt die Idee, möglichst viele Anwendungen und Funktionen mittels einer einheitlichen Benutzeroberfläche sowie eines einheitlichen Navigationsmodells auf dem Arbeitsplatz-PC des Anwenders bereitzustellen. Den Endanwendern bleibt verborgen, welches konkrete Softwareprodukt eine im Rahmen einer Geschäftsprozessbearbeitung erforderliche Funktion realisiert. Anwendungskomponenten unterschiedlicher Herkunft sind lose über eine XML-basierte Konfigurationsspra-

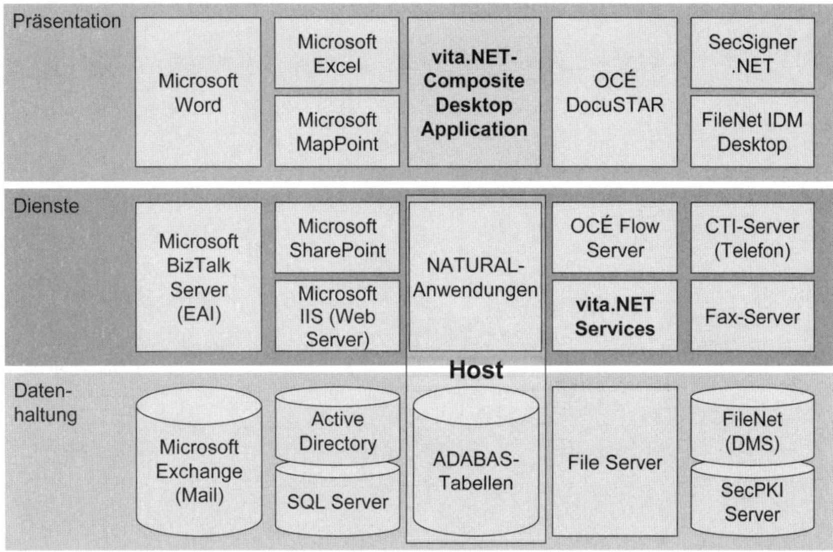

Abbildung 11.3: In vita.NET integrierte Client-, Server- und Host-Anwendungen

che verknüpft; ein Workflow-System ermöglicht die Gestaltung übergreifender Geschäftsprozesse unter Verwendung der technischen und fachlichen Komponenten.

Abbildung 11.3 zeigt die im Beispiel vita.NET integrierten Softwareprodukte. Diese decken alle für die elektronische Vorgangsbearbeitung erforderlichen Anwendungen und Services ab.

Die Verwendung von Composite Desktop Applications ermöglicht implizit die strikte Trennung der Fachlogik von der technischen Infrastruktur einer Anwendung. Auf diese Weise können Anwendungen kontinuierlich von den zusätzlichen Möglichkeiten neuer Softwareprodukte und Softwaretechnologien profitieren, während fachliche Anwendungskomponenten eine stabile, ebenso versions- und produktunabhängige Schnittstellenlandschaft vorfinden. Diese Zweiteilung ermöglicht eine stärkere Spezialisierung der Softwareentwickler, die ihr Domänenwissen entweder auf IT-technische Details oder die Abbildung komplexer fachlicher Geschäftsprozesse konzentrieren können.

Abbildung 11.4 zeigt die zentrale Schnittstellenfunktion der Benutzeroberflächensteuerung im Rahmen einer Composite Desktop Application.

Microsoft .NET unterstützt diesen, einer Web-basierten Portal-Architektur nicht unähnlichen Gestaltungsansatz für Very Large Business Applications durch eine Reihe von Merkmalen:

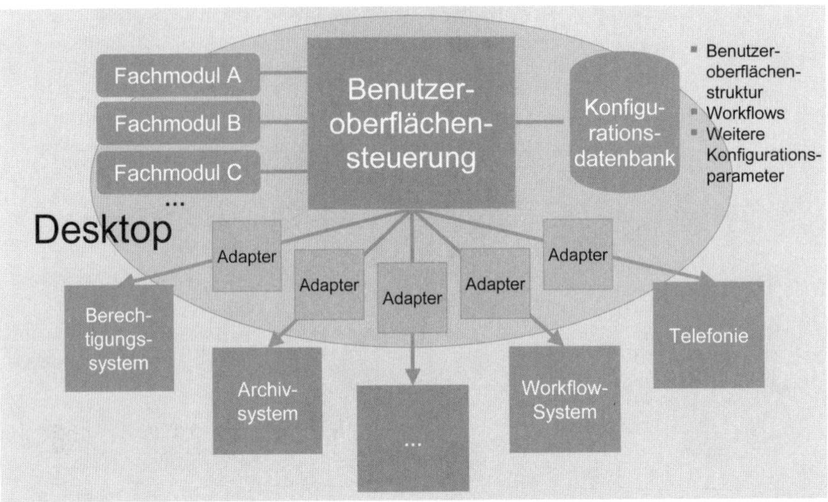

Abbildung 11.4: Zusammenspiel von fachlichen und technischen Komponenten in Composite Desktop Applications

- Kompatibilität zur Komponentenarchitektur Microsoft COM sowie zu aktuellen Web Service-Standards. Praktisch jede für die Microsoft Windows-Plattform verfügbare Anwendung kann transparent entweder über eine lokal auf dem Desktop angebotene COM-Schnittstelle oder als Web Service integriert werden.
- Unterstützung für die modellgetriebene Generierung von Sourcecode. Die Unterstützung für Domain-specific Languages ist Teil des Sprachkerns von Microsoft .NET; für vita.NET konnten so eigene Entwicklungswerkzeuge und Code-Generatoren geschaffen werden, mit denen große Teile der fachlichen Anwendungskomponenten realisiert wurden.
- XML-Unterstützung. Die durchgängige Unterstützung von XML-Technologien ermöglicht den Aufbau langfristig stabiler und erweiterbarer Konfigurationsschnittstellen.

Die konsequente Umsetzung des Composite Desktop Application-Ansatzes war einer der Erfolgsfaktoren, um die Geschäftsprozesse diverser Berufsgenossenschaften in einem einzigen Softwareprodukt abbilden und gleichzeitig die notwendige Flexibilität für die Weiterentwicklung der Anwendung gewährleisten zu können.

11.2.2 Java EE/J2EE: „Standard-Web-Anwendungen PetStore und Duke's Bank“

Eines „der“ Beispiele einer Java Enterprise-Anwendung, die auf Basis der J2EE/Java EE-Spezifikation entwickelt wurde, ist der „PetStore“ von Sun. Hierbei handelt es sich um einen fiktiven Web-Shop, anhand dessen man einerseits die wesentlichen Elemente der Java EE illustriert, das andererseits aber auch ein Muster für eigene Anwendungen geben möchte. Der PetStore wurde im Laufe der Jahre für die verschiedenen J2EE-Versionen immer wieder angepasst und ist auch in seiner neuesten Version für Java EE 5 als Beispiel Teil der Java EE-Referenzimplementierung.

Der PetStore nutzt Java EE/J2EE-Elemente wie JavaServer Pages (JSP) und verschiedene Enterprise Bean-Typen wie Session und Message Driven Beans. In neuesten Versionen werden auch JavaServer Faces (JSF) und Asynchronous JavaScript and XML (AJAX)-Elemente für die Benutzerschnittstelle unterstützt. Funktional beinhaltet der PetStore u.a. Elemente für eine Benutzerschnittstelle, die das Anmelden eines Benutzers und Zugriffe auf dessen Warenkorb erlaubt sowie die Nutzung von Produkt- und Kundendaten ermöglicht. Diese Zugriffe erfolgen mittels JSPs und Session Beans synchron. Benutzerkaufaufträge werden hingegen über Java Messaging und Message Driven Beans über Auftragsnachrichten entkoppelt und asynchron abgearbeitet. Dies geschieht asynchron, um dort eventuell auftretende Verzögerungen zu behandeln, die zum Beispiel bei der externen Kreditkartenvalidierung auftreten können.

Die Abbildungen 11.5 und 11.6 zeigen die funktionalen Elemente des PetStore.

Der Aufbau des PetStore kann gut als Beispiel für eigene kleine bis mittelgroße J2EE-Anwendungen dienen, die insbesondere auch Enterprise Beans nut-

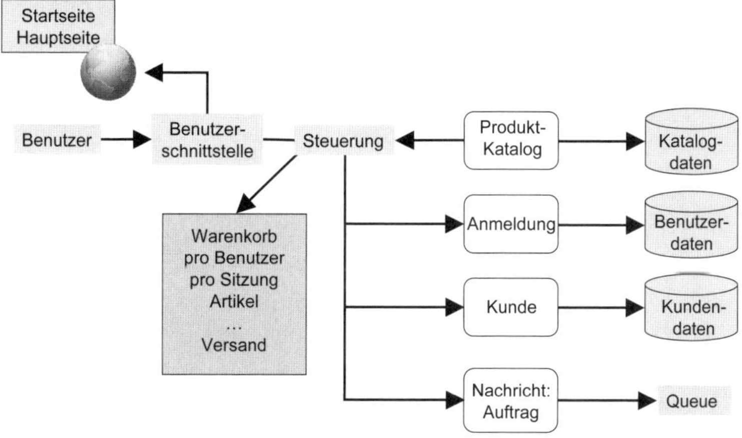

Abbildung 11.5: Der PetStore (Sun-ähnlich) – Funktionale Elemente

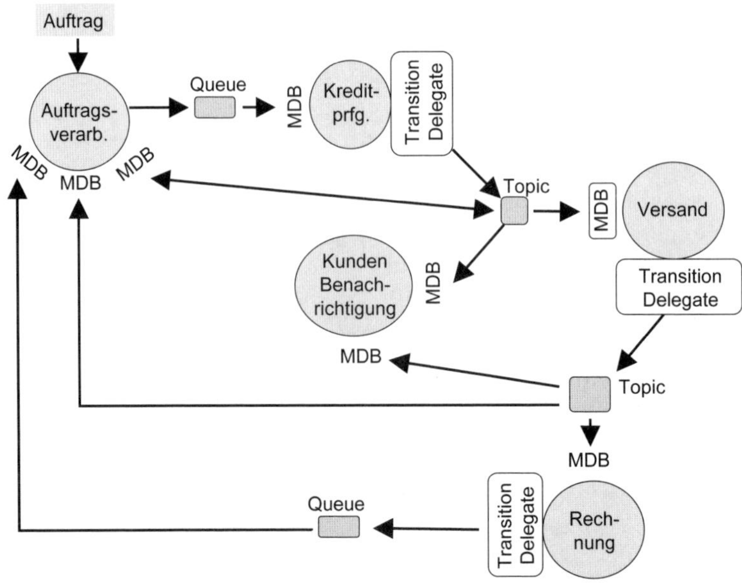

Abbildung 11.6: Der PetStore (Sun-ähnlich) – Auftragsbearbeitung

zen sollen. Gemeinsam mit der einfachen J2EE-Web-Anwendung auf JSP/Servlet-Basis aus Abbildung 4.7, sind damit wohl 60–70% der typischen Java EE/J2EE-Anwendungen abdeckbar. Ein Schwerpunkt des PetStore ist jedoch die Illustration der grundlegenden J2EE-Elemente und von einigen J2EE-Entwurfsmustern. Für Anwendungen, die sehr hohe Benutzerlasten verarbeiten müssen oder komplexe Integrations- oder Sicherheitsanforderungen haben, sind oft wesentliche Modifikationen und Ergänzungen notwendig bzw. auch speziellere Architekturen oder Kombinationen mit anderen Technologien. Bemerkenswert ist, dass schon ca. 2003 selbst in verschiedenen Versionen der Hochlast-J2EE-Anwendung von eBay [2, 58] – schon damals bearbeitete man einige Millionen Anfragen pro Tag – eine Reihe der Kern-J2EE-Entwurfsmuster [1] erfolgreich eingesetzt wurden.

Merkliche Vereinfachungen der Enterprise Java-Programmierung sind durch den Einsatz der Java EE 5 gegeben (siehe Abschnitt 4.2.3), zum Beispiel durch das noch recht neue Java Persistence API (JPA). Abbildung 11.7 zeigt als Beispiel die Architektur von Duke's Bank, die dem Java EE 5-Tutorial [40] entstammt. Zum Einsatz kommen hier neben Session Beans auch Entity-Objekte nach dem Java Persistence API. Gemäß Java EE 5 sind beides normale Java-Klassen, mit Annotationen, die sie als Session Bean bzw. als Entity-Datenobjekte auszeichnen.

Zu ergänzen ist, dass gerade im Bereich der Komponententechnologien für das Java Enterprise-Umfeld in den letzten Jahren auch Open Source-Alternativen zu Java EE erfolgreich wurden. Ein bedeutsames Beispiel ist das Spring-Framework,

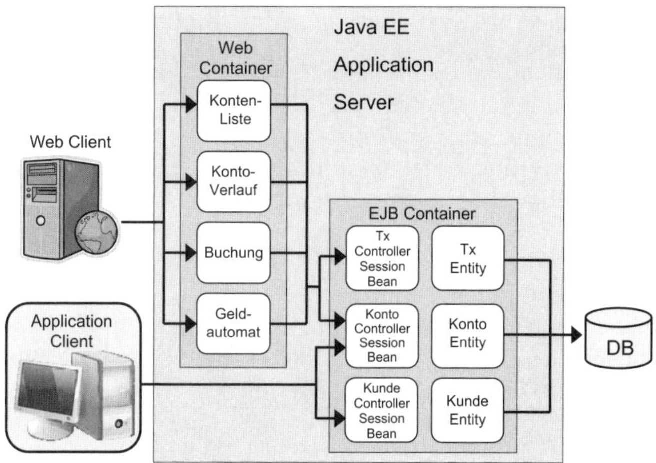

Abbildung 11.7: Duke's Bank (Sun-ähnlich): Architektur

das gegenüber Java EE schlanker und durch seinen mittlerweile ebenfalls häufigeren Industrieeinsatz auch eine nähere Betrachtung wert ist. Gleiches gilt im Bereich der Anbindung relationaler Datenbanksysteme. Hier ist insbesondere der Object-Relational-Mapper Hibernate bedeutsam, den es sowohl für Java (Hibernate) als auch für .NET (NHibernate) gibt Die Java-Version von Hibernate existiert neuerdings auch in einer JPA-kompatiblen Variante. Hibernate und Spring werden zum Beispiel in [62] vorgestellt. Eine konzeptionell vergleichbare Architektur ist auch mit .NET realisierbar. Am Beispiel des PetStore wurde dies auch in der Praxis erfolgreich erprobt.

11.3 Fallbeispiele „SOA“

In diesem Abschnitt betrachten wir drei Fallbeispiele aus dem SOA-Umfeld. Zunächst wird der Einsatz von Web Services am Beispiel der SOA von Amazon skizziert und sodann ein SOA-/ESB-Beispiel aus einem mittelständischen Versicherungsunternehmen vorgestellt. Abschließend folgt ein SOA-Beispiel mit CORBA und J2EE aus dem Bankenumfeld.

Da ESB, SOA und Web Services derzeit besonders populär sind, finden sich weitere Beispiele im WWW oder in der Literatur, wie zum Beispiel in [49, 83].

11.3.1 SOA und Web Services: „Amazon.com"

Sei zunächst Amazon als eine SOA- und Web Services-Fallstudie betrachtet. Werner Vogels, CTO von Amazon.com beschreibt in einem Interview[1] die Historie von Amazon.com. Zunächst war die Website eine einfache Webapplikation bestehend aus Webserver und Datenbank. Dies reichte zunächst aus, aber mit steigender Größe stellten sich Probleme ein. Zum einen war selbst mit ausgefeilter Clustertechnik die Masse an Anfragen nicht mehr performant zu bearbeiten. Zum anderen stellte die monolithische Struktur die Firma vor das Problem, neue Features ins das Portal einzubinden. Amazon.com wendet mittlerweile sehr ausgefeilte Techniken an, um den Kunden zum Kauf zu bewegen. So wird beispielsweise untersucht, an welcher Bildschirmposition das virtuelle Regal mit Süßigkeiten vor der Kasse postiert werden muss, um weitere Käufe zu forcieren. Bei dieser Untersuchung werden einfach mehrere Varianten ausprobiert, und es wird gemessen, welche davon statistisch am erfolgreichsten ist. Die Implementierung solch komplexer Vorgaben war jedoch mit der bisherigen Architektur nicht möglich.

Dies war der Anlass, Amazon.com auf SOA umzustellen. Jeder Dienst wird hierbei von einem Team betreut, das den kompletten Lebenszyklus inklusive Qualitätssicherung und Hosting übernimmt. Die auf diese Weise geschaffene Verantwortlichkeit trägt enorm zur Steigerung der Softwarequalität bei, da das Entwicklerteam – wenn auch nur für einen beschränkten Teil – auch direkt mit Supportanfragen zum Dienst zu tun hat. Dies steht im krassen Gegensatz zum klassischen Modell, in dem Entwicklung und Qualitätssicherung getrennt sind und oft gegeneinander statt miteinander arbeiten.

Verwenden Sie heute das Portal von Amazon, setzt sich jede Seite aus den Ausgaben vieler kleiner Dienste zusammen. Ein einfaches Beispiel ist der Dienst, der den Verkaufsrang eines Produkts ermittelt. Dieser Dienst profitiert von seiner Unabhängigkeit, da er ganz andere Ansprüche an die Persistenzschicht hat als die Online-Verarbeitung einer Bestellung. Es müssen viele Daten gelesen werden. Ergebnisse können jedoch lange im Cache gehalten werden. Amazon stellt viele Dienste auch extern zur Verfügung, die man über SOAP oder REST mit XML aufrufen kann.

11.3.2 SOA und ESB: „Einführung in einem mittelständischen Versicherungsunternehmen"

Gastbeitrag: Rainer Pahlmann; *IT-Architekt/Informatik-Grundsatz, VHV insurance services GmbH, Hannover, April 2008*

Als weiteres Beispiel sei die SOA-Einführung in einem mittelständischen Versicherungsunternehmen betrachtet, die „Schadenplattform der VHV Gruppe".

Im Juli 2007 ging bei der VHV Gruppe mit der Schadenplattform eine Anwendung in den produktiven Betrieb, die auf einer Service-orientierten Architek-

[1] http://www.acmqueue.com/modules.php?name=Content&pa=showpage&pid=388

tur basiert. Durch Industrialisierung des versicherungstechnischen Kernprozesses wurde eine Optimierung der Schadenbearbeitung erreicht. Die Abwicklungsgeschwindigkeit der Schäden konnte durch durchgehende Schadenbearbeitung ohne Medienbrüche optimiert werden.

Prozessoptimierung. In der Schadenplattform werden eingehende Schadenbelege über standardisierte Service-basierende Prozesse verarbeitet; illustriert in Abbildung 11.8.

- Diese durchlaufen dazu unter anderem diverse Regelwerke,
- werden durch Bestandsdaten angereichert,
- je nach Beleg an verschiedene Dienstleister versendet,
- durch Prüfberichte ergänzt,
- nach bestimmten Regeln an hausinterne Spezialisten zur manuellen Nachkontrolle weitergeleitet
- oder nach der automatischen Prüfung gezahlt.

Dabei werden etwa zwischen 15000 und 20000 Prozessinstanzen täglich erzeugt. Neben einer (Teil-)Automatisierung der Prozesse wurde auch die Reduzierung der Fertigungstiefe als weiterer Schritt auf dem Weg einer Industrialisierung der Schadenbearbeitung eingesetzt. Es werden nicht mehr alle Dienstleistungen in Ei-

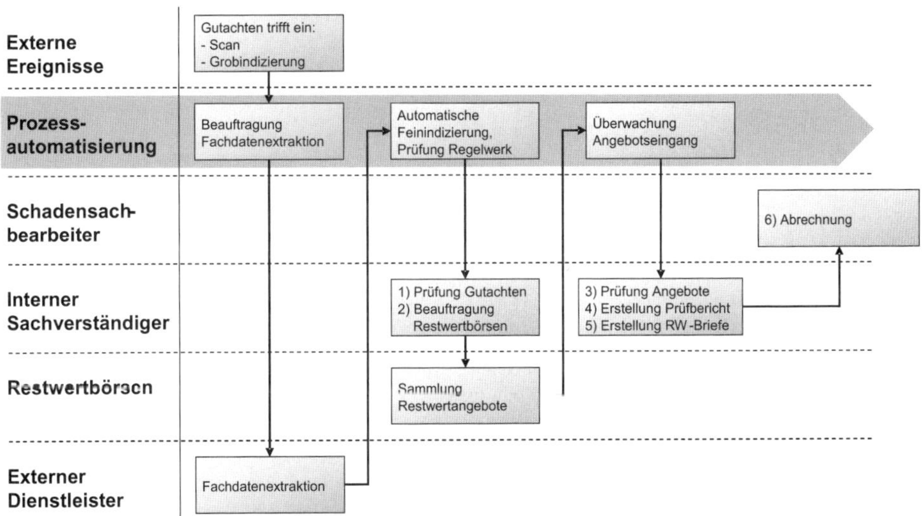

Abbildung 11.8: Beispiel für fachlichen Prozessablauf

genregie erbracht, sondern die Nutzung externer (Service-)Dienstleistungen ist integraler Bestandteil des Schadenprozesses.

Technische Umsetzung. Den technischen Aufbau der Schadenplattform zeigen die Abbildungen 11.9 und 11.10.

Für die Umsetzung der Schadenplattform wurde ein *Business Process Management (BPM)* auf Basis einer Service-orientierten Architektur gewählt. Die Kommunikation mit der bestehenden Systemwelt der VHV Gruppe erfolgt über Message-Queueing-Technik.

Um die Prozesse mit einer (Teil-)Automatisierung durchführen zu können, werden die Steuerungsparameter in den zu bearbeitenden Eingangsdokumenten zuerst elektronisch erfasst („gescannt"). Die Extraktion der für die Schadenbearbeitung relevanten Fachdaten wird über einen Service von einem externen Dienstleister erbracht. Sowohl die Beauftragung als auch die Verarbeitung der Dienstleisterantworten werden über den automatischen Prozess über einen spezialisierten *Enterprise Service Bus* gesteuert. Manuelle Eingriffe sind dabei nur in fachlich definierten Sondersituationen erforderlich.

Prozessregelwerke (*Business Rules*) zur flexiblen Steuerung ermöglichen durch die gezielte Änderung eines Regelparameters, den automatisch laufenden Prozess in Echtzeit an neue Gegebenheiten anzupassen. Dieses wird z.B. zur Verlagerung von Lasten von einem Dienstleister auf einen anderen genutzt.

Die SOA verwendet nicht nur Services, die von externen Dienstleistern bereitgestellt werden. Zudem wurden die bestehenden Anwendungen der VHV Gruppe

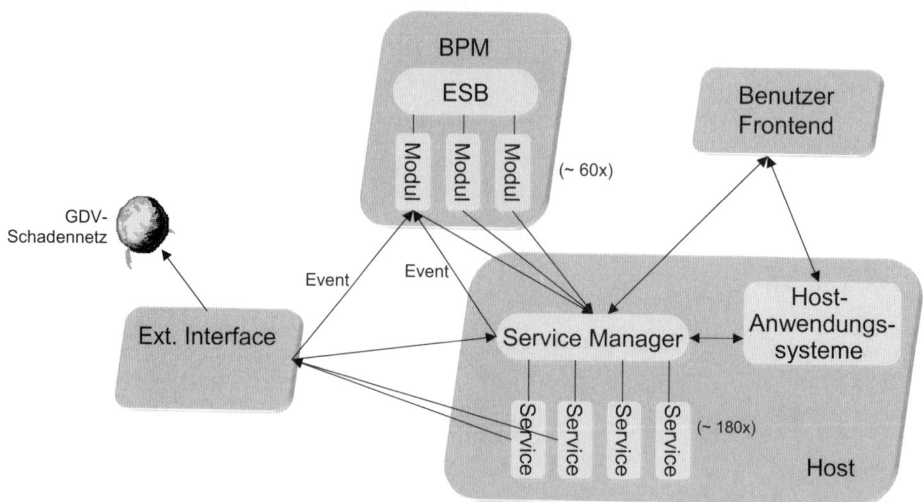

Abbildung 11.9: Übersicht Systeminfrastruktur

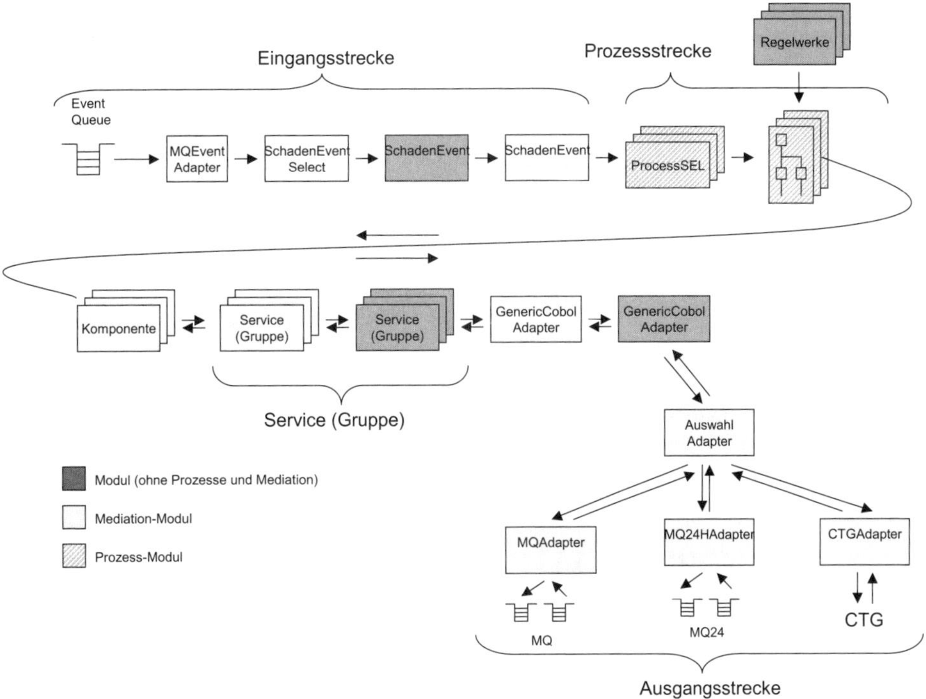

Abbildung 11.10: Übersicht technischer Prozessablauf

über zustandslose Schnittstellen in kleinere, wiederverwendbare Bausteine aufgebrochen und als Services flexibel nutzbar gemacht. Dadurch können bestehende Systeme parallel zur herkömmlichen Nutzung auch als Services über die SOA genutzt werden. Zusätzlich zur Wiederverwendung der eigentlichen Systemarchitektur ergeben sich weitere Vorteile durch die implizite Verwendung angeschlossener Randsysteme wie z.B. die Hauptbuchhaltung, ohne dafür neue Schnittstellen erstellen zu müssen.

Ein Schadenfall durchläuft mehrere Systeme, eventuell sogar mehrere Abteilungen und nutzt dabei häufig eine Vielzahl externer Dienstleistungen. Die Kontrolle über den Prozess und das Ergreifen von Maßnahmen bei Störungen geschieht über das *Business-Process-Management*. Prozesskennzahlen (*Key Performance Indicators, KPIs*) werden nach Möglichkeit automatisiert in Echtzeit gemessen und ermittelt. Zu den Prozesskennzahlen gehören Daten wie Durchlaufzeiten pro Prozessschritt oder eventuell vorgenommene Kürzungen.

Tabelle 11.1 gibt eine Mengenübersicht über die bisher realisierten Services, Module und Regelwerke, verdeutlicht durch einige abschließende Beispiele.

Tabelle 11.1: Übersicht Anzahl Services, Module und Regelwerke

	Gesamt	lesend	schreibend	Adapter	Komponenten	Prozess	Service	Java
Services	186	89	97					
Module	40			9	4	6	11	10
Regelwerke	9							

- Regelwerk: `pruefeNeuschadenBelegart` (fachliche Regeln für die Zuordnung von Belegen zu Neuschadenfällen)
- Adapter-Modul: `GenericCobolAdapter` (Generischer Adapter für die Anbindung BPM-System an Großrechner)
- Service: `SchreibeErgebnisbetrugsprüfung` (Persistieren von Ergebnissen der Betrugsprüfung)

11.3.3 SOA, CORBA und J2EE: „Erfahrungen bei der Migration eines IMS-basierenden Kernbankenverfahrens in eine Service-orientierte Architektur"

Gastbeitrag: Markus Pohlmann; *IT-Architekt, GAD IT für Banken, Mai 2008*

Im letzten Fallbeispiel zu SOA wird eine derzeit auf CORBA und J2EE basierende SOA vorgestellt, die fachlich im Bankenumfeld angesiedelt ist.

Überblick

Die GAD mit Firmensitz in Münster ist IT-Dienstleister, Rechenzentrum und Softwarehaus für rund 450 Banken. Die GAD betreibt zwei Rechenzentren. Der Umsatz belief sich im Jahr 2007 auf 350 Millionen Euro, die gesamte Unternehmensgruppe nahm 560 Millionen Euro ein. Die GAD positioniert sich als Full-Service-Provider für Genossenschaftsbanken.

Im Folgenden wird ein kurzer Überblick über die Basiskonzepte des ursprünglichen Retail-Bankenverfahrens BB3 der GAD gegeben. Dieses Verfahren ist evolutionär zu bank21 weiterentwickelt worden. Der BB3-Kern ist als Transaktionskern – bank21-TS – ein wichtiger Teil von bank21.

Bei der Weiterentwicklung war die Umstellung auf eine Service-orientierte Architektur ein wichtiger Meilenstein. Die zugrunde liegenden Überlegungen, Konzepte und Erfahrungen werden in den folgenden Abschnitten kurz beleuchtet.

Retail-Bankenverfahren BB3

In Kooperation mit der damaligen GRZ ist das Retail-Bankenverfahren BB3 in den 80er- und 90er-Jahren für den Filialvertrieb entwickelt und optimiert worden.

Andere Vertriebskanäle und andere Bankentypen spielten bei der ursprünglichen Konzeption keine oder nur sehr untergeordnete Rolle.

BB3 ist als einstufiges Verfahren ausgelegt worden. Alle Anwendungsteile arbeiten synchron zusammen. Sämtliche Änderungen im operativen Bestand werden am jeweiligen Transaktionsende unmittelbar gültig. Das Verfahren ist in diesem Sinne ein Transaktionskern. Als Transaktionsmonitor wird IBM IMS/DC eingesetzt. Die Anwendung wurde überwiegend in COBOL implementiert.

Das Verfahren wird von ca. 450 Banken in Nord- und Westdeutschland eingesetzt. Das Lastvolumen beträgt ca. 500 Transaktionen je Sekunde während der Geschäftszeiten der Bank. Da neben dem Filialbetrieb inzwischen der Internet- und Selbstbedienungskanal etwa die Hälfte der Last ausmacht, wird der Verfahrenskern rund um die Uhr mit höchster Verfügbarkeit betrieben.

Client-Server-Ansatz mit Terminal-Server. BB3 hat eine physisch dreischichtige Architektur. Das Backend, das die Transaktionsverarbeitung implementiert, residiert im IMS-Transaktionsmonitor auf dem Großrechner (z/OS) im Rechenzentrum. Die Clients waren ursprünglich über einen IBM4700-Terminalcontroller mit dem Großrechner verbunden. Heute dient ein J2EE-Server als Middletier. Zwischen Terminal, Middletier und Rechenzentrale wird das GAD-proprietäre Protokoll BCI verwendet.

Übergang zur Service-Orientierung

Veränderte Rahmenbedingungen, insbesondere die Einführung neuer Vertriebskanäle und die Diversifizierung der Banken, haben zu einer Änderung der Architekturausrichtung geführt. Ziele waren:

- den funktionalen Kern von BB3 mit dem funktionalen Kern des Zentralbankenverfahrens ZIS zusammenzuführen,
- die Dialog- und Prozesssteuerung vom Businesscode zu trennen und
- die Verfahren der GAD multikanalfähig zu machen.

Die Grundidee dieser Konzeption beruht auf der Erfahrung, dass der Lebenszyklus der unterschiedlichen logischen Schichten eines großen Verfahrens sehr unterschiedlich ist.

- Die im Datenmodell beschriebenen Kernobjekte und deren Beziehungen ändern sich, wenn das Verfahren ausgereift ist, nur sehr selten. Die erwartete Lebensspanne sind mehrere Jahrzehnte.
- Die Business-Operationen auf diesen Daten sind ebenfalls recht langlebig. Sie ändern sich in Zeitspannen von fünf bis zehn Jahren. Nur bei sehr starken äußeren Einwirkungen, wie z.B. Basel II, sind hier größere Änderungen zu erwarten.

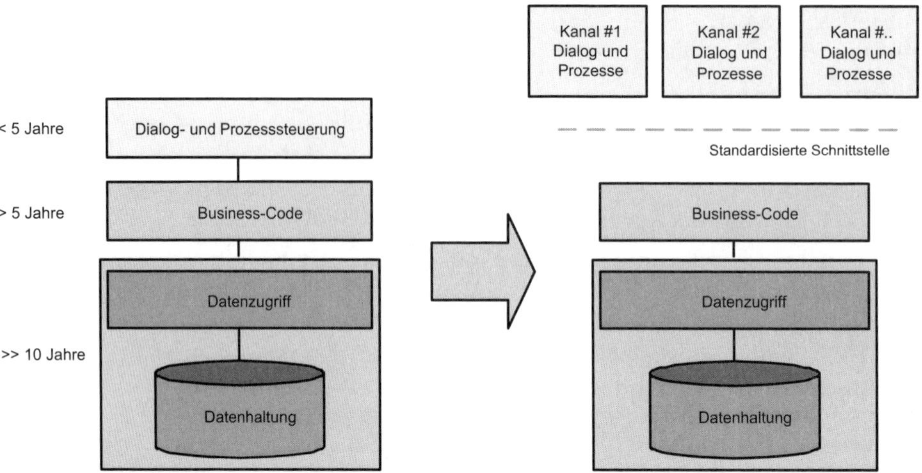

Abbildung 11.11: Der unterschiedliche Lebenszyklus der Schichten einer Architektur – Datenhaltung, Businesscode und Dialog und Prozesssteuerung – motiviert eine Abtrennung der obersten Schicht, insbesondere wenn unterschiedliche Vertriebskanäle angeschlossen werden sollen.

- Die Prozesse und insbesondere die Technologien der Vertriebskanäle ändern sich hingegen weitaus häufiger. Hier liegen die Zyklen bei wenigen Jahren.

Der Verfahrenskern wird in zwei Schichten zerlegt (siehe Abbildung 11.11). Die untere Schicht beinhaltet die Datenhaltung und den Businesscode, die obere Schicht sind die Vertriebskanäle mit deren Prozess- und Dialogsteuerung. Diese Schichten kommunizieren über eine standardisierte Schnittstellenarchitektur miteinander.

Vor diesem Hintergrund wurden im Jahr 1999 die Grundkonzepte des GAD Servicebus als Integrationsinfrastruktur für BB3, ZIS3 und neue Anwendungen konzipiert. Dies ist in Abbildung 11.12 dargestellt.

Die GAD Servicebus Infrastruktur (GSI) ist die Umsetzung der in Abbildung 11.12 dargestellten Architektur. Diese Architektur ist aufgrund einer späteren stärkeren Fokussierung auf J2EE nicht vollständig umgesetzt worden.

In den folgenden Abschnitten werden einzelne Komponenten der Servicebus-Architektur und ihr Zusammenspiel kurz erläutert.

CORBA/BCI-Bridge. Die CORBA/BCI-Bridge ist die Zugangskomponente für den Service-orientierten Zugang zu BB3. Sie wird heute noch eingesetzt und ist die Brücke zwischen Internet- und SB-Anwendungen und dem BB3-Kern.

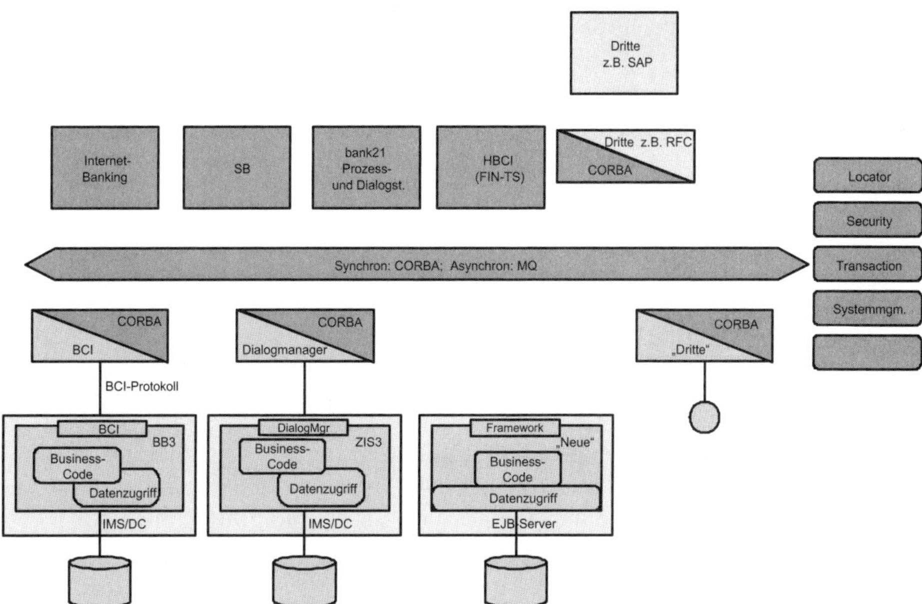

Abbildung 11.12: Ursprüngliche Konzeption des GAD Servicebus: Der Bus ist ein virtuelles CORBA-basierendes Konstrukt. Der Bus stellt eine Reihe von querschnittlichen Diensten für das Auffinden von Services, Sicherheit, Transaktionalität, Systemmanagement etc. zur Verfügung. BB3 und ZIS3 stellen ihre Business-Funktionalität in Form von Services mit Hilfe von Bridges bereit. Neue Services werden in J2EE implementiert und ebenfalls als CORBA-Services angeboten. Der Zugriff „von oben“ erfolgt ausschließlich über die im Bus vereinbarten Konzepte und Techniken.

Die CORBA/BCI-Bridge nutzt zur Kommunikation mit BB3 das BCI-Protokoll. Damit ist es möglich, auf den Businesscode von BB3-Transaktionen zuzugreifen, ohne das BB3-Programmiermodell zu verlassen.

Das BB3-Programmiermodell ist ein Rahmenwerk, das neben einer Sitzungsverwaltung das Marshalling/Demarshalling der BCI-Nachrichten übernimmt und eine Reihe von Standard-Interaktionsmuster direkt unterstützt.

BCI transportiert die Daten als Nettodatenstrom. Die Ein- und Ausgabenachrichten sind EBCDIC-encodierte Datenblöcke. Die Struktur der jeweiligen Blöcke ist in einem Entwicklungsrepository beschrieben. Die BCI-Datenblöcke werden durch die CORBA/BCI-Bridge auf IDL-Strukturen bzw. Unions abgebildet. Ein Transaktionsaufruf wird als eine Methode an einem IDL-Interface dargestellt. Neben diesem fundamentalen RPC-Muster unterstützt die CORBA/BCI-Bridge noch die Abbildung von listenartigen Ein- und Ausgaben auf Input- und Output-Iteratoren sowie die Abbildung von polymorphen Ausgabenachrichten auf IDL Unions. Zur

Definition und Verwaltung des Mappings wird ein Service-Repository, verwendet.

Für die Umstellung der dialoglastigen BB3-Transaktionen auf ein Servicemodell musste i.d.R. lediglich die Hauptschleife des Programms vereinfacht werden.

Querschnittliche Dienste. Für den GAD Servicebus wurden eine Reihe von querschnittlichen Diensten und Konzepten erarbeitet:

- *Namensdienst* Als Namensdienst wird der Nameservice von Iona Orbix verwendet. Dieser entspricht dem CORBA Naming Service-Standard.
- *Locator* Der Locator erlaubt den transparenten Lookup eines Services abhängig von Mandant und Servicetyp. Er verbirgt damit die Produktionskonzepte und konkrete Konfiguration vor den Servicenehmern.
- *Transactions* Als Transaktionskoordinator wird der OTS konforme Transaktionsdienst von Ionas Orbix eingesetzt. Die Verfügbarkeit verteilten Transaktionsmanagements war ein wichtiger Grund für die Nutzung von CORBA.
- *Systemmanagement* Sowohl die CORBA/BCI-Bridge als auch der GSI-Locator sind neben den Nutzerinterfaces mit CORBA-Schnittstellen zum Systemmanagement ausgestattet. Auf Basis dieser Schnittstellen können die Konfigurationen überwacht und geändert werden, der Trace- und Loglevel eingestellt sowie die Systeme gestoppt und wieder gestartet werden. Für diese Schnittstellen gibt es ein Java-Servlet, das eine einfache grafische Oberfläche liefert.
- *Security* Als CORBA-Firewalls werden Systeme der Fa. Prism eingesetzt. Hiermit lässt sich der Systemzugang zum GAD Servicebus bis

Erfahrungen

Die Zerlegung des Verfahrens in Services auf der einen Seite, Oberflächen- und Prozesssteuerung auf der anderen Seite, war ein wichtiger Meilenstein bei der Weiterentwicklung von BB3 zu bank21. Dabei hat sich insbesondere der generische Ansatz der CORBA/BCI-Bridge als sehr positiv erwiesen. Auf dieser Basis war es möglich, kostengünstig und effizient bestehende Anwendungsteile weiterzuverwenden.

Die grundsätzliche Schichtentrennung und Ausrichtung auf SOA haben sich als sehr vorteilhaft erwiesen. Auf abstrakter Ebene sind diese Konzepte stabil und zukunftsfähig. Auf der Ebene der konkreten Implementierung ist nichts beständiger als der Wandel. Dies macht es notwendig, die grundlegende Architektur großer Systeme von der konkreten Plattformarchitektur zu trennen und langfristig mit sich wandelnden und heterogenen Plattformarchitekturen umzugehen.

11.4 Fallbeispiele „Peer-to-Peer“

Eine ganze Reihe von Fallbeispielen für P2P-Anwendungen wurde bereits im Peer-to-Peer-Kapitel vorgestellt, da sie dort zur genaueren Erläuterung der P2P-Konzepte dienen. Auf weitere Fallbeispiele wird deshalb hier verzichtet.

11.5 Fallbeispiele „Grid“

Als Beispiele für Grid-Technologie stellen wir zwei extreme Varianten vor, zum einen eines der derzeit größten Grids überhaupt, das Worldwide LHC Computing Grid, und zum anderen zwei sehr kleine Grids, wie sie in kleinen Unternehmen vorkommen können.

11.5.1 Huge Scale Grid: „Worldwide LHC Computing Grid (WLCG)“

Ein Fallbeispiel für ein Grid der aktuell größten Art ist das Worldwide LHC Computing Grid [73, 76]. Beim WLCG geht es darum, die Rechner-Infrastruktur insbesondere zur Verwaltung der Experimentprimärdaten bereitzustellen, die aus dem sogenannten Large Hadron Collider (LHC) resultieren. Der LHC wird mit seinem 27km langen Ring aus supraleitenden Elektromagneten und Beschleunigungsstrukturen der aktuell weltgrößte Partikelbeschleuniger sein (siehe [12]). Er wird im europäischen Nuklearforschungszentrum CERN fertiggestellt. Die im Folgenden genannten Informationen (Stand Okt. 2007) entstammen primär [73].

Einige Zahlen mögen die IT-Dimensionen dieses Systems verdeutlichen: In der Endphase sollen jährlich über 15 PetaByte neue Primärdaten produziert und gespeichert werden (die Rohdatenmenge ist ein Vielfaches davon). Über 100000 Prozessoren werden diese Daten verarbeiten, weltweit über verschiedenste Institutionen verteilt. Die Infrastrukturen für das WLCG stellen das europäische Enabling Grids for E-Science (EGEE, siehe [21]) und das amerikanische Open Science Grid (OSG, siehe [69]) bereit. Beide Grid-Infrastrukturen sollen u.a. auch für verschiedene andere Anwendungen wie Biomedizin, Erdüberwachung und Astronomie eingesetzt werden. Generell sind gerade wissenschaftliche, aber auch industrielle Anwendungen, bei denen es um Hochleistungsrechnen und Massendatenauswertung geht, typische Anwendungsgebiete für Grid-Technologie.

Zur Verwaltung und Verarbeitung der durch den LHC erzeugten Primärdatenmengen wird eine Software-Pipeline eingesetzt, deren Ablauf und funktionale Grobarchitektur Abbildung 11.13 zeigt.

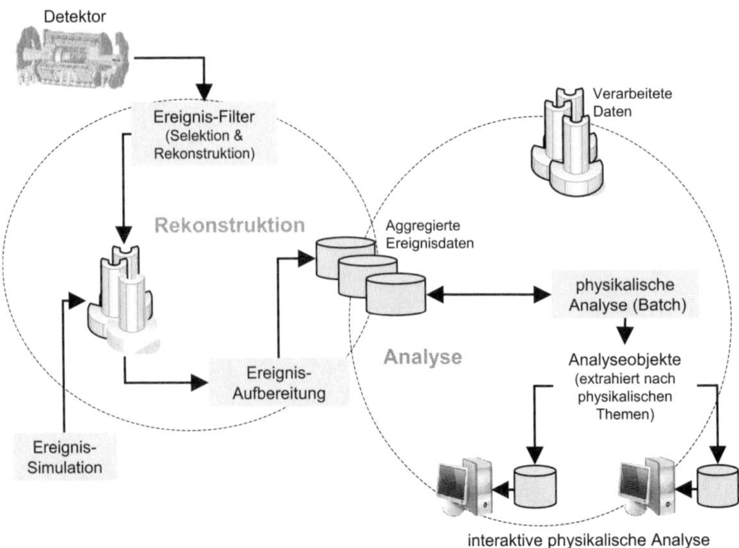

Abbildung 11.13: Die LHC-Event-Pipeline (ähnl. CERN): Ablauf und funktionale Grobarchitektur

Der Ablauf der Pipeline ist wie folgt:

- Der Beschleuniger generiert ca. 40 Mio. Ereignisse in jedem der 4 Detektoren pro Sekunde. Durch Online-Computer werden diese auf einige 100 „gute" Ereignisse reduziert. Hinzu kommen Rohdaten, die aus Simulationen entstehen.
- Im Rekonstruktionsbereich werden sowohl Rohdaten als auch abgeleitete Daten dauerhaft gespeichert. Darauf basierend, können die Daten wieder verarbeitet werden.
- Im Analyse-Bereich können Batch-Jobs physikalische Analyse-Berechnungen durchführen und bereits verarbeitete Daten ebenfalls gespeichert werden. Daten für spezielle Analysen lassen sich nach physikalischen Bereichen gegliedert ablegen und in interaktiven Analysen weiter untersuchen.

Um diese Datenmengen zu verwalten und zu verarbeiten, werden voll vernetzte, hierarchisch organisierte Grids wie folgt eingesetzt:

- Die 4 LHC-Experimente werden weltweit in ca. 35 Ländern von ca. 140 Rechenzentren verarbeitet.
- Tier-0 und Tier-1 bestehen aus 12 Höchstleistungsrechenzentren, die wiederum mit 38 Tier-2-Föderationen „kleiner" Rechenzentren verbunden sind.
- Tier-0 (CERN) erzeugt die Daten, sorgt für die initiale Verarbeitung und gibt die Daten an die Tier-1-Zentren (in Deutschland beispielsweise das For-

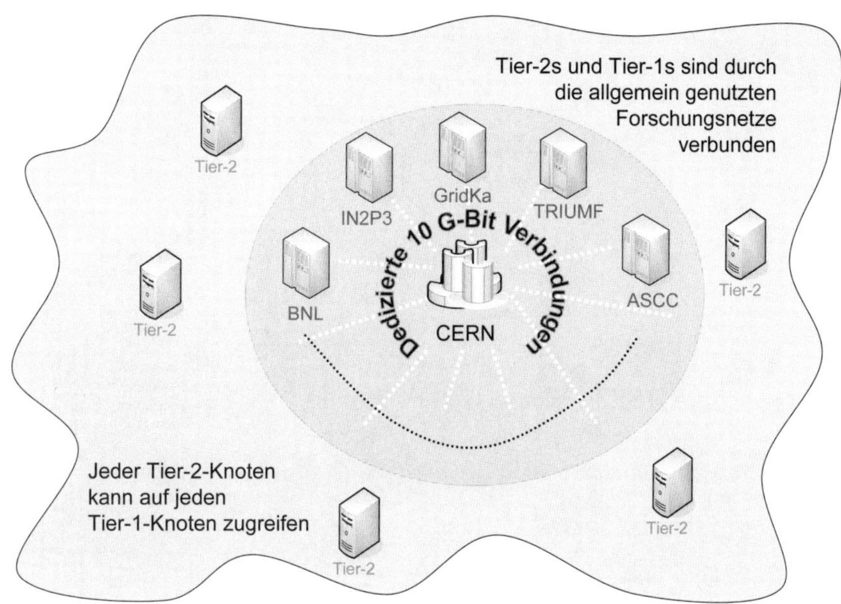

Abbildung 11.14: Die LCG-Tiers (ähnlich CERN)

schungszentrum Karlsruhe) weiter. Die Tier-1-Zentren stellen hoch-verfügbare Massendatenspeicher als Data-Grid bereit. Sie werden zudem für datenzentrische Hochlastanalysen eingesetzt. Die Tier-2-Zentren dienen „Endbenutzer"-Analysen und Simulationen, die typischerweise Physiker bzw. Forschungsgruppen durchführen. Abbildung 11.14 stellt die LCG-Tiers dar.

11.5.2 Kleine Grids: „ViSoGrid"

Das ViSoGrid-Projekt [43] ist ein Beispiel für ein heutzutage noch selteneres Grid-Projekt, da es eine kleine Grid-Umgebung untersucht. Der Grund dafür liegt darin, dass bewusst eine Hardware-Umgebung genutzt werden sollte, die auch für kleine und mittlere Unternehmen realistisch ist, die Grid-Technologien selber installieren und nutzen wollen. Weitere Anwendungsfälle solcher kleineren Ansätze, zum Beispiel kleine Grids für Fond-Manager, werden in [76] genannt.

Im ViSoGrid-Projekt wurde die Kombination von Grid- und SOA/ESB-Technologie in einem kleinen Netz mit 8 Standard-PCs und 2 Server-Rechnern betrachtet, alle auf Linux-Basis betrieben. Letztlich konnte die Kombination sowohl eines Grids, das intern Service-Schnittstellen, als auch einer SOA, die ein (Daten-)Grid als Super-Service nutzt, überzeugen. Beide Architekturkombinationen lieferten flexible, performante Architekturen. Voraussetzung für die Grid-Architektur war eine passend parallelisierbare Problemstellung. Ein wichtiger

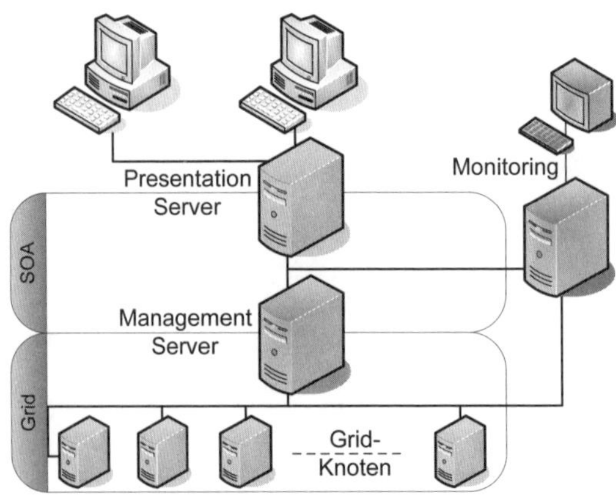

Abbildung 11.15: RSA-Keys – Grid nutzt Web Services: Architektur

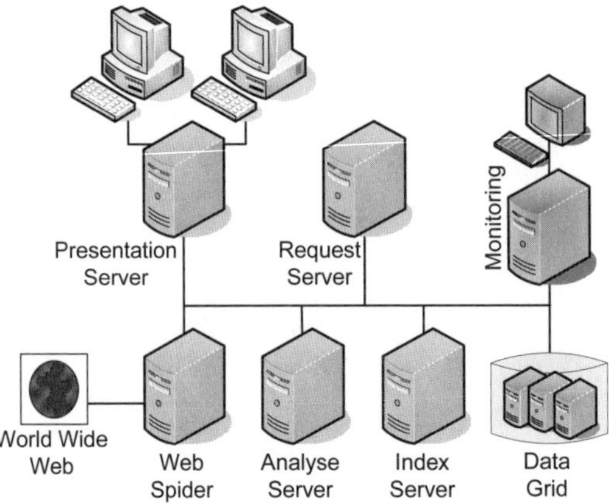

Abbildung 11.16: Web-Indexer – SOA nutzt Grid als Service: Architektur

Aspekt war in beiden Fällen eine Management-Werkzeug-Unterstützung, weil ansonsten solche Systeme nur schwer betreibar bzw. durchschaubar sind.

Abbildung 11.15 zeigt die Architektur eines Grid, das intern Web Services-Schnittstellen nutzt. Die Anwendung faktorisiert Primzahlen. Sie ist damit eine Grundlage, um nach dem sog. RSA-Key-Challenge RSA-Keys zu entschlüsseln.

Die Architektur eines einfachen Web-Indexers stellt Abbildung 11.16 dar. Er benutzt eine SOA-Struktur aus verschiedenen flexibel austauschbaren Services, wie Web-Crawler-Service und Index-Service. Ferner steht ein (simuliertes) Data Grid als Speicher-Service für die indizierten Web-Seiten zur Verfügung.

11.6 Fallbeispiel Web 2.0: „Flickr"

Typisch für Web 2.0-Anwendungen ist der Einsatz von Elementen, wie sie in Kapitel 9 vorgestellt wurden, zum Beispiel AJAX, BLOGs, Service-MashUps, PHP und Wikis.

Sie finden sich in vielen sog. Web-Community-Anwendungen, zunehmend aber auch im unternehmensinternen Einsatz. Neben den bereits in Kapitel 9 gezeigten Beispielen wie Wikipedia und Placeopedia gehen wir hier auf ein weiteres recht populäres Beispiel namens „Flickr" genauer ein, das zumindest bezogen auf die Zahl der Nutzerzugriffe/Sekunde schon eine größere Anwendung ist. Flickr [56] ist eine Online-Foto-Anwendung, in der prinzipiell jedermann Fotos speichern und im Web zur gemeinsamen Nutzung veröffentlichen kann. Einige Zahlen zu Flickr laut [37] (Stand August 2007):

- über 4 Milliarden Anfragen pro Tag;
- etwa 35 Millionen Fotos in einem Squid-Cache und etwa 2 Millionen Fotos im Squid-RAM;
- insgesamt etwa 470 Millionen Fotos;
- etwa 38000 Anfragen pro Sekunde zum Speicher-Cache;
- etwa 2 PB Speicherkapazität von denen etwa 1,5 TB belegt sind;
- über 400000 Foto-Neuzugänge pro Tag.

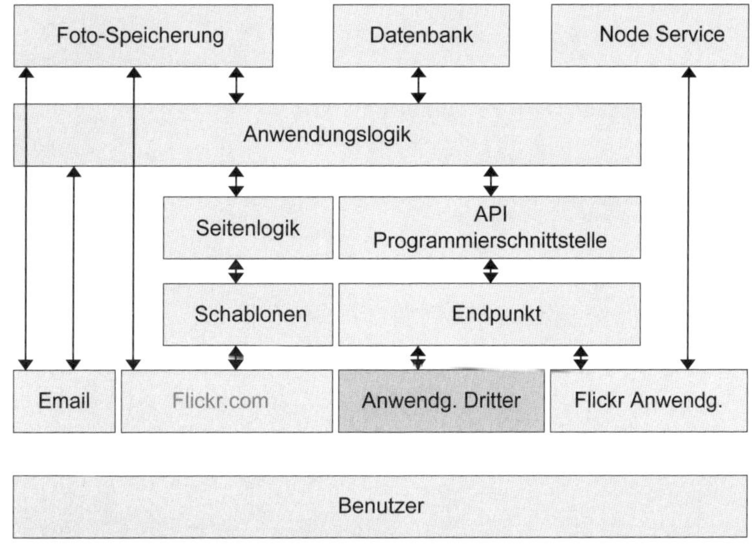

Abbildung 11.17: Flickr-Komponenten – Überblick (ähnlich C. Henderson)

In [35, 36] werden Überblicke zur Architektur von Flickr gegeben. Links zu weiteren Informationen hierzu finden Sie unter [37].

Abbildung 11.17 zeigt wesentliche logische Komponenten von Flickr. Neben dem Speicher für Fotos, der Nutzer-DB mit einem Knotenüberwachungsdienst (in Java) und der in PHP entwickelten Flickr-Anwendungs- und Web-Seitenlogik finden sich Funktionen für die Foto-Übertragung via E-Mail, Blogging und eine Service-API. Letztere stellt externen Anwendungen die Flickr-Funktionalität mittels SOAP, XML-RPC oder REST bereit. Ferner gibt es Atom, RSS und RDF feeds, insgesamt also eine ganze Reihe typischer Web 2.0-Elemente.

Technisch werden für Flickr eine Reihe von Techniken zur Lastbalancierung und zur Hochverfügbarkeit eingesetzt, um die obigen Lastdaten erreichen zu können. Zum Einsatz kommen beispielsweise Hardware-Web-Lastbalancierer, Disk- und Hauptspeicher-Caches sowie partitionierte, replizierte Datenbanken.

Teil IV

Ausblick und Zusammenfassung

Kapitel 12

Künftige Entwicklungen

Dieses Kapitel rundet die vorgestellten und im Detail besprochenen Architekturen ab, indem einige wichtige weiterführende Technologien besprochen werden, die die vorgestellten Ansätze erweitern können. So ist es beispielsweise möglich, mittels Server-Virtualisierung Grid-Applikationen bei Bedarf auszurollen – ein Konzept, das unter anderem schon bei der Amazon Elastic Compute Cloud (EC2) zum Einsatz kommt. Ein weiteres Beispiel ist die Verbindung von Semantischen Technologien mit Web 2.0-Ansätzen wie im Semantic Media Wiki-System der Uni Karlsruhe.[1] Die folgenden Abschnitte erläutern die unserer Meinung nach wichtigsten Trends und Visionen der IT-Industrie und zeigen kurz auf, wo Ansatzpunkte zur Kombination oder Erweiterung mit den bisher eingeführten Architekturen bestehen.

12.1 Software as a Service

Der Begriff Software as a Service (SaaS) stammt ursprünglich aus dem Dunstkreis der auf Terminal Server spezialisierten Firma Citrix Systems. SaaS beschreibt im Wesentlichen das Mieten einer Software, die vom SaaS-Anbieter online bereitgestellt wird. SaaS steht im Gegensatz zum klassischen Modell, Software lokal zu installieren und Lizenzen zu kaufen. SaaS wird anhand der folgenden Merkmale definiert:

- Auf SaaS-Software wird über das Netzwerk zugegriffen.
- SaaS-Software läuft beim Betreiber und nicht beim Kunden.

[1] http://ontoworld.org/index.php/Semantic_MediaWiki

- SaaS-Software ist mandantenfähig, die interne Datenhaltung ist also logisch nach Kunden getrennt, so dass mehrere Kunden sich eine Installation teilen können.
- SaaS-Software wird vom Betreiber gewartet, indem Patches eingespielt und Backups vorgenommen werden.

Eng verwandt mit SaaS-Anbietern sind Application Service Provider (ASPs). Die Unterschiede liegen zum einen darin, dass die Betreiber im Falle von SaaS die Software selbst entwickeln und direkt für den gehosteten Online-Betrieb auslegen. ASPs kommen traditionell meist aus dem Bereich der Bereitstellung und Vermietung von Hardware und bieten eher fertige Software von Drittanbietern an. Das Paradebeispiel für SaaS ist Salesforce.com, ein Anbieter von Customer Relationship Management (CRM)-Lösungen, der mit einer derzeitigen Marktkapitalisierung von über 4 Mrd. Dollar und über 2000 Mitarbeitern schon eine beachtliche Größe erreicht hat. Als Kunde mietet man sich einen Zugang zum System und kann dann per Browser seine Kundendaten eingeben, Marketingkampagnen koordinieren, Massenmails verschicken, etc. Interessant ist, dass Salesforce aufgrund des Drucks der Kunden eine mächtige Web Service API bereitstellte, die es den Kunden erlaubt, Daten mit den lokalen Systemen abzugleichen, zu importieren und zu exportieren. Der Slogan der Firma heißt „No Software" und zielt auf die hohen Lizenz- und Betriebskosten der Konkurrenz von Oracle und SAP ab. Es wird sich zeigen, wie die weitere Entwicklung abläuft, aber es scheint sich ein Trend dahingehend abzuzeichnen, dass mehr und mehr Angebote als SaaS geliefert werden.

Im Prinzip kann man viele Anwendungen im Web 2.0 Bereich – wie beispielsweise Google Maps – ebenfalls als SaaS klassifizieren. Da diese meist frei sind, ist dies eher unüblich, obwohl die Anwendungen drei der vier oben genannten Kriterien erfüllen (es fehlt die Mandantenfähigkeit). Insofern ist es nicht verwunderlich, dass Google und Salesforce neuerdings kooperieren wollen, um gemeinsam den Druck auf die etablierte Softwareindustrie zu erhöhen. Zumindest Microsoft hat die Zeichen der Zeit erkannt und plant, in Zukunft vermehrt Online-Angebote in die Flaggschiffprodukte zu integrieren.

12.2 Virtualisierung

Der Begriff Virtualisierung hat in der Informationstechnologie viele Facetten. Beispiele reichen von Desktops, die virtuell eingeblendet werden, tatsächlich aber auf einem anderen Host laufen, bis hin zu mehreren virtuellen Maschinen, die sich ein und dieselbe physikalische Hardware teilen. Virtualisierung kann also generell als eine logische Schicht zwischen Anwendung und Ressource definiert werden, welche die physikalischen Gegebenheiten versteckt. Die Virtualisierungstechnik existiert schon sehr lange, hat aber in letzter Zeit einen unglaublichen Boom erlebt, da immer leistungsfähigere Hardware den Einsatz dieser Technik auf finanziell erschwinglichen Systemen erlaubt.

Eine Abstraktion der physikalischen Gegebenheiten kann in der Praxis bei richtiger Anwendung zu enormer Zeit- und Kostenersparnis führen. Die Szenarien sind hierbei sehr vielfältig. In einer aktuellen Umfrage unter IT-Verantwortlichen bezüglich der drängendsten Probleme wurden das rasante Wachstum der Anzahl an Servern sowie der steigende Energie- und Platzbedarf an zweiter und dritter Stelle genannt. Virtualisierung erlaubt es, mehrere Server auf einer physikalischen Hardware zu konsolidieren und somit Kosten zu sparen. Speziell dieser Bereich boomt derzeit ungemein. Angetrieben von Produkten des Marktführers VMware tummeln sich inzwischen auch viele andere Anbieter in diesem Segment. Besonders hervorzuheben sind hierbei die Open Source-Lösung XEN, die in den Linux Standarddistributionen verteilt wird, sowie der neue Windows Server, in dem Virtualisierung fest eingebaut ist. Abbildung 12.1 zeigt schematisch, wie diese Art der Virtualisierung funktioniert. Auf unterster Ebene befindet sich eine dünne Schicht, der so genannte Virtual Machine Monitor (VMM), der den Gastbetriebssystemen eine virtuelle Hardware vorgaukelt, diese aber in Wirklichkeit auf die physikalische Hardware abbildet. Auf diese Weise ist es möglich, verschiedene Betriebssysteme auf einem Host laufen zu lassen. Bei den meisten Lösungen wird eine mehrere Gigabyte große Datei auf dem Filesystem des Hosts als virtuelle Festplatte im Gast präsentiert. Der Gast installiert dann sein Filesystem in die Hostdatei. Durch diese Technik ist es beispielsweise möglich, Änderungen am Dateisystem in einem Redo-Log zu vermerken und diese später entweder ins Filesystem zu übernehmen oder zu verwerfen. Man kann also den Zustand der virtuellen Festplatte zurücksetzen und beispielsweise einen Virenbefall oder eine abgelaufene Softwarelizenz auf diese Weise beseitigen.

Der nächste Schnitt hierbei ist die Virtualisierung von Massenspeichern über Storage Area Networks (SANs). Dies eröffnet völlig neue Möglichkeiten für Backups und Disaster Recovery, indem man beispielsweise auf die Snapshot-oder Clone-Funktionalität von SANs zurückgreift. Mittels der Clone-Funktionalität kann ein Datenvolume in Sekunden dupliziert werden, um beispielsweise ein weiteres System in Betrieb zu nehmen. Andere Anwendungen der Virtualisierung finden sich

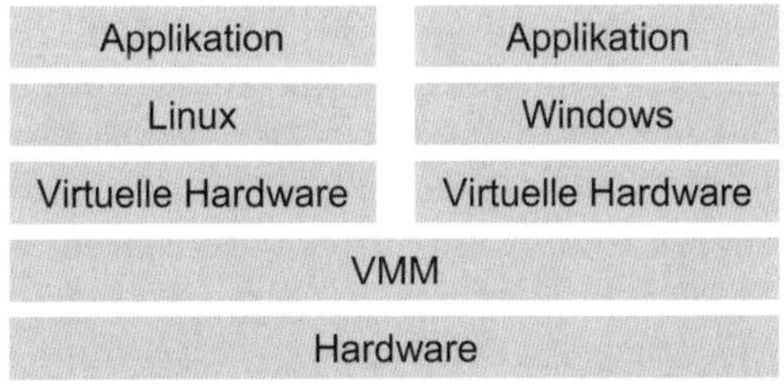

Abbildung 12.1: Virtualisierung auf Hardware-Ebene

auch seitens des Anwenders. Die Bereitstellung eines Systems, etwa für einen neuen Mitarbeiter, ist oftmals mit einem langsamen Prozess verbunden. Hingegen erlaubt es Virtualisierung, Systeme bei Bedarf über ein Self-Service-Portal zu konfigurieren und bereitzustellen, und sie realisiert somit die Vision der adaptiven IT, die – wie der Strom aus der Steckdose – jederzeit verfügbar und anwendbar ist.

Eine der Hauptanwendungen der Virtualisierung liegt im Entwicklungs- und Testbereich. So können z.B. Entwickler ihre Software problemlos unter Linux testen, indem sie etwa VMware auf Windows einsetzen. Ferner kann eine Bibliothek von virtuellen Maschinen aufgebaut werden, die je nach Bedarf z.B. zum Nachstellen eines Problems aktiviert wird. Auch für Grid Computing ist das Konzept einer VM-Bibliothek interessant. So kann man sich vorstellen, dass virtuelle Maschinen zuerst lokal konfiguriert und mit der entsprechenden Software ausgestattet werden. Ist dieser Prozess abgeschlossen, kann die VM ins Grid geladen und ausgeführt werden. Nachdem der Benutzer die Ergebnisse der Berechnungen empfangen hat, kann der Gridbetreiber die VMs einfach löschen und die nächste Aufgabe von anderen VMs ausführen lassen. Der Vorteil des Einsatzes von VMs ist also die Möglichkeit, Software schnell auf einer Landschaft ausrollen zu können.

Durch den Einsatz von virtuellen Maschinen ergeben sich neue Sicherheitskonzepte, aber leider auch Sicherheitsrisiken. So verhindert z.B. das Isolieren einzelner Applikationen in separate Betriebssysteminstanzen die Kompromittierung des gesamten Systems durch Sicherheitslücken in einer einzelnen Applikation. Andererseits entstehen durch Virtualisierungstechniken neue Sicherheitsrisiken, die die Übernahme eines Systems ermöglichen, ohne dass Letzteres das Sicherheitsproblem überhaupt bemerkt.

12.3 Appliances

Das Wort Appliance bedeutet im Deutschen so viel wie Gerät. Man stelle sich einen Mixer vor, der gerade gekauft wurde. Man packt ihn aus, steckt den Stecker in die Dose und legt los. Genauso einfach soll die Verwendung einer Appliance sein. Man unterscheidet zwei Arten von Appliances: virtuelle und Hardware Appliances. Ein Beispiel für die Hardware-Kategorie ist der Google-Suchserver fürs Intranet.[1] Dies ist eine komplette Serverhardware, die man ins eigene Serverrack einbaut, anschließt und per Webinterface konfiguriert, um die IP-Adresse zuzuweisen, Benutzer anzulegen und den Suchraum zu definieren. Der Vorteil besteht darin, dass Suchmaschine, Festplatten zum Speichern des Index und das Betriebssystem bereits vorinstalliert und genau aufeinander abgestimmt sind.

Durch die rasante Adoption von Virtualisierung spielen virtuelle Appliances eine immer größere Rolle. Entscheidend ist hierbei auch, dass die Hersteller von Virtualisierungslösungen so genannte VM Player, also Software, die eine virtuelle

[1] http://www.google.com/enterprise/gsa/

Maschine starten, nicht aber über weiterführende Funktionalität wie VM Management oder das Anlegen neuer VMs verfügen, kostenlos herausgeben. VMware startete in den letzten Jahren einen Wettbewerb, bei dem die beste virtuelle Appliance prämiert wurde.[2] Man kann sich also den VMware Player herunterladen und installieren und danach einige dieser virtuellen Appliances ausprobieren. Die Appliances sind lediglich virtuelle Festplatten in Form einer großen Datei sowie einige einfache Konfigurationsmetadaten. Startet man die Appliance, läuft auf dem Rechner ein zweiter Computer mit eigenem virtuellem Netzwerkadapter, eigener IP-Adresse etc. Beim VMware Player wird der virtuelle Bildschirm im Fenster des Players angezeigt.

Welche Appliances gibt es denn? Die Auswahl ist derzeit schon enorm und steigt täglich an. Viele Appliances gibt es für den Bereich der Webentwicklung. So kann man sich beispielsweise die Wordpress Blogsoftware, das MediaWiki – die technische Plattform von Wikipedia – , einen Bea Weblogic Web- und Applikationsserver oder einen Standard Linux, Apache, MySQL und PHP (LAMP)-Stack laden. Interessant sind auch die Appliances im Bereich Kollaboration. So findet man u.a. eine VM mit der SourceForge-Plattform inklusive Wiki, Bugtracking Software, CVS und SVN Server fertig konfiguriert und verpackt.[3]

Jeder, der schon einmal stundenlang fluchend mit einer Softwareinstallation vergeudet hat, wird den immensen Nutzen von virtuellen Appliances schätzen. Dabei sind virtuelle Maschinen nicht mehr bloßes Mittel, um schnell eine Software auszuprobieren, sondern VMs werden zunehmend auch in der Produktionsumgebung eingesetzt, um die enorm schnellen Multi-Core CPUs überhaupt auszulasten. Die Faustregel lautet derzeit: eine VM pro CPU Core. Bei einem modernen Server mit vier CPUs und je vier Cores kommt man also auf 16 virtuelle Maschinen pro Server!

Auch bei Software Appliances lässt sich schnell der Bogen zu benachbarten Themengebieten schlagen. So gibt es bereits einige Appliances für Grid Computing-Anwendungen. Im Prinzip ist das nur der nächste logische Schritt zu der im vorigen Abschnitt erwähnten Methode, um eine Applikation schnell auf einer Gridlandschaft auszurollen: Die Applikation kann als Appliance verpackt und an andere weitergegeben werden.

Auch SaaS kann von Appliances profitieren. Hat man eine Software, die noch nicht mandantenfähig ist, muss diese nicht umgeschrieben werden, wenn man einfach bei Bedarf eine Appliance pro Kunde aktiviert. Hierbei kann man sich den Standby-Modus von virtuellen Maschinen zunutze machen. Dabei wird die VM einfach angehalten und der Inhalt des VM-Hauptspeichers als Datei auf die Platte geschrieben. Somit ist es möglich, VMs bei Bedarf bereitzustellen, ohne jedesmal durch den Bootprozess laufen zu müssen. Das Starten einer Standby-VM dauert je nach Größe des Hauptspeichers ca. 20 Sekunden, kann also durchaus nach dem Login des Kunden geschehen. Somit ist es dem SaaS-Betreiber möglich,

[2] http://www.vmware.com/vmtn/appliances/index.html
[3] http://www.vmware.com/vmtn/appliances/directory/452

Overselling zu betreiben und nicht für jeden Kunden Hardware bereitstellen zu müssen, die u.U. die meiste Zeit nicht gebraucht wird.

12.4 Cloud Computing

Der Begriff Cloud Computing ist durch die häufige Darstellung des Internets als Wolke entstanden. Beim Cloud Computing geht es darum, über das Internet bereitgestellte Ressourcen, Dienste und Applikationen zu nutzen. Dabei stellt sich natürlich sofort die Frage, wie sich Cloud Computing von Konzepten wie Grid Computing oder Software as a Service unterscheidet. Schließlich steht bei allen Begriffen der Gedanke des Outsourcings im Vordergrund.

Cloud Computing kann als logische Erweiterung von Grid Computing verstanden werden. Beim Grid geht es darum, Netzwerk-, Speicher- und Rechenkapazitäten anzumieten. Cloud Computing impliziert hingegen die Bereitstellung eines Dienstes oder einer Applikation. Sehen wir uns beispielsweise die Amazon Elastic Compute Cloud (EC2) an. Dort ist derzeit eine Stunde Rechenzeit auf einem Prozessorkern und 1,7 GB Hauptspeicher für zehn Cent zu haben. Nach dieser Definition handelt es sich bei EC2, trotz des Namens, um ein Grid. Ein Dienst wie Hotmail kann hingegen als Cloud Computing klassifiziert werden. Der Dienst ist über das Internet weltweit verfügbar, man weiß letztendlich nicht, in welchem Rechenzentrum die Applikation läuft bzw. wo die Daten liegen, und man kann sich anmelden und den Dienst zu einem bestimmten Kostenmodell, in diesem Fall kostenlos, in Anspruch nehmen.

Klassifiziert man einen Dienst wie Hotmail als Cloud-Applikation, stellt sich die Frage, wo der Unterschied zu Software as a Service liegt, da beide Paradigmen Applikationen oder Dienste über das Web bereitstellen. Hier liegt die Differenzierung in der Skalierbarkeit. Cloud Computing impliziert, dass die bereitgestellte Applikation mit Millionen von Benutzern umgehen kann.

Ein weiterer Unterschied kann daran festgemacht werden, welche Firmen und Organisationen sich den jeweiligen Begriff auf die Fahnen schreiben. Grid Computing ist diesbezüglich vornehmlich von der Forschung und den Naturwissenschaften geprägt. SaaS- und ASP-Anbieter sind weitgehend kleinere und mittlere Firmen. Im Cloud Computing tummeln sich mit Yahoo, Microsoft, IBM und Google die Giganten der Industrie.

Die Google App Engine[1] ist beispielsweise eine Plattform, die es jedem Entwickler erlaubt, mit einfachen Mitteln wie Python und SQL eine extrem skalierbare Internetapplikation zu entwickeln. Die Applikationen werden hierbei auf der Google App Engine gehostet, welche wiederum auf die enormen Ressourcen des Google-internen Grids zurückgreifen kann. Auch dieses Beispiel zeigt die oben erwähnten Unterschiede auf. Eine Webseite mit PHP und MySQL kann man bei jedem Hoster bekommen. Ob diese jedoch Millionen von Benutzern standhält, ist die andere

[1] http://code.google.com/appengine

Frage. Mietet man Server in der EC2 oder bei anderen Providern an, hat man zwar die nötige Rechenleistung, muss sich aber selbst darum kümmern, diese adäquat für die Bereitstellung eines skalierbaren Dienstes zu nutzen.

12.5 Semantic Web

Die Idee des Semantischen Webs wurde hauptsächlich von Tim Berners-Lee, dem Erfinder des World Wide Webs, angestoßen. Dabei soll das heutige Web der Dokumente durch ein zusätzliches Web von Daten aufgewertet werden, das zunehmend von Maschinen konsumiert werden kann. Die Grundlage des Semantic Webs besteht im Resource Description Framework (RDF). RDF erlaubt es, einen gerichteten, beschrifteten Graphen zu beschreiben. Hierbei sind die Knoten des Graphen URIs bzw. Datensätze in Form von Zeichenketten oder auch XML-Bäumen. Man kann also beispielsweise sagen: „http://www.sap.com hatAdresse <adresse><ort>Walldorf</ort><plz>69190</plz></adresse>" oder „http://www.sap.com konkurriertMit http://www.oracle.com". Dies hat folgende Vorteile:

- Daten aus zwei verschiedenen Quelle lassen sich einfach integrieren, indem man einfach die Mengen dieser RDF Aussagen vereinigt. Die Idee ist also, dass sich mit Hilfe von RDF ein globales Netz von Statements bildet, auf das Software zugreifen und die Statements verarbeiten kann. Auf diese Weise komplementiert RDF XML. Mittels XPointer hat man zwar die Möglichkeit, auf Elemente anderer XML-Dokumente zu verweisen, doch wird davon selten Gebrauch gemacht. In RDF hingegen ist dieses Konzept des Verlinkens grundsätzlich verankert.
- RDF erlaubt es, widersprüchliche Aussagen zu repräsentieren. Die Erfahrung im Web zeigt, dass es sehr gut mit dem Chaos zurechtkommt. Chaos bezieht sich auf Rechnerausfälle, aber auch darauf, dass keinerlei Konsistenz gewährleistet ist. Strukturierte Datenformate wie das relationale Datenmodell oder XML können nur einen Fakt speichern. Liefern zwei Quellen unterschiedliche Fakten, müssen diese auf irgendeine Weise integriert werden. RDF hingegen speichert einfach beide Statements und liefert diese auf Anfrage auch wieder zurück, was im Kontext eines globalen Datengraphen sicher eine richtige Designentscheidung ist.
- RDF verwendet denselben Mechanismus für Klassen und Instanzen. Eine Ressource kann also ohne Probleme als Typ auf der einen Seite und Instanz auf der anderen Seite fungieren. Dies ist auch ein wichtiges Merkmal eines semistrukturierten Modells. Beispiele für den Gebrauch dieses Merkmals gibt es viele. Nehmen wir zum Beispiel dieses Buch. Es gibt das Buch, das man gerade in den Händen hält, doch auch das Buch mit dieser ISBN Nummer und die Klas-

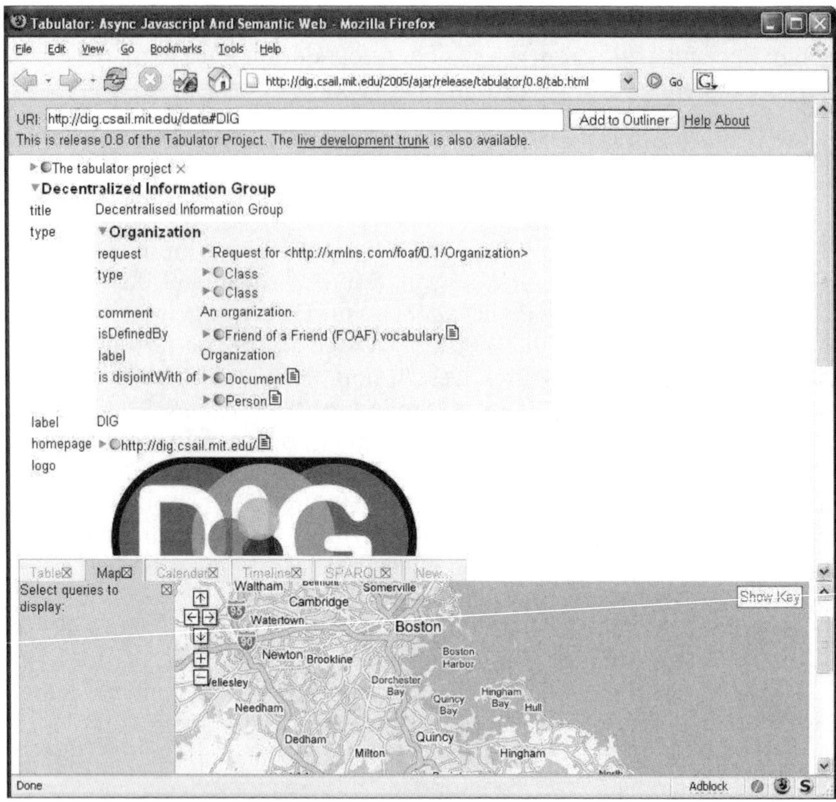

Abbildung 12.2: Der Semantic Web Browser des MIT erlaubt es, RDF-Daten zu browsen, per Anfrage zu selektieren und mit Visualisierungkomponenten anzuzeigen.

se aller Bücher. Das Buch mit dieser ISBN-Nummer ist also Klasse und Instanz zugleich.

Aufbauend auf RDF gibt es noch eine Reihe weiterführender W3C-Standards und Vorschläge für Ontologie-, Abfrage- und Regelsprachen. Während die Abfragesprachen sich mit dem Finden und Ändern von Datensätzen in einer RDF-Datenbank befassen, zielen die Ontologie- und Regelsprachen darauf ab, den verwendeten RDF Resources eine Bedeutung zu geben, die dann wiederum von Inferenzmechanismen genutzt werden kann. So sollen neue Fakten aus bestehenden RDF-Informationen und Domänenwissen in Form von Regel und Ontologien abgeleitet werden können.

Abbildung 12.2 zeigt eine Semantic Web-Anwendung, nämlich den Semantic Web Browser des MIT.[1] Die Software ist in JavaScript geschrieben und erlaubt es, per

[1] http://www.w3.org/2005/ajar/tab

AJAX RDF-Daten vom Server zu laden. In der oberen Bildhälfte ist deutlich die zugrunde liegende RDF-Struktur der Daten zu sehen. Dargestellt sind Informationen rund um die Decentralized Information Group, beispielsweise das Logo oder der Typ der Information. Die untere Bildhälfte zeigt, dass die Daten auch mit einer Karten- und einer Kalenderkomponente visualisiert werden können. Weiterhin besteht die Möglichkeit, ad hoc eine Anfrage in der Sprache SparQL zu formulieren.

Der Vorteil des Systems ist die Flexibilität bzgl. der im System hinterlegten Daten. Hierbei besteht kein Zwang, vorab ein entsprechendes Schema zu definieren, wie es bei einer klassischen Datenbank erforderlich wäre. Die Vision ist, allerlei Metadaten zu hinterlegen und mehr oder weniger ad hoc neue Anfragen und Anwendungen darauf aufzubauen. Das System steht und fällt natürlich mit der Anzahl an zur Verfügung stehenden Daten. Im MIT-System sind beispielsweise einige Digitalfotos hinterlegt, die von der Kamera direkt mit Metadaten wie Format, Auflösung und Datum versehen sind. Außerdem müssen maschinenlesbare Metadaten möglichst direkt in den Webseiten hinterlegt sein. Hierbei ergibt sich ein nahtloser Übergang zum nächsten Abschnitt zu Ubiquitous Computing, also der Omnipräsenz von Computern und Sensoren.

Bevor wir zu diesem Thema übergehen, müssen wir natürlich das Thema Semantic Web auch noch kritisch betrachten. Die hochtrabenden ursprünglichen Visionen sind (noch) nicht in die Realität umgesetzt worden. Das Hauptproblem scheint im Henne-Ei-Dilemma aus zu wenigen Metadaten und zu wenigen Applikationen zu liegen. Cory Doctorow führt in seinem lesenswerten Artikel einige Gründe dafür an, wie z.B. die Faulheit der Menschheit und die Tatsache, dass Menschen lügen, um Ziele zu erreichen.[2] Das an der Universität Karlsruhe entwickelte Semantik Wiki ist im Begriff, hier Abhilfe zu schaffen [50]. Dabei werden im Wiki verwendete Begriffe als Ressourcen aufgefasst und die Links zwischen den Begriffen mit semantischen Bezeichnern versehen. Findet sich auf der Wikipedia-Seite zu London beispielsweise der Satz „is capital of the [[UK]]", kann der Link semantisch zu „is capital of the [[capitalOf::UK]]" angereichert werden. Damit wird aus der Wiki-Seite das RDF Triple London, capitalOf, UK gewonnen. Wird diese Technologie eines Tages beispielsweise in Wikipedia integriert, kann die dort vorhandene Information Schritt für Schritt und kollaborativ nach dem Wiki-Prinzip editiert werden und damit einen Kristallisationspunkt für das Semantic Web ergeben.

12.6 Ubiquitous Computing

Ubiquitous Computing beschreibt vornehmlich eine Veränderung in der Art und Weise, wie wir Computer verwenden, und zwar weg von einer Welt, in der man sich an den PC setzt, um eine Aufgabe zu erledigen, hin zu einer permanenten,

[2] http://www.well.com/~doctorow/metacrap.htm

oftmals unwissentlichen Interaktion mit intelligenten und vernetzten Geräten. Erste Anzeichen für diesen Trend sind bereits zu erkennen: Sei es das Handy, das Termine und Kontaktdaten speichert, das Navigationssystem im Auto, das per Funk Staumeldungen empfängt und alternative Routen vorschlägt, der MP3-Spieler mit der persönlichen Musikbibliothek oder ein RFID-Chip, der, auf einer Palette angebracht, direkt mit dem Warenwirtschaftssystem interagiert.

Natürlich stellen solche Systeme völlig neue Anforderungen an Bereiche wie Mensch-Maschine-Interaktion, Skalierbarkeit, Kommunikation und Robustheit im Alltag. Ubiquitous Computing ist somit ein sehr interessantes und aktives Forschungsgebiet, um viele der weit reichenden Visionen in die Realität umzusetzen. Beispiele für diese Visionen finden sich unter anderem im medizinischen Sektor, wo geplant wird, die menschlichen Vitalfunktionen wie Blutdruck, Herzfrequenz, Insulinpegel etc. mit Mikrosensoren zu überwachen und in ein intelligentes Netzwerk mit Klinik, Apotheke, Ärzten und Rettungsdienst mit einzubeziehen. Gerade durch die zu erwartende Überalterung der Bevölkerung ist dies ein sehr interessantes Szenario. Andere Beispiele betreffen das häusliche Wohnen, wo Sensoren an Körper oder Kleidung mit der Elektroinstallation, Heizung und Rolläden verbunden sind, um diese automatisch zu steuern. Auch hier sind nicht zuletzt wegen der steigenden Energiekosten interessante Möglichkeiten zur Reduktion des Strom-, Wasser-, Öl- und Gasverbrauchs denkbar. Die Kehrseite der Medaille sind sicher Bedenken bzgl. einer kompletten Überwachung aller Lebensbereiche und die Frage, wer auf die Ubiquitous Computing-Netzwerke Zugriff hat. Niemand hat etwas gegen ein Szenario, in dem ein Notarzt schnell beim Patienten ist. Greift aber die Krankenversicherung auf unsere Blutdruckwerte oder die per RFID Tag im Kühlschrank gespeicherten Ess- und Trinkgewohnheiten zu, wird die Lage prekär. Letztendlich ist es wohl wie mit jeder neuen Technologie, die gute und schlechte Anwendungen hat.

12.7 Ultra-Large-Scale Systems

Betrachtet man Ubiquitous Computing und die entsprechenden Szenarien, ist klar, dass solche Systeme durch die schiere Zahl der verwendeten Programme, Hardware, Netzwerke, Anwendungsarten und beteiligten Parteien eine enorme Herausforderung sein werden. Der Begriff der Ultra-Large-Scale Systems (ULSS) beschreibt dies und gilt als nächste große Software Engineering-Herausforderung. Die folgenden Punkte versuchen, ULSS zu charakterisieren:

- Ein ULSS muss, wie das heutige Internet, dezentral organisiert sein, um einerseits skalierbar zu bleiben (indem der zentrale Flaschenhals entfällt) und um zum anderen die verschiedenen Interessengruppen zu befriedigen.
- Ein ULSS ist aus extrem heterogenen Komponenten aufgebaut.
- Ein ULSS und die enthaltenen Applikationen werden über die Zeit evolviert.

- Menschen sind nicht nur Benutzer, sondern Teil des Systems.
- Soft- und Hardwarefehler werden nicht die Ausnahme, sondern die Norm sein.

Eine passende Analogie, die den Schritt von heutiger Software zu ULSS gut illustriert, ist der Schritt von einem einzelnen Gebäude hin zu einer ganzen Stadt. Es sind also vor allem die massive Vernetzung und das komplexe Zusammenspiel einzelner Komponenten, die ein ULSS ausmachen. Treibende Kraft hinter ULSS ist wie so oft das Militär. Die US-Regierung setzt dem Militär das Ziel der kompletten Informationsdominanz, indem massiv Daten gesammelt, integriert und analysiert werden und schließlich in Entscheidungs- und Steuerungsprozesse einfließen. Schon heute zeigen die Strukturen in Verteidigungsanwendungen Merkmale eines ULSS auf. Von Satelliten und Abhöranlagen gesammelte Informationen werden an die vernetzte Truppe weitergegeben, seien dies ein mit GPS, Funk und Mobilcomputer ausgestatteter Soldat, eine Predator-Drohne oder gar ein autonomes Kampffahrzeug. Die DARPA Grand Challenge,[1] in der computergesteuerte Autos bereits im Jahr 2004 von Los Angeles nach Las Vegas fuhren, zeigt, dass selbst dies heutzutage nicht mehr nur Visionen sind. Man erinnert sich auch noch an die Bilder des Golfkrieges aus dem Jahr 2003, die die US-Kommandozentrale mit Hunderten von Soldaten vor Laptops und PCs zeigen.

[1] http://www.darpa.mil/grandchallenge/index.asp

Kapitel 13

Zusammenfassung

Dieses Buch hat die vielfältigen Möglichkeiten aufgezeigt, die Softwarearchitekten und -entwicklern heute zur Verfügung stehen, um mächtige verteilte Anwendungen auf komfortable Art und Weise zu entwerfen und zu realisieren. Ausgehend von der traditionellen, schon seit 30 Jahren eingesetzten Client-Server-Architektur wurden die Verbesserungen und neuen Möglichkeiten aufgezeigt, die verteilte Objektsysteme, N-Tier-Architekturen, SOA und EDA mit sich brachten. Außerdem wurden mit Peer-2-Peer und Grid zwei Architekturen vorgestellt, die sich nicht im „Mainstream" der B2C- und B2B-Anwendungen im Internet bewegen, sondern aufgrund verschiedener Defizite der eher klassischen Architekturen für bestimmte Anwendungsfälle konstruiert wurden.

Das Ziel des Buchs bestand aber nicht nur darin, diese Möglichkeiten aufzulisten und mit Beispielen ihren Einsatz zu illustrieren, sondern es sollte auch eine vergleichende Bewertung der unterschiedlichen Ansätze vorgenommen werden, um den Entwicklern zumindest ansatzweise Hinweise zu geben, welche Architektur zu welcher Anwendungs- und Unternehmenssituation am besten passt. Dazu wurde einerseits eine Reihe von Kriterien beleuchtet, um eine mehr oder weniger theoretische Sichtweise zu gewinnen, andererseits aber wurde anhand von erfolgreichen Projekten aus der Praxis sozusagen eine „Best-Practice"-Liste aufgestellt, in die das eigene Projekt mittels Mustervergleich eingeordnet werden kann. Sicherlich konnte dies keine perfekte Anleitung werden, da die zu analysierenden Parameter einfach zu vielfältig sind, aber eine völlig falsche Entscheidung wird der Entwickler auf der Basis unserer Hinweise auch nicht mehr treffen.

Das letzte Kapitel schließlich zeigte auf, dass verteilten Anwendungen eine glänzende Zukunft beschieden ist – man kann zwar nicht sagen, dass in zehn Jahren alle Anwendungen verteilt sein werden, aber durch die zunehmende Durchdringung aller Lebensbereiche mit Mobiltelefonen, PDAs, Sensorik und Sensornetzen, zunehmender Verlagerung der Dienste des Staates ins Netz, weitere Erschließung der Verkaufswege über das Internet etc. etc. nimmt ihre Bedeutung massiv zu. So wird auch die Entwicklung im Bereich der Architekturen und Plattformen sowie der dazugehörigen Werkzeuge und Methoden schnell voranschreiten, so dass Architekten und Entwickler hier immer am Ball bleiben müssen.

Literaturverzeichnis

[1] ALUR, D., J. CRUPI und D. MALKS: *Core J2EE Patterns: Best Practices and Design Strategies*. Prentice Hall, 2. Auflage, 2003.

[2] ALUR, D., KRISHNAMURTHY, R., GOLDBERG, A.: *A Billion Hits a Day – A J2EE System Architected with the Core J2EE Patterns*. In: *Slides JavaOne 2003*, Seite ts3264, San Francisco, California, U.S.A, Juni 2003. `http://java.sun.com/javaone/`.

[3] ANDROUTSELLIS-THEOTOKIS, S. , SPINELLIS, D.: *A Survey of Peer-to-Peer Content Distribution Technologies*. ACM Computing Surveys, 36(4):335–371, Dezember 2004.

[4] ARASU, A., BABU, S., WIDOM, J.: *CQL A language for continuous queries over streams and relations*. In: *Proceedings of 9th International Conference on Data Base Programming Languages (DBPL)*, Seiten 1–19, 2003.

[5] BALAKRISHNAN, H., KAASHOEK, M. F. , KARGER, D. , MORRIS, R., STOICA, I.: *Looking up data in P2P systems*. Communications of the ACM, 46:43–48, 2003.

[6] BALZERT, H.: *Lehrbuch der Software-Technik*. Spektrum Akademischer Verlag, 2. Auflage, 2001.

[7] BANKS, T., DJAOUI, A., PARASTATIDIS, S., MANI A. : *Open Grid Service Infrastructure Primer*. GGF Document, Global Grid Forum, August 2004.

[8] BARTH, T., SCHÜLL, A.: *Grid Computing*. Vieweg-Verlag, 2006.

[9] BERMAN, F., FOX, G. C., HEY, A. (ED.): *Grid Computing – Making the Global Infrastructure a Reality*. Wiley, 2003.

[10] BROOKSHIER, D., LI, S., WILSON, B.: *JXTA: P2P Grows Up*. `http://java.sun.com/developer/technicalArticles/Networking/jxta/`, acc. 01/2008, 2002.

[11] CASTRO, M., P. DRUSCHEL, A. KERMARREC, A. NANDI, A. ROWSTRON und A. SINGH: *Splitstream: High-bandwidth multicast in cooperative environments.* 19th ACM Symposium on Operating Systems Principles., 2003.

[12] CERN: *Large Hadron Collider (LHC).* Technischer Bericht, CERN, Januar 2008.

[13] COHEN, B.: *BitTorrent Protocol 1.0.* Technischer Bericht, BitTorrent.org, 2006.

[14] CONRAD, S., HASSELBRING, W., KOSCHEL, A., TRITSCH, R.: *Enterprise Application Integration – Grundlagen, Konzepte, ...* Elsevier, Spektrum Wiss. Verlag, 2005.

[15] CORBA INTEREST GROUP: *OrbZone.* Technischer Bericht, IONA et al, `http://www.orbzone.org/`, 2008.

[16] COULOURIS, G., JEAN DOLLIMORE, J., TIM KINDBERG, T.: *Distributed Systems - Concepts and Design.* Addison-Wesley, 4. Auflage, 2005.

[17] COY, D.: *Business Activity Monitoring: Calm Before the Storm.* Technischer Bericht, Gartner Research, LE-15-9727, 2002.

[18] DUNKEL, J. , BRUNS, R. : *Reference Architecture for Event-Driven RFID Applications.* In: *Proceedings of The 2nd International Workshop on RFID Technology – Concepts, Applications, Challenges, pp. 129-135, (IWRT 2008), Barcelona, Spain,* 2008.

[19] DUNKEL, J., BRUNS, R.: *Software Architecure of Advisory Systems using Agent and Semantic Web Technologies.* In: *Proceedings of the IEEE/ACM International Conference on Web Intelligence, Compiègne, France, pp. 418–421,* 2005.

[20] DUNKEL, J., HOLITSCHKE, A.: *Softwarearchitektur für die Praxis.* Springer Verlag, 2003.

[21] EGEE: *European Enabling Grids for E-Science.* Technischer Bericht, EGEE, Januar 2008.

[22] ESPERTECH: *Esper: Event Stream and Complex Event Processing.* `http://esper.codehaus.org`,, 2008.

[23] ESPERTECH: *Esper Reference Documentation, Version 2.0.0.* `http://esper.codehaus.org`,, 2008.

[24] FIELDING, R., T.: *Architectural Styles and the Design of Network-based Software Architectures.* Doktorarbeit, University of California, IRVINE, 2000.

[25] FOSTER, I., CARL KESSELMAN, C.: *The Grid: Blueprint for a New Computing Infrastructure.* Morgan Kaufmann, 1. Auflage, 1998.

[26] FOSTER, I., CARL KESSELMAN, C.: *The Grid 2: Blueprint for a New Computing Infrastructure.* Morgan Kaufmann, 2 Auflage, 2003.

[27] FOSTER, I., KESSELMAN, C., NICK, J., TUECKE, S.: *The physiology of the Grid, pp. 217-250 in [9].*

[28] FOSTER, I., KISHIMOTO, H., SAVVA, A., BERRY, D., DJAOUI, A., GRIMSHAW, A., HORN, B., MACIEL, F., SIEBENLIST, F., SUBRAMANIAM, R., TREADWELL, J., VON REICH, J.: *The Open Grid Services Architecture.* GGF Specification, Global Grid Forum, Januar 2005. Revision 1.0.

[29] FOWLER, M.: *Patterns of Enterprise Application Architecure.* Addison-Wesley Longman, 2002.

[30] GAMMA, E., HELM, R., JOHNSON, R., VLISSIDES, J.: *Desing Patterns. Elements of Reusable Object-Oriented Software Design.* Addison-Wesley, 1995.

[31] GNUTELLA: *The Gnutella Protocol Specification v0.41.* Technischer Bericht, http://www9.limewire.com/developer/gnutella_protocol_0.4.pdf, 2001.

[32] GONG, L.: *JXTA: a network programming environment.* IEEE Internet Computing, 5(3):pp. 88–95, May–June 2001.

[33] GRAHAM, S., KARMARKAR, A., MISCHKINSKY, J., ROBINSON, I., SEDUKHIN, I., SNELLING, D.: *Web Services Resource Framework.* OASIS Standard Specification, OASIS, April 2006. Version 1.2.

[34] GUDGIN, M., HADLEY, M., ROGERS, T.: *Web Services Addressing Core.* W3C Recommendation, W3C, Mai 2006. Version 1.0.

[35] HENDERSON, C.: *Flickr and PHP.* `http://www.ludicorp.com/flickr/flickr\_php\_final.zip`, acc. 10/2007, September 2004.

[36] HENDERSON, C.: *Scalable Web Architectures – Common Patterns & Approaches.* `http://www.iamcal.com/talks`, acc. 01/2008, April 2007.

[37] HOFF, T.: *Flickr Architecture.* Technischer Bericht, Highscalability.com, August 2007.

[38] HUGHES, D., COULSON, G. , WALKERDINE, J.: *Free riding on Gnutella revisited: the bell tolls?* IEEE Distributed Systems Online, 6, 2005.

[39] JAVA COMMUNITY PROCESS: *Java Specification Request JSR 94: Java Rules Engine API.* `http://www.jcp.org\-/en/jsr/detail?id=94`, 2008.

[40] JENDROCK, E., J. BALL, D. CARSON, I. EVANS, S. FORDIN und H. HAASE: *The Java EE Tutorial.* `http:/http://java.sun.com/javaee/5/docs/tutorial/doc/`, 2007.

[41] JOSEPH, J., FELLENSTEIN, C.: *Grid Computing.* Pearson Prentice Hall, 2004.

[42] KELLER, W.: *Enterprise Application Integration – Erfahrungen aus der Praxis.* Dpunkt Verlag, 2002.

[43] KLEINER, C. KOSCHEL, A.: *Bringing together what together belongs Coupling Grid and SOA in Small Environments*. In: *Proc. Intl. Conf. Web IS and Technologies (WebIST 2008)*, Funchal, Madeira, Portugal, Mai 2008.

[44] KOSCHEL, A.: *Ereignisgetriebene CORBA-Dienste für heterogene, verteilte Informationssysteme*. Dissertation, Forschungszentrum Informatik Karlsruhe an der Univ. Karlsruhe, Juli 1999.

[45] KOSCHEL, A., KRAMER R.: *Configurable Event Triggered Services for CORBA-based Systems*. In: *Proc. 2nd International Enterprise Distributed Object Computing Workshop (EDOC'98), pp. 306-318*, San Diego, California, U.S.A, November 1998.

[46] KOSCHEL, A., KRAMER R. NIKOLAI R. WILHELM HAGG W. WIESEL A.: *A Federation Architecture for an Environmental Information System incorporating GIS, the World-Wide Web, and CORBA*. In: *Third International Conference/Workshop Integrating GIS and Environmental Modeling*, Santa Fe, New Mexico, USA, Januar 1996. National Center for Geographic Information and Analysis (NCGIA). `http://ncgia.ucsb.edu/conf/SANTA\_FE\_CD-ROM/sf\_papers/nikolai\_ralf/fedarch.html`.

[47] KOSCHEL, A., FISCHER, S., WAGNER, G.: *J2EE/Java EE Kompakt: Enterprise Java – Konzepte und Umfeld*. Spektrum Wiss. Verlag, 2006.

[48] KOSCHEL,A., LOCKEMANN, P. C.: *Distributed Events in Active Database Systems – Letting the Genie out of the Bottle*. Journal of Data and Knowledge Engineering (DKE), 25(1998):11–28, März 1998.

[49] KRAFZIG, D., BANKE, K., SLAMA, D.: *Enterprise SOA: Service-Oriented Architecture Best Practices*. Prentice Hall, 2005.

[50] KRÖTZSCH, M., VRANDECIC, D., VÖLKEL, M., HALLER, H., STUDER, R.: *Semantic Wikipedia*. Journal of Web Semantics, 5:251–261, SEP 2007.

[51] KUROSE, J. F., ROSS, K. W.: *Computer Networking: A Top-Down Approach*. Addison-Wesley, 4 Auflage, 2007.

[52] LI, M., BAKER, M.: *The Grid – Core Technologies*. Wiley&Sons, 2005.

[53] LOCKEMANN, P.C.: *Aggregate Behavior of Loosely Coupled Objects: Architectural Principle for Heterogeneous and Distributed Systems*. Technischer Bericht TC-0218-11-93-165, GTE Laboratories Inc., 1993.

[54] LOCKEMANN, P. C., KÖLSCH, U., KOSCHEL, A., KRAMER, R., NIKOLAI, R., WALLRATH, M., WALTER; H.-D.: *The Network as a Global Database: Challenges of Interoperability, Proactivity, Interactiveness, Legacy*. In: JARKE, M. ET AL. (Herausgeber): *Proceedings of the Twenty-third International Conference on Very Large Data Bases, pp.567–574*, Athens, Greece, August 1997.

[55] LUCKHAM, D.: *The Power of Events: An Introduction to Complex Event Processing in Distributed Enterprise Systems*. Addison-Wesley Longman, 2002.

[56] LUDICORP: *Flickr Homepage*. http://www.flickr.com, 2008.

[57] MAHLMANN, P. , SCHINDELHAUER, C. : *P2P Netzwerke: Algorithmen und Methoden*. Springer, Berlin, 2007.

[58] MARSHAK, D. S.: *eBay Creates Technology Architecture for the Future*. Technischer Bericht, Patricia Seybold Group, 210 Commercial Street, Boston, MA 02109 USA, 2003.

[59] MAYMOUNKOV, P. , MAZIERES, D. : *Kademlia: A peer-to-peer information system based on the XOR metric*. In: *Proceedings of IPTPS02, Cambridge, USA*, 2002.

[60] MICHELSON, B.: *Event-Driven Architecure Overview*. Technischer Bericht, Patricia Seybold Group, http://www.psgroup.com/detail.aspx?id=681, 2006.

[61] MYSQL: *Case Studies*. Technischer Bericht, MySQL, Oktober 2008.

[62] OATES, R., LANGER T. WILLE S. LUECKOW T. BACHLMAYR G.: *Spring & Hibernate – Eine praxisbezogene Einführung*. Carl Hanser, 2007.

[63] OBJECT MANAGEMENT GROUP: *The Common Object Request Broker: Architecture and Specification*. OMG Document, Object Management Group, Inc. (OMG). OMG's Formal Documentation: The most recent adopted OMG specifications including CORBA, CORBAservices, OMG Domain, and CORBAfacilities specifications, can be found at: http://www.omg.org/technology/documents/spec_catalog.htm.

[64] OBJECT MANAGEMENT GROUP: *Common Object Services Specification, Volume I*. OMG Document 94-01-01, Object Management Group, Inc. (OMG), Januar 1994. Revision 1.0.

[65] OBJECT MANAGEMENT GROUP: *CORBAservices: Common Object Services Specification*. OMG Document 95-3-31, Object Management Group, Inc. (OMG), März 1995.

[66] OBJECT MANAGEMENT GROUP: *CORBA Components – Joint Revised Submission*. Technischer Bericht, Object Management Group, Inc. (OMG), Dezember 1998.

[67] OBJECT MANAGEMENT GROUP: *CORBA Home Page*. Technischer Bericht, Object Management Group, Inc. (OMG), http://www.corba.org/, 2004.

[68] OMG: *CORBA 2.3.1 Specification*. Technischer Bericht, 1999. http://www.omg.org/cgi-bin/doc?formal/99-10-07.

[69] OSG: *US Open Science Grid*. Technischer Bericht, OSG, Januar 2008.

[70] PETERSON, L. L., DAVIE, B. S.: *Computer Networks. A Systems Approach.* Morgan Kaufmann, 4 Auflage, 2008.

[71] PRODAN, R., FAHRINGER, T.: *Grid Computing – Software Environments and Tools.* Springer-Verlag, 2006.

[72] PRODAN, R., FAHRINGER, T.: *Grid Computing - Experiment Management, Tool Integration and Scientific Workflows.* Springer-Verlag, 2007.

[73] ROBERTSON, L.: *LCG Overview.* Technischer Bericht, CERN, Oktober 2007.

[74] RUMPE, B.: *Modellierung mit UML.* Springer, Mai 2004.

[75] SCHIEFER, J., ROZSNYAI, S., RAUSCHER, C., AND SAURER, G: *Event-driven rules for sensing and responding to business situations.* In: *Proceedings of the 2007 Inaugural International Conference on Distributed Event-Based Systems,* Seiten 407–418, 2006.

[76] SCHMUNDT, H.: *Superrechner im Wohnzimmer.* Technischer Bericht 20/2008, SPIEGEL, `http://www.spiegel.de/spiegel/0,1518,553449,00.html`, acc. 03/2008, 2008.

[77] SCHULTE, R.: *The Growing Role of Events in Enterprise Applications.* Technischer Bericht, Gartner Research, AV-20-3900, 2003.

[78] SCHWICHTENBERG, H.: *Microsoft .NET 3.0 – Crashkurs.* Microsoft, 2007.

[79] SHETH, A. P., LARSON J. A.: *Federated Database Systems for Managing Distributed, Heterogenous, and Autonomous Databases.* ACM Computing Surveys, 22(3):183–236, 1990.

[80] SIGEL, J. (Herausgeber): *CORBA Fundamentals and Programming.* John Wiley & Sons, 2001.

[81] SOLEY, R. M.: *Object Management Architecture Guide.* OMG TC Document 90-09-01, Object Management Group, Inc. (OMG), November 1990. Revision 1.0.

[82] SOTOMAYOR, B., CHILDERS, L.: *Globus Toolkit 4: Programming Java Services.* Morgan Kaufmann, 2005.

[83] STARKE, G., TILKOV, T. (Herausgeber): *SOA Expertenwissen.* dpunkt, 2007.

[84] STOICA, I. , MORRIS, R., LIBEN-NOWELL, D. , KARGER, D. , KAASHOEK, M., DABEK, F., BALAKRISHNAN, H.: *Chord: a scalable peer-to-peer lookup protocol for Internet applications.* In: *Proceedings of the ACM SIGCOMM,* Seiten 149–160, 2001.

[85] SUN MICROSYSTEMS: *Java Platform, Enterprise Edition (Java EE) Specification, v5.* `http://jcp.org/en/jsr/detail?id=244`, 2006.

[86] SUN MICROSYSTEMS: *JavaTM Remote Method Invocation Specification*, 2008. `http://java.sun.com/j2se/1.5.0/docs/guide/rmi/spec/rmi-title.html`, acc. 03/2008.

[87] SUN MICROSYSTEMS: *JXTA Java Standard Edition v2.5: Programmers Guide*. Technischer Bericht, Sun Microsystems, December, 2007.

[88] TANENBAUM, A., VAN STEEN, M.: *Verteilte Systeme - Prinzipien und Paradigmen*. Pearson Studium, 2. Auflage, 2008.

[89] THE RULE MARKUP INITIATIVE: *RuleML*. Technischer Bericht, http://www.-ruleml.org, 2008.

[90] TUECKE, S., CZAJKOWSKI, K., FOSTER, I., FREY, J., GRAHAM, S., KESSELMAN, C., MAGUIRE, T., SANDHOLM, T., SNELLING, D., VANDERBILT, P.: *Open Grid Services Infrastructure (OGSI)*. GGF Specification, Global Grid Forum, Juni 2003. Version 1.0.

[91] VAN DER LINDEN, R.: *An Overview of ANSA*. External Paper APM.1000.01, Architecture Projects Management Limited – ANSA Workprogramme, Poseidon Horse, Castle Park, Cambridge CB3 0RD, UK, Juli 1993.

[92] VINOSKI, S.: *CORBA: Integrating Diverse Applications Within Distributed Heterogeneous Environments*. IEEE Communications, 14(2), Februar 1997.

[93] VOGEL, A., DUDDY, K.: *Java Programming with CORBA*. Wiley Computer, 1997.

[94] WENGER, R.: *Handbuch der .NET-Programmierung*. Microsoft, 2007.

[95] WESTPHAL, R., WEYER, C.: *.NET 3.0 kompakt*. Elsevier, 2007.

[96] WIKIBOOKS: *Wikibooks: PHP-Programmierung*, 2008. acc. 03/2008.

[97] WIKIPEDIA: *Remote procedure call - Wikipedia, The Free Encyclopedia*, 2008. `http://en.wikipedia.org/w/index.php?title=Remote_procedure_call&oldid=200262558`, acc. 03/2008.

[98] WIKIPEDIA: *Wikipedia: PHP-Erläuterung*, 2008.

[99] ZIMMER, D. , UNLAND, R.: *On the semantics of complex events in active database management systems*. In: *Proceedings of ICDE*, Seiten 392–399, 1999.

Stichwortverzeichnis

Kösel FD 351 · Patent-No. 0748702